北京大學《儒藏》編纂與研究中心 編

《儒藏》精華編選刊

# 日知錄集釋（上）



〔清〕顧炎武 撰
〔清〕黃汝成 集釋
欒保羣 校點

北京大學出版社
PEKING UNIVERSITY PRESS

**圖書在版編目 (CIP) 數據**

日知録集釋：全三册 /（清）顧炎武撰；（清）黄汝成集釋；北京大學《儒藏》編纂與研究中心編 . -- 北京：北京大學出版社，2024. 9. --（《儒藏》精華編選刊）. --ISBN 978-7-301-35137-6

Ⅰ. B249.12

中國國家版本館 CIP 數據核字第 20243EA974 號

| | |
|---|---|
| **書　　名** | 日知録集釋<br>RIZHILU JISHI |
| **著作責任者** | 〔清〕顧炎武　撰<br>〔清〕黄汝成　集釋<br>欒保羣　校點<br>北京大學《儒藏》編纂與研究中心　編 |
| **策劃統籌** | 馬辛民 |
| **責任編輯** | 沈瑩瑩 |
| **標準書號** | ISBN 978-7-301-35137-6 |
| **出版發行** | 北京大學出版社 |
| **地　　址** | 北京市海淀區成府路 205 號　100871 |
| **網　　址** | http://www.pup.cn　　新浪微博：@ 北京大學出版社 |
| **電子郵箱** | 編輯部 dj@pup.cn　　總編室 zpup@pup.cn |
| **電　　話** | 郵購部 010-62752015　發行部 010-62750672<br>編輯部 010-62756449 |
| **印 刷 者** | 三河市北燕印裝有限公司 |
| **經 銷 者** | 新華書店 |
| | 650 毫米 ×980 毫米　16 開本　96.75 印張　1110 千字<br>2024 年 9 月第 1 版　2024 年 9 月第 1 次印刷 |
| **定　　價** | 386.00 元（全三册） |

# 目録

上　册


校點説明……一
欽定四庫全書提要……一
敘……三
原序……一二
先生初刻日知録自序……一四
日知録自記……一七
日知録集釋卷一……一
三易……一
重卦不始文王……三
朱子周易本義……三
卦爻外無别象……七
卦變……八
互體……八
六爻言位……一〇
九二君德……一〇
師出以律……一一
既雨既處……一一
武人爲於大君……一一
自邑告命……一二
成有渝无咎……一三
童觀……一三
不遠復……一三
不耕穫不菑畬……一四
天在山中……一五
罔孚裕无咎……一五
有孚於小人……一五
損其疾使遄有喜……一五

上九弗損益之……………………一六
利用爲依遷國……………………一七
姤…………………………………一七
包无魚……………………………一八
以杞包瓜…………………………一八
已日………………………………一九
改命吉……………………………一九
艮…………………………………二〇
艮其限……………………………二〇
鴻漸于陸…………………………二一
君子以永終知敝…………………二二
鳥焚其巢…………………………二二
巽在牀下…………………………二三
翰音登于天………………………二三
山上有雷小過……………………二四
妣…………………………………二四
東鄰………………………………二五
游魂爲變…………………………二五
通乎晝夜之道而知………………二七
繼之者善也成之者性也…………二七
形而下者謂之器…………………二七
垂衣裳而天下治…………………二八
過此以往未之或知也……………二八
困德之辨也………………………二八
凡易之情…………………………二九
易逆數也…………………………二九
説卦雜卦互文……………………三〇
兑爲口舌…………………………三一
序卦雜卦…………………………三一
晉晝也明夷誅也…………………三二
孔子論易…………………………三二
七八九六…………………………三三

卜筮……三五

日知録集釋卷二
……三八
帝王名號……三八
九族……三九
舜典……四三
惠迪吉從逆凶……四三
懋遷有無化居……四四
三江……四四
錫土姓……五二
厥弟五人……五三
惟彼陶唐有此冀方……五三
胤征……五五
惟元祀十有二月……五五
西伯戡黎……五六
少師……五六
殷紂之所以亡……五六
武王伐紂……五七
泰誓……六〇
百姓有過在予一人……六一
王朝步自周……六一
大王王季……六二
彝倫……六三
龜從筮逆……六三
周公居東……六四
微子之命……六五
酒誥……六六
召誥……六六
元子……六六
其稽我古人之德……六七
節性……六七
汝其敬識百辟享……六七
惟爾王家我適……六八

王來自奄……六八
建官惟百……六九
司空……七〇
顧命……七〇
矯虔……七四
罔中于信以覆詛盟……七四
文侯之命……七五
秦誓……七七
古文尚書……七七
書序……八五
豐熙僞尚書……八五

**日知録集釋卷三**……八九

詩有入樂不入樂之分……八九
四詩……九二
孔子删詩……九二
何彼穠矣……九四
邶鄘衛……九六
黎許二國……九九
諸姑伯姊……一〇〇
王事……一〇〇
朝隮于西……一〇〇
王……一〇一
日之夕矣……一〇二
大車……一〇三
鄭……一〇三
楚吳諸國無詩……一〇三
豳……一〇四
言私其豵……一〇五
承筐是將……一〇五
罄無不宜……一〇六
民之質矣日用飲食……一〇六
小人所腓……一〇六

變雅……一〇七
大原……一〇八
莠言自口……一一〇
皇父……一一〇
握粟出卜……一一一
私人之子百僚是試……一一一
不醉反恥……一一二
上天之載……一一二
王欲玉女……一一三
夸毗……一一三
流言以對……一一四
申伯……一一四
德輶如毛……一一五
韓城……一一五
如山之苞如川之流……一一九
不弔不祥……一一九
駉……一二〇
實始翦商……一二〇
玄鳥……一二一
敷奏其勇……一二二
魯頌商頌……一二二
詩序……一二三


## 日知録集釋卷四


日知録集釋卷四……一二五
魯之春秋……一二五
春秋闕疑之書……一二七
三正……一二九
閏月……一三一
王正月……一三四
春秋時月並書……一三五
謂一爲元……一三五
改月……一三七
天王……一三八

郲儀父……一三九
仲子……一四〇
成風敬嬴……一四一
君氏卒……一四二
滕子薛伯杞伯……一四四
闕文……一四五
夫人孫于齊……一四八
公及齊人狩于禚……一四九
楚吴書君書大夫……一四九
亡國書葬……一五一
許男新臣卒……一五一
禘于太廟用致夫人……一五二
及其大夫荀息……一五三
邢人狄人伐衛……一五三
王入于王城不書……一五四
星孛……一五五
子卒……一五五
納公孫寧儀行父于陳……一五六
三國來媵……一五七
殺或不稱大夫……一五七
郲子來會公……一五八
葬用柔日……一五八
諸侯在喪稱子……一五九
未踰年書爵……一六〇
姒氏卒……一六〇
卿不書族……一六一
大夫稱子……一六二
有謚則不稱字……一六五
人君稱大夫字……一六六
王貳於虢……一六六
星隕如雨……一六七
築郿……一六七

城小穀……一六八
齊人殺哀姜……一六九
微子啟……一六九
襄仲如齊納幣……一七〇
子叔姬卒……一七〇
齊昭公……一七〇
趙盾弑其君……一七一
臨于周廟……一七一
欒懷子……一七二
子大叔之廟……一七二
城成周……一七三
五伯……一七四
占法之多……一七五
以日同爲占……一七六
天道遠……一七七
一事兩占……一七七
春秋言天之學……一七七
左氏不必盡信……一七八
列國官名……一七八
地名……一七九
昌歜……一八〇
文字不同……一八一
所見異辭……一八一
紀履緰來逆女……一八二
母弟稱弟……一八二
子沈子……一八三
穀伯鄧侯書名……一八四
鄭忽書名……一八四
祭公來遂逆王后于紀……一八五
争門……一八六
仲嬰齊卒……一八六
隱十年無正……一八七

戎菽……一八八
隕石于宋五……一八八
王子虎卒……一八九
穀梁日誤作曰……一八九


**日知録集釋卷五**……一九一

閽人寺人……一九一
正月之吉……一九二
木鐸……一九四
稽其功緒……一九五
六牲……一九五
邦饗耆老孤子……一九六
醫師……一九六
造言之刑……一九七
國子……一九八
死政之老……一九八
凶禮……一九九
不入兆域……二〇〇
樂章……二〇〇
斗與辰合……二〇三
凶聲……二〇四
八音……二〇四
用火……二〇五
涖戮于社……二〇六
邦朋……二〇八
王公六職之一……二〇九
奠摯見于君……二〇九
主人……二〇九
辭無不腆無辱……二一〇
某子受酬……二一〇
辯……二一〇
須臾……二一一
飧不致……二一二

三年之喪……二一二
繼母如母……二二〇
爲所後者之祖父母妻妻之父母昆弟昆弟之子若子……二二一
女子子在室爲父……二二一
慈母如母……二二二
出妻之子爲母……二二四
父卒繼母嫁……二二四
有適子者無適孫……二二四
爲人後者爲其父母……二二五
繼父同居者……二二七
宗子之母在則不爲宗子之妻服也……二二八
君之母妻……二二九
齊衰三月不言曾祖已上……二二九
兄弟之妻無服……二三〇
先君餘尊之所厭……二三一
貴臣貴妾……二三二
外親之服皆緦……二三二
唐人增改服制……二三五
報於所爲後之兄弟之子若子……二三七
庶子爲後者爲其外祖父母從母舅無服……二三七
考降……二三八
噫歆……二三八
**日知録集釋卷六**……二三九
毋不敬……二三九
女子子……二三九
取妻不取同姓……二四〇
父不祭子夫不祭妻……二四二
檀弓……二四二
太公五世反葬于周……二四四
扶君……二四五

二夫人相爲服 …… 二四五
同母異父之昆弟 …… 二四六
子卯不樂 …… 二四七
君有饋焉曰獻 …… 二四八
郳婁考公 …… 二四九
因國 …… 二四九
文王世子 …… 二五〇
武王帥而行之 …… 二五〇
用日干支 …… 二五〇
社日用甲 …… 二五一
不齒之服 …… 二五二
爲父母妻長子禫 …… 二五二
爲殤後者以其服服之 …… 二五二
庶子不以杖即位 …… 二五四
婦人不爲主而杖者 …… 二五五
庶姓别於上 …… 二五五
愛百姓故刑罰中 …… 二五七
庶民安故財用足 …… 二五七
術有序 …… 二五八
師也者所以學爲君 …… 二五九
肅肅敬也 …… 二五九
以其綏復 …… 二六〇
親喪外除兄弟之喪内除 …… 二六〇
十五月而禫 …… 二六一
妻之黨雖親弗主 …… 二六一
吉祭而復寢 …… 二六二
如欲色然 …… 二六二
先古 …… 二六二
博愛 …… 二六三
以養父母日嚴 …… 二六三
致知 …… 二六三
顧諟天之明命 …… 二六四

桀紂帥天下以暴……二六五
財者末也……二六五
未有上好仁而下不好義者也……二六六
君子而時中……二六六
子路問强……二六七
素夷狄行乎夷狄……二六七
鬼神……二六八
期之喪達乎大夫……二七〇
三年之喪達乎天子……二七一
達孝……二七一
思事親不可以不知人……二七一
誠者天之道也……二七二
肫肫其仁……二七二
**日知録集釋卷七**……二七四
孝弟爲仁之本……二七四
察其所安……二七四
子張問十世……二七四
媚奥……二七五
武未盡善……二七五
朝聞道夕死可矣……二七六
忠恕……二七六
夫子之言性與天道……二七八
變齊變魯……二八一
博學於文……二八一
三以天下讓……二八一
有婦人焉……二八三
季路問事鬼神……二八三
不踐迹……二八三
異乎三子者之撰……二八四
去兵去食……二八四
奡盪舟……二八五
管仲不死子糾……二八六

予一以貫之……二八七
君子疾没世而名不稱焉……二八八
性相近也……二八八
虞仲……二八九
聽其言也厲……二九〇
有始有卒者其惟聖人乎……二九一
梁惠王……二九一
未有義而後其君者也……二九二
不動心……二九三
市朝……二九三
必有事焉而勿正心……二九四
文王以百里……二九四
廛無夫里之布……二九五
孟子自齊葬於魯……二九六
其實皆什一也……二九六
莊嶽……二九八
古者不爲臣不見……二九八
公行子有子之喪……二九九
爲不順於父母……二九九
象封有庳……三〇〇
周室班爵禄……三〇一
費惠公……三〇一
行吾敬故謂之内也……三〇二
以紂爲兄之子……三〇三
才……三〇三
求其放心……三〇三
所去三……三〇四
自視欿然……三〇四
士何事……三〇四
飯糗茹草……三〇五
孟子外篇……三〇六
孟子引論語……三〇七

孟子字樣……三〇八
孟子弟子……三〇八
荼……三一〇
駉……三一三
九經……三一三
考次經文……三一七

日知録集釋卷八……三一九

州縣賦税……三一九
屬縣……三二二
州縣品秩……三二二
府……三二四
鄉亭之職……三二七
里甲……三三二
掾屬……三三四
都令史……三三七
吏胥……三三九
法制……三四一
省官……三四三
選補……三四四
停年格……三五〇
銓選之害……三五四
員缺……三六一

日知録集釋卷九……三六三

人材……三六三
保舉……三六四
關防……三六七
封駮……三六八
部刺史……三七〇
六條之外不察……三七四
隋以後刺史……三七四
知縣……三七六
知州……三七八

知府……三七九
守令……三七九
刺史守相得召見……三八二
漢令長……三八三
京官必用守令……三八四
宗室……三八六
藩鎮……三九二
輔郡……三九七
邊縣……三九八
宦官……三九九
禁自宮……四〇八
**日知録集釋卷十**……四一〇
治地……四一〇
斗斛丈尺……四一〇
地畝大小……四一一
州縣界域……四一三
後魏田制……四一四
開墾荒地……四一五
蘇松二府田賦之重……四一七
豫借……四二九
紡織之利……四三一
馬政……四三三
驛傳……四三四
漕程……四三六
行鹽……四三六
**日知録集釋卷十一**……四三九
權量……四三九
大斗大兩……四四三
漢禄言石……四四五
以錢代銖……四四七
十分爲錢……四五〇
黄金……四五一

銀……四五五
以錢爲賦……四六〇
五銖錢……四六六
開元錢……四六八
錢法之變……四六九
銅……四七四
錢面……四八三
短陌……四八四
鈔……四八六
僞銀……四八九

中　册

日知録集釋卷十二……四九一
財用……四九一
言利之臣……五〇一
俸禄……五〇四
助餉……五〇八
館舍……五一〇
街道……五一〇
官樹……五一一
橋梁……五一二
人聚……五一三
訪惡……五一四
盜賊課……五一五
禁兵器……五一六
水利……五一七
雨澤……五二二
河渠……五二二
日知録集釋卷十三……五三七
周末風俗……五三七
秦紀會稽山刻石……五三八
兩漢風俗……五三九

正始……五四〇
宋世風俗……五四三
清議……五四八
名教……五四九
廉恥……五五三
流品……五五五
重厚……五五六
耿介……五五八
鄉原……五五八
儉約……五五九
大臣……五六〇
除貪……五六二
貴廉……五六五
禁錮姦臣子孫……五六六
家事……五六九
奴僕……五七〇
閹人……五七二
田宅……五七三
三反……五七四
召殺……五七四
南北風化之失……五七四
南北學者之病……五七五
范文正公……五七五
辛幼安……五七六
士大夫晚年之學……五七六
士大夫家容僧尼……五七七
貧者事人……五七八
分居……五七八
父子異部……五八一
生日……五八二
陳思王植……五八三
降臣……五八四

本朝……五八五
書前代官……五八六


**日知録集釋卷十四**……五八七

兄弟不相爲後……五八七
立叔父……五八九
繼兄子爲君……五八九
太上皇……五八九
皇伯考……五九〇
除去祖宗廟謚……五九一
漢人追尊之禮……五九二
謚法……五九三
追尊子弟……五九四
内禪……五九四
御容……五九四
封國……五九五
乳母……五九六
聖節……五九七
君喪……六〇〇
喪禮主人不得升堂……六〇五
居喪不弔人……六〇七
像設……六〇七
從祀……六〇九
十哲……六〇九
嘉靖更定從祀……六一一
祭禮……六一五
女巫……六一九


**日知録集釋卷十五**……六二一

陵……六二一
墓祭……六二二
厚葬……六二八
前代陵墓……六三一
停喪……六三五

假葬……六四〇
改殯……六四一
火葬……六四二
期功喪去官……六四六
緦喪不得赴舉……六四九
喪娶……六四九
衫帽入見……六五二
奔喪守制……六五二
丁憂交代……六五四
武官丁憂……六五六
居喪飲酒……六五六
匿喪……六五七
國恤宴飲……六五七
宋朝家法……六五八

**日知録集釋卷十六**……六五九

明經……六五九
秀才……六六〇
舉人……六六二
進士……六六四
科目……六六四
制科……六六六
甲科……六六八
十八房……六六九
經義論策……六七一
三場……六七六
擬題……六七七
題切時事……六八〇
試文格式……六八一
程文……六八三
判……六八四
經文字體……六八五
史學……六八六

日知録集釋卷十七……六八八
生員額數……六八八
中式額數……六九五
通場下第……六九七
御試黜落……六九七
殿舉……六九八
進士得人……六九九
大臣子弟……七〇一
北卷……七〇五
糊名……七〇七
搜索……七一一
座主門生……七一三
舉主制服……七一七
同年……七一七
先輩……七一八
出身授官……七一九
恩科……七二一
年齒……七二四
教官……七二六
武學……七二九
雜流……七三一
通經爲吏……七三一
日知録集釋卷十八……七三五
祕書國史……七三五
十三經注疏……七三七
監本二十一史……七三八
張參五經文字……七四一
別字……七四一
三朝要典……七四二
密疏……七四三
貼黄……七四四
記注……七四五

四書五經大全……七四七
書傳會選……七四八
内典……七四九
心學……七五一
舉業……七五五
破題用莊子……七五七
科場禁約……七五九
朱子晚年定論……七六一
李贄……七六七
鍾惺……七六八
竊書……七七〇
勘書……七七一
改書……七七二
易林……七七三

## 日知録集釋卷十九

……七七五
文須有益於天下……七七五
文不貴多……七七六
著書之難……七七九
直言……七七九
立言不爲一時……七八〇
文人之多……七八三
巧言……七八四
文辭欺人……七八五
修辭……七八七
文人摹倣之病……七八八
文章繁簡……七八九
文人求古之病……七九一
古人集中無冗複……七九三
書不當兩序……七九三
古人不爲人立傳……七九四
誌狀不可妄作……七九五
作文潤筆……七九六

文非其人……七九八
假設之辭……七九九
古文未正之隱……八〇〇


**日知録集釋卷二十**……八〇二

非三公不得稱公……八〇二
古人不以甲子名歲……八〇九
史家追紀月日之法……八一二
史家月日不必順序……八一三
重書日……八一四
古人必以日月繫年……八一四
古無一日分爲十二時……八一五
年月朔日子……八一九
年號當從實書……八二〇
史書一年兩號……八二三
年號古今相同……八二五
割并年號……八二六
孫氏西齋録……八二七
通鑑書改元……八二七
後元年……八二八
李茂貞稱秦王用天祐年號……八二八
通鑑書葬……八二九
通鑑書閏月……八二九
史書人君未即位……八三〇
史書一人先後歷官……八三〇
史書郡縣同名……八三一
郡國改名……八三三
史書人同姓名……八三四
述古……八三五
引古必用原文……八三五
引書用意……八三五
文章推服古人……八三六
史書下兩曰字……八三六

書家凡例……八三七
分題……八三七

## 日知録集釋卷二十一

作詩之旨……八三八
詩不必人人皆作……八三九
詩題……八四〇
古人用韻無過十字……八四〇
詩有無韻之句……八四一
五經中多有用韻……八四二
易韻……八四四
古詩用韻之法……八四四
古人不忌重韻……八五一
七言之始……八五四
一言……八五五
古人未有之格……八五五
古人不用長句成篇……八五五
詩用疊字……八五六
次韻……八五七
柏梁臺詩……八五八
詩體代降……八五九
書法詩格……八六〇
詩人改古事……八六〇
庾子山賦誤……八六一
于仲文詩誤……八六一
李太白詩誤……八六二
郭璞賦誤……八六三
陸機文誤……八六三
字……八六四
古文……八六五
説文……八六五
説文長箋……八六八
五經古文……八七二

急就篇……八七四
千字文……八七五
草書……八七六
金石録……八七七
鑄印作減筆字……八七八
畫……八七九
古器……八八一
**日知録集釋卷二十二**……八八三
四海……八八三
九州……八八四
六國獨燕無後……八八八
郡縣……八八九
秦始皇未滅二國……八九四
漢王子侯……八九五
漢侯國……八九七
都……八九七
鄉里……九〇〇
都鄉……九〇〇
都鄉侯……九〇一
封君……九〇一
圖……九〇二
亭……九〇二
亭侯……九〇四
社……九〇四
歷代帝王陵寢……九〇六
堯冢靈臺……九〇八
生祠……九一〇
生碑……九一一
張公素……九一二
王亘……九一四
**日知録集釋卷二十三**……九一五
姓……九一五

氏族……九一六
氏族相傳之訛……九一九
孔顔孟三氏……九二四
仲氏……九二五
以國爲氏……九二六
姓氏書……九二六
通譜……九二八
二字姓改一字……九三二
北方門族……九三五
冒姓……九三五
兩姓……九三六
古人二名止用一字……九三六
古人謚止稱一字……九三八
稱人或字或爵……九三九
子孫稱祖父字……九三九
已祧不諱……九四〇
皇太子名不諱……九四二
二名不偏諱……九四四
嫌名……九四五
以諱改年號……九四七
前代諱……九四八
名父名君名祖……九四九
弟子名師……九四九
同輩稱名……九四九
以字爲諱……九五〇
自稱字……九五〇
人主呼人臣字……九五一
兩名……九五二
假名甲乙……九五三
以姓取名……九五四
以父名子……九五五
以夫名妻……九五五

兼舉名字……九五五
排行……九五六
二人同名……九五六
字同其名……九五七
變姓名……九五七
生而曰諱……九五八
生稱謚……九五八
稱王公爲君……九六〇
**日知録集釋卷二十四**……九六一
祖孫……九六一
高祖……九六一
藝祖……九六二
沖帝……九六三
考……九六三
伯父叔父……九六三
族兄弟……九六四
親戚……九六五
哥……九六五
妻子……九六六
稱某……九六六
互辭……九六七
豫名……九六八
重言……九六八
后……九六八
王……九七〇
君……九七一
主……九七二
陛下……九七三
足下……九七四
閤下……九七五
相……九七七
將軍……九七九

相公……九八〇
司業……九八一
翰林……九八二
洗馬……九八四
比部……九八五
員外……九八五
主事……九八六
主簿……九八七
郎中待詔……九八八
外郎……九八八
門子……九八九
快手……九八九
火長……九九〇
樓羅……九九〇
白衣……九九一
郎……九九二
門生……九九三
府君……九九五
官人……九九五
對人稱臣……九九五
先卿……九九七
先妾……九九七
稱臣下爲父母……九九七
人臣稱人君……九九八
上下通稱……九九八
人臣稱萬歲……一〇〇一


**日知録集釋卷二十五**……一〇〇二


重黎……一〇〇二
巫咸……一〇〇四
河伯……一〇〇六
湘君……一〇〇七
共和……一〇一一

介子推……一〇一二
杞梁妻……一〇一五
池魚……一〇一七
莊安……一〇一七
李廣射石……一〇一八
大小山……一〇一九
丁外人……一〇二〇
毛延壽……一〇二〇
名以同事而晦……一〇二一
名以同事而章……一〇二一
人以相類而誤……一〇二二
傳記不攷世代……一〇二三


下　册

**日知録集釋卷二十六**……一〇二五
史記通鑑兵事……一〇二五
史記于序事中寓論斷……一〇二五
史記……一〇二六
漢書……一〇二九
漢書二志小字……一〇三三
漢書不如史記……一〇三三
荀悦漢紀……一〇三三
後漢書……一〇三四
三國志……一〇三六
作史不立表志……一〇三七
史文重出……一〇三八
史文衍字……一〇三九
史家誤承舊文……一〇四〇
晋書……一〇四一
宋書……一〇四二
魏書……一〇四三
梁書……一〇四三

後周書……一〇四四
隋書……一〇四四
北史一事兩見……一〇四五
宋齊梁三書南史一事互異……一〇四六
舊唐書……一〇四七
新唐書……一〇四八
宋史……一〇五二
阿魯圖進宋史表……一〇五三
遼史……一〇五四
金史……一〇五五
元史……一〇五六
通鑑……一〇五九
通鑑不載文人……一〇六七

## 日知録集釋卷二十七

日知録集釋卷二十七……一〇六八
漢人注經……一〇六八
注疏中引書之誤……一〇七二
姓氏之誤……一〇七三
左傳注……一〇七四
考工記注……一〇八五
爾雅注……一〇八五
國語注……一〇八六
楚辭注……一〇八七
荀子注……一〇八七
淮南子注……一〇八八
史記注……一〇八八
漢書注……一一〇〇
後漢書注……一一一三
文選注……一一一六
陶淵明詩注……一一一六
李太白詩注……一一一七
杜子美詩注……一一一八
韓文公詩注……一一二六

通鑑注……一一二六

## 日知録集釋卷二十八……一一三〇

拜稽首……一一三〇
稽首頓首……一一三一
百拜……一一三四
九頓首三拜……一一三六
東向坐……一一三六
坐……一一三七
土炕……一一三八
冠服……一一三八
衩衣……一一四〇
對襟衣……一一四〇
左衽……一一四三
行幐……一一四四
樂府……一一四四
寺……一一四五
省……一一四六
職官受杖……一一四七
押字……一一四九
邸報……一一五一
酒禁……一一五一
賭博……一一五四
京債……一一五六
居官負債……一一五七
納女……一一五八
王女棄歸……一一五九
罷官不許到京師……一一五九

## 日知録集釋卷二十九……一一六〇

騎……一一六〇
驛……一一六一
驢贏……一一六二
軍行遲速……一一六四

木罌缻渡軍……一一六四
海師……一一六四
海運……一一七三
燒荒……一一八六
家兵……一一八七
少林僧兵……一一八八
毛葫蘆兵……一一八九
方音……一一九〇
國語……一一九一
外國風俗……一一九三
徙戎……一一九六
樓煩……一二〇二
吐蕃回紇……一二〇三
西域天文……一二〇六
三韓……一二〇六
大秦……一二〇八
干陀利……一二〇九

## 日知録集釋卷三十

……一二一〇
天文……一二一〇
日食……一二一四
月食……一二一五
歲星……一二一六
五星聚……一二一七
海中五星二十八宿……一二一八
星名……一二一九
人事感天……一二一九
黄河清……一二二〇
妖人闌入宫禁……一二二一
詐稱太子……一二二四
外國天象……一二二五
星事多凶……一二二六
圖讖……一二二九

孔子閉房記……一二三〇
百刻……一二三〇
雨水……一二三二
五行……一二三三
建除……一二三三
艮巽坤乾……一二三四
太一……一二三五
正五九月……一二三七
古今神祠……一二三九
佛寺……一二四二
泰山治鬼……一二四五
蕃俗信鬼……一二四六


**日知録集釋卷三十一**……一二四七

河東山西……一二四七
陝西……一二四八
山東河内……一二四九
吴會……一二五〇
江西廣東廣西……一二五二
四川……一二五四
史記菑川國薛縣之誤……一二五四
曾子南武城人……一二五五
漢書二燕王傳……一二五七
徐樂傳……一二五八
水經注大梁靈丘之誤……一二五八
三輔黄圖……一二五九
大明一統志……一二六〇
交阯……一二六四
薊……一二六六
夏謙澤……一二六八
石門……一二六八
無終……一二六九
柳城……一二六九

昌黎……一二七二
石城……一二七四
木刀溝……一二七五
江乘……一二七六
郭璞墓……一二七八
蟂磯……一二七八
胥門……一二七九
潮信……一二八〇
晉國……一二八〇
緜上……一二八一
箕……一二八二
唐……一二八三
晉都……一二八四
瑕……一二八五
九原……一二八六
昔陽……一二八七

太原……一二八八
代……一二九〇
闕里……一二九一
杏壇……一二九一
徐州……一二九二
向……一二九三
小穀……一二九四
泰山立石……一二九四
泰山都尉……一二九六
社首……一二九六
濟南都尉……一二九七
鄒平臺二縣……一二九七
夾谷……一二九八
濰水……一二九九
勞山……一三〇〇
楚丘……一三〇二

東昏……一三〇三
長城……一三〇三
日知録集釋卷三十二……一三〇七
而……一三〇七
柰何……一三〇九
語急……一三一〇
歲……一三一一
月半……一三一二
巳……一三一二
里……一三一四
仞……一三一四
不淑……一三一五
不弔……一三一五
亡……一三一六
乾没……一三一六
辱……一三一七
姦……一三一七
訛……一三一八
誰何……一三一八
信……一三一九
出……一三二〇
鰥寡……一三二〇
丁中……一三二一
阿……一三二一
幺……一三二二
元……一三二三
寫……一三二四
行李……一三二五
耗……一三二五
量移……一三二六
罘罳……一三二六
場屋……一三二八

豆……一三二八
陘……一三二九
豸……一三二九
闕……一三三〇
宙……一三三〇
石炭……一三三一
終葵……一三三二
魁……一三三三
桑梓……一三三四
胡嚨……一三三五
胡……一三三六
草馬……一三三七
草驢女猫……一三三八
雌雄牝牡……一三三八

## 日知録之餘卷一

日知録之餘卷一……一三四一
書法……一三四一
隸書……一三四四

## 日知録之餘卷二

日知録之餘卷二……一三五三
禁燒金……一三五三
禁銷金銀箔……一三五三
禁造銅像……一三五六
禁造銅器……一三五七
禁銅不過嶺南……一三五八
禁用銅錢……一三五八
禁斷新錢……一三五九
禁金銀……一三五九
禁金銀塗……一三五九
禁銅釘……一三六〇
禁銷錢爲佛像……一三六〇
禁毀錢爲銅……一三六〇

禁兵器……一三六〇
禁錫……一三六四
禁車牛入都……一三六四
禁牝馬……一三六五
禁馬……一三六五
禁大船……一三六六
禁畜鷹鷂……一三六六
禁絹扇……一三六六
禁番香……一三六六
禁賣寶石……一三六八
禁瓷器……一三六八
禁茶……一三六九
禁酒……一三七〇
禁種糯……一三七七
賜酒獻酒……一三七八
禁鑿石……一三七八
禁發塚……一三七八
禁毀淫祠……一三七九
奴告主……一三八二
卒告將……一三八八
吏告本官……一三八八
小校殺本管……一三九〇
妻子告家長……一三九〇
告妖言……一三九〇
吏告前官……一三九一
禁御狀……一三九一
應募殺兄弟……一三九一
禁参謁座主……一三九二
貸回鶻錢……一三九三
圍棊免官……一三九三
禁中表爲婚……一三九三
汙辱宗女……一三九四

母喪宴飲……一三九四
母喪薄遊……一三九四
婦喪宴飲……一三九五
期功喪不預朝賀……一三九五
山陵未成晏飲……一三九五
國喪未期宴樂……一三九六
國忌禁晏飲……一三九六
忌日行香……一三九六
匿忌日……一三九七
子卯……一三九七
子孫伐墓栢貶官……一三九八
五品以上妻妾不得改嫁……一三九八
寒食禁火……一三九九
禁刻書……一四〇二
禁饋送……一四〇二
慈幼局……一四〇二
吏部令史……一四〇二
江南典選……一四〇三
兩都試舉人……一四〇三
大臣子弟仍放及第……一四〇四
食禄子弟復試……一四〇四
宰執子弟不預科名……一四〇五
倖第並坐其兄……一四〇六
優給大臣子孫……一四〇七
禁保留官長……一四〇七
禁民往南……一四〇七
生員招猺獞……一四〇八

**日知録之餘卷三**……一四〇九

廢釋道二教……一四〇九
改佛爲道……一四一二
禁鑄佛寫經……一四一二
禁與僧尼往還……一四一三

僧禁……一四二三
二十以上不許爲僧……一四三一
僧地没官……一四三二
僧尼之濫……一四三二
僧寺之多……一四三三
禁女冠尼姑……一四三三
造寺寫經並無功德……一四三三
杖宰相及僧……一四三七
人主不可接僧……一四三八
許僧道畜妻……一四三八
道士隸宗正寺……一四三九
潤色梵書……一四三九
城隍神……一四三九
杜牧杭州新造南亭子記……一四四〇
**日知録之餘卷四**……一四四三
徙民……一四四三
國史律令……一四五二
風聞言事……一四五三
御容……一四五三
廟諱……一四五四
種樹……一四五五
栽桑棗……一四五六
老人……一四五八
貼書……一四五八
案牘減繁式……一四五八
欽字……一四五九
巡檢……一四五九
喪制……一四五九
北平種田……一四六〇
華夷譯語……一四六一
校勘斛斗秤尺……一四六一
斷百官酒肉……一四六二

禁小説……一四六二
讖兆……一四六三
譎觚十事……一四六六

# 校點説明

清初大思想家顧炎武，原名絳，字忠清，明亡後改名炎武，字寧人，號亭林。江蘇崑山人。生於明萬曆四十一年（一六一三），卒於清康熙二十一年（一六八二），享年七十歲。青年時期顧炎武即承家訓，輕功名，重實學。明亡後，炎武投身抗清活動，失敗後周遊南北，伺機恢復，三藩平定，已至中年，遂全力從事著述。他治學廣泛，涉及經學、史學、方志、輿地、音韻文字、金石考古，著作有《天下郡國利病書》《肇域志》《音學五書》《金石文字記》以及詩文集多卷，而平生最著力者則爲《日知録》。

《日知録》上篇經術，中篇治道，下篇博聞，凡三十二卷，大旨則爲經世致用，以待後王。其在中國思想史、學術史上的輝煌地位，對有清一代學術的巨大影響，海内外早有定評。現僅就其版本源流和我們的整理工作略作説明如下。

《日知録》的寫作可以説伴隨顧炎武終生，從後人根據顧氏遺稿所輯的《日知録之餘》四卷可以看出，只要一息尚在，亭林就還要寫作下去。但此書在寫作過程中就已經知名於學術界，顧氏曾因友人多求抄寫，患不能給，遂於康熙九年先刻《日知録》八卷，後附《譎觚十事》,是爲符山堂初刻本。

康熙二十一年顧炎武去世,其弟子潘耒從顧家求得《日知録》全部手稿,經再三校勘編輯,於康熙三十四年刻於閩中,是爲遂初堂刻本,計分三十二卷。潘氏震於當時文字之禍,不得不對原稿「違礙」之處加以删改,「所刊落者有全章,有全節,有數行,自餘删句换字,不可遽數」(黄侃《日知録校記序》)。潘氏爲亭林入室弟子,深明先生學術,由他來删改,既能免遭禁焚之禍,又能最大程度地保存先生學術思想,潘氏的功勞自不可没。

至乾隆六十年(一七九五),又有據遂初堂本重刊本,末附後人據顧氏遺稿輯録的《日知録之餘》四卷。另外還有乾隆時巾箱本、道光時《皇清經解》本。

道光間,學者黄汝成以康熙遂初堂本爲底本,參以閻若璩、沈彤、錢大昕、楊宁四家校本,成《日知録集釋》三十二卷。復得《日知録》原寫本,並參以陳訏(即宋齋陳氏)、張惟赤(南曲張氏)、藼園孫氏(名佚)、楷庵楊氏(名佚)等校語,成《日知録刊誤》二卷。後又得陸筠(匏尊陸氏)校本,作《續刊誤》二卷。雖然黄氏也不敢用「原寫本」中的「違礙」文字補改潘氏遂初堂本,但他的《集釋》和《刊誤》給世人提供了《日知録》的最精善之本。對《日知録》的考辨引申,自閻若璩以來,至乾嘉時已成專門之學。《集釋》爲此收録了道光以前九十餘位學者對《日知録》的研究成果及參考文獻,這就使他成爲潘耒之後系統整理《日知録》的第二個人。

至民國時，黄侃從張繼手中得到雍正間《日知録》抄本，雖然此抄本不是顧氏的原稿，但保留了大量原本的文字，也算是「下真迹一等」了。於是黄氏據以對校符山堂本、遂初堂本，成《日知録校記》一卷，使該書的整理研究在《集釋》之後得到新的突破。

《日知録集釋》由嘉定黄氏西谿草廬初刻於道光十四年（一八三四），但刊出後黄汝成又作了修訂，完成於道光十六年的《續刊誤》二卷即記録了這次的修訂成果，而據此成果，西谿草廬又於道光十八年（此時黄汝成已經去世）剜改十四年刊本而重印。我們這次整理，即以道光十八年西谿草廬重印本爲底本，把黄汝成《刊誤》《續刊誤》及黄侃《日知録校記》（據一九三六年龍沐勛校印本，正文内簡稱《校記》）的成果以校勘記的形式補入，而爲避免煩瑣，對那些因避明朝國諱的校語（如明光宗朱常洛，抄本於「洛」字下即注「諱闕」二字）一律不取。這樣就補正數百處，增入數千字，力求成爲至今爲止最完整最接近顧氏原貌的一個本子。

可是《日知録集釋》中仍存在一些舛訛，我們對顧氏及注釋中引用的大量文字一一查明出處，據以校勘。由於顧氏引文多爲節略及櫽括，我們不可能要求字字與原文相符，只要意思不錯，即保留原樣不動，而對顯然影響到文義的錯字則出校。顧氏强記，一時無兩，而他大半生又奔走南北，故很多引文全憑記憶，所以即使顧氏初意並無節略，但間有一二字稍誤，只要無關大義，也照例不改。他校諸書，《十三經注疏》用中華書局影印世界書局縮印阮刻本，《二十四史》用中華書局校點本。其他則於校記首見處注明版本。

必須説明的一點是，顧氏原書大量引用前人著述，並參以己見，一篇之内，相互間雜，如不加引號，讀者難以分辨是引他人之文還是顧氏之語。所以對大量隱括及節略的引文，我們也不得不用引號標明，以便與顧氏本人的話相區分。

本書把符山堂初刻本的附録《譎觚十事》及乾隆六十年重刊本附録《日知録之餘》四卷附於書後，讀者可從中參悟《日知録》的寫作過程。《日知録之餘》前人整理本多採用較易得見的宣統二年（一九一〇）吴中鄒福保重刻本（簡稱「鄒刻本」），此次整理則採用存世最早的乾隆六十年刻本作爲底本，因此本較鄒刻本更接近原本面貌。在文字方面，二本各有長短，可互資參正，故將鄒刻本列爲對校本。關於引文，也依據原書出處作了必要的校改。

復旦大學的侯體健先生參加了《譎觚十事》及《日知録之餘》的整理工作，特此説明。

此稿經北京大學《儒藏》編纂與研究中心的張衍田先生認真審讀，斧正頗多，使校點者受益匪淺，在此謹致真誠的感謝。

本校點稿完成之後，我才看到陳智超諸先生整理的陳垣先生的《日知録校注》和張京華先生的《日知録校釋》。《日知録校注》從史源學的角度對《日知録》中的引文盡其可能作了出處探源，並用以校勘《日知録》本文，對《日知録》本文、小注，還有黄汝成《集釋》中的一些錯誤作了糾正。而《日知録校釋》在《日知録》版本的使用上占有絶對的優勢，除了以臺灣徐文珊先生整理的雍正間鈔本爲底本之外，整理者還見到了一向不爲人知的北京大學圖書館所藏鈔本，再綜合其他版本加以縝密地校勘和考據，在還原顧氏原著的本來面目上，成果遠勝於二十世紀三十年代黄侃據雍正間鈔本所做的《校記》。而在勾勒引文出處上，確實做到了後出轉精，較之《校注》又有所增添。所以我在看本書的校樣時，把這兩部書的重要校勘成果補充到本書中。對此我衷心地對二書的整理者表示感謝。二〇一三年四月補記。

校點者　欒保羣

# 欽定四庫全書提要

《日知録》三十二卷。國朝顧炎武譔。炎武有《左傳杜解補正》，已著録。是書前有自記，稱：「自少讀書，有所得輒記之，其有不合，時復改定。或古人先我而有者，則遂削之。積三十餘年，乃成一編。」蓋其一生精力所注也。書中不分門目，而編次先後則略以類從。大抵前七卷皆論經義，八卷至十二卷皆論政事，十三卷論世風，十四卷、十五卷論禮制，十六卷、十七卷皆論科舉，十八卷至二十一卷皆論藝文，二十二卷至二十四卷雜論名義，二十五卷論古事真妄，二十六卷論史法，二十七卷論注書，二十八卷論雜事，二十九卷論兵及外國事，三十卷論天象術數，三十一卷論地理，三十二卷爲雜考證。炎武學有本原，博贍而能通貫，每一事必詳其始末，參以證佐，而後筆之於書。故引據浩繁，而牴牾者少，非如楊慎、焦竑諸人偶然涉獵，得一義之異同，知其一而不知其二者。閻若璩作《潛邱劄記》，嘗補正此書五十餘條。若璩之壻沈儼，特著其事於序中；趙執信作若璩墓誌，亦特書其事。若璩博極羣書，睥睨一代，雖王士禎諸人尚謂不足當抨擊，獨於詰難此書沾沾自喜，則其引炎武爲重可概見矣。然所駁或當或否，亦互見短長，要不足爲炎武病也。惟炎武生於明末，喜談經世之務，激於時事，慨然以復古爲志，其説或迂而難行，或愎而過鋭。觀所作《音學五書後序》，至謂聖人復起，必舉今日之音而還之淳古，是豈可行之事乎？潘耒作是書序，乃盛稱其經濟，而以考據精詳爲末務，殆非篤論矣。

# 敘

敘曰：自明體達用之學不修，儁生鉅材，日事纂述，而鴻通瓌異之資，遂率隳敗於詞章訓詁襞績破碎之中。漢時經術修明，賢哲箸書，大都采擇傳記百家，論説時政與己志而已。魏、晋以降，著録始廣。唐以後，遂岐分爲數家。其善者，自典章、經制、文物、度數以及佛老之書，徼裔之迹，莫不明其因革損益、巨細本末，號稱繁博。然求其坐而言，可起而行，修諸身心，達於政事者，不數覯焉。崑山顧亭林先生，質敏而學勤，誼醇而節峻，出處貞亮，固已合於大賢。雖遭明末喪亂，遷徙流離，而譔述不廢，先後成書二百餘卷，閎廓奥賾，咸職體要，而智力尤瘁者，此也。其言經史之微文大義、良法善政，務推禮樂德刑之本，以達質文否泰之遷嬗，錯綜其理，會通其旨。至於賦税、田畝、職官、選舉、錢幣、權量、水利、河渠、漕運、鹽鐵、人材、軍旅，凡關家國之制，皆洞悉其所由盛衰利弊，而慨然著其化裁通變之道，詞尤切至明白。其餘考辨，亦極賅洽。《易》曰：「言天下之至賾而不可惡也，言天下之至動而不可亂也。」又曰：「困者，德之辨也。」《傳》曰：「仁人之言，其利溥哉。」豈非善成其鴻通瓌異之資，而畢出於體用焉哉！元、明諸儒，其流失喜空言心性，凡講説經世之事者，則又迂執寡要。先生因時立言，頗綜覈名實，意雖救偏，而議極峻正，直俟諸百世不惑，而使天下曉然於儒術之果可尊信者也。汝成鑽孠是書，屢易寒暑，又得潘檢討删飾元本，閻徵君、沈鴻博、錢宫詹、楊大令四家校本。先生討論既夥，不能無少少滲漏，四家引申辯證，亦得失互見，然實爲是書羽翼也。用博采諸家疏説傳注名物、古制、時務者，條比其下。伏處海濱，見聞孤陋，又耆碩著書富邃而義無可尌，則亦闕諸，竊慮踳駁，有踰簡略。嗚呼，學識遠不逮先生毛髮，而欲以微埃涓流上益海岱之崇深，抑愚且妄矣。然先生之體用具在，學者循其唐塗，以窺賢聖制作之精，則區區私淑之心，識小之恉，或不重爲世所詬病者矣。書凡三十二卷，篇帙次第略不改易。《集釋》條目諸賢名氏里爵，具列於後，而輒著其大指於篇。

先生箸述閎通，是書理道尤博，學術政治，皆綜隆替，視彼窾言，奚啻瓶智。自康熙三十四年，吴江潘檢討刻於閩中，流行既久，刊劂多謌。潛邱諸君，皆有斠正。今兹《集釋》，即緣爲權輿，復廣加鉤析，脱字既增，誤文亦削。諸君别箸，論簒雖殊，指意可并，則亦附諸。至先生所纂《金石文字記》《山東考古録》《石經考》《五經同異》《音學五書》《郡國利病書》《亭林詩文集》《菰中隨筆》等書，凡藉參稽，亟爲決擇，若異徑庭，不引詮訓。至漢、唐及明，經史傳紀，諸子雜家，皆先生博綜穿穴，兹更無事駢枝，凡所稱引，率斷自先生同時及後賢所述。先生問學浩博，論説深遠，專綜大綱，或忘識小。諸家辨駁，其無關閎旨者勿論，間有異同，轉滋岐舛，用援鄭詁禮經、顔注漢史之例，拾遺元文，參以私測，更列衆言，加之融釋。諸經訓纂，衆史傳志，其文可互通者，悉隨先生所録疏明。至義類所觸，或摭實略虚，或舍新徵舊，又逸書别史，諸子百家，分見少殊，援引斯異，亦隨所列之文、所據之本，略事鈎甄，以祛觝滯。

先生負經世之志，箸資治之書，舉措更張，言尤慨切。第世異盛衰，則論貴參伍，求棟買轂，何殊區霿。爰竭顓愚，略疏偏激，不爲掉磬，間陳一孔，雖會幾深，終慙和繆。又先生留心時務，奏議文書，事關利害，皆入簡編。今有發明，廣爲采厠。箸書誠尚雅馴，立説亦争要領，或節録其篇，或咸登其論，理勢恐失其真，辭氣多仍其筆，亦準全書，惟求實事。至於詞原曲喻，隱多未正，既輒舛馳，闕疑云爾。

世嬗歲遷，學者輩出，參考古今，蔚成宏傑。其論治體要道，經術文章，器識雖殊，穿并則一，間著名理，有出先生論述外者，既綜疏列；至於考證諸家，意主搜羅，凡所引稱，時至繳繞，今入注文，但取證明，奚事炫博，輒加删節，歸諸簡覈。若語有繁略，理無醇疵，既列其凡，不廣附麗。

疏説既繁，主名難一，氏族不署，淆舛易滋。然或同籍系，罔辨纂言，既異存亡，須分著録。始輯注文，但稱某氏，惟氏同則殊以官，謚同則加以地，其他區異，恉亦準斯。至同時材哲，則概著其名，事取標題，義無軒輊。第上相位崇，守土分別，兼獲師承，宜謹書策，少變其文，復同前例。叔重解字，引賈逵之説，書官以尊；康成治《詩》，重毛公之賢，稱箋自下。爰式先儒，用慎操翰。

潘氏耒，字次耕，吴江人。康熙間舉博學鴻詞，官檢討。元删録本、通行刊本。

閻氏若璩，字百詩，太原人。康熙間舉博學鴻詞。元校本。

楊氏名宁，字簡在，江陰人。拔貢生，官知縣。元校本。

沈氏彤，字冠雲，吴江人。乾隆初舉博學鴻詞。元校本。

錢氏大昕，字曉徵，嘉定人。官少詹事。元校本。
談氏允厚，字厚臣，嘉定人。
胡氏承諾，字君信，一字石莊，石門人。舉人。
王處士錫闡，字寅旭，吴江人。
張氏爾岐，字稷若，濟陽人。
陸氏世儀，字道威，太倉人。
唐氏甄，字鑄萬，夔州人。舉人，官知縣。
陸清獻隴其，字稼書，平湖人。進士，官御史。從祀廟庭。
魏鴻博禧，字冰叔，寧都人。康熙間舉博學鴻詞。
李文貞光地，字晉卿，安溪人。官大學士。
徐司寇乾學，字原一，崑山人。進士。
朱檢討彝尊，字錫鬯，秀水人。康熙間舉博學鴻詞。
慕氏天顔，字鶴鳴，静寧人。進士，官漕運總督。
儲大令方慶，字廣期，宜興人。進士。
嚴太僕虞惇，字寶成，常熟人。進士。
姜氏宸英，字西溟，慈溪人。官編修。

方侍郎苞，字靈皋，桐城人。進士。
惠侍讀士奇，字天牧，吴縣人。進士。
任氏源祥，字王谷，宜興人。
王給事命岳，字伯咨，晋江人。
陳氏啟源，字長發，吴江人。
梅氏文鼎，字定九，宣城人。
臧氏琳，字玉林，武進人。
邱氏嘉穗，字秀瑞。舉人。浙江人。
陳庶子遷鶴，字介石，安溪人。
楊編修繩武，字文叔，吴縣人。
顧司業棟高，字復初，無錫人。
陳文恭宏謀，字汝咨，臨桂人。官大學士。
陳總兵倫炯，字資齋，同安人。
曹給事一士，字諤庭，上海人。進士。
汪氏師韓，字抒懷，錢塘人。官編修。
柴氏紹炳，字虎臣，仁和人。

謝中丞敏，字肅齋，武進人。

陳通政兆崙，字句山，錢塘人。乾隆初舉博學鴻詞，庶吉士。

全氏祖望，字紹衣，鄞縣人。乾隆初舉博學鴻詞。

陳鴻博黄中，字和叔，吴縣人。乾隆初舉。

徐鴻博文靖，字位山，當塗人。乾隆初舉。

喬氏光烈，字敬亭，上海人。進士，官巡撫。

裘文達曰修，字叔度，新建人。進士，官尚書。

宫氏獻瑶，字瑜卿，安溪人。官洗馬。

王方伯太岳，字芥子，定興人。進士。

姚氏範，字南青，桐城人。官編修。

江氏永，字慎修，婺源人。

盧氏文弨，字紹弓，餘姚人。侍講學士。

陸中丞燿，字青來，吴江人。舉人。

莊侍郎存與，字方耕，武進人。進士及第。

王氏鳴盛，字鳳喈，嘉定人。光禄寺卿，進士及第。

黄氏中堅，字震生，吴縣人。

戴氏震，字東原，休寧人。庶吉士。
趙氏翼，字雲崧，陽湖人。貴西兵備道，進士及第。
姚刑部鼐，字姬傳，桐城人。進士。
柴御史潮生。
胡御史蛟齡。
楊侍郎永斌。
王上舍應奎，字柳南，常熟人。
孫氏志祖，字頤谷，仁和人。進士，官御史。
惠氏棟，字定宇。侍讀子。
鳳氏韶，字德隆。歲貢生。江陰人。
朱氏澤澐，字止泉，寶應人。
錢徵士大昭，字晦之，嘉定人。嘉慶初舉孝廉方正。
梁氏玉繩，字曜北，錢塘人。
汪明經中，字容甫，江都人。
劉學博台拱，字端臨，寶應人。
莊大令述祖，字葆琛。進士。陽湖人。

莊氏綬甲，字卿紼。大令子。
錢學博塘，字岳源，嘉定人。進士。
洪氏亮吉，字稚存，陽湖人。官編修。
桂氏馥，字未谷，曲阜人。進士，官知縣。
孫兵備星衍，字淵如，陽湖人。進士及第。
淩氏廷堪，字次仲，歙人。進士，官教授。
雷氏學淇，字介庵，直隸通州人。進士。
張大令雲璈，字仲雅，錢塘人。舉人。
陳同知斌，字白雲，德清人。進士。
程方伯含章，字月川，景南人。舉人，巡撫，左遷布政使。
劉氏逢禄，字申受，武進人。進士，官禮部主事。
陸學博珣，字子劭，嘉定人。
管氏同，字異之，上元人。舉人。
沈明經宇，字啟大，嘉定人。
劉明經，字孟塗，桐城人。
嚴氏如熤，字樂園，漵浦人。孝廉方正，官按察使。

沈學博欽韓，字文起。舉人。吴縣人。
阮閣部元，字伯元，儀徵人。今官協辦大學士、雲貴總督。
陶宫保澍，字雲汀，安化人。進士，今官兵部尚書、兩江總督。
方東樹，字植之，桐城人。
姚大令瑩，字石甫，桐城人。進士，今官江蘇知縣。
周濟，字保緒，荆溪人。進士，今官教授。
魏源，字默深，邵陽人。舉人，今官内閣中書。
張生洲，字淵甫，吴江人。舉人，今官教諭。
謝占壬，字□□，寧波人。
施彦士，字樸齋，崇明人。舉人，今官知縣。
徐璈，字六襄，桐城人。進士，今官知縣。
左暄，字春谷，涇縣人。
道光十四年五月嘉定後學黄汝成敘録。

# 原　序

有通儒之學，有俗儒之學。學者，將以明體適用也。綜貫百家，上下千載，詳考其得失之故，而斷之於心，筆之於書，朝章國典，民風土俗，元元本本，無不洞悉，其術足以匡時，其言足以救世，是謂通儒之學。若夫雕琢辭章，綴輯故實，或高談而不根，或勦説而無當，淺深不同，同爲俗學而已矣。自宋迄元，人尚實學，若鄭漁仲、王伯厚、魏鶴山、馬貴與之流，著述具在，皆博極古今，通達治體，曷嘗有空疏無本之學哉！明代人才輩出，而學問遠不如古。自其少時，鼓篋讀書，規模次第已大失古人之意。名成年長，雖欲學而無及。間有豪儁之士，不安於固陋而思嶄焉自見者，又或採其華而棄其實，識其小而遺其大。若唐荆川、楊用脩、王弇州、鄭端簡號稱博通者，可屈指數，然其去古人有間矣。崑山顧寧人先生，生長世族，少負絶異之資，潛心古學，九經諸史，略能背誦；尤留心當世之故，實録奏報，手自鈔節，經世要務，一一講求。當明末年，奮欲有所自樹，而迄不得試，窮約以老。然憂天閔人之志，未嘗少衰。事關民生國命者，必窮源溯本，討論其所以然。足跡半天下，所至交其賢豪長者，考其山川風俗、疾苦利病，如指諸掌。精力絶人，無他嗜好，自少至老，未嘗一日廢書。出必載書數簏自隨，旅店少休，披尋搜討，曾無倦色。有一疑義，反覆參考，必歸於至當。有一獨見，援古證今，必暢其説而後止。當代文人才士甚多，然語學問，必斂衽推顧先生。凡制度典禮有不能明者，必質諸先生；墜文軼事有不知者，必徵諸先生。先生手畫口誦，探源竟委，人人各得其意去。天下無賢不肖，皆知先生爲通儒也。先生著書不一種，此《日知録》則其稽古有得，隨時劄記，久而類次成書者。凡經義、史學、官方、吏治、財賦、典禮、輿地、藝文之屬，一一疏通其源流，考正其謬誤，至於歎禮教之衰遲，傷風俗之頹敗，則古稱先，規切時弊，尤爲深切著明。學博而識精，理到而辭達。是書也，意惟宋、元名儒能爲之，明三百年來殆未有也。耒少從先生游，嘗手授是書。先生没，復從其家求得手藁，較勘再三，繕寫成帙，與先生之甥刑部尚書徐公健庵、大學士徐公立齋，謀刻之而未果。二公繼没，耒念是書不可以無傳，攜至閩中。年友汪悔齋贈以買山之資，舉畀建陽丞葛受箕，鳩工刻之以行世。嗚呼！先生非一世之人，此書非一世之書也。魏司馬朗復井田之議，至易代而後行；元虞集京東水利之策，至異世而見用。立言不爲一時，《録》中固已言之矣。異日有整頓民物之責者，讀是書而憬然覺悟，採用其説，見諸施行，於世道人心實非小補。如第以考據之精詳、文辭之博辨歎服而稱述焉，則非先生所以著此書之意也。康熙乙亥仲秋門人潘耒拜述。

# 先生初刻日知録自序

炎武所著《日知録》，因友人多欲鈔寫，患不能給，遂於上章閹茂之歲，刻此八卷。歷今六七年，老而益進，始悔向日學之不博，見之不卓，其中疏漏往往而有。而其書已行於世，不可掩。漸次增改，得二十餘卷，欲更刻之，而猶未敢自以爲定，故先以舊本質之同志。蓋天下之理無窮，而君子之志於道也，不成章不達。故昔日之得不足以爲矜，後日之成不容以自限。若其所欲明學術，正人心，撥亂世以興太平之事，則有不盡於是刻者。須絶筆之後，藏之名山，以待撫世宰物者之求，其無以是刻之陋而棄之，則幸甚。

## 又與人書十

嘗謂今人纂輯之書，正如今人之鑄錢。古人采銅於山，今人則買舊錢，名之曰廢銅，以充鑄而已。所鑄之錢既已麤惡，而又將古人傳世之寶舂剉碎散，不存於後，豈不兩失之乎？承問《日知録》又成幾卷，蓋期之以廢銅。而某自别來一載，早夜誦讀，反復尋究，僅得十餘條，然庶幾采山之銅也。

## 又與人書二十五

君子之爲學，以明道也，以救世也。徒以詩文而已，所謂雕蟲篆刻，亦何益哉！某自五十以後，篤志經史，其於音學深有所得。今爲「五書」，以續「三百篇」以來久絶之傳。而别著《日知録》，上篇經術，中篇治道，下篇博聞，共三十餘卷。有王者起，將以見諸行事，以躋斯世於治古之隆，而未敢爲今人道也。向時所傳刻本，乃其緒餘耳。

## 又與潘次耕書

《日知録》再待十年，如不及年，此「年」字如「不復年」之「年」。則以臨終絶筆爲定。彼時自有受之者，而非可預期也。

## 又與楊雪臣書

向者《日知録》之刻，謬承許可。比來學業稍進，亦多刊改。意在撥亂滌汙，法古用夏，啟多聞於來學，待一治於後王。自信其書之必傳，而未敢以示人也。

## 又與友人論門人書

所著《日知録》三十餘卷，平生之志與業皆在其中，惟多寫數本，以貽之同好，庶不爲惡其害己者之所去。而有王者起，得以酌取焉，其亦可以畢區區之願矣。

# 日知録自記❶

愚自少讀書，有所得輒記之，其有不合，時復改定。或古人先我而有者，則遂削之。積三十餘年，乃成一編，取子夏之言，名曰《日知録》，以正後之君子。東吴顧炎武。

❶ 此篇識語原置於目録之首，今移於正文之前。篇題依《四庫全書》本加。

# 日知録集釋卷一

崑山顧炎武著　嘉定後學黄汝成集釋

## 三　易

夫子言包羲氏「始畫八卦」，不言作《易》，而曰：「《易》之興也，其於中古乎？」又曰：「《易》之興也，其當殷之末世、周之盛德邪？當文王與紂之事邪？」是文王所作之辭，始名爲《易》，而《周官》大卜「掌三易之法，一曰《連山》，二曰《歸藏》，三曰《周易》」。《連山》《歸藏》非《易》也，而云「三易」者，後人因《易》之名以名之也。〔雷氏曰〕伏羲畫卦，自兩儀生四象，而四時之序已著；自四象生八卦，而萬物之理悉函；自八卦重之，相錯相盪。陽動而進，左旋而位于西北；陰動而退，右轉而位于西南。于是震、兑止于東、西，坎、離正于南、北，而四時首春，「帝出乎震」之象以立。又以「乾元用九」消息之，而十二辟卦之象以成，六十四卦之象以著，伏羲氏之所以爲《易》者也。《連山》者，神農氏之《易》也。神農詳于地，辨土性，藝五穀，嘗百藥，鑿井出泉，立市通貨，故其《易》用伏羲八卦之動象，以艮爲首。艮者，止也，止乃行之首，以時行爲義，由體達用之象也。艮本陽卦，其象爲山，位在東北，立春斗建之所在也。山托于地而親上，能出雲氣，和洽天地，且二山相襲，故曰《連山》。《歸藏》，黄帝，杜子春之説不可易。蓋黄帝之治詳于人，作調曆以授時，❶作杵臼以前用，作舟車以致遠，作弧矢以取威，作衣冠宫室以庇身，作禮樂書契以立教，上古朴野之俗至此而變，後世文明之象自此而開。《易·象》曰：「后以裁成天地之道，輔相天地之宜，以左右民。」即謂此矣。其後五帝之治，皆因于此。故伏羲爲天皇，神農爲地皇，黄帝爲人皇，此即《周官》書之所謂「三皇」矣。黄帝在位百年，功成之後，深求道極，默契本原，于羲、農之《易》皆反而歸之，得其初象，知陽氣之所以能生，實原于此。于是以坤爲首，以陰爲主，以静爲道，以柔爲用，所以明體也。猶之《墨子》書言「周之《春秋》」，「燕之《春秋》」，「宋之《春秋》」，「齊之《春秋》」，周、燕、齊、宋之史非必皆《春秋》也，而云「《春秋》」者，因魯史之名以名之也。〔汝成案〕雷氏用杜子春之説，以《歸藏》爲黄帝易，似矣。然《禮運》孔子曰：「我欲觀殷道，得坤乾焉。」注以爲殷時陰陽之書，即《歸藏易》。而鄭司農《贊易》亦以爲《歸藏》殷易，釋其義曰：「《歸藏》者，萬物莫不歸藏于中。夏曰《連山》，《連山》者，象山之出雲，連山不絶。《周易》者，言易道周普，无所不備。」與杜子春説不同。大抵世代荒遠，莫可稽考，後人徒從推測得之，亦各存其説而已。

《左傳》僖十五年：戰於韓。卜徒父筮之，曰吉。其卦遇蠱，曰：「千乘三去，三去之餘，獲其雄狐。」成十六年：戰於鄢陵。公筮之，史曰吉。其卦遇復，曰：「南國蹙，射其元王，中厥目。」此皆不用《周易》而別有引據之辭，即所謂「三易之法」也，〔原注〕卜徒父以卜人而掌此，猶《周官》之大卜。而

❶「曆」，原避清乾隆帝諱作「歷」。後凡「曆」字作「歷」者，俱回改，不再出校。

《傳》不言《易》。〔楊氏曰〕其用《周易》處,必出《周易》之名于上,如「有以《周易》見陳侯」及「《周易》有之」之類。

## 重卦不始文王

「大卜掌三易之法,其經卦皆八,其別皆六十有四。」攷之《左傳》襄公九年:穆姜遷於東宫,筮之,遇艮之隨。姜曰:「是於《周易》曰:『隨,元、亨、利、貞,无咎。』」獨言「是於《周易》」,則知夏、商皆有此卦,而重八卦爲六十四者,不始於文王矣。〔梁氏曰〕《周本紀》及《世表》皆言文王益卦,其實非。孔氏《易正義》論重卦之説,王弼以爲伏羲。以《繫辭》攷之,弼言爲當,十二卦體已具于羲、農、黄帝、堯、舜之世。以《洪範》攷之,其七「卜筮」,貞卦已見于禹錫九疇之時,則可知爲伏羲因重之驗。

## 朱子周易本義

《周易》自伏羲畫卦,文王作《彖辭》,周公作《爻辭》,謂之「經」。經分上下二篇。孔子作《十翼》,謂之「傳」。傳分十篇:《彖傳》上下二篇,《象傳》上下二篇,《繫辭傳》上下二篇,《文言》《説卦傳》《序卦傳》《雜卦傳》各一篇。〔原注〕《漢書·藝文志》:「《易經》十二篇。」師古曰:「上下經及《十翼》,故十二篇。」孔氏《正義》曰:「《十翼》者,《上彖》一,《下彖》二,《上象》三,《下象》四,《上繫》五,《下繫》六,《文言》七,《説卦》八,《序卦》九,《雜卦》十。」陸德明《釋文》曰:「《太史公論六家要旨》引『天下同歸而殊塗,一致而百慮』,謂之《易大傳》。班固謂孔子晚而好《易》，讀之韋編三絶，而爲之傳。傳即《十翼》也。前漢六經與傳皆别行，至後漢諸儒始合經傳爲一。」自漢以來，爲費直、鄭玄、❶王弼所亂，取孔子之言逐條附於卦爻之下。〔莊氏曰〕朱子發《漢上易傳》云：「王弼以《文言》附于《乾》《坤》二卦。」孔氏《正義》云：「輔嗣之意，以爲象本釋經，宜相附近，其義易了，故分爻之象辭，各附其當爻下言之。」按此，則費氏古經自是經、傳相别，其謂費氏始亂經者妄也。合彖、象于經者，自康成始，則加「彖曰」「象曰」之文，猶以傳附經後，若今《乾》卦者是，是爲鄭氏本。至以象附爻，而以彖、象移置爻前，自輔嗣始，則每爻加「象曰」之文，若今《坤》卦以下者是。又以《文言》附《乾》《坤》二卦，于《坤》亦加「《文言》曰」之文，是爲王氏本。程正叔《傳》因之，及朱元晦《本義》始依古文，故於《周易上經》條下云：「中閒頗爲諸儒所亂，近世晁氏始正其失，而未能盡合古文。吕氏又更定，著爲經二卷，傳十卷，乃復孔氏之舊云。」洪武初，頒五經天下儒學，而《易》兼用程、朱二氏，亦各自爲書。永樂中修《大全》，乃取朱子卷次割裂，附之程《傳》之後，〔原注〕《易經大全·凡例》曰：「程《傳》、《本義》既已並行，而諸家定本又各不同，故今定從程《傳》元本，而《本義》仍以類從。」而朱子所定之古文仍復殽亂。「《彖》即文王所繫之辭，傳者，孔子所以釋經之辭也，後凡言『傳』放此」，此乃《彖上傳》條下義；今乃削「彖上傳」三字，而附於「大哉乾元」之下。「象者，卦之上下兩象及兩象之六爻，周公所繫之辭也」，乃《象上傳》條下義；今乃削「象上傳」三字而附於「天行健」之下。「此篇申《彖傳》《象傳》之

❶「玄」，原避清康熙帝諱作「元」。後凡「元」字作「玄」者，俱回改，不再出校。

意，以盡《乾》《坤》二卦之藴，而餘卦之説因可以例推云」，乃《文言》條下義；今乃削「文言」二字而附於「元者善之長也」之下。其「彖曰」「象曰」「文言曰」字，皆朱子本所無，復依程《傳》添入。後來士子厭程《傳》之多，棄去不讀，專用《本義》。〔原注〕弘治三年會試，❶「物不可以苟合而已故受之以賁」題，陳輔文，同考官楊守阯批曰：「《序卦》，朱子無一言以釋其義，蓋以程子於諸卦之首疏析其義已明且盡故也。今治經者專讀《本義》，《易》卷踰八百，而知有《傳》者不數人。此能知之而又善作，是用録之，以激厲經生之不讀程《傳》者。」而《大全》之本乃朝廷所頒，不敢輒改，遂即監版《傳義》之本，刊去程《傳》，而以程之次序爲朱之次序，〔原注〕虚齋蔡清《易經蒙引》謂之今所竊刊行《易經本義》。○今《四書》版本每張十八行，每行十七字，而注皆小字。《書》《詩》《禮記》並同。惟《易》每張二十二行，每行二十三字，而《本義》皆作大字，與各經不同，明爲後來所刻。是依監版《傳義》本而刊去程《傳》，凡《本義》中言「程《傳》備矣」者，又添一「《傳》曰」而引其文，皆今代人所爲也。○坊刻擅改古書，宜有嚴禁，是學臣之責。朱子《詩集傳序》、蔡仲默《書集傳序》，今南京刊《大全》本，改曰《詩經大全序》《書經大全序》，此即亂刻古書之一驗。幸監本尚存，其謬亦易見爾。相傳且二百年矣。惜乎朱子定正之書竟不得見於世，豈非此經之不幸也夫！〔汝成按〕今御纂《周易折中》已復朱子之舊矣。

朱子《記嵩山晁氏卦爻彖象説》，謂「古經始變於費氏，而卒大亂於王弼」。此據孔氏《正義》，

❶「弘」，原避清乾隆帝諱作「宏」。後凡「弘」字作「宏」者，俱回改，不再出校。

曰：「夫子所作彖辭，元在六爻經辭之後，以自卑退，不敢干亂先聖正經之辭。王輔嗣之意，以爲《彖》者本釋經文，宜相附近，其義易了，故分爻之象辭各附其當爻下，如杜元凱注《左傳》，分經之年與《傳》相附。」故謂連合經、傳，始於輔嗣，不知其實本於康成也。《魏志》：「高貴鄉公幸太學，問博士淳于俊曰：『孔子作《彖》《象》，鄭玄作注，其釋經義一也。今《彖》《象》不與經文相連，而注連之，何也？』俊對曰：『鄭玄合《彖》《象》於經者，欲使學者尋省易了也。』帝曰：『若合之於學誠便，則孔子曷爲不合以了學者乎？』俊對曰：『孔子恐其與文王相亂，是以不合。此聖人以不合爲謙。』帝曰：『若聖人以不合爲謙，則鄭玄何獨不謙邪？』俊對曰：『古義弘深，聖問奥遠，非臣所能詳盡。』」是則康成之書已先合之，不自輔嗣始矣。乃《漢書·儒林傳》云：「費直治《易》無章句，徒以《彖》《象》《繫辭》《文言》解説上、下《經》。」則以傳附經又不自康成始。朱子記晁氏説謂「初亂古制時，猶若今之《乾》卦」，蓋自《坤》以下皆依此，後人又散之各爻之下，而獨存《乾》一卦，以見舊本相傳之様式耳。愚嘗以其説推之，今《乾》卦「彖曰」爲一條，「象曰」爲一條，疑此費直所附之元本也。《坤》卦以小象散於各爻之下，其爲「象曰」者八，餘卦則爲「象曰」者七，此鄭玄所連，高貴鄉公所見之本也。〔楊氏曰〕玩魏主問辭，止是康成注連合一處耳，非并經連之者。古者注亦單行。

程《傳》雖用輔嗣本，亦言其非《古易》。《咸》九三「咸其股，亦不處也」，《傳》曰：「云『亦』者，蓋象辭本不與《易》相比，自作一處，故諸爻之象辭意有相續者。此言『亦』者，承上爻辭也。」〔原注〕《小畜》九二「牽復在中，亦不自失也」，《本義》曰：「亦者，承上爻義。」

秦以焚書而五經亡，本朝以取士而五經亡。今之爲科舉之學者，大率皆帖括熟爛之言，不能通知大義者也，而《易》《春秋》尤爲繆盭。以《彖傳》合大象，以大象合爻，以爻合小象，二必臣，五必君，陰卦必云小人，陽卦必云君子，於是此一經者爲拾瀋之書，而《易》亡矣。取胡氏《傳》一句兩句爲旨，而以經事之相類者合以爲題，傳爲主，經爲客，有以彼經證此經之題，有用彼經而隱此經之題，於是此一經者爲射覆之書，而《春秋》亡矣。〔原注〕天順三年九月甲辰，浙江温州府永嘉縣儒學教諭雍懋言：「比者浙江鄉試，《春秋》摘一十六段配作一題，頭緒太多。及所鏤程文，乃太簡略而不統貫。且《春秋》爲經，屬詞比事，變例無窮。考官出題，往往棄經任傳，甚至參以己意，名雖經題，實則射覆。乞敕禁止。」上從之。復程、朱之書以存《易》，〔原注〕當各自爲本。備三《傳》、啖、趙諸家之説以存《春秋》，必有待於後之興文教者。

## 卦爻外無别象

聖人設卦觀象而繫之辭，若文王、周公是已。夫子作傳，傳中更無别象。其所言卦之本象，若天、地、雷、風、水、火、山、澤之外，惟「頤中有物」，本之卦名，「有飛鳥之象」，本之卦辭，而夫子未嘗增設一象也。荀爽、虞翻之徒，穿鑿附會，象外生象，以「同聲相應」爲震、巽，「同氣相求」爲艮、兑，「水流濕、火就燥」爲坎、離，「雲從龍」則曰乾爲龍，「風從虎」則曰坤爲虎。《十翼》之中，無語不求其象，而《易》之大指荒矣。豈知聖人立言取譬，固與後之文人同其體例，何嘗屑屑於象哉！王弼之注雖涉於玄虚，然已一掃《易》學之榛蕪，而開之大路矣。〔原注〕王輔嗣《略例》曰：「互體不足，遂及卦變。變又不足，推致五行。一失其原，巧喻彌甚。」不有程子，大義何由而明乎！〔汝成案〕説卦别象，漢時尤多，今約其數，乾八十二，坤一百十三，震五十八，巽四十五，坎七十五，離三十，艮五十三，兑十八，雖皆穿鑿滋生，然《易》理閎深，曲包道藝，觀象玩占，義或有取爾。

《易》之互體、卦變，《詩》之叶韻，《春秋》之例月日，經説之繚繞破碎於俗儒者多矣。文中子曰：「九師興而《易》道微，三《傳》作而《春秋》散。」

## 卦變

卦變之説，不始於孔子，周公繫《損》之「六三」已言之矣，曰「三人行則損一人，一人行則得其友」。是六子之變，皆出於乾、坤，無所謂自復、姤、臨、遯而來者，當從程《傳》。〔原注〕蘇軾、王炎皆同此説。〔江氏曰〕《彖傳》有言剛柔、往來、上下者，虞翻謂之卦變。《本義》謂自某卦而來者，其法以相連之兩爻上下相易取之，似未安。今考文王之《易》，以反對爲次序，則所謂往來、上下者，即取切近相反之卦，非别取諸他卦也。往來之義莫明于《泰》《否》二卦彖辭：否反爲泰，三陰往居外，三陽來居内，故曰「小往大來」，泰反爲否，三陽往居外，三陰來居内，故曰「大往小來」。《彖傳》所謂「剛來柔來」者本此。〔楊氏曰〕王雙溪之經説，今皆不可得。

## 互體

凡卦爻二至四、三至五，兩體交互，各成一卦，先儒謂之「互體」。其説已見於《左氏》莊公二十二年：「陳侯筮，遇觀之否，曰：『風爲天於土上，山也。』」注「自二至四，有艮象，〔原注〕四爻變故。艮爲山」是也。然夫子未嘗及之，後人以「雜物撰德」之語當之，非也。其所論二與四、三與五「同功而異位」，特就兩爻相較言之，初何嘗有互體之説。

《晋書》荀顗嘗難鍾會「《易》無互體」，見稱於世，其文不傳。新安王炎晦叔嘗問張南軒曰：「伊川令學者先看王輔嗣、胡翼之、王介甫三家《易》，何也？」南軒曰：「三家不論互體故爾。」〔全氏曰〕漢、晋諸儒無不言互體者，至王輔嗣、鍾士季始力排之，然亦終不能絀也。特是漢儒言互，祇就一卦一爻配象，未能探其所以然。至王伯厚作《鄭康成易注序》，始發之，謂八卦之中，乾、坤純乎陰陽，故無互體。若震、巽、艮、兑分主四時，而坎、離居中以運之，是以下互震而上互艮者，坎也；下互巽而上互兑者，離也；若震、巽分乾、坤之下畫，則上互有坎、離；艮、兑分乾、坤之上畫，則下互有坎、離；而震、艮又自相互，巽、兑又自相互，斯陰陽老少之交相資也。愚再以十辟卦推之，五陽辟以震、兑與乾、坤合而成，五陰辟以巽、艮與乾、坤合而成。乃夬、姤近乎純乾，剥、復近乎純坤，故無互體。而艮、兑之合乾、坤也，爲臨爲遯，則下互有震、巽；震、巽之合乾、坤也，爲大壯爲觀，則上互有艮、兑。至坤、乾合而爲泰，則下互兑而上互震；坤、乾合而爲否，則下互艮而上互巽。坎、離于十辟卦雖不預，而以既、未濟自相互。是陰陽消長之迭爲用也。蓋伯厚八卦之旨，即中央寄王之義也。愚所推十辟卦之旨，即六律還宫之義也。是以朱子晚年謂從《左氏》悟得互體，而服漢儒之善于説經者，有自來矣。

朱子《本義》不取互體之説，惟《大壯》六五云：「卦體似兑，有羊象焉。」不言「互」而言「似」。似者，合兩爻爲一爻則似之也。〔原注〕又謂《頤》初九靈龜是伏，得離卦。然此又朌先儒所未有，不如言互體矣。大壯自三至五成兑，兑爲羊，故爻辭並言羊。

## 六爻言位

《易傳》中言位者有二義。「列貴賤者存乎位」，五爲君位，二、三、四爲臣位，故皆曰「同功而異位」。而初、上爲無位之爻，譬之於人，初爲未仕之人，上則隱淪之士，皆不爲臣也。〔原注〕《明夷》上六爲失位之君，乃其變例。其但取初終之義者，亦不盡拘。故《乾》之「上」曰「貴而无位」，《需》之「上」曰「不當位」。〔原注〕王弼注《需》上六曰：「處无位之地，不當位者也。」程子《傳》亦云：「此爵位之位，非陰陽之位。」〔楊氏曰〕朱子以爲未詳，似不取伊川之説。若以一卦之體言之，則皆謂之位，故曰「六位時成」，曰「《易》六位而成章」，是則卦爻之位，非取象於人之位矣。此意已見於王弼《略例》，但必强彼合此，而謂初、上無陰陽定位，則不可通矣。《記》曰：「夫言豈一端而已，夫各有所當也。」

## 九二君德

爲人臣者必先具有人君之德，而後可以堯、舜其君。故伊尹之言曰：「惟尹躬暨湯，咸有一德。」武王之誓亦曰：「予有亂臣十人，同心同德。」

## 師出以律

以湯、武之仁義爲心，以桓、文之節制爲用，斯之謂「律」。律即卦辭之所謂「貞」也。《論語》言「子之所慎者戰」。長勺以詐而敗齊，泓以不禽二毛而敗於楚，《春秋》皆不予之。故「先爲不可勝，以待敵之可勝」，雖三王之兵，未有易此者也。〔楊氏曰〕湯、武行軍，應亦有法度，非僅以其仁義也。配入桓、文，非能擇言者。

## 既雨既處

陰陽之義莫著於夫婦，故爻辭以此言之。小畜之時，求如任、姒之賢，二《南》之化，不可得矣。陰畜陽，婦制夫，其畜而不和，猶可言也，「三」之「反目」，隋文帝之於獨孤后也；既和而惟其所爲，不可言也，「上」之「既雨」，猶高宗之於武后也。〔楊氏曰〕「猶」當作「唐」。❶

## 武人爲於大君

「武人爲於大君」，非武人爲大君也，如《書》「予欲宣力四方，汝爲」之「爲」。「六三」，才弱志剛，

---

❶ 「猶」，據《刊誤》卷上，原寫本作「唐」。

雖欲有爲而不克濟，以之履虎，有咥人之凶也。惟武人之效力於其君，其濟則君之靈也，不濟則以死繼之，是當勉爲之而不可避耳。故有「斷脰決腹，一瞑而萬世不視，不知所益，以憂社稷者，莫大心是也」。〔原注〕《戰國策》。「過涉之凶」，其何咎哉。

## 自邑告命

人主所居謂之「邑」。《詩》曰「商邑翼翼，四方之極」，《書》曰「惟尹躬先見於西邑夏」，曰「惟臣附於大邑周」，曰「作新大邑於東國洛」，曰「肆予敢求爾於天邑商」，〔原注〕武王之妃謂之邑姜。《白虎通》曰「夏曰夏邑，商曰商邑，周曰京師」是也。〔原注〕《周官》始以四井爲邑。《泰》之「上六」，政教陵夷之後，一人僅亦守府，而號令不出於國門，於是焉而用師，則不可。君子處此，當守正以俟時而已。桓王不知此也，故一用師，而祝聃之矢遂中王肩；唐昭宗不知此也，故一用師，而邠岐之兵直犯闕下。然則保泰者，可不豫爲之計哉。

《易》之言「邑」者，皆内治之事。《夬》曰「告自邑」，如康王之命畢公「彰善癉惡，樹之風聲」者也。《晋》之「上九」曰「維用伐邑」，如王國之大夫，「大車檻檻，毳衣如菼」，國人畏之而不敢奔者也。其爲自治則同，皆聖人之所取也。〔原注〕《比》之「九五」：「邑人不誡。」是亦内治修而遠人服之意。

## 成有渝无咎

「昔穆王欲肆其心，周行天下，將皆必有車轍馬迹焉。祭公謀父作《祈招》之詩，以止王心，王是以獲殁於祇宫。」《傳》曰：「人誰無過，過而能改，善莫大焉。」聖人慮人之有過不能改之於初，且將遂其非而不反也，教之以「成有渝无咎」，雖其漸染之深，放肆之久，而惕然自省，猶可以不至於敗亡。以視夫「迷復之凶」，不可同年而論矣。故曰：「惟狂克念作聖。」〔汝成案〕《訟》三心險，渝即就平；《豫》上心昏，渝即頓清。平則遠於巖牆，清則生於憂患。

## 童觀

其在政教，則不能「是訓是行，以近天子之光」，而所司者籩豆之事。其在學術，則不能「知類通達」，以幾大學之道，而所習者佔畢之文。「樂師辨乎聲詩，故北面而弦。宗祝辨乎宗廟之禮，故後尸。商祝辨乎喪禮，故後主人。」小人則无咎也。「有大人之事，有小人之事。」「雖小道，必有可觀者焉，致遠恐泥。」故君子爲之則吝也。

## 不遠復

《復》之「初九」，動之初也。自此以前，喜怒哀樂之未發也，至一陽之生而動矣，故曰「復」，其見天地之心乎？ 顔子體此，故「有不善未嘗不知，知之未嘗復行」，此慎獨之學也。 回之爲人也，「擇乎中庸」；夫亦擇之於斯而已，是以「不遷怒，不貳過」。

其在凡人，則《復》之「初九」，「日夜之所息，平旦之氣，其好惡與人相近也者幾希」。 苟其知之，則擴而充之矣。 故曰「復小而辨於物」。

## 不耕穫不菑畬

楊氏曰：〔原注〕《誠齋易傳》。 「『初九』動之始，『六二』動之繼，是故初耕之，二穫之，初菑之，二畬之。」天下無不耕而穫、不菑而畬者。 其曰「不耕不菑」，則耕且菑，前人之所已爲也。 昔者周公「毖殷頑民，遷於洛邑，密邇王室，既歷三紀，世變風移」，而康王作《畢命》之書曰：「惟周公克慎厥始，惟君陳克和厥中，惟公克成厥終。」是故有周之治，垂拱仰成而無所事矣。 「周監於二代，郁郁乎文哉。」而孔子之聖，但曰：「述而不作，信而好古。」又曰：「文武之道未墜於地，在人。」是故六經之業，集羣聖之大成，而無所剏矣。 雖然，使有始之作之者，而無終之述之者，是耕而弗穫，菑而弗畬也，其功爲弗竟矣。 「六二」之柔順中正，是能穫能畬者也，故「利有攸往」也。 「未富」者，因前人之爲而不自多也，猶「不富以其鄰」之意。

## 天在山中

張湛注《列子》曰：「自地以上皆天也。」故曰「天在山中」。

## 罔孚裕无咎

「君子信而後諫，未信則以爲謗己也」，而況「初」之居下位，未命於朝者乎？「孔子嘗爲委吏矣，曰會計當而已矣。嘗爲乘田矣，曰牛羊茁壯長而已矣。」此所謂「裕无咎」也。若受君之命而任其事，「有官守者，不得其職則去；有言責者，不得其言則去」矣。〔汝成案〕憂則違之，故《豫》二「不終日，貞吉」。樂則行之，故《晉》初「罔孚裕无咎」。《豫》「溺晏安」，《晉》「麗乎明」也。

## 有孚於小人

君子之於小人也，有「知人則哲」之明，有「去邪勿疑」之斷，堅如金石，信如四時。使憸壬之類皆知上志之不可移，豈有不革面而從君者乎？所謂「有孚於小人」者如此。

## 損其疾使遄有喜

損不善而從善者，莫尚乎剛，莫貴乎速。「初九」曰「已事遄往」，「六四」曰「使遄有喜」。「四」之所以能遄者，賴「初」之剛也。「周公思兼三王以施四事，其有不合者，仰而思之，夜以繼日；幸而得之，坐以待旦。」「子路有聞，未之能行，惟恐有聞。」其遄也至矣。文王之勤日昃，大禹之惜寸陰，皆是道也。君子進德修業，欲及時也。故爲政者玩歲而愒日，則治不成；爲學者日邁而月征，則身將老矣。〔汝成案〕盱豫則悔遲有悔，損疾則使遄有喜。《荀子》曰：「其爲人多暇日者，其出入不遠矣。」《孟子》曰：「知其非義，斯速已矣，何待來年。」

召公之戒成王曰：「宅新邑，肆惟王其疾敬德。」疾之爲言，遄之謂也。故曰：「雞鳴而起，孳孳爲善。」

## 上九弗損益之

有天下而欲厚民之生，正民之德，豈必自損以益人哉？「不違農時，穀不可勝食也；數罟不入洿池，魚鼈不可勝食也；斧斤以時入山林，材木不可勝用也」，所謂「弗損，益之」者也。「皇建其有極，斂時五福，用敷錫厥庶民。」「《詩》曰：『奏格無言，時靡有争。』是故君子不賞而民勸，不怒而民威於鈇鉞」，所謂「弗損，益之」者也。以天下爲一家，中國爲一人，其道在是矣。〔錢氏曰〕惠而不費，則其惠可久，其惠亦可大，故曰「弗損，益之」，大得志也。

## 利用爲依遷國

在無事之國而遷，晉從韓獻子之言而遷於新田是也；在有事之國而遷，楚從子西之言而遷於都是也。皆「中行告公」之「益」也。

## 姤

天下之生久矣，一治一亂，盛治之極而亂萌焉，此一陰遇五陽之卦也。孔子之門，四科十哲，身通六藝者七十有二人。於是删《詩》《書》，定《禮》《樂》，贊《周易》，修《春秋》，盛矣；而《老》《莊》之書即出於其時。後漢立辟雍，養三老，臨白虎，論五經，太學諸生至三萬人，而三君、八俊、八顧、八及、八廚爲之稱首，馬、鄭、服、何之注，經術爲之大明；而佛、道之教即興於其世。〔原注〕胡三省曰：「道家雖宗老子，而西漢以前未嘗以道士自名，至東漢始有張道陵、于吉等。是道與佛教皆起於東漢之時。」是知邪説之作，與世升降，聖人之所不能除也。故曰：「繫于金柅，柔道牽也。」嗚呼，豈獨君子小人之辨而已乎！〔汝成案〕姤，遇也。不期而會曰遇。初陽曰復，意中之望也。初陰曰姤，意外之變也。陽四始曰大壯，陰一已曰女壯，其詞危矣。

## 包无魚

國猶水也，民猶魚也。幽王之詩曰：「魚在于沼，亦匪克樂。潛雖伏矣，亦孔之昭。憂心慘慘，念國之爲虐。」秦始皇八年，河魚大上。《五行志》以爲：「魚，陰類，民之象也。逆流而上，言民不從君，爲逆行也。」自人君有求多於物之心，於是魚亂於下，鳥亂於上，而人情之所嚮，必有起而收之者矣。

## 以杞包瓜

〔汝成案〕「瓜者外延」云云，司馬彪《續漢書·五行志》文，今曰「劉昭」，當是「續漢」二字之誤。

劉昭《五行志》曰：「瓜者外延，離本而實，女子外屬之象。」一陰在下，如瓜之始生，勢必延蔓而及於上。「五」以陽剛居尊，如樹杞然，〔原注〕《詩》「南山有杞」，陸璣曰：「杞，山材也，其樹如樗。」《左傳》所謂「杞梓皮革」。使之無所緣而上，故曰「以杞包瓜」。孔子曰：「惟女子與小人爲難養也。」嚬笑有時，恩澤有節，器使有分，而國之大防不可以踰，何有外戚宦官之禍乎！〔姚刑部曰〕以人君之道言之，則以道率民，以禮防民，猶之植杞。而事變無窮，不曲而爲之備，是爲含章。〔又曰〕古苞苴用諸魚肉，程《傳》以釋「包有魚」是也，恐未可以言諸瓜，且杞葉非可爲苞者。《詩》曰「無踰我里，無折我樹杞」，然則植杞以衛田里，是爲包焉耳。〔沈明經曰〕惠氏以「包有魚」爲庖，此爲匏，陳義雖古，遜是閎深。

## 已日

《革》：「已日乃孚。」六二：「已日乃革之。」朱子發讀爲「戊己」之「己」。天地之化，過中則變，日中則昃，月盈則食，故《易》之所貴者中。十干則戊己爲中，至於己，則過中而將變之時矣，故受之以庚。庚者，更也，天下之事當過中而將變之時，然後革，而人信之矣。古人有以「己」爲變改之義者，《儀禮·少牢饋食禮》「日用丁己」注：「内事用柔，日必丁己者，取其令名，自丁甯，自變改，皆爲謹敬。」而《漢書·律曆志》亦謂「理紀於己，斂更於庚」是也。〔原注〕納甲之法，革下卦離納己。王弼謂「即日不孚，已日乃孚」，以「已」爲「已事遄往」之「已」，恐未然。〔楊氏曰〕按《白虎通》云：「已者，起也。」〔汝成案〕「已日革之」，程《傳》義極正大。納甲之説，先生所斥，乃欲以此破舊説，徒好異耳。漢人亦無以此訓《革》彖者。革是改命，與幹蠱異，非過中之謂也。

## 改命吉

《革》之「九四」，猶《乾》之「九四」，諸侯而進乎天子，湯、武革命之爻也，故曰「改命吉」。「成湯放桀於南巢，惟有慙德」，是「有悔」也。天下信之，其「悔亡」矣。「四海之内皆曰：非富天下也，爲匹夫匹婦復讎也」，故曰「信志也」。〔陸學博曰〕革而信之，信不待革也。若既革而信，是未信而動矣。

## 艮

「毋意，毋必，毋固，毋我」，「艮其背，不獲其身」也。「富貴不能淫，貧賤不能移，威武不能屈」，「行其庭，不見其人」也。

## 艮其限

學者之患，莫甚乎執一而不化，及其施之於事，有扞格而不通，則忿懥生而五情瞀亂，與衆人之滑性而焚和者，相去蓋無幾也。孔子「惡果敢而窒者」，非獨處事也，爲學亦然。告子不動心之學，至於「不得於言，勿求於心」，而孟子以爲其弊必將如蹶趨者之反動其心。此「艮其限，列其夤」之説也。君子之學不然，廓然而大公，物來而順應，故「聞一善言，見一善行，若決江河，沛然莫之能禦」，而無「熏心」之厲矣。

慈谿黄氏〔原注〕震。《日鈔》曰：「心者，吾身之主宰，所以治事而非治於事，惟隨事謹省，則心自存，不待治之而後齊一也。孔子之教人曰：『居處恭，執事敬，與人忠。』曾子曰：『吾日三省吾身，爲人謀而不忠乎？與朋友交而不信乎？傳不習乎？』不待言心，而自貫通於動静之間者也。孟子不幸當人欲横流之時，始單出而爲『求放心』之説，然其言曰『君子以仁存心，以禮存心』，則心有所主，非虚空以治之也。〔錢氏曰〕孟子言：『學問之道無他，求其放心而已矣。』不求學問而求放心，此釋氏之學也。至於齋心服形之老莊，一變而爲坐脱立忘之禪學，乃始瞑目静坐，日夜仇視其心而禁治之。及治之愈急而心愈亂，則曰『易伏猛獸，難降寸心』。嗚呼！人之有心，猶家之有主也，反禁切之，使不得有爲，其不能無擾者，勢也，而患心之難降歟。」〔原注〕《省齋記》。又曰：「夫心之説有二，古人之所謂存心者，存此心於當用之地也。後世之所謂存心者，攝此心於空寂之境也。造化流行，無一息不運，人得之以爲心，亦不容一息不運，心豈空寂無用之物哉！世乃有游手浮食之徒，株坐攝念，亦曰存心。而士大夫溺於其言，亦將遺落世事，以獨求其所謂心。迨其心迹冰炭，物我參商，所謂老子之弊流爲申、韓者，一人之身已兼備之，而欲尤人之不我應，得乎？」〔原注〕《山陰縣主簿廳記》。此皆足以發明「厲熏心」之義，〔原注〕詳又見第二十三卷「心學」條下。乃周公已先繫之於《易》矣。

## 鴻漸于陸

「上九，鴻漸于陸，其羽可用爲儀，吉。」安定胡氏改「陸」爲「逵」，〔原注〕鼂氏曰：「其説出於毗陵從事范諤昌。」按《宋史·藝文志》，諤昌有《證墜簡》一卷。朱子從之，謂合韻。非也。《詩》「儀」字凡十見，〔原注〕《柏舟》《相鼠》《東山》《湛露》《菁菁者莪》《斯干》《賓之初筵》《既醉》各一見，《抑》二見。皆音牛何反，不得與「逵」爲叶，〔江氏曰〕以韻讀之，「陸」當作「阿」。大陵曰阿。「九五」爲陵，則「上九」爲阿。阿、儀相叶，「菁菁者莪」是也。而「雲路」亦非可翔之地，仍當作「陸」爲是。漸至於陵而止矣，不可以更進，故反而之陸。古之高士，不臣天子，不友諸侯，而未嘗不踐其土、食其毛也。其行高於人君，而其身則與一國之士偕焉而已，此所以居「九五」之上，而與「九三」同爲陸象也。朱子發曰：「上所往，進也，所反，亦進也。《漸》至『九五』，極矣，是以『上』反而之『三』。」楊廷秀曰：「『九三』下卦之極，『上九』上卦之極。」故皆曰「陸」。「自木自陵，而復至於陸，以退爲進也，巽爲進退。」其説並得之。〔姚刑部曰〕漸，以進爲德者也。無應與則困，莫能進；居卦之終則窮，蔑可進矣。故「九三」「上九」皆爲「鴻漸于陸」，失其所而無所往之象也。然「九三」凶「上九」吉者，「三」居臣子之位，雖不得于君，而義不可去，叔肸、子臧、子家駒、屈平之倫是也。「上」之位固處乎事外，則吾進退豈不綽綽然有餘裕哉。雖然，鴻居于水澤，飲食游浮者，吉之常也。若以其羽爲儀，于用則尊，而鴻死矣。孔子曰：「其羽可用爲儀。」天下雖亂，而吾之道不可亂也。贊《易》，述《詩》《書》《禮》《樂》，作《春秋》，以遺後聖，是爲吉而已矣。

## 君子以永終知敝

讀《新臺》《桑中》《鶉奔》之詩，而知衛有狄滅之禍。讀《宛丘》《東門》《月出》之詩，而察陳有徵舒之亂。書「齊侯送姜氏於讙」，而卜桓公之所以薨。書「夫人姜氏入」，書「大夫宗婦覿，用幣」，而兆子般、閔公之所以弑。昏媾之義，男女之節，君子可不慮其所終哉。

## 鳥焚其巢

人主之德，莫大乎下人。楚莊王之圍鄭也，而曰：「其君能下人，必能信用其民矣。」故以禹之征苗，而伯益贊之，猶以「滿招損，謙受益」爲戒。班師者，謙也；用師者，滿也。「上九」處卦之上，《離》之極，所謂「有鳥高飛，亦傅於天」者矣。居心以矜，而不聞諫争之論，菑必逮夫身者也。魯昭公之伐季孫意如也，請待於沂上以察罪，弗許；請囚於費，弗許；請以五乘亡，弗許。於是叔孫氏之甲興，而陽州次、乾侯唁矣。「鸜鵒鸜鵒，往歌來哭」，其此爻之占乎？〔原注〕吴幼清曰：「此爻變爲小過，有飛鳥之象。」

## 巽在牀下

「上九」之「巽在牀下」，「恭而無禮則勞」也。「初六」之「進退」，「慎而無禮則葸」也。〔汝成案〕「二」之所處，「剛巽乎中正而志行」者也。史以通人于神，巫以通神于人，「紛若」即「重巽申命」也。盤庚遷殷，反覆三誥，始惕以天之斷命，繼以乃祖乃父乃斷棄汝，浮言胥動而不怒，傲上從康而不誅，所以「吉，无咎」也，故曰得中。「上九」之「巽在牀下」，則失其齊斧矣。

## 翰音登于天

羽翰之音雖登于天，而非實際。其如莊周《齊物》之言，騶衍怪迂之辯，其高過於大，學而無實者乎？以視車服傳於弟子，弦歌徧於魯中，若鶴鳴而子和者，孰誕孰信，夫人而識之矣。永嘉之亡，太清之亂，豈非「談空空」「覈玄玄」者有以致之哉！「翰音登于天」，中孚之反也。〔汝成案〕豚魚之乎，可以及澤；翰音之登，難達于天。飛鳥遺音，不宜上，宜下也。溝澮皆盈，涸可立待矣。

## 山上有雷小過

山之高峻，雲雨時在其中間，而不能至其巔也。故《詩》曰「殷其靁，在南山之側」。或高或下，在山之側，而不必至其巔，所以爲小過也。然則《大壯》言「雷在天上」，何也？曰：「自地以上皆天也。」

## 妣

《爾雅》：「父曰考，母曰妣。」愚攷古人自祖母以上通謂之「妣」，經文多以「妣」對「祖」而並言之，若《詩》之云「似續妣祖」「烝畀祖妣」，《易》之云「過其祖，遇其妣」是也。《左傳》昭十年：「邑姜，晋之妣也。」平公之去邑姜蓋二十世矣。〔原注〕《儀禮·士昏禮》：「勗帥以敬先妣之嗣。」蓋繼世主祭之通辭。「過其祖，遇其妣」，據文義妣當在祖之上。「不及其君，遇其臣」，臣則在君之下也。昔人未論此義。周人以姜嫄爲妣，〔原注〕《周禮·大司樂》注：「周人以后稷爲始祖，而姜嫄無所配，是以特立廟祭之，謂之閟宫。」《周語》謂之「皇妣太姜」，是以妣先乎祖。《周禮·大司樂》享先妣在享先祖之前。而《斯干》之詩曰「似續妣祖」，箋曰：「妣，先妣姜嫄也。祖，先祖也。」或乃謂變文以協韻，是不然矣。〔原注〕朱子《本義》以《晋》六二爲享先妣之吉占。或曰《易》爻何得及此？夫「帝乙歸妹」，「箕子之明夷」，

「王用亨于岐山」，文辭屢言之矣。

《易》本周《易》，故多以周之事言之。《小畜》卦辭：「密雲不雨，自我西郊。」《本義》：「我者，文王自我也。」

## 東鄰

馭得其道，則天下皆爲之臣。馭失其道，則彊而擅命者謂之鄰。「臣哉鄰哉！鄰哉臣哉！」

《漢書·郊祀志》引此，師古注：「東鄰，謂商紂也；西鄰，謂周文王也。」〔雷氏曰〕鄭康成《坊記》注云：「東鄰謂紂國中也，西鄰謂文王國中也。」班固《通幽賦》云：「東厶虐而殲仁兮。」應劭注云：「東鄰謂紂。」顔師古注云：「厶，古鄰字。」是東漢時實有此説，今遺佚耳。

## 游魂爲變

「精氣爲物」，自無而之有也；「游魂爲變」，自有而之無也。夫子之荅宰我曰：「骨肉斃於下，陰爲野土，其氣發揚於上，爲昭明、焄蒿、悽愴。」〔原注〕朱子曰：「昭明，露光景也。」鄭氏曰：「焄，謂香臭也。蒿，氣蒸出貌。」許氏曰：「悽愴，使人慘慄感傷之意。」魯菴徐氏曰：「陽氣爲魂，附於體貌，而人生焉；骨肉斃於下，其氣無所附麗，則發散飛揚於上，或爲朗然昭明之氣，或爲温然焄蒿之氣，或爲肅然悽愴之氣。蓋陽氣輕清，故升而上浮，以從陽也。」所謂「游魂爲變」者，情狀具於是矣。延陵季子之葬其子也，曰：「骨肉歸復於土，命也。若魂氣則無不之也，無不之也。」張子《正蒙》有云：「太虛不能無氣，氣不能不聚而爲萬物，萬物不能不散而爲太虛。循是出入，是皆不得已而然也。然則聖人盡道其閒兼體而不累者，存神其至矣。」其精矣乎！

「鬼者，歸也。」張子曰：「氣之爲物，散入無形，適得吾體。」此之謂歸。

陳無己〔原注〕師道。以「游魂爲變」爲輪迴之説，〔原注〕《理究》。〔惠氏曰〕京房《乾傳》：「精粹氣純，是爲游魂。」陸績注爲「陰極剥盡，陽道不可盡滅，故返陽道。道不復本位，爲游魂」。先樸菴《易説》曰：「碩果不食，故有游魂。」呂仲木〔原注〕柟。辨之曰：「長生而不化，則人多，世何以容？長死而不化，則鬼亦多矣。夫燈熄而然，非前燈也；雲霓而雨，非前雨也。死復有生，豈前生邪？」

邵氏〔原注〕寶。《簡端録》曰：「聚而有體謂之物，散而無形謂之變。唯物也，故散必於其所聚。唯變也，故聚不必於其所散。是故聚以氣聚，散以氣散。味於散者，〔楊氏曰〕「味」疑作「昧」。❶其説也佛。荒於聚者，其説也僊。」

盈天地之閒者，氣也。氣之盛者爲神，神者，天地之氣而人之心也。故曰：「視之而弗見，聽之而弗聞，體物而不可遺，使天下之人齊明盛服以承祭祀，洋洋乎如在其上，如在其左右。」聖人所以知鬼神之情狀者如此。

---

❶「味」，《刊誤》卷上云：「原寫本正作『昧』。」

「維嶽降神，生甫及申」，非有所託而生也。「文王在上，於昭于天」，非有所乘而去也。此鬼神之實，而誠之不可揜也。

## 通乎晝夜之道而知

日往月來，月往日來，一日之晝夜也。寒往暑來，暑往寒來，一歲之晝夜也。小往大來，大往小來，一世之晝夜也。「子在川上曰：逝者如斯夫，不舍晝夜。」「通乎晝夜之道而知」，則「終日乾乾，與時偕行」，而有以盡乎《易》之用矣。〔楊氏曰〕此慎獨之義。

## 繼之者善也成之者性也

「維天之命，於穆不已」，繼之者善也。「天下雷行，物與无妄」，成之者性也。是故「天有四時，春秋冬夏，風雨霜露，無非教也。地載神氣，神氣風霆，風霆流形，庶物露生，無非教也」。「天地絪緼，萬物化醇」，善之爲言，猶醇也。曰：何以謂之善也？曰：「誠者，天之道也。」豈非善乎？

## 形而下者謂之器

「形而上者謂之道，形而下者謂之器。」非器則道無所寓，說在乎孔子之學琴於師襄也：已習其數，然後可以得其志；已習其志，然後可以得其爲人。是雖孔子之天縱，未嘗不求之象數也，故其自言曰：「下學而上達。」

**垂衣裳而天下治**

「垂衣裳而天下治」，變質而之文也，自黄帝、堯、舜始也，故於此有通變宜民之論。

**過此以往未之或知也**

人之爲學，亦有病於「憧憧往來」者，故天下之不助苗長者寡矣。「過此以往，未之或知也。」「居之安，則資之深；資之深，則取之左右逢其原。」

**困德之辨也**

「内文明而外柔順」，其文王之困而亨者乎？「不怨天，不尤人，下學而上達」，其孔子之困而亨者乎？故在陳之戹，絃歌之志，顔淵知之，而子路、子貢之徒未足以達此也。故曰：「困，德之辨也。」

## 凡易之情

「愛惡相攻」,「遠近相取」,「情僞相感」,人心之至變也。於何知之?以其辭知之。「將叛者其辭慙,中心疑者其辭枝,吉人之辭寡,躁人之辭多,誣善之人其辭游,失其守者其辭屈。」「聽其言也,觀其眸子,人焉廋哉?」是以聖人設卦,以盡情僞。「夫誠於中,必形於外」,君子之所以知人也。「百物而爲之備,使民知神姦」,先王之所以鑄鼎也。故曰:「作《易》者,其有憂患乎?」周身之防,御物之智,其全於是矣。

## 易逆數也

「數往者順」,造化人事之迹,有常而可驗,順以攷之於前也。「知來者逆」,變化云爲之動,日新而無窮,逆以推之於後也。聖人神以知來,知以藏往,作爲《易》書,以前民用。所設者未然之占,所期者未至之事,是以謂之「逆數」。雖然,若不本於八卦已成之迹,亦安所觀其會通而繫之爻象乎?是以「天下之言性也,則故而已矣」。

劉汝佳曰:「天地間一理也,聖人因其理而畫爲卦以象之,因其象而著爲變以占之。象者,體也,象其已然者也。占者,用也,占其未然者也。已然者爲往,往則有順之之義焉。未然者爲來,來則有逆之之義焉。如象天而畫爲乾,象地而畫爲坤,象雷、風而畫爲震、巽,象水、火而畫爲坎、離,象山、澤而畫爲艮、兑，此皆觀變於陰陽而立卦，發揮於剛柔而生爻者也，不謂之『數往者順』乎？如筮得乾而知『乾，元亨利貞』，筮得坤而知『坤，元亨，利牝馬之貞』，筮得震而知『震亨，震來虩虩，笑言啞啞』，筮得巽而知『巽，小亨，利有攸往，利見大人』，筮得坎而知『習坎有孚，維心亨，行有尚』，筮得離而知『離利貞亨，畜牝牛吉』，筮得艮而知『艮其背，不獲其身，行其庭，不見其人』，筮得兑而知『兑亨，利貞』，此皆通神明之德，類萬物之情者也，不謂之『知來者逆』乎？ 夫其順數已往，正所以逆推將來也。 孔子曰『殷因於夏禮，所損益可知也。 周因於殷禮，所損益可知也』，數往者順也；『其或繼周者，雖百世可知也』，知來者逆也。 故曰：『易，逆數也。』若如邵子之説，則是羲、文之《易》已判而爲二，而又以震、離、兑、乾爲數已生之卦，巽、坎、艮、坤爲推未生之卦，殆不免强孔子之書以就己之説矣。」〔錢氏曰〕先生不信康節先天之學，其識高於元、明諸儒遠矣。

## 説卦雜卦互文

「雷以動之，風以散之，雨以潤之，日以晅之，艮以止之，兑以説之，乾以君之，坤以藏之。」上四舉象，下四舉卦，各以其切於用者言之也。 「終萬物，始萬物者，莫盛乎艮。」崔憬曰：「艮不言山，獨舉卦名者，以動撓燥潤，功是風雷水火，至於終始萬物，於山義則不然，故舍象而言卦，各取便而論也。」得之矣。〔汝成案〕李鼎祚《周易集解》作「故言卦而餘皆稱物」。「故言卦」句今云「故舍象而言卦」，義雖無異，文則未賅。

古人之文，有廣譬而求之者，有舉隅而反之者。「今夫山，一卷石之多」；「今夫水，一勺之多」。天地之外復言山水者，意有所不盡也。「坤也者，地也」，不言西南之卦，「兑，正秋也」，不言西方之卦，舉六方之卦而見之也，意盡於言矣。虞仲翔以爲「坤道廣布，不主一方」，及「兑象不見西」者，妄也。

「豐，多故，親寡，旅也。」先言「親寡」後言「旅」，以協韻也，猶《楚辭》之「吉日兮辰良」也。虞仲翔以爲别有義，非也。

## 兑爲口舌

「兑爲口舌」，其於人也，但可以「爲巫」「爲妾」而已。以言説人，豈非妾婦之道乎？凡人於交友之間，口惠而實不至，則其出而事君也，必至於「静言庸違」。故舜之禦臣也，（楊氏曰）「禦」當作「於」。「敷奏以言，明試以功」，而孔子之於門人，亦「聽其言而觀其行」。《唐書》言：「韋貫之自布衣爲相，與人交，終歲無欵曲，未嘗僞辭以悦人。」其賢於今之人遠矣。

## 序卦雜卦

《序卦》《雜卦》皆旁通之説，先儒疑以爲非夫子之言。然《否》之「大往小來」，承《泰》之「小往大來」也。《解》之「利西南」，承《蹇》之「利西南不利東北」也。是文王已有相受之義也。《益》之「六二」，即《損》之「六五」也，其辭皆曰「十朋之龜」。《姤》之「九三」，即《夬》之「九四」也，其辭皆曰「臀无膚」。《未濟》之「九四」，即《既濟》之「九三」也，其辭皆曰「伐鬼方」。是周公已有反對之義也。必謂六十四卦皆然，則非《易》書之本意。或者夫子嘗言之，而門人廣之，如《春秋》哀十四年「西狩獲麟」以後續經之作耳。

## 晉晝也明夷誅也

蘇氏曰：「『晝日三接』，故曰晝；『得其大首』，故曰誅。」晉當文明之世，羣后四朝而車服以庸，揖讓之事也。明夷逢昏亂之時，取彼凶殘而殺伐用張，征誅之事也。一言晝，一言誅，取其音協爾。〔原注〕晝，古音注。《易林》及張衡《西京賦》並同。虞仲翔曰：「誅，傷也。」《本義》用之與「晝」義相對，不切。

## 孔子論易

孔子論《易》，見於《論語》者二章而已，曰：「加我數年，五十以學《易》，可以無大過矣。」曰：「南人有言曰：『人而無恒，不可以作巫醫。』善夫！『不恒其德，或承之羞。』子曰：『不占而已矣。』」是則聖人之所以學《易》者，不過「庸言庸行」之閒，而不在乎圖書象數也。今之穿鑿圖象以自爲能者，畔也。

記者於夫子學《易》之言而即繼之曰：「子所雅言，《詩》《書》、執禮，皆雅言也。」是知夫子平日不言《易》，而其言《詩》《書》、執禮者，皆言《易》也。人苟循乎《詩》《書》、執禮之常而不越焉，則自天祐之，吉无不利矣。故其作《繫辭傳》，於「悔吝」「无咎」之旨特諄諄焉。而大象所言，凡其體之於身、施之於政者，無非用《易》之事。然辭本乎象，故曰「君子居則觀其象而玩其辭」，觀之者淺，玩之者深矣。其所以與民同患者，必於辭焉著之，故曰「聖人之情見乎辭」。若「天一地二」「易有太極」二章，皆言數之所起，亦贊《易》之所不可遺，而未嘗專以象數教人爲學也。是故「出入以度」，「无有師保，如臨父母」，文王、周公、孔子之《易》也。希夷之圖，康節之書，道家之《易》也。自二子之學興，而空疏之人、迂怪之士舉竄迹於其中以爲《易》，而其《易》爲方術之書，於聖人寡過反身之學去之遠矣。〔楊氏曰〕此論與朱子異。

「《詩》三百，一言以蔽之，曰『思無邪』。」《易》六十四卦，三百八十四爻，一言以蔽之，曰「不恒其德，或承之羞」。夫子所以思得見夫有恒也，有恒然後可以無大過。

## 七八九六

《易》有七、八、九、六，而爻但繫九、六者，舉隅之義也。故發其例於乾坤二卦，曰「用九」「用六」，用其變也。亦有用其不變者，《春秋傳》穆姜遇艮之「八」，《晉語》董因得泰之「八」是也。〔原注〕杜元凱注謂雜用《連山》《歸藏》，二《易》皆以七、八爲占，故言「遇艮之八」者，非。《晉語》公子筮，「得貞屯、悔豫，皆八」。本卦爲貞，之卦爲悔。沙隨程氏曰：「初與四、五，凡三爻，變，其不變者二、三、上，在屯爲八，在豫亦八。」

今即以艮言之，二爻獨變，則名之「六」，餘爻皆變而二爻獨不變，則名之「八」，是知乾坤亦有用「七」用「八」時也。乾爻皆變而「初」獨不變，曰「初七潛龍勿用」可也。坤爻皆變而「初」獨不變，曰「初八履霜堅冰至」可也。占變者，其常也；占不變者，其反也，故聖人繫之九、六。歐陽永叔曰：「易道占其變，故以其所占者名爻，不謂六爻皆九、六也。」得之矣。〔錢氏曰〕春秋之世，三《易》尚存，其以《周易》占，一爻變則以變爻辭占，如觀之否、歸妹之睽、明夷之謙之類是也。數爻變則以彖辭占，如艮之「八」「屯貞、❶悔豫皆八」是也。六爻皆不變，亦以彖辭占，泰之「八」是也。以爻辭占稱「九」「六」，以彖辭占稱「八」「九」。「六」「八」之名，惟《周易》有之，若雜以它占，則否。「千乘三去」，「射其元王」，不云蠱之「八」、復之「八」者，非《周易》繇詞也。〔又曰〕惠氏棟嘗言之：「蓍圓而神，『七』也，卦方以知，『八』也；六爻，《易》以貢『九』『六』也。七七四十九，蓍之數；八八六十四，卦之數。九六變成三百八十四，爻之數。神以知來，知以藏往。知來爲卦之未成者，藏往爲卦之已成者，故不曰『七』而曰『八』。《春秋》內外傳從無筮得某卦之七者，以七者筮之數，未成卦也。」

趙汝楳《易輯聞》曰：「揲蓍策數，凡得二十八，雖爲乾亦稱『七』；凡得三十二，雖爲坤亦稱『八』。」

楊彦齡《筆録》曰：「楊損之，蜀人，博學善稱說。余嘗疑《易》用『九』『六』而無『七』『八』，損之云：『卦畫七、八，爻稱九、六。』」

---

❶「屯貞」，據上注文，當作「貞屯」。

「乾之策二百一十有六，坤之策百四十有四」，亦是舉「九」「六」以該「七」「八」也。朱子謂「七」「八」之合亦三百有六十也。〔原注〕乾遇「七」則一百六十八，坤遇「八」則一百九十二。

## 卜筮

舜曰：「官占，惟先蔽志，昆命于元龜。」《詩》曰：「爰始爰謀，爰契我龜。」《洪範》曰：「謀及乃心，謀及卿士，謀及庶人，謀及卜筮。」孔子之贊《易》也，亦曰「人謀鬼謀」。〔原注〕祖伊告紂言「格人元龜」，亦先人後龜。夫庶人，至賤也，而猶在蓍龜之前，故盡人之明而不能決，然後謀之鬼焉。故古人之於人事也信而有功，於鬼也嚴而不瀆。

子之必孝，臣之必忠，此不待卜而可知也。其所當爲，雖凶而不可避也。故曰：「欲從靈氛之吉占兮，心猶豫而狐疑。」又曰：「用君之心，行君之意，龜策誠不能知此事。」善哉屈子之言，其聖人之徒歟！

《卜居》，屈原自作，設爲問荅，以見此心非鬼神吉凶之所得而移耳。王逸序乃曰：「心迷意惑，不知所爲，往至太卜之家，決之蓍龜，冀聞異策，以定嫌疑。」則與屈子之旨大相背戾矣。洪興祖《補注》曰：「此篇上句皆原所從，下句皆原所去。時之人去其所當從，從其所當去，其所謂吉，乃原所謂凶也。」可謂得屈子之心者矣。〔楊氏曰〕漢以前注，止據文生義，王叔師序《漁父》，便謂實有其人，此不足怪也。

《禮記·少儀》：「問卜筮，曰：『義與？志與？義則可問，志則否。』」子孝臣忠，義也；違害就利，志也。卜筮者，先王所以教人去利懷仁義也。

「石駘仲卒，無適子，有庶子六人，卜所以爲後者，曰：『沐浴佩玉則兆。』五人者皆沐浴佩玉。石祁子曰：『孰有執親之喪而沐浴佩玉者乎？』不沐浴佩玉。石祁子兆，衛人以龜爲有知也。」南蒯將叛，「枚筮之，遇坤之比，曰：『黄裳元吉。』子服惠伯曰：『忠信之事則可，不然必敗。外彊内温，忠也；和以率貞，信也。故曰黄裳元吉。黄，中之色也；裳，下之飾也；元，善之長也。中不忠，不得其色；下不共，不得其飾；事不善，不得其極。且夫《易》不可以占險，猶有闕也。筮雖吉，未也。』」南蒯果敗。是以嚴君平之卜筮也，「與人子言依於孝，與人弟言依於順，與人臣言依於忠」。而高允亦有「筮者當依附爻象，勸以忠孝」之論，其知卜筮之旨矣。

《申鑒》：「或問卜筮，曰：『德斯益，否斯損。』曰：『何謂也？』『吉而濟，凶而救之，謂德；❶吉而恃，凶而怠之，謂損。』」

「君子將有爲也，將有行也，問焉而以言，其受命也如嚮」，告其爲也，告其行也。「死生有命，富貴在天」，若是，則無可爲也，無可行也，不當問，問亦不告也。《易》以前民用也，非以爲人前知也。求前知，非聖人之道也。是以《少儀》之訓曰：「毋測未至。」

---

❶「德」，《四部叢刊》影明嘉靖本《申鑒》作「益」，是。

郭璞嘗過顔含，欲爲之筮。含曰：「年在天，位在人。修己而天不與者，命也；守道而人不知者，性也。自有性命，無勞蓍龜。」

《文中子》：子謂：「北山黄公善醫，先寢食而後鍼藥。汾陰侯生善筮，先人事而後説卦。」

《金史·方伎傳序》曰：「古之爲術，以吉凶導人而爲善；後世術者，或以休咎導人而爲不善。」

# 日知録集釋卷二

崑山顧炎武著　嘉定後學黄汝成集釋

## 帝王名號

堯、舜、禹，皆名也。古未有號，故帝王皆以名紀，臨文不諱也。〔原注〕胡文定《修春秋劄子》：「臣聞古者不以名爲諱。《堯典》稱『有鰥在下曰虞舜』，則堯、舜者固二帝之名，而《堯典》乃虞氏史官所作，直載其君之名而不避也。」〔閻氏曰〕按《曲禮》：「《詩》《書》不諱，臨文不諱。」盧植注曰：「臨文，謂禮文也。禮執文行事，故言文也。」鄭康成注曰：「爲其失事正也。」陳澔注曰：「不因避諱而改行事之語，蓋恐有誤于承事也。」從來解「文」字皆如此，而從來引此句多誤，顧氏亦未之免。要當用《詩》《書》不諱耳。〔楊氏曰〕虞夏時亦未有諱。考之《尚書》，帝曰「格，汝舜」「格，汝禹」，名其臣也。堯崩之後，舜與其臣言，則曰「帝」；禹崩之後，《五子之歌》則曰「皇祖」，《胤征》則曰「先王」，無言堯、舜、禹者，不敢名其君也。自啟至發，皆名也。夏后氏之季，而始有以十干爲號者。桀之癸，商之報丁、報乙、報丙、主壬、主癸，皆號以代其名。〔原注〕《白虎通》曰：「殷質，以生日名子。」自天乙至辛，皆號也。〔原注〕太甲、沃丁、仲丁、河亶甲、祖乙、盤庚，皆以爲《書》篇之名，惟其號也。商之王，著號不著名，而名之見於經者二，天乙之名履，辛之名受是也。〔原

注〕武庚亦是號，祿父乃名也。曰湯，曰紂，則亦號也。〔原注〕孔氏《西伯戡黎序傳》：「受，紂也。音相亂。」號則臣子所得而稱，故伊尹曰「惟尹躬暨湯」，頌曰「武湯」，曰「成湯」，曰「湯孫」也。〔原注〕《微子之命》言「乃祖成湯」，《多士》言「爾先祖成湯」，皆對其臣子稱之。曰「文祖」，曰「藝祖」，曰「神宗」，曰「皇祖」，曰「烈祖」，曰「高祖」，曰「高后」，曰「中宗」，曰「高宗」，而廟號起矣。曰「玄王」，曰「武王」，而謚立矣。曰「大舜」，曰「神禹」，曰「大禹」，曰「成湯」，曰「寧王」，而稱號繁矣。自夏以前純乎質，故帝王有名而無號。自商以下寖乎文，故有名有號，而德之盛者有謚以美之，於是周公因而制謚，自天子達於卿大夫，美惡皆有謚，而十干之號不立。〔原注〕《史記·齊太公世家》：「太公子丁公，丁公子乙公，乙公子癸公。」猶用商人之稱。陸淳曰：「《史記》《世本》厲王以前諸侯有謚者少，其後乃皆有謚。」然王季以上不追謚，猶用商人之禮焉，此文質之中，而臣子之義也。嗚呼，此其所以爲聖人也歟。

## 九族

宗盟之列，先同姓而後異姓；喪服之紀，重本屬而輕外親。此必有所受之，不自周人始矣。「克明俊德，以親九族」，孔傳以爲自高祖至玄孫之親，蓋本之《喪服小記》「以三爲五，以五爲九」之說，而百世不可易者也。《牧誓》數商之罪，但言「昏棄厥遺王父母弟」，而不及外親；《呂刑》申命有邦，歷舉伯父、伯兄、仲叔、季弟、幼子、童孫，而不言甥舅，古人所爲先後之序，從可知矣。故《爾雅》謂於內宗曰「族」，於母、妻則曰「黨」。而《昏禮》及《仲尼燕居》「三族」之文，康成並釋爲父、子、孫。

〔原注〕《儀禮・昏禮》「三族之不虞」注：「三族，謂父昆弟、己昆弟、子昆弟。」《禮記・仲尼燕居》篇「故三族和也」注：「三族，父、子、孫也。」杜元凱乃謂「外祖父、外祖母、從母子及妻父、妻母、姑之子、姊妹之子、女子之子非己之同族，〔汝成案〕非，今本作「并」。皆外親有服而異族者」。〔原注〕左氏桓公六年《傳》注。〔楊氏曰〕杜氏之所以異于孔、鄭者，以《傳》文云「修其五教，親其九族」。「五教」注既云「父義、母慈、兄友、弟恭、子孝」矣，則九族更不得就一本言之，所謂言各有當也。〔汝成案〕《左傳》桓公六年疏：「《禮》戴、《尚書》歐陽説：九族乃異姓有屬者。父族四：五屬之内爲一族，父女昆弟適人者與其子爲一族，己女昆弟適人者與其子爲一族，己之女子子適人者與其子爲一族。母族三：母之父姓爲一族，母之母姓爲一族，母女昆弟適人者與其子爲一族。妻族二：妻之父姓爲一族，妻之母姓爲一族。」此小異者，以鄭駁云：「女子不得與父兄爲異族，故簡去其母，惟取其子。」夫既以爲異姓有屬者，而仍數五屬之内爲一族則不辭；若無姑或無姊妹、無女子子，則九族不備，皆理之不可通者。然則史官之稱帝堯舉其疏而遺其親，無乃顛倒之甚乎？且九族之爲同姓，經傳之中有明證矣。《春秋》魯成公十五年「宋共公卒」，《傳》曰：「二華，戴族也。司城，莊族也。六官者，皆桓族也。」共公距戴公九世。〔原注〕凡十三公，内除同世者四公。〔沈氏曰〕《左傳》所言蓋氏族之族也，不謂顧氏乃有此舛謬。而《唐六典》「宗正卿掌皇九族之屬籍，以别昭穆之序，紀親疏之别。九廟之子孫，其族五十有九。光皇帝一族，景皇帝之族六，元皇帝之族三，高祖之族二十有一，太宗之族十有三，高宗之族六，中宗之族四，睿宗之族五」。此在玄宗之時已有七族。〔原注〕中、睿二宗同爲一世。〔沈氏曰〕《六典》所言乃同宗之族也，以此證九族，恐未精細。若其歷世滋多，則有不止於九者。而五世親盡，

故經文之言族者，自九而止也。〔原注〕杜氏於襄十二年《傳》注曰：「同族謂高祖以下。」則前説之非，不待辨而明矣。又孔氏《正義》謂「高祖、玄孫無相及之理」，〔原注〕桓六年。不知高祖之兄弟與玄孫之兄弟固可以相及，〔沈氏曰〕高祖之兄弟亦親盡無服，恐不在九族之列。如後魏國子博士李琰之所謂「壽有長短，❶世有延促，不可得而齊同」者，如宋洪邁《容齋隨筆》言「嗣濮王士歆，在隆興爲從叔祖，在紹熙爲曾叔祖，在慶元爲高叔祖」，其明證矣。〔原注〕余丁未歲，在大同遇代府中尉俊晰，年近五十，考其世次，於孝宗爲昆弟，而上距弘治之元已一百八十年，秦、晋二府見在者多其六七世孫。亦何必帝堯之世，高祖、玄孫之族無一二人同在者乎？疑其不相及而以外戚當之，其亦昧於齊家治國之理矣。

《路史》曰：「親親，治之始也。《禮・小記》曰：『親親者，以三爲五，以五爲九，上殺、下殺、旁殺，而親畢矣。』是所謂九族者也。夫人生則有父，壯則有子，父、子與己，此《小宗伯》『三族之别』也。〔原注〕《周禮・小宗伯》：「掌三族之别，以辨其親疏。其正室皆謂之門子。」父者子之祖，因上推之，以及於己之祖。子者父之孫，因下推之，以及於己之孫。此《禮》傳之『以三爲五』也。己之祖，自己子視之，則爲曾祖王父，自己孫視之，則爲高祖王父。己之孫，自己父視之，則爲曾孫，自己祖視之，則爲玄孫。故又上推以及己之曾、高，下推以及己之曾、玄，是所謂『以五爲九』也。」陳氏《禮書》曰：「己之所親，以一爲三。祖孫所親，以五爲七。《記》不言者，以父子一體，而高、玄與曾同服，故不辨

❶「琰」，原避清嘉慶帝諱作「剡」。後凡「琰」字作「剡」者，俱回改，不再出校。

異之也。服父三年，服祖期，則曾祖宜大功，高祖宜小功，而皆齊衰三月者，不敢以大小功旁親之服加乎至尊，故重其衰麻，尊尊也，減其日月，恩殺也：此所謂上殺。服適子三年，庶子期，適孫期，庶孫大功，〔原注〕適孫，傳重者也。有適子者無適孫，則長子在，皆爲庶孫也。則曾孫宜五月，而與玄孫皆緦麻三月者，曾孫服曾祖三月，曾祖報之亦三月；曾祖尊也，故加齊衰；曾孫卑也，故服緦麻：此所謂下殺。服祖期，則世叔〔楊氏曰〕世叔宜云世父、叔父。下同。宜大功，以其與父一體，故加以期；〔原注〕周道親親，至重者莫如兄弟。兄弟之子進而爲期，其服同於子。父之兄弟進而爲期，其服同於祖父。故曰「死喪之威，兄弟孔懷」。從世叔則疏矣，加所不及，〔沈氏曰〕此下宜增「故服大功，再從世叔又疏矣」二句。故服小功；族世叔又疏矣，故服緦麻：此發父而旁殺者也。祖之兄弟小功，〔沈氏曰〕此下宜增「族祖緦麻」一句。曾祖兄弟緦麻，高祖兄弟無服。此發祖而旁殺者也。同父至親期，同祖爲從大功，同曾祖爲再從小功，同高祖爲三從緦麻。此發兄弟而旁殺者也。父爲子期，兄弟之子宜九月，不九月而期者，以其猶子而進之也；從兄弟之子小功，再從兄弟之子緦麻。此發子而旁殺者也。祖爲孫大功，兄弟之孫小功，從兄弟之孫緦麻。〔沈氏曰〕此下宜增「兄弟之曾孫緦麻」一句。此發孫而旁殺者也。〔沈氏曰〕族祖緦麻，發祖而旁殺者也。固宜增入「曾祖兄弟緦麻，發曾祖而旁殺者也。兄弟曾孫緦麻，發曾孫而旁殺者也」，宜自爲兩段，至「高祖兄弟無服」一句，直宜去之。蓋服有加也，有報也，有降也。祖之齊衰，世叔從子之期，皆加也；曾孫之三月與兄弟之孫五月，皆報也；若夫降有四品，則非五服之正也。」觀於「九族」之訓，「如喪考妣」之文，而知宗族之名、服紀之數，蓋前乎二帝而有之矣。〔汝成案〕先生所云從世叔，即《喪服》「小功章」從祖父母，族世叔即「緦麻章」族父母。沈氏此注既乖服術，又舛出云。

後魏孝文太和中，「詔延四廟之子，下逮玄孫之胄，申宗宴於皇信堂，不以爵秩爲列，悉序昭穆爲次，用家人之禮」。此由古聖人睦族之意而推之者也。

## 舜　典

古時《堯典》《舜典》本合爲一篇，故「月正元日，格于文祖」之後，而四岳之咨必稱「舜曰」者，以別於上文之「帝」也。至其命禹，始稱「帝曰」，問荅之辭已明，則無嫌也。

## 惠迪吉從逆凶

善惡報應之説，聖人嘗言之矣。大禹言「惠迪吉，從逆凶，惟景響」，湯言「天道福善禍淫」，伊言「惟上帝不常，作善降之百祥，作不善降之百殃」，又言「惟吉凶不僭在人，惟天降災祥在德」，孔子言「積善之家必有餘慶，積不善之家必有餘殃」。豈真有上帝司其禍福，如道家所謂天神察其善惡，釋氏所謂地獄果報者哉？善與不善，一氣之相感，如水之流濕，火之就燥，不期然而然，無不感也，無不應也。此《孟子》所謂「志壹則動氣」，而《詩》所云「天之牖民，如壎如篪，如璋如圭，如取如攜」者也。其有不齊，則如夏之寒，冬之燠，得於一日之偶逢，而非四時之正氣也。故曰「誠者天之道」也。若曰有鬼神司之，屑屑焉如人間官長之爲，則報應之至近者，反推而之遠矣。

## 楙遷有無化居

「楙遷有無，化居。」化者，貨也。〔原注〕古化、貨二字多通用。《史記・仲尼弟子傳》：「與時轉貨貲。」《索隱》曰：「《家語》『貨』作『化』。」運而不積則謂之化，留而不散則謂之貨。唐虞之世，曰化而已。至殷人始以貨名，仲虺有「不殖貨利」之言，「三風」有「殉於貨色」之儆，而盤庚之誥則曰「不肩好貨」，於是移「化」之字爲化生化成之「化」，而厚斂之君、發財之主多不化之物矣。

舜作《南風》之歌，所謂勸之以「九歌」者也。〔原注〕《左傳》文八年郤缺言：❶「九功之德，皆可歌也，謂之九歌。」讀之然後知「解吾民之愠」者，必在乎「阜吾民之財」。而自阜其財，乃以來天下之愠。

## 三　江

北江，今之揚子江也。中江，今之吴淞江也。〔原注〕「東迤北會于滙」，蓋指固城、石臼等湖。不言南江，而以「三江」見之。南江，今之錢塘江也。〔原注〕本郭璞説。〔全氏曰〕三江之説，其以中江、北江、南江言之者，漢孔氏傳據經文，謂「有中有北，則南可知，是爲三江。其道則自彭蠡分爲三而入震澤，自震澤復分爲三入海」。按江、漢之水會于漢陽，合流數百里至湖口，與豫章江會，數千里而入海，即所謂彭蠡也。然則江至彭蠡

❶「八年」，據《左傳》，下引文在「七年」。

并三爲一，未嘗分一爲三。況震澤在今之常、湖、蘇三府地，自隋煬帝鑿江南河，始與江通，當禹時江湖何自而會？且大江又合流入海，未聞三分。故前輩謂安國未嘗南游，不諳吴楚地理，是《書傳》之説非也。班孟堅《地理志》指「松江爲南江，永陽江、荆谿諸水爲中江，大江爲北江」。司馬彪《郡國志》因之。此與《書傳》所言本自不同，乃孔穎達引以證傳，而司馬貞入之《索隱》，王荆公亦取其説。但其所謂中江，出丹陽蕪湖縣西南，至會稽陽羡縣東入海者。按陽羡與丹陽雖相接，而兩境中高，又皆有堆阜間之，其水分東西流。江之在陽羡者固可通海，而蕪湖之水皆西北流，合寧國、廣德、宣、歙諸水，北向以入大江，安得南流以上陽羡也？夫諸水皆支流，不足以當大江。經文明有中江，而乃背之，甚屬無謂。乃或言《地理志》之中江，在洪水時原有之，禹塞之以奠震澤；則何不云「三江既塞」？是《地志》之説尤非也。《水經》謂「江至石城分爲二」，其一即經文所謂北江者也。南江則自牛渚上桐水，過安吉縣爲長瀆，歷湖口東則松江出焉，江水奇分，謂之三江口，東至會稽餘姚縣東入海。其于中江闕焉。不知桐水，今之廣德；長瀆，今之太湖。其中高，水不相通，亦猶丹陽之與陽羡。而南江既爲吴松，安得更從餘姚入海？故胡朏明疑「東則松江出焉」十五字，乃注之誤混于經者。蓋《地志》以松江爲南江，《水經》以分江水爲南江，道元欲援《水經》以合《地志》，故曲傳之。總之，與《禹貢》不合。是《水經》之説又非也。鄭康成《書》注：「左合漢爲北江，會彭蠡爲南江，岷江居其中，則爲中江。」康成未嘗見《書傳》，然其説頗與合，特不言入震澤耳。唐魏王泰《括地志》謂：「三江俱會彭蠡，合爲一江入澥。」夫合爲一江，則仍不可以言三江，是《書》注之説亦非也。盛宏之《荆州記》：「江出岷山，至楚都，遂廣十里，名南江。至尋陽，分九道，東會于彭澤，經蕪湖，名中江。東北至南徐州，名北江，入海。」此本《漢志》舊注「岷山爲大江，至九江爲中江，至徐陵爲北江」，一原而三目。今載《初學記》中，而徐氏注《説文》宗之。但此仍一江，非三江也。其與孔、鄭別者，不過一以南江爲大江之委，一以爲原，不甚遠也。則《荆州記》之説亦非也。賈公彦《周禮疏》襲孔、鄭之説而變之，謂「江至尋陽，南合爲一，東至揚，復分三道入海」。但彭蠡在尋陽之南，幾見江、漢之分至尋陽始合，而大江之合至彭蠡又分者？則《周禮疏》之説亦非也。《初學記》又引郭景純《山海經》注：「三江者，大江、中江、北江。汶山郡有岷山，大江所出。崍山，中江所出。岷山，北江所出。」此在《山經》，原未以言《禹貢》之三江，而楊用修因謂：「諸家求三江于下流，曷不向上流尋討，蓋三江發原于蜀而注震澤，《禹貢》紀其原以及其委。」乃不考大江、震澤之本不相通，且亦思三江盡在夔峽以西，安得越梁、荆而紀之揚？況《山海經》安足解《尚書》也，試讀《海内東經》又有「大江出汶山」「北江出曼山」「中江出高山」之語，是又一三江也。是固不足信之尤者也。其以松江、東江、婁江言之者，張守節謂「在蘇州東南三十里，名三江口。一江西南上七十里至太湖，名松江，古笠澤江。一江東南上七十里至白蜆湖，名上江，亦曰東江。一江東北下三百餘里，名下江，亦曰婁江」。是本庾仲初《揚都賦》注，而庾又本顧夷《吴地記》，《吴越春秋》所謂「范蠡乘舟出三江之口」，與《水經》所云「奇分」者也。陸德明已引之，守節始主其説，而薛季龍、朱樂圃、蔡九峰皆以爲然。但據諸書，皆云三江口，而不以爲三江。況東婁僅爲吴松支港，故孔仲達已非之，謂不與《職方》同。今攷《揚都賦》注，則東江、婁江並入海。據《史記正義》，則僅婁江入海。然則三江仍屬一江，而東、婁二江至今無攷，則《吴地記》之説亦非也。虞氏《志林》謂「松江至彭蠡分三道」，大抵即指松江、東江、婁江而言，則更紕繆之甚。彭蠡爲中江、北江、南江之會，其水既入大江，即從毗陵入海，而松江乃從吴縣入海，安得至彭蠡也？則《志林》之説尤非也。黄東發力主庾、張而又疑之，謂：「予嘗泛舟至吴松，絶不見所謂東、婁者。考《吴志》有白蜆江、笠澤江，意者即是耶？」不知白蜆即東江，笠澤即松江，東發失記張氏原注而懸揣之，是《日抄》之説亦非也。金仁山曰：「太湖之下三江説有二。一謂吴松江七十里，中爲松江，東南婁江，北東江；一謂三江，吴松乃其一耳。」則亦疑松江、東江、婁江之未足以當三江，而究之別有江者，果何江也？是欲爲之辭而不得也。若韋曜謂「吴松江、浙江、浦陽江爲三江」，其意以大江之望已舉彭蠡，于是南及松江，又南則浙江，又南則浦江。然浦江導源烏傷，東逕諸暨、始寧、曹江，然後返永興之東，與浙江合，則特錢唐之支流耳。或且祖《吴越春秋》以浦江、浙江、剡江爲三江，則浦江不過浙之附庸，而剡江并不能與浦並，大江支流數百，使隨舉而錯指之，可乎？惟《水經·沔水中》篇注引郭景純曰：「三江者，岷江、松江、浙江也。」《初學記》誤引，以爲韋曜之言。蓋揚州東南揚子江，又東南吴松江，又東南錢唐江，三處入海而各雄一方，爲揚州三大望，南距荆楚，東盡於越，中舉勾吴，此外無相與上下者，恰合《職方》「大川」之旨，即《國語》范蠡曰「與我争三江五湖之利者，非吴也耶」，子胥曰「吴之與越，三江環之」。夫環吴、越之境，爲二國所必争，非岷江、松江、浙江而何？善乎《蔡傳旁通》曰：「三江不必涉中江、北江之文，而止求其利病之在。」揚州水之大者，莫若揚子江、松江、浙江。經文記彭蠡之下，何舍大江而遠録湖水之支流？則中江、北江之與三江不合明矣。況岷江入則彭蠡諸水從矣，鄭、孔諸家所謂中江、北江、南江者已該之。松江入則具區諸水從矣，庾、張諸家所謂松江、東江、婁江者已該之。浙江入則浦陽諸水從矣，韋、趙諸家所謂浙江、浦江、剡江者已該之。蓋舉三大望而諸小江盡具焉，是諸説皆可廢也。嘗考宋淳熙間知崑山縣邊實作縣志言：「大海自西𣶏分南北，由斜轉而西朱陳沙謂之揚子江口，由徘徊頭而北黄魚垛謂之吴淞江口，由浮子門而上謂之錢唐江口。三江既入，禹迹無改。」是其説最得之。乃有疑大江祇一瀆耳，不應既以表荆，復以表揚。不知「江漢朝宗」之文，江尚兼漢言之，至揚始有專尊。況自南康至海千五百里，不得專屬荆也。試以《禹貢》書法言之：「淮、海惟揚」，「海、岱惟青」，「海、岱及淮惟徐」，倘謂著之一方，不得公之他所，則是夏史官亦失書法也。又有疑禹合諸侯于會稽，在攝位後，若治水時，浙江未聞疏導，不得預三江之列。

不知《禹貢》該括衆流，不應獨遺浙江。而會稽又揚州山鎮所在，必無四載不至之理。其不言于導水者，或以施功之少故略之耳。若顧寧人疑古所謂中江、北江、南江即景純所謂三江，則愚又未敢以爲然。據先儒固城等湖是闔廬伐楚開以運糧者，况經文中江明指大江，似無庸附會也。若胡朏明既主康成之説，又以秦、漢之際別有三江，以分江水東歷烏程至餘姚，合浙江入海者爲南江，以蕪湖水東至陽羨，由太湖入海者爲中江，合岷山爲北江。其説雖無關《禹貢》，而亦屬不攷。分江水發安慶，至貴池即有山谿間之，何由東行合浙？蕪湖之水其北入江者，既不別標一名，其東由太湖入海者，安得復言江也？朏明將正《漢志》《水經》之失，而不知自出其揣度之詞矣。景純説，黄文叔頗不謂然。其後季氏圖始引之東匯澤，陳氏暢之，歸熙甫因爲定論。愚竊以景純之説爲不易云。〔姚刑部曰〕《漢・地理志》曰：「蕪湖縣中江，出西南，東至陽羨入海；吴縣南江，在南東入海；毗陵北江，在北東入海。」《禹貢》之三江具是矣。《禹貢》之後，周《職方》以爲揚州之川，《國語》以爲環吴、越之境，下至秦、漢，人凡云三江者，皆此三江也。夫江、漢既合，其下流爲北江者，固非必漢水，爲中江者固非必江水也。然而導川之文分紀之，曰導漾東爲北江，導江東爲中江者，約其地勢南北而概分之，以明江、漢之均爲瀆焉耳。鄭康成本《地志》以注《禹貢》，故疏引其説曰：「江分於彭蠡爲三孔，東入海。」言江自彭蠡而下始流爲三也。又曰「經言東迤爲南江」，其解尤善。蓋《地志》石城縣分江水，首受江者，南江之始。而在吴縣南東入海者，南江之委也。導川有北江、中江而遺南江，豈其理哉？故言導江至於東陵，其分而東流者迤邐入海，是南江也。其北流者又會于匯，而後爲中江也。世皆説會於匯爲彭蠡，而實非是。今江合彭蠡，過湖口，乃東北流，是會匯而後北，非北會于匯也。且經文簡，「導漾」「導江」，辭皆互見。導漾已言「東匯澤爲彭蠡」矣，導江不必再言也。然則是匯在石城分南江之後，蕪湖分中江之先，其巢湖也歟？夫説禹三江者，莫詳於《漢・地理志》，莫善于康成之注《書》，而惜乎不可盡見。自是之後，江水支分，南派湮失，人疑所不見，而説乃日紛。韋昭以「松江、錢塘、浦陽爲三江」，其言始謬。郭景純則以今大江易其浦陽。夫浦陽古不與江通，不當名爲江，景純易去之爲是。而景純所數之三江，實即《地志》三江之委，固不若《地志》原委之分明也。若夫庾仲初以婁江、松江、東江爲三江，原流猥短，何以名揚州之川？其謬殆不足辨。而徐堅《初學記》不知得誰氏之説誤以爲康成，乃以彭蠡爲南江，岷江爲中江，漢爲北江。夫經于導川，言其下流乃爲此三江耳，而求之上流，上流江所受之大水豈啻六七，而何以謂之三江？且揚州其川三江，而漢水入江之地非揚州也。其論無一可通，與疏所引之鄭注絶相背，此豈康成言哉！近世胡朏明著《禹貢錐指》，知詘庾仲初之徒，顧信《初學記》之所謂鄭説者，猥謂蕪湖石城之水鑿於闔廬，非禹跡，何其謬耶！《墨子》云：「禹南爲江、漢、淮、汝，東流之，注五湖之處，以利楚、荆、越南夷之民。」夫以江、漢東流之注五湖之處，是石城蕪湖水真禹所爲，非闔廬鑿也。《荀子》曰：「禹通十二渚，疏三江。」墨子、荀子之去闔廬未遠，使石城蕪湖水乃闔廬鑿耶，其知之必先於胡氏矣。〔錢學博曰〕《禹貢》之三江，《職方》之三江也。班孟堅《地理志》謂南江在吴縣南入海，北江在毗陵縣北入海，中江出蕪湖西南，東至陽羨入海，皆揚州川。此釋《職方》也，即釋《禹貢》矣。自鄭康成注《尚書》始別爲之説曰：「左合漢爲北江，右會彭蠡爲南江，岷江居其中，爲中江。」若然，則自夏口以北者北江也，湖口以南者南江也，夏口以至湖口者中江也。而自湖口以下惟有一江，以《禹貢》導水經文質之：于漢曰「東匯澤爲彭蠡，東爲北江，入於海」，于江曰「東迆北會于匯，東爲中江，入於海」，則自湖口而下分爲三江，殆不如康成之説矣。揆孟堅所言，江過湖口，實分爲三，而以行南道者爲南江，行北道者爲北江，行中道者爲中江，合乎《禹貢》導水之經，誠不易之論也。考之《水經》，沔水自沙羨縣北，南入於江，合流至居巢縣南，東至石城縣，分爲二，其一東北流，過牛渚、毗陵以入海者爲北江；自石城東入貴口，至餘姚入海者爲南江；自丹陽蕪湖縣東至會稽陽羨入海者爲中江，皆與孟堅合，惟孟堅謂南江從吴縣南入海異耳。然孟堅又謂「石城分江水，首受江，東至餘姚入海」。酈道元引桑欽《地理志》，亦謂「江水自石城東出，逕吴國南爲南江」，蓋餘姚入海之江，即吴縣南入海之江也。餘姚吴縣之間爲由卷、海鹽、烏程、餘杭、錢塘諸縣，南江由之入海，固在吴國之南，國後爲縣，是以孟堅《志》南江入海處既系之餘姚，又系之吴縣也。《水經》附記不詳中江所繇，而今尚有其迹。自楊行密築五堰，江流始絶。永樂時設三垻，則陸行者十八里矣。然自銀林以西，鄧步以東，其流固在也。可知二江雖自石城、蕪湖分行，而同會具區。故酈道元以南江即合于浙江、浦陽江之谷水，而《咸淳毗陵志》以荆溪爲中江，惟北江自從毗陵入海耳。此足以證三江之實有其三，非如康成之合三江而爲一矣。〔王氏曰〕考周應合《景定建康志》云：「唐景福三年，楊行密將臺濛作五堰，拖輕舸饋糧，而中江之流始狹。五堰者，銀林堰在溧水縣東南一百里，長二十里；少東曰分水堰，長十五里；又東五里曰苦李堰，長八里；又五里曰何家堰，長九里；又五里曰余家堰，長十里，所謂魯陽五堰也。後易爲上下二垻，通名東垻。」據此，似東垻剏自臺濛。其實《元和志》「當塗縣有蕪湖水，在縣西南八十里，源出縣東南之丹陽湖，西北流入大江」，則元和以前此地已置堰。故水不東流而西北入江，與《漢志》東至陽羨已不合矣。然《漢志》中江雖至陽羨入震澤，若毘陵之北江，即今通州入海之大江，不入震澤也。吴縣之南江即松江，乃震澤下流，非入震澤者也。二孔以此爲皆入震澤，殊爲妄謬。且此三江雖有南、北、中之名，與導水之中江、北江無涉，即與揚州三江無涉。而二孔牽合爲一，獨不思大江安流，千古無易，遠在震澤東北二百餘里，由揚子入海，此豈入震澤者？而乃云江分爲三，共入震澤，豈非誤以《漢志》三江當《禹貢》三江，以《漢志》三江之中江入震澤，而遂以三江皆入震澤耶。司馬貞《史記索隱》誤同。再攷江湖之通，起于周末，並非禹迹。蓋《漢志》中江即今蕪湖之縣河，高淳之胥溪，溧陽之永陽江，宜興之荆溪，西連固城、石曰、丹陽諸湖，受宣、歙、金陵、姑孰、廣德及大江水，東連三塔湖、長蕩湖，達荆溪、震澤。此水三代以上本不相通，中三五里輒有高阜，猶是後代開鑿所遺。蓋春秋時闔廬伐楚，用伍員計開之。《左傳》襄公三年「楚子重伐吴，克鳩兹，至于衡山」；哀公十五年「楚子西、子期伐吴，及桐汭」，皆由此道，自是江、湖始通。《河渠書》「東方則通溝江、淮之間」，即夫差所開邗溝，「于吴則通渠三江五湖」，即闔廬所開胥溪也。而後世誤以爲禹迹。知禹時江、湖本不通，則知《漢志》南江、中江與《禹貢》三江無涉。〔又曰〕《漢志》南江、中江固與《禹貢》三江無涉矣，而又有分江水、漸江水二條。分江水出丹陽郡石城縣，首受江，東至餘姚入海，過郡二，行千二百里。漸江水出丹陽郡黝縣南蠻夷中入海。《水經》漸江水出三天子都，北過餘姚，東入于海。酈注云：「《山海經》謂之浙江也。」至錢塘稱錢塘江，與浦陽江合，稱浦陽江。此水本出山谿，無勞疏鑿，且與大江中隔，重巒疊障，斷無相通之事。《説文・水部》「漸」字注云：「水出丹陽黟南蠻中，東入海。」又「浙」字注云：「江水東至會稽山陰，爲浙江。」漸、浙本一水。「浙」字注之「江水」當作「漸江水」，若因其脱字，疑爲大江支流，可合浙江，萬無此理。若所云分江水者，班氏雖著其出石城，但漢石城廢縣今在貴池縣西七十里，已無復斯水。信如「首受江」之説，餘姚乃在浙江東岸，又中隔寧國、廣德、湖州諸境，皆巖壑蔽虧，此水安得越而東至餘姚以入海，此當闕疑。乃《水經・沔水中》篇云「沔水與江合流，又東過彭蠡澤，又東至石城縣，分爲二。其一東北流，過毗陵縣北，爲北江；其一東至會稽餘姚縣，東入海」。此蓋附會，《漢志》之分江水，因《漢志》别有南江在吴南，故不目曰南江，而酈注則遂目爲南江，并援郭璞岷江、淞江、浙江爲三江之説，以此水與松江、浙江强相貫通，欲以附會一江分爲三目。其説云：「南江東與貴長池水合，東北爲長瀆，東注于具區，謂之五湖口。」此下南江又分二派，一派東出爲松江，下七十里分爲三江口入海。一派又東至會稽餘姚縣東入海。以此二派合北江爲三江。攷石城分江水，今没，不可復見。而所謂貴池水者，《池州府志》言其入江處名貴口，則是還復西注于江，並非合分江水而東者即有此水，由貴池至安吉而爲南江，以入太湖矣。所謂松江者，本承太湖，何以見其上承分江，其別派又何緣更從餘姚入海？乃酈氏解爲南江，自五湖口東歷今烏程、餘姚，合浙江入海。試思今諸暨南、餘姚西北，浙與浦陽江同入海者，自是漸江一派，乃黟、歙下流，與貴池以下何涉乎？《禹貢》該括衆流，無獨遺浙江之理，而會稽又他日合諸侯計功之地也，特以施功少，故不言於導水爾。「三江既入」，一事也；「震澤底定」，又一事也。後之解《書》者必謂三江之皆由震澤，以二句相蒙爲文，而其說始紛紜矣。〔原注〕程大昌曰：「『弱水既西』，『涇屬渭汭』，必謂『既』之一語爲起下文，則弱水未西，其能越秦隴而亂涇渭乎？」可謂解頤之論。〔沈氏曰〕便是「既」之一語非起下文，而「底」之一字實緣上文也，必執一而論，則固矣。且「三危既宅，三苗丕叙」，豈非相蒙之文乎？

## 錫土姓

今日之天下，人人無土，人人有姓。蓋自錫土之法廢，而唐、宋以下，帝王之裔，儕於庶人，無世守之固；錫姓之法廢，而魏、齊以下，朔漠之姓雜於諸夏，失氏族之源。❶〔原注〕《春秋傳》言：「允姓之姦，居於瓜州。」蓋古者分北三苗之意。後之鄙儒，讀《禹貢》而不知其義者良多矣。〔汝成案〕《國語》：「皇

❶「朔漠」至「之源」，據《校記》，鈔本作「夷狄之種乱于中國，無猾夏之防」。

天嘉之，胙以天下，賜姓曰姒，氏曰有夏。胙四岳國，命爲侯伯，賜姓曰姜，氏曰有吕。」是此書確詁。因生賜姓，古惟黄帝。黄帝之子二十五人，四母所生，爲十二姓。惟古帝神靈，能别知異德，故一母之子可錫數姓。堯、舜時雖有賜姓，不過因前世之姓而命之，有夏、有吕，皆以國氏也。三王知其不能行，故爲立宗之法。若後世而欲錫姓，則漢劉、唐李，顧足法乎？至云「朔漠之姓雜于諸夏」，則又似以元魏之改姓爲非，兩無處矣。先生徒以帝王之後儕于庶人，遂感慨及此，自是偏激詞也。

## 厥弟五人

夏、商之世，天子之子，其封國而爲公侯者，不見於經。以太康之尸位，而有「厥弟五人」，使其並建茅土，爲國屏翰，羿何至篡夏哉！富辰言：「周公弔二叔之不咸，故封建親戚，以蕃屏周。」〔原注〕杜氏解曰：「弔，傷也。咸，同也。周公傷夏殷之叔世，疏其親戚，以至滅亡，故廣封其兄弟。」而少康封其庶子於會稽，以奉守禹祀，二十餘世，至於越之句踐，卒霸諸侯，有禹之遺烈，夫亦監於太康孤立之禍而然與？若乃孔子所謂「大道既隱，天下爲家，各親其親，各子其子」者，亦從此而可知之矣。

## 惟彼陶唐有此冀方

堯、舜、禹皆都河北，故曰「冀方」。至太康始失河北，而五子御其母以從之，於是僑國河南，再傳至相，卒爲浞所滅。古之天子失其故都，未有能國者也。周失豐、鎬，而平王以東。晋失雒陽，宋失開封，而元帝、高宗遷於江左，遂以不振。惟殷之五遷，圮於河，而非敵人之窺伺，則勢不同爾。唐自玄宗以後，天子屢嘗出狩，乃未幾而復國者，以不棄長安也。故子儀回鑾之表，代宗垂泣；宗澤還京之奏，忠義歸心。嗚呼！幸而澆之縱欲，不爲民心所附，少康乃得以一旅之衆而誅之。爾後之人主不幸失其都邑，而爲興復之計者，其念之哉！

夏之都本在安邑，太康畋於洛表，而羿距於河，則冀方之地入於羿矣，惟河之東與南爲夏所有。至后相失國，依於二斟。於是使澆用師殺斟灌，〔原注〕在今壽光縣。以伐斟鄩，〔原注〕在今濰縣。而相遂滅。〔原注〕《左傳》哀元年。乃處澆於過，〔原注〕今掖縣。以制東方；處豷於戈，〔原注〕杜氏解在宋、鄭之間。以控南國。〔原注〕襄四年。其時靡奔有鬲，〔原注〕今在德平縣。在河之東；少康奔有虞，〔原注〕今虞城縣。在河之南。而自河以内，無不安於亂賊者矣。合魏絳、伍員二人之言，可以觀當日之形勢。而少康之所以布德兆謀者，亦難乎其爲力矣。〔原注〕《竹書》謂太康元年即居斟鄩，非也。

古之天子常居冀州，後人因之，遂以冀州爲中國之號。《楚辭·九歌》：「覽冀州兮有餘。」〔楊氏曰〕《楚辭》本意蓋謂由南望北，明其高遠耳。《淮南子》：「女媧氏殺黑龍以濟冀州。」《路史》云：「中國總謂之冀州。」《穀梁傳》曰：〔原注〕桓五年。「鄭，同姓之國也，在乎冀州。」〔原注〕《正義》曰：「冀州者，天下之中州，唐、虞、夏、殷皆都焉。以鄭近王畿，故舉冀州以爲説。」

## 胤　征❶

羲、和尸官，慢天也；葛伯不祀，亡祖也。至於動六師之誅，興鄰國之伐，古之聖人其敬天尊祖也至矣。故《王制》：天子巡守，其削絀諸侯，必先於不敬不孝。

## 惟元祀十有二月

「惟元祀十有二月乙丑。」「元祀」者，太甲之元年。「十有二月」者，建子之月。蓋湯之崩必以前年之十二月也。「殷練而祔」，「伊尹祠於先王，奉嗣王祗見厥祖」，祔湯於廟也。〔原注〕非朔者，祔廟無定日。先君祔廟，而後嗣子即位，故成之爲王，而「伊尹乃明言烈祖之成德，以訓於王」也。若自桐歸亳，以三祀之十二月者，則適當其時，而非有所取爾。〔楊氏曰〕十二月，商正月也。

即位者，即先君之位也。未祔則事死如生，位猶先君之位也，故祔廟而後，嗣子即位。「殷練而祔」，即位必在期年之後；「周卒哭而祔」，故踰年斯即位矣。〔原注〕如魯成公以八月薨，十二月葬，襄公以明年正月即位。有不待葬而即位，如魯之文公、成公者，其禮之末失乎？

三年喪畢，而後踐天子位，舜也，禹也。練而祔，祔而即位，殷也。踰年正月即位，周也。世變

---

❶「胤」，原避清雍正帝諱作「允」。後凡「胤」字作「允」者，俱回改，不再出校。

愈下，而柩前即位爲後代之通禮矣。

## 西伯戡黎

以關中并天下者，必先於得河東。秦取三晋而後滅燕、齊，苻氏取晋陽而後滅燕，宇文氏取晋陽而後滅齊，故西伯戡黎而殷人恐矣。

## 少師

古之官有職異而名同者，太師、少師是也。比干之爲少師，《周官》所謂「三孤」也。《論語》之少師陽，則樂官之佐，而《周禮》謂之「小師」者也。故《史記》言「紂之將亡，其大師疵、少師彊抱其樂器奔周」，而後儒之傳誤以爲微子也。〔原注〕《周本紀》。《漢書·古今人表》亦有大師疵、少師彊。〔楊氏曰〕《古今人表》以摯、干、繚皆作紂之樂官。董江都説亦如此。若微子不歸周，金仁山辨之極正。〔沈氏曰〕《宋微子世家》曰：「武王伐紂克殷，微子乃持其祭器造于軍門。」則後儒亦本于《史記》，而太史公之傳聞有異同也。

## 殷紂之所以亡

自古國家承平日久，法制廢弛，而上之令不能行於下，未有不亡者也。紂以不仁而亡，天下人人知之。吾謂不盡然。紂之爲君，沈湎於酒，而逞一時之威，至於刳孕斮脛，蓋齊文宣之比耳。商之衰也久矣。一變而《盤庚》之書則卿大夫不從君令，再變而《微子》之書則小民不畏國法，至於「攘竊神祇之犧牷牲用，以容將食，無災」，可謂民玩其上，而威刑不立者矣。〔原注〕《史記》燕王喜遺樂間書曰：「紂之時，民志不入，獄囚自出。」即以中主守之，猶不能保，而況以紂之狂酗昏虐，又祖伊奔告而不省乎？文宣之惡未必減於紂而齊以強，高緯之惡未必甚於文宣而齊以亡者，文宣承神武之餘，紀綱粗立，而又有楊愔輩爲之佐，主昏於上而政清於下也。至高緯，而國法蕩然矣，故宇文得而取之。然則論紂之亡，武之興，而謂「以至仁伐至不仁」者，偏辭也，未得爲窮源之論也。〔汝成案〕亭林痛明季之典章廢壞，故發憤言之，其實湎酒逞威，國法蕩然，皆不仁也。不仁而可與言，則何亡國敗家之有？安得謂非窮源之論？

## 武王伐紂

武王伐商，殺紂而立其子武庚，宗廟不毀，社稷不遷，時殷未嘗亡也。所以異乎曩日者，不朝諸侯，不有天下而已。故《書序》言「三監及淮夷叛，周公相成王，將黜殷，作《大誥》」，又言「成王既黜殷命，殺武庚」。〔原注〕《荀子》言周公「殺管叔，虚殷國」，注：「虚讀爲墟，謂殺武庚，遷殷頑民於雒邑，朝歌爲墟也。」是則殷之亡其天下也，在紂之自燔；而亡其國也，在武庚之見殺。蓋武庚之存殷者猶十有餘年，使武庚不畔，則殷其不黜矣。

武王克商，天下大定，裂土奠國，乃不以其故都封周之臣，而仍以封武庚，降在侯國，而猶得守先人之故土。〔原注〕《蔡仲之命》曰：「乃致辟管叔於商。」武庚未殺，猶謂之商。武王無富天下之心，而不以叛逆之事疑其子孫，所以異乎後世之篡弒其君者，於此可見矣。及武庚既畔，乃命微子啓代殷，而必於宋焉，謂大火之祀，商人是因，弗遷其地也。是以知古聖王之征誅也，取天下而不取其國，誅其君，弔其民，而存先世之宗祀焉，斯已矣。〔原注〕高誘《淮南子注》曰：「天子不滅國，諸侯不滅姓，古之政也。」武王豈不知商之臣民其不願爲周者，皆故都之人，公族世家之所萃，流風善政之所存，一有不靖，易爲摇動，而必以封其遺胤，蓋不以畔逆疑其子孫，而明告萬世以取天下者無滅國之義也。故宋公朝周，則曰臣也；周人待之，則曰客也。自天下言之，則侯服於周也；自其國人言之，則以商之臣事商之君，無變於其初也。平王以下，去微子之世遠矣，而曰「孝惠娶於商」，〔原注〕左氏哀二十四年《傳》。曰「天之棄商久矣」，〔原注〕僖二十二年《傳》。曰「利以伐姜，不利子商」，〔原注〕哀九年《傳》。吾是以知宋之得爲商也。〔原注〕《國語》：「吴王夫差闕爲深溝，通於商、魯之間。」《莊子》：「商太宰蕩問仁於莊子。」《韓非子》：「子圉見孔子於商太宰」，「商太宰使少庶子之市」。《逸周書·王會》篇：「堂下之左，商公、夏公立焉。」《樂記》：「商者，五帝之遺聲也。商人識之，故謂之商。」鄭氏注曰：「商，宋詩也。」〔閻氏曰〕按《左傳》哀二十四年「孝惠娶于商」，此宗人釁夏對魯哀公之言宋。林氏注曰：「稱商不稱宋者，避定公諱也。」「天之棄商久矣」，不曰棄宋而曰棄商者，即下文「寡人雖亡國之餘」之意，亦一姓不再興之説也。今取以證宋得爲商，竊恐顧氏未識當時立言之意。宋人爲鹿上之盟，以求諸侯於楚。公子目夷曰：「小國争盟，禍也，宋其亡乎？」此處斷宜稱宋，則彼處稱商，正可意會。「利以伐姜，不利子商」，不曰伐齊與宋而變文言姜言商者，取與上文陽、兵協韻，固古人文字之常。下文「伐齊則可，敵宋不吉」，不用協韻，便直稱齊、宋本號，則可見矣。蓋自武庚誅而宋復封，於是商人曉然知武王、周公之心，而君臣上下，各止其所，無復有怨懟不平之意。與後世之人主一戰取人之國，而毁其宗廟、遷其重器者異矣。〔原注〕《樂記》曰：「投殷之後於宋。」此本之《吕氏春秋》，乃戰國時人之妄言。以武王下車即封微子，更誤。

或曰：遷殷頑民於雒邑，何與？曰：以頑民爲「商俗靡靡」之民者，先儒解誤也。蓋古先王之用兵也，不殺而待人也仁。東征之役，其誅者，事主一人武庚而已，謀主一人管叔而已，下此而囚，下此而降，下此而遷。而所謂頑民者，皆畔逆之徒也，無連坐并誅之法，而又不可以復置之殷都，是不得不遷。而又原其心，不忍棄之四裔，故於雒邑。又不忍斥言其畔，故止曰「殷頑民」。其與乎畔而遷者，大抵皆商之世臣大族，而其不與乎畔而留於殷者，如祝佗所謂「分康叔以殷民七族，陶氏、施氏、繁氏、錡氏、樊氏、饑氏、終葵氏」是也，〔閻氏曰〕是以陶氏、施氏、繁氏、錡氏、樊氏、饑氏、終葵氏爲殷之庶民矣，則上文分魯公以殷民六族，「使帥其宗氏，輯其分族，將其醜類，以法則周公，用即命於周，是使之職事於魯」，一則曰宗氏，再則曰分族，尚得謂非商之世臣大族乎？豈同一氏族而分於康叔者獨爲民乎？此不可解。非盡一國而遷之也。或曰：何以知其爲畔黨也？曰：以召公之言「讎民」知之，不畔何以言「讎」？非敵百姓也，古聖王無與一國爲讎者也。

上古以來，無殺君之事。湯之於桀也，放之而已。使紂不自焚，武王未必不以湯之所以待桀者待紂。紂而自焚也，此武王之不幸也。當時八百諸侯，雖並有除殘之志，然一聞其君之見殺，則天下之人亦且恫疑震駭，而不能無歸過於武王，此伯夷所以斥言其暴也。及其反商之政，封殷之後人而無利於其土地焉，天下於是知武王之兵非得已也，然後乃安於紂之亡，而不以爲周師之過。故箕子之歌，怨狡童而已，無餘恨焉。非伯夷親而箕子疏，又非武王始暴而終仁也，其時異也。

《多士》之書「惟三月，周公初于新邑洛，用告商王士」，曰「非我小國，敢弋殷命」。亡國之民而號之「商王士」，新朝之主而自稱「我小國」，以天下爲公，而不没其舊日之名分，殷人以此中心悦而誠服。「卜世三十，卜年七百」，其始基之矣。

## 泰誓

商之德澤深矣，尺地莫非其有也，一民莫非其臣也。武王伐紂，乃曰「獨夫受，洪惟作威，乃汝世讎」，曰「肆予小子，誕以爾衆士，殄殲乃讎」，何至於此？紂之不善，亦止其身，乃至并其先世而讎之，豈非《泰誓》之文出於魏、晉閒人之僞譔者邪？〔原注〕蔡氏曰：「《泰誓》《武成》，一篇之中似非盡出一人之口。」又引吴氏言，疑其書之晚出，或非盡當時之本文，蓋已見及乎此，特以注家之體，未敢直言其僞耳。〔楊氏曰〕「世讎」言乃祖乃父罹其凶虐，非并其先世而讎之。

「朕夢協朕卜，襲于休祥，戎商必克。」伐君大事，而託之乎夢，其誰信之？殆即《吕氏春秋》載夷、齊之言，謂武王「揚夢以説衆」者也。〔原注〕《左傳》昭七年，衛史朝之言曰：「筮襲于夢，武工所用也。」是當時已有此語。

《孟子》引《書》：「王曰：『無畏！寧爾也，非敵百姓也。』若崩厥角，稽首。」今改之曰：「罔或無畏，寧執非敵，百姓懍懍，若崩厥角。」後儒雖曲爲之説而不可通矣。

## 百姓有過在予一人

「百姓有過，在予一人。」凡百姓之不有康食，不虞天性，不迪率典，皆我一人之責，今我當順民心以誅無道也。蔡氏謂「民皆有責於我」，似爲紆曲。〔楊氏曰〕蔡《傳》因下有「今朕必往」爲義。

## 王朝步自周

《武成》：「王朝步自周，于征伐商。」《召誥》：「王朝步自周，則至于豐。」《畢命》：「王朝步自宗周，至于豐。」不敢乘車而步出國門，敬之至也。〔原注〕馬氏曰：「豐，文王廟所在。」鄭氏以爲「出廟入廟皆步行」。今按《書》言「步自周」，則不但於廟也。《雍録》以爲步行二十五里，則又太遠。後之人君，驕恣惰佚，於是有輦而行國中，坐而見羣臣，非先王之制矣。〔原注〕皇帝輦出房，見於《漢書·叔孫通傳》，乃秦儀也。〔沈氏曰〕西河毛氏《經問》云：「字書輦行曰步，謂以人行車，故字以二夫行車爲形，而義即因之。」考《雜記》有士喪與天子同者三，一是乘人。又《周禮·巾車》下：「王后有五路，一是輦車，以人挽之。」此非古車不用人可知也。《吕氏春秋》：「出則以輿，入則以輦，務以自佚，命之曰招蹷之機。」〔原注〕枚乘《七發》本此，作「蹷痿之機」。宋吕大防言：「前代人主在宮禁之中亦乘輿輦，祖宗皆步自内庭，出御前殿，此勤身之法也。」〔原注〕周煇《清波雜志》。

《太祖實録》：「吴元年，上以諸子年長，宜習勤勞，使不驕惰，命内侍製麻屨行縢。每出城稍遠，則馬行其二，步趨其一。」至崇禎帝，❶亦嘗步禱南郊。嗚呼，皇祖之訓遠矣。

## 大王王季

《中庸》言：「武王末受命，周公成文、武之德，追王大王、王季。」〔莊侍郎曰〕追王大王、王季，不追謚，繫王迹所起，實則商之諸侯也。必尊文王爲大祖，則不以干商先王之統明矣。〔楊氏曰〕據《中庸》本文，亦只是周公所定之禮如此，不必是武王身後也。《大傳》言：武王於牧之野，「既事而退」，「遂率天下諸侯，執豆籩，駿奔走，追王大王亶父、王季歷、文王昌」。二説不同。今按《武成》言「丁未，祀于周廟」，而其告庶邦冢君，稱「大王」「王季」。《金縢》之册祝曰：「若爾三王。」是武王之時已追王大王、王季，而《中庸》之言未爲得也。〔沈氏曰〕陳諒直云：「武王受命之日，年已垂暮，周公以母弟而爲相，一代制作，皆出其手，故以成德歸之。」《中庸》之意元不指踐阼以後，後人自誤會其指耳。《緜》之詩上稱「古公亶父」，下稱「文王」，是古公未上尊號之先，文已稱王，而《大傳》之言未爲得也。〔汝成案〕《詩疏》云：「後世稱前世曰『古公』，猶云『先王』『先公』也。太王追號爲王，不稱王而稱公者，此本其生時之事，故言生存之稱也。」詩人追

---

❶「至崇禎帝」，據《校記》，鈔本作「至于先帝」。

頌，多侈尊號，然或意别始終，則辭分文質，未可以此疑文之稱王在追王前也。又攷《詩》《禮記》疏，多言文王稱王在滅崇後，而沖遠《書疏》又言「文王斷虞、芮訟後改稱元年。文王既未稱王，而得改元者，諸侯自于其國各稱元年」云云。若然，則虞、芮質成，文尚未正王號，《大傳》之言不爲失也。蓋追王之禮斷自武王，至「周公追王」云者，此是以天子禮改葬太王、王季，非上尊號也。先生及莊侍郎前説亦未區别。仁山金氏曰：「武王舉兵之日，已稱王矣，故類於上帝，行天子之禮，而稱『有道曾孫周王發』，必非史臣追書之辭。後之儒者，乃嫌聖人之事而文之，非也。」然文王之王，與大王、王季之王自不同時，而追王大王、王季，必不在周公踐阼之後。〔原注〕疑武王未克商，先已追尊文王。《史記·伯夷傳》：「西伯卒，武王載木主，號爲『文王』，東伐紂。」

## 彝倫

彝倫者，天地人之常道，如下所謂五行、五事、八政、五紀、皇極、三德、稽疑、庶徵、五福、六極，皆在其中，不止《孟子》之言人倫而已。能盡其性，以至能盡人之性，盡物之性，則可以贊天地之化育，而彝倫敘矣。〔楊氏曰〕極五行、五事、八政之屬，該以人倫，略無遺漏，故曰達道。

## 龜從筮逆

古人求神之道，不止一端，故卜筮並用，而終以龜爲主。《周禮·簭人》言：「凡國之大事，先簭而後卜。」注：「當用卜者先筮之，即事有漸也，於筮之凶，則止不卜。」然而《洪範》有「龜從筮逆」者，則知古人固不拘乎此也。「大卜掌三兆之法」，「其經兆之體皆百有二十，其頌皆千有二百」，故《傳》曰「筮短龜長」。〔原注〕《左傳》：「晉獻公將以驪姬爲夫人，卜之不吉，筮之吉。卜人曰：『筮短龜長，不如從長。』」注：「物生而後有象，象而後有滋，滋而後有數。龜象筮數，故象長數短。」《曲禮》正義曰：「凡物初生則有象，去初既近，且包羅萬形，故爲長。數是終末，去初既遠，推尋事數，始能求象，故以爲短也。」自漢以下，文帝代來，猶有「大横」之兆。《藝文志》有《龜書》五十三卷，《夏龜》二十六卷，《南龜書》二十八卷，《巨龜》三十六卷，《雜龜》十六卷，而後則無聞，唐之李華遂有「廢龜」之論矣。〔原注〕《舊唐書》。

## 周公居東

主少國疑，周公又出居於外，而上下安寧，無腹心之患者，二公之力也。武王之誓衆曰「予有亂臣十人，同心同德」，於此見之矣。《荀子》曰：二公「仁智且不蔽，故能持周公，而名利福禄與周公齊」。〔徐鴻博曰〕《魯世家》：「人或譖周公，周公奔楚。」據《戰國策》，惠施曰：「昔王季歷葬于楚山之尾，欒水齧其墓。」《季婦鼎銘》曰：「王在成周，王徙于楚麓。」《左傳》十三年「迓晉侯于新楚」杜注：「新楚，秦地。」《括地志》：「終南山一名楚山，在雍州萬年縣南五十里。武王墓在萬年縣西南三十里。」周公奔楚，當是因流言出居，依于王季、武王之墓地，必非遠涉東都也。〔莊大令曰〕《洛誥》曰：「惟周公誕保文武受命，惟七年。」《尚書大傳》曰：「一年救亂，二年克殷，三年踐奄，四年建侯衛而封康叔，五年營成周洛邑，六年制禮作樂，七年致政。」毫無辟居之事。以《詩》考之，蓋成王諒闇，周公爲冢宰，百官總己以聽。除喪後，周公即東征。東征之二年，成王感風雷之變，迎周公于奄。則誕保受命，自東征始。《小毖》雖東征以後之事，亦在七年之中。且《書》所謂七年，蓋成王即位之九年，《書》綜其年數，故言七年，非謂紀年也。而鄭乃謂周公攝政稱元年，及致政成王，而又改元。此皆尸佼、孫卿之徒創爲邪説，以爲亂臣賊子所藉口。漢儒襲誤承譌，遭新莽之篡，緣飾經藝，侮亂天常，猶不能悟，誠可爲憤歎者矣。

## 微子之命

微子之於周，蓋受國而不受爵。受國以存先王之祀，不受爵以示不爲臣之節，故終身稱微子也。〔原注〕孔氏《書傳》曰：「微，畿内國名。子，爵也。」微子卒，立其弟衍，是爲微仲。衍之繼其兄，繼宋非繼微也，而稱微仲者何？猶微子之心也。〔沈氏曰〕毛西河《經問》云：「微子仍封微，爲子，又改封宋。爲公，則受爵矣。承殷祀以守三恪，則既爲周臣，復爲周賓矣。若終身稱微子而不稱宋公，此史例有然，猶康叔改封衛侯，亦終身稱康叔不稱衛侯也。其弟衍未嘗封微而仍稱微仲，亦史例也。周有同封而同稱者，虢仲、虢叔是也。微仲不同封也。有先後立國而亦同稱者，吴太伯、吴仲雍是也。微仲同宋國未嘗同微國也。然而稱微仲者，其稱微，則以國君介弟原得稱兄之國號以爲號，《春秋》書『吴季』是也；其稱仲，則以既爲國君，仍得稱己之字以爲字，《詩序》『秦仲』是也。皆史例也。」至於衍之子稽，則遠矣，於是始稱宋公。嗚呼，吾於《洪範》之書言「十有三祀」，《微子之命》以其舊爵名篇，而知武王、周公之仁，不奪人之所守也。後之經生不知此義，而抱器之臣、倒戈之士接迹於天下矣。〔汝成案〕先生之義甚正大矣，核之命篇之義，似不必然。《康誥》不曰「衛誥」，《康王之誥》《文侯之命》生而稱謚，且篇中明言「建爾于上公」，周既命之，微子當無不受之理，此亦是史臣原文爾。又前沈氏引毛西河《經問》云：「《春秋》書『吴季』是也。」攷《春秋》止書「蔡季」「紀季」，無吴季，毛氏誤也。

## 酒誥

酒爲天之降命，亦爲天之降威。紂以酗酒而亡，文王以「不腆於酒」而興。興亡之幾，其原皆在於酒，則所以保天命而畏天威者，後人不可不謹矣。

## 召誥

古者吉行日五十里，故召公營洛，乙未自周，戊申朝至於洛，凡十有四日。師行日三十里，故武王伐紂，癸巳自周，戊午師渡孟津，凡二十有五日。《漢書》以爲三十一日，誤。

## 元子

《微子之命》以微子爲殷王元子，《召誥》則又以紂爲元子，曰「皇天上帝，改厥元子，茲大國殷之命」，又曰「有王雖小，元子哉」。人君謂之天子，故仁人之事天如事親。

## 其稽我古人之德

傅説之告高宗曰：「學于古訓，乃有獲。」武王之誥康叔，既「祗遹乃文考」，而又求之「殷先哲王」，又求之「商耇成人」，又别求之「古先哲王」。大保之戒成王，先之以「稽我古人之德」，而後進之以「稽謀自天」。及成王之作《周官》，亦曰「學古入官」，曰「不學牆面」。子曰：「述而不作，信而好古。」又曰：「好古敏以求之。」又曰：「君子以多識前言往行，以畜其德。」先聖後聖，其揆一也。不學古而欲稽天，豈非不耕而求穫乎？

## 節　性

「降衷于下民，若有恒性」，此「性善」之説所自出也。「節性，惟日其邁」，此「性相近」之説所自出也。「豈弟君子，俾爾彌爾性，似先公酋矣。」「命也，有性焉，君子不謂命也。」

## 汝其敬識百辟享

人主坐明堂而臨九牧，不但察羣心之向背，亦當知四國之忠姦。故嘉禾同穎，美侯服之宣風；底貢厥獒，戒明王之慎德，所謂「敬識百辟享」也。昔者唐明皇之致理也，受張相千秋之鏡，聽元生《于蔿》之歌，亦能以謇諤爲珠璣，以仁賢爲器幣。及乎王心一蕩，佞諛日崇，開廣運之潭，致江南之貨，廣陵銅器，京口綾衫，錦纜牙檣，彌亘數里，靚妝鮮服，和者百人，乃未幾而薊門之亂作矣。然則韋堅、王鉷之徒，剥民以奉其君者，皆「不役志于享」者也。《易》曰：「公用享于天子，小人弗克。」若明皇者，豈非「享多儀」而民曰「不享」者哉！

## 惟爾王家我適

朝覲者不之殷而之周，訟獄者不之殷而之周，於是周爲天子而殷爲侯服矣。此之謂「惟爾王家我適」。

## 王來自奄

〔汝成案〕王會之先生，宋度宗咸淳十年卒，未嘗入元。先生注稱爲元儒者，誤。

《多方》之誥曰：「惟五月丁亥，王來自奄。」而《多士》王曰「昔朕來自奄」。是《多方》當在《多士》之前，後人倒其篇第耳。〔原注〕元儒王柏論亦同此，但更置太多，未敢信。奄之叛周，是武庚既誅而懼，遂與淮夷、徐戎並興，而周公東征，乃至於三年之久，《孟子》曰「伐奄三年，討其君」是也。〔原注〕伐奄，成王時事。上言相武王，因誅紂而連言之耳。既克，而成王踐奄，蓋行巡狩之事，《書序》「成王既踐奄，將遷其君於蒲姑」是也。〔原注〕《多方》篇云「周公曰：王若曰」，是周公尚未遷殷而王已踐奄矣。孔傳以爲奄再叛者，拘於篇之先後而强爲之説。〔原注〕「至于再，至于三」，當從蔡氏説。

## 建官惟百

成王作《周官》之書，謂「唐、虞稽古，建官惟百」，而「夏、商官倍」者，時代不遠，其多寡何若此之懸絶哉？且天下之事，一職之微，至於委吏乘田亦不可闕，而謂二帝之世遂能以百官該内外之務，吾不敢信也。攷之傳注，亦第以爲因時制宜，而莫詳其實。吾以爲唐、虞之官不止於百，而其咨而命之者二十有二人，其餘九官之佐，殳斨、伯與、朱虎、熊羆之倫，曁侍御僕從，以至「州十有二師，外薄四海，咸建五長」，以名達於天子者不過百人而已，其他則穆王之命所謂「慎簡乃僚」，而天子不親其黜陟者也。故曰：堯、舜之知而不徧物，急先務也；堯、舜之仁不徧愛人，急親賢也。夏、商之世，法日詳而人主之職日侵於下，其命於天子者多，故倍也。觀於《立政》之書，内至於亞旅，外至於表臣百司，而夷微、盧烝、三亳、阪尹之官，又虞、夏之所未有，則可知矣。杜氏《通典》言「漢初王侯國百官皆如漢朝，惟丞相命於天子，其御史大夫以下皆自置。及景帝懲吴、楚之亂，殺其制度，罷御史大夫以下官。至武帝，又詔凡王侯吏職秩二千石者，不得擅補，其州郡佐吏自别駕、長史以下，皆刺史、太守自補。歷代因而不革。洎北齊武平中，後主失政，多有佞幸，乃賜其賣官，分占州郡，下及鄉官，多降中旨，故有敕用州主簿、郡功曹者。自是之後，州郡辟士之權寖移於朝廷，以故外吏不得精覈，由此起也」。故劉炫對牛弘，以爲大小之官悉由吏部，〔趙氏曰〕《隋書》劉炫對牛弘謂：「往者州惟置綱紀，郡置守丞，縣置令而已，其具僚則長官自辟。今則大小之官悉由吏部。」據此，則天下官員盡歸部選之制，實自隋始也。然吏歸部選，則朝廷之權不下移。若聽長官辟置，無論末流澆漓，夤緣賄賂之風必甚，即其中號爲賢智者，亦多以意氣微恩致其私感，以致成黨援門户，背公向私者比比也。此政之所以日繁。而沈既濟之議，欲令六品以下及僚佐之屬許州府辟用。〔原注〕《唐書·百官志》曰：「初，太宗省内外官，定制爲七百三十員，曰：『吾以此待天下賢才足矣。』」後之人見《周禮》一書設官之多，職事之密，以爲周之所以致治者如此，而不知「宅乃事、宅乃牧、宅乃準」之外，文王罔敢知也。然則周之制雖詳，而意猶不異於唐、虞矣。求治之君，其可以天子而預銓曹之事哉！

## 司空

司空，孔傳謂「主國空土以居民」。未必然。顔師古曰：「空，穴也。古人穴居，主穿土爲穴以居人也。」〔原注〕見《漢書·百官公卿表》注。此語必有所本。《易傳》云：「上古穴居而野處。」《詩》云：「古公亶父，陶復陶穴，未有家室。」今河東之人尚多有穴居者。〔原注〕今人謂「窯」即古「陶」字。《莊子》言「逃虚空」，虚空即今人所謂「冷窯」也。洪水之後，莫急於奠民居，故「伯禹作司空」，爲九官之首。

## 顧命

讀《顧命》之篇，見成王初喪之際，康王與其羣臣皆吉服，而無哀痛之辭。以召公、畢公之賢，反不及子産、叔向，誠爲可疑。再四讀之，知其中有脱簡。〔原注〕不言殯禮，知是闕文。豈有新君已朝諸侯，而成王尚未殯，史官略無一言記及者乎？而「狄設黼扆、綴衣」以下，即當屬之《康王之誥》。〔原注〕伏生本以《顧命》《康王之誥》合爲一篇。自此以上，記成王顧命登遐之事；自此以下，記明年正月上日，康王即位朝諸侯之事也。古之人君於即位之禮重矣，故即位於廟，受命於先王，祭畢而朝羣臣，羣臣布幣而見，然後成之爲君。《春秋》之於魯公，即位則書，不即位則不書，蓋有遭時之變，而不行此禮，如莊、閔、僖三公者矣。康王當太平之時，爲繼體之主，而史録其儀文訓告，以爲一代之大法，此《書》之所以傳也。《記》曰「未没喪不稱君」，而今《書》曰「王麻冕黼裳」，是踰年之君也。又曰「周卒哭而祔」，而今曰「諸侯出廟門俟」，是已祔之後也。〔原注〕《記》曰：「卒哭曰成事。是日也，以吉祭易喪祭。」《傳》言「天子七月而葬，同軌畢至」，而今太保率西方諸侯，畢公率東方諸侯，是七月之餘也。因其中有脱簡，而後之説《書》者並以繫之「越七日癸酉」之下，所以生後儒之論。而不思初崩七日之間，諸侯何由而畢至乎？〔原注〕蘇氏亦知其不通，而以爲問疾之諸侯。或曰：易吉可乎？曰：此周公所制之禮也，以宗廟爲重，而不敢凶服以接乎神，釋三年之喪，以盡斯須之敬，此義之所在，而天子之守與士庶不同者也。《商書》有之矣：「惟元祀十有二月乙丑，伊尹祠于先王，奉嗣王祗見厥祖。」豈以喪服而入廟哉！〔原注〕《漢書·孝文紀》：「元年冬十月辛亥，皇帝見於高廟。」蓋猶循此制。〔楊氏曰〕觀孝文十月，則知商十二月矣。

傳賢之世，天下可以無君，故「堯崩，三年之喪畢，舜避堯之子於南河之南」。傳子之世，天下不可無君，故「惟元祀十有二月乙丑，伊尹祠于先王，奉嗣王祗見厥祖」。〔楊氏曰〕堯老舜攝，義自明。

「天下可以無君」之説殆非。

自「狄設黼扆、綴衣」以下，皆陳之朝者也。設四席者，朝羣臣，聽政事，養國老，燕親屬，皆新天子之所有事，而非事亡之説也。自「王麻冕黼裳」以下，皆廟中之事也。自「王出在應門之内」以下，則康王臨朝之事也。

周之末世，固有不待葬而先見廟者矣。《左傳》昭二十二年：夏四月乙丑，王「崩于榮錡氏」。「五月庚辰，見王。」「六月丁巳，葬景王。」其曰「見王」者，見王子猛於先王之廟也。不待期而見王猛，不待期而葬景王，則以子朝之争國也。然不言即位，但曰「見王」而已，孰謂成、康無事之時而行此變禮也？

《書》之脱簡多矣。如《武成》之篇，蔡氏以爲尚有闕文。《洛誥》「戊辰，王在新邑」，則王之至洛可知。乃二公至洛，並詳其月日，而王不書。金氏以爲其間必有闕文，蓋伏生老而忘之耳。然則《顧命》之脱簡又何疑哉？賓牟賈言：「若非有司失其傳，則武王之志荒矣。」余於《顧命》，敢引之以斷千載之疑。〔鳳氏曰〕天子諸侯在喪即位，有定所，有定期。《康王之誥》曰：「王出在應門之内。」應門内即路門外，治朝之君位。天子諸侯三朝，惟治朝日視爲正朝。即位於此，所以示臣民之有君，定衆志，杜姦萌也。天子如是，諸侯亦然。特天子在路門外庭直門中，諸侯避天子在路門外庭之左。故《聘禮》曰「君朝服出門左，南鄉」，此即位之所之一定者也。《康王之誥》本與《顧命》爲一篇，天子七日而殯，「癸酉，伯相命士須材」，上溯乙丑已九日，大夫以上斂殯諸死事，不數死日，故七日壬申殯，癸酉爲殯明日也。而受顧命于是日，即位亦于是日，則嗣王殯明日即位，周公之制也。諸侯亦然。《春秋》定公元年：「六月癸亥，公之喪至自乾侯。戊辰，公即位。」喪至于癸亥，則以爲薨于壬戌者然，故丁卯殯，而公即位于戊辰，亦殯明日。故杜注曰：「諸侯五日而殯，殯則嗣君即位。」夫即位即所云視朝，後世謂之臨朝，所謂示臣民之有君者如此；而諸侯亦可推，此即位之期之一定者也。自僞《伊訓》暗襲「舜格文祖」之文，又襲「太保畢公率諸侯入應門」之典，而曰「奉嗣王祗見厥祖，侯甸羣后咸在」，似即位必先見祖。不知「格文祖」者，舜已終喪，終喪親政，固宜見祖；在喪無見祖之禮。又僞《伊訓》與「見祖」聯文，似即位必于廟者。胡文定《春秋傳》、蔡九峰《書傳》本之。不知即位所以示臣民有君，正當在治朝，經、傳亦無在廟之文也。《公羊》以《春秋》元年正月書「即位」者七公，遂謂諸侯踰年即位，知天子亦踰年即位。不知《春秋》七書「元年正月公即位」者，皆譏也，始于桓而成于文，彼遂習以爲常耳。蓋桓公因弑生疑，遲回以採衆志，至踰年而始敢行即位之禮。經書之，志變古也。文之正月即位者，僖公薨于十二月乙巳，《春秋長曆》十二月無乙巳，大抵迫歲暮，故緩至正月耳。且嗣君即位非踰年，《左氏》亦有明文。莊公八月薨，《傳》即曰「子般即位」，而十月《傳》曰「賊子般」。文七年四月宋成公卒，《傳》曰「昭公即位而葬」。有康王、定公可徵，則子般、宋昭即位殯明日可推也。隱元年經前《傳》曰「隱公立而奉之」，莊三十三年《傳》曰「立閔公」，閔公二年《傳》曰「立僖公」，莊公亦必即位于桓公十八年四月喪至後六日。故隱、閔、莊、僖元年正月經皆不書即位，而《傳》又各釋其故，曰「攝」，曰「夫人出」，曰「亂」，曰「公出」者，《左氏》似亦據元年正月七書「公即位」者爲典，從而爲之辭，而不知適與子般、宋昭未踰年明言即位者自相矛盾也。夫天子諸侯在喪，即位之期之所昧雜如是，惟《顧命》《康王之誥》可以正之。後人轉據《伊訓》《公羊》疑駁《顧命》《康王之誥》，不幾倒置耶？〔胡氏曰〕自古嗣君受顧命之禮，僅見于《書》之成、康。蘇氏謂冕服非禮，引孔子因喪服以冠之義。夫朝廷典禮，當直舉本義。雜取他文，以意通之，非也。以喪服嗣寶位，理所必無。麻冕黼裳，天子祭服，與衮冕不同，麻冕蟻裳，亦非純用祭服。故注云「無事於奠祝，故不純用吉服；有位于班列，不可純用凶服。酌吉凶之間，示禮之變」，此非倉猝所定，或古來相承如此耳。大行初喪，不可一日無君，又不可遽行即位之禮。嗣王定位于初喪，以主喪之位定其爲君。天子無荅諸侯拜之禮，而主喪之孤有拜稽顙之禮。御王册命則荅拜，覲見諸侯，不在喪次而亦荅拜，且對其臣稱名，皆非常朝比也。至列國大夫，欲以弔喪而因見新君，則去既殯即位已久，故叔向以喪禮未畢距之，與此不同也。〔汝成案〕《公羊傳》「正棺兩楹之間，然後即位」，此語必有所本。天子七日而殯，此《書》云「越七日癸酉，伯相命士須材」，供攢塗也，所以殯也。自此以下，受册命于大行柩前，即出見諸侯于治朝，然後反而成服，皆癸酉日事，于事于情于禮意無不協者。既殯而後衰麻，殯時尚服玄端，但髻髮腰絰耳，無脱衰襲吉之嫌也。

## 矯虔

《説文》：「矯，從矢，揉箭也。」故有用力之義。《漢書·孝武紀》注引韋昭曰：「稱詐爲矯，强取爲虔。」《周語》注：「以詐用法曰矯。」

## 罔中于信以覆詛盟

國亂無政，小民有情而不得申，有冤而不見理，於是不得不愬之於神，而詛盟之事起矣。蘇公遇暴公之譖，則「出此三物，以詛爾斯」；屈原遭子蘭之讒，則告五帝以折中，命咎繇而聽直。至於里巷之人，亦莫不然。而鬼神之往來於人間者，亦或著其靈爽，於是賞罰之柄乃移之冥漠之中，而蚩蚩之氓，其畏王鈇常不如其畏鬼責矣。乃世之君子猶有所取焉，以輔王政之窮。今日所傳地獄之説，感應之書，皆苗民詛盟之餘習也。「明明棐常，鰥寡無蓋」，則王政行於上，而人自不復有求於神。故曰：有道之世，其鬼不神。所謂「絶地天通」者，如此而已矣。〔胡氏曰〕鬼神者，前聖尊而稱之，百官以畏，萬民以服，皆所以正人心者也。王道大明，作福作災，於己取之，蓋無所事於神矣。道之不明，理不可信，不得不求救於神，以免意外之禍。愚民小夫緣此冀無端之福。武人劇盜頓首像設之前，出廟門而行殺。度九黎亂德之世，大都如此。《書》曰「伯夷降典，折民惟刑」，蓋折民邪妄，惟當示以典禮，典禮勝，邪妄息矣。其不度於禮者，刑必施焉。故狄公毁淫祠，折以刑之謂也。

## 文侯之命

《竹書紀年》：「幽王三年，嬖褒姒。五年，王世子宜臼出奔申。八年，王立褒姒之子伯盤〔原注〕古「服」字，與「盤」字相似而誤。爲太子。九年，申侯聘西戎及鄫。十年，王師伐申。十一年，申人、鄫人及犬戎入周，弑王及王子伯盤。申侯、魯侯、許男、鄭子立宜臼於申，虢公翰立王子余臣於攜，周二王並立。平王元年，王東徙雒邑。晋侯會衛侯、鄭伯、秦伯，以師從王入於成周。二十一年，晋文侯殺王子余臣於攜。」〔原注〕《左傳》昭二十六年：王子朝告諸侯之辭曰：「攜王奸命，諸侯替之，而建王嗣。」杜氏以攜王爲伯服，蓋失之不攷。〔楊氏曰〕觀《左傳後序》，則成侯已見《竹書》，但不甚信之耳，並非失攷。然則《文侯之命》，報其立己之功，而望之以殺攜王之效也。鄭公子蘭之從晉文公而東也，請無與圍鄭，晉人許之。今平王既立於申，〔原注〕申國在今信陽州。自申遷於雒邑，而復使周人爲之戍申，〔原注〕《竹書紀年》：「平王三十三年，楚人侵申。三十六年，王人戍申。」則申侯之伐，幽王之弑，不可謂非出於平王之志者矣。當日諸侯但知其冢嗣爲當立，而不察其與聞乎弑爲可誅。虢公之立王子余臣，或有見乎此也。自文侯用師，替攜王以除其逼，而平王之位定矣。後之人徒以成敗論，而不察其故，遂謂平王能繼文、武之緒，而惜其棄岐豐七百里之地，豈爲能得當日之情者哉。孔子生於二百年以後，蓋有所不忍言，而録《文侯之命》於《書》，録《揚之水》之篇於《詩》，其旨微矣。〔原注〕《葛藟》詩序謂平王棄其九族，似亦未可盡非。《古今人表》以平王、申侯與幽王、褒姒、虢石父同列「下下」。《傳》言「平王東遷」，蓋周之臣子美其名爾。綜其實不然。凡言「遷」者，自彼而之此之辭，「盤庚遷于殷」是也。幽王之亡，宗廟社稷以及典章文物蕩然皆盡，鎬京之地已爲西戎所有；❶平王乃自申東保於雒，天子之國與諸侯無異，而又有攜王與之頡頏，並爲人主者二十年，其得存周之祀幸矣，而望其中興哉！〔原注〕如東晉元帝不可謂之遷於建康。〔汝成案〕《春秋》起平王末年，而託始于讓位之隱，或亦有微意歟？

---

❶「西戎所有」，據《校記》，鈔本作「戎狄之居」。

## 秦誓

有秦誓故列《秦誓》，有秦詩故録《秦》詩，述而不作也。謂夫子逆知天下之將并於秦而存之者，〔原注〕邵子説。小之乎知聖人矣。秦穆公之盛，僅霸西戎，未嘗爲中國盟主，無論齊桓、晋文，即亦不敢望楚之靈王、吴之夫差合諸侯而制天下之柄。春秋以後，秦蓋中衰。吴淵潁〔原注〕萊。曰：「秦之興，始於孝公之用商鞅，成於惠王之取巴蜀。蠶食六國，并吞二周，戰國之秦也，非春秋之秦也。其去夫子之卒也久矣，〔原注〕自獲麟之歲以至始皇滅六國并天下二百六十年。夫子惡知周之必并於秦哉！」若所云「後世男子，自稱秦始皇，入我房，顛倒我衣裳，至沙丘而亡」者，近於圖澄、寶誌之流，非所以言孔子矣。

《甘誓》，天子之事也；《胤征》，諸侯之事也。並存之，見諸侯之事可以繼天子也。《費誓》《秦誓》之存猶是也。

## 古文尚書

〔汝成案〕原注「師古曰中者」云云，考《志》無此注，當是《儒林傳》注「中書，天子所藏之書也」誤文。

漢時《尚書》今文與古文爲二，而古文又自有二。《漢書·藝文志》曰：「《尚書古文經》四十六卷，爲五十七篇。」師古曰：「孔安國《書序》云：『凡五十九篇，爲四十六卷。承詔作傳，引序各冠其篇首，定五十八篇。』鄭玄《序贊》云『後又亡其一篇』，故五十七。」又曰：「經二十九卷，大小夏侯二家。歐陽經三十二卷。」〔原注〕歐陽生字和伯，史失其名。夏侯勝、勝從兄子建，皆傳伏生《尚書》。師古曰：「此二十九卷，伏生傳授者。」〔原注〕内《泰誓》非伏生所傳，師古并言之，詳見下。此今文與古文爲二也。又曰：「古文《尚書》者，出孔子壁中。武帝末，魯共王壞孔子宅，欲以廣其宫，而得古文《尚書》及《禮記》《論語》《孝經》凡數十篇，皆古字也。共王往入其宅，聞鼓琴瑟鍾磬之音，於是懼，乃止不壞。孔安國者，孔子後也，悉得其書，以攷二十九篇，得多十六篇。〔原注〕師古曰：「見行世二十九篇之外，更得十六篇。」安國獻之，遭巫蠱事，未列於學官。劉向以中古文〔原注〕師古曰：「中者，天子之書也。」校歐陽、大小夏侯三家經文，《酒誥》脱簡一，《召誥》脱簡二。率簡二十五字者，脱亦二十五字，簡二十二字者，脱亦二十二字。文字異者七百有餘，脱字數十。」〔原注〕《志》自云此所述者本之劉歆《七略》，不知中古文即安國所獻否。及王莽末，遭赤眉之亂，焚燒無餘。《儒林傳》曰「孔氏有古文《尚書》，孔安國以今文字讀之，因以起其家。逸《書》得十餘篇，蓋《尚書》兹多於是矣。〔原注〕言此爲最多者，明張霸加之以百二篇爲僞。遭巫蠱，未立於學官。安國爲諫大夫，授都尉朝」，「都尉朝授膠東庸生，庸生授清河胡常少子。又傳《左氏》，常授號徐敖」。「又傳《毛詩》，授王璜、平陵塗惲子真，子真授河南桑欽君長。王莽時，諸學皆立。〔原注〕《傳》末又言：「平帝時立《左氏春秋》《毛詩》、逸《禮》、古文《尚書》。」而《後漢書》十四博士無之，蓋光武時廢。劉歆爲國師，璜、惲等皆貴顯。」〔原注〕言劉歆者，哀帝時，歆移書太常博士，欲立此諸家之學故也。又曰：「世所傳『百兩篇』者，出東萊張霸，分析合二十九篇以爲數十。

〔原注〕或分析之，或合之。又采《左氏傳》《書序》爲作首尾，凡百二篇。篇或數簡，文意淺陋。成帝時求其古文者，霸以能爲『百兩』徵。以中書校之，非是。」此又孔氏古文與張霸之書爲二也。《後漢書·儒林傳》曰：「孔僖，魯國魯人也。自安國以下，世傳古文《尚書》。」又曰：「扶風杜林傳古文《尚書》。林同郡賈逵爲之作訓，〔原注〕《賈逵傳》：「肅宗好古文《尚書》，詔逵譔《歐陽大小夏侯尚書古文同異》，爲三卷，帝善之。」馬融作傳，鄭玄注解，由是古文《尚書》遂顯於世。」又曰：「建初中，詔高才生受古文《尚書》《毛詩》《穀梁》《左氏春秋》，雖不立學官，然皆擢高第，爲講郎，給事近署。」然則孔僖所受之安國者，竟無其傳，而杜林、賈逵、馬融、鄭玄則不見安國之傳，而爲之作訓、作傳、作注解，此則孔、鄭之學又當爲二，而無可攷矣。〔錢氏曰〕杜林及賈、鄭、馬諸儒所傳「古文」，即安國真「古文」，但非梅賾所獻之「古文」爾。《劉陶傳》曰：「陶明《尚書》《春秋》，爲之訓詁，推三家《尚書》及『古文』，是正文字三百餘事，名曰《中文尚書》。」〔原注〕言參用今文、古文之中。漢末之亂，無傳。若馬融注古文《尚書》十卷，鄭玄注古文《尚書》九卷，則見於《舊唐書·藝文志》，〔原注〕又有王肅、范甯、李顒、❶姜道成注古文《尚書》。《新唐書》作「姜道盛」。開元之時尚有其書，而未嘗亡也。按陸氏《釋文》言馬、鄭所注二十九篇，則亦不過伏生所傳之二十八，〔原注〕一，《堯典》并《舜典》「慎徽」以下爲一篇。二，《臯陶謨》并《益稷》爲一篇。三，《禹貢》。四，《甘誓》。五，《湯誓》。六，《盤庚》。七，《高宗肜日》。八，《西伯戡黎》。九，《微子》。十，

❶「顒」，原避清嘉慶帝諱作「容」。後凡「顒」字作「容」者，俱回改，不再出校。

《牧誓》。十一，《洪範》。十二，《金縢》。十三，《大誥》。十四，《康誥》。十五，《酒誥》。十六，《梓材》。十七，《召誥》。十八，《洛誥》。十九，《多士》。二十，《無逸》。二十一，《君奭》。二十二，《多方》。二十三，《立政》。二十四，《顧命》并《康王之誥》爲一篇。二十五，《吕刑》。二十六，《文侯之命》。二十七，《費誓》。二十八，《秦誓》。而《泰誓》别得之民間，合之爲二十九，〔原注〕孔氏《正義》曰：「《史記》及《漢書·儒林傳》云『伏生獨得二十九篇，以教齊魯』，然《泰誓》非伏生所得。按馬融云『《泰誓》後得』，鄭玄《書論》亦云『民間得《泰誓》』，《别録》曰『武帝末，民有得《泰誓》書於壁内者，獻之』，則《泰誓》非伏生所傳，而言二十九篇者，以司馬遷在武帝之世，見《泰誓》出而得行，入於伏生所傳内，故爲史總之，云伏生所出，不復曲别分析，其實得時不與伏生所傳同也。」且非今之《泰誓》。〔原注〕有「白魚入於王舟」等語，董仲舒對策引之。其所謂得多十六篇者，不與其間也。

《隋書·經籍志》曰：「馬融、鄭玄所傳惟二十九篇，又雜以『今文』，非孔子舊書，自餘絶無所說。❶〔原注〕《正義》曰：「鄭氏《書》於伏生所傳之外增益二十四篇，《舜典》一，《汨作》二，《九工》九篇十一，《大禹謨》十二，《益稷》十三，《五子之歌》十四，《胤征》十五，《湯誥》十六，《咸有一德》十七，《典寶》十八，《伊訓》十九，《肆命》二十，《原命》二十一，《武成》二十二，《旅獒》二十三，《冏命》二十四，以一篇爲一卷，《九共》九篇合爲一卷，通十六卷，以合於《漢·藝文志》『得多十六篇』之數。此即張霸之徒所作僞書也。」與《舊唐書》所載卷目不同。〔錢氏曰〕謂鄭氏所傳增益二十四篇，爲張霸之徒所作者，孔穎達之臆說。晋世祕府所存有古文《尚書》經文，今

---

❶「所說」，《隋書·經籍志》作「師說」。

無有傳者。及永嘉之亂，歐陽、大小夏侯《尚書》並亡，至東晋，豫章内史梅賾始得安國之傳，上之。」〔原注〕《正義》引《晋書》云：「太保鄭沖以古文授扶風蘇愉，愉授天水梁柳，柳授城陽臧曹，曹授汝南梅賾，遂上其書。」又云：「其書亡失《舜典》一篇。」此書東京以下諸儒皆不曾見，鄭玄注《禮記》，韋昭注《國語》，杜預注《左氏》，趙岐注《孟子》，凡引此書文，並注云逸《書》。增多二十五篇，〔原注〕《大禹謨》一，《五子之歌》二，《胤征》三，《仲虺之誥》四，《湯誥》五，《伊訓》六，《大甲》三篇九，《咸有一德》十，《説命》三篇十三，《泰誓》三篇十六，《武成》十七，《旅獒》十八，《微子之命》十九，《蔡仲之命》二十，《周官》二十一，《君陳》二十二，《畢命》二十三，《君牙》二十四，《冏命》二十五。以合於伏生之二十八篇，而去其僞《泰誓》，又分《舜典》，《益稷》，《盤庚》中、下，《康王之誥》，各自爲篇，則爲今之五十八篇矣。其《舜典》亡闕，取王肅本「慎徽」以下之傳續之。〔原注〕陸氏《釋文》云：「梅賾上孔氏傳古文《尚書》，亡《舜典》一篇，時以王肅注頗類孔氏，故取王注從『慎徽五典』以下爲《舜典》，以續孔傳。」齊明帝建武四年，有姚方興者，於大航頭得本，有「曰若稽古帝舜」以下二十八字，獻之，朝議咸以爲非。及江陵板蕩，其文北入中原，學者異之，劉炫遂以列諸本第。然則今之《尚書》，其今文、古文皆有之三十三篇，固雜取伏生、安國之文，而二十五篇之出於梅賾，《舜典》二十八字之出於姚方興，又合而一之。《孟子》曰「盡信《書》則不如無《書》」，於今日而益驗之矣。〔孫兵備曰〕《書》有四而僞者二，亡者三。一曰漢文帝使鼂錯所受伏生《尚書》二十八篇，《泰誓》後得，大、小夏侯爲二十九，歐陽三分《盤庚》爲三十一，馬氏、鄭氏三分《泰誓》，又分《顧命》出《康王之誥》爲三十四，益以《書序》而爲之注，即《隋·經籍志》所稱馬融注《尚書》十一卷，鄭玄注《尚書》九卷也。此二十八篇經文爲伏生壁藏之餘，見《史記》《漢書·儒林傳》及《藝文志》。據王充《論衡》，亦云「伏生抱百篇藏山中，景帝遣鼂錯往從受《尚書》二十餘篇」。而僞孔安國《序》稱「伏生失其本經，口以傳授」。朱文公亦承其誤，大背漢人之言。蓋誤會衛宏所云伏生使其女傳言教錯，以爲口授經文，不知宏所謂傳言者，傳授經義，非本文，亦或即是《大傳》也。孔安國亦傳今文，故《史記》云：「孔氏有古文《尚書》，而安國以今文讀之。」當時謂伏生《書》爲今文，蓋在孔壁科斗書既出之後，稱今以別於古。且秦時改篆用隸，諸儒或以寫經，以便循誦。劉向既以中古文校三家經文脱簡脱字文字之異，後漢杜林又得漆書古文，賈逵譔《歐陽大小夏侯尚書古文同異》，於是今文合於古文。《隋·經籍志》稱馬、鄭「所傳惟二十九篇，又雜以今文」是也。馬、鄭所注雖止伏生之書，既從張恭祖受逸十六篇，分爲二十四，又注壁中百篇之序，遂題曰「古文尚書」。而唐人猶謂此爲今文者，以惑於僞古文也。一曰漢武帝末孔氏壁中所出古文《尚書》，杜林得之西州，鄭氏受之張恭祖，皆即其本，較伏生《書》增多十六篇，合於伏生《書》二十九篇，并序爲四十六篇。古者竹、帛異施，篇、卷同耳，故《藝文志》云「古文經四十六卷」。而班固自注爲五十七篇者，内分《盤庚》《泰誓》各爲三，《顧命》爲二，《九共》爲九，除序，數之五十八，《武成》後亡，故云五十七篇也。古文增多篇無傳注，故《儒林傳》稱「司馬遷從安國問故」，而不言安國作傳，馬氏稱爲逸無師説。漢、晉諸儒咸見其全書，或稱爲逸《書》者，非亡逸之謂，謂逸在伏生二十九篇之外也。唐人疑爲不見古文，惑矣。孔穎達引束晳稱孔子壁中《書》「將始宅殷」。《隋·經籍志》云「晉世秘府所存，有古文《尚書》經文」，又載有徐邈譔《古文尚書音》一卷，梁五經博士劉叔嗣注《尚書逸篇》二卷。《唐志》有徐邈注三卷。陸德明稱永嘉喪亂，衆家之《書》並亡，古文蓋絶於此時也。一曰漢成帝時，張霸所作百兩篇《書》，既以中書校之，非是，乃黜其書。今遺文僅見王充《論衡》，有云「伊尹死，大霧三日」。孔穎達誤以古文二十四篇爲張霸僞《書》，又以鄭氏所引《胤征》「厥篚玄黃」爲是張霸

《書》詞，可謂以不狂爲狂。霸《書》自魏、晋以來，未見稱述，蓋亡於漢也。一曰晋元帝時，梅賾所上《尚書》孔傳五十八篇，引《書序》以冠各篇之首，妄稱鄭沖所傳古文。齊姚方興又獻《舜典》，有「乃命以位」已上二十八字。隋劉炫取而列諸本第，始或格於朝議，或不行於河洛，至孔穎達爲僞傳譔《正義》，而鄭注漸微。其時孔壁古文久亡，遂無能辨其真僞。故劉知幾《史通》稱「姚方興采馬、王之義以造孔傳《舜典》，舉朝集議，咸以爲非」。《北史·儒林傳》稱「南北章句好尚互有不同。江左，《尚書》則孔安國；河洛《尚書》則鄭康成」。《隋·經籍志》則稱「至隋，孔、鄭並行，而鄭氏甚微也」。今考梅賾《書》篇數與古不相應。采會《書傳》又多舛錯，大異史遷所從孔安國問故之文，與顯背鄭説者難更僕。若《胤征》之以人名爲國，《旅獒》之以酋豪爲犬，尤可怪也。伏生二十九篇本文存此《書》中，亦或删改。如「二十有八載」下，改「放勳」爲「帝」字。《説文》引《周書》「遽以記之」，今爲《虞書》。「帝曰毋若丹朱傲」，「禹曰予娶塗山」云云，皆脱「帝曰」「禹曰」，賴有《孟子》、董仲舒書、《史記》《漢書》《論衡》可證耳。僞孔古文《尚書》，宋吴棫、朱文公嘗疑之，當時不能博考以證其謬舛。近世閻若璩、惠棟互加考證，别黑白而箴膏肓，學者始知僞孔傳之非真「古文」矣。《尚書》一戹於秦火，則百篇爲二十九；再戹於建武，而亡《武成》；三戹於永嘉，則衆家《書》及「古文」盡亡；四戹於梅賾，則以僞亂真，而鄭學微；五戹於孔穎達，則以是爲非，而馬、鄭之注亡於宋；六戹於唐開元時，詔衛包改「古文」從「今文」，則并僞孔傳中所存二十九篇本文失其真；七戹於宋開寶中，李鄂删定《釋文》，則并陸德明《音義》俱非其舊矣。

竊疑古時有《堯典》無《舜典》，有《夏書》無《虞書》，而《堯典》亦《夏書》也。〔孫氏曰〕案《左傳》文十八年明云「《虞書》數舜之功曰『慎徽五典』」云云，安得謂之有《夏書》無《虞書》乎？竊意古人蓋以二典爲《虞書》，《大禹謨》以下爲《夏書》也。孟子引「二十有八載，放勳乃殂落」，而謂之《堯典》，則《序》之别爲《舜典》者非矣。〔趙氏曰〕案《孟子》「咸丘蒙章」引《堯典》曰：「二十有八載，放勳乃殂落，百姓如喪考妣。三年，四海遏密八音。」孟在未焚書之前，必親見《尚書》真本，而引之爲《堯典》，則此明是《堯典》之文，而晋人分在《舜典》中者，誤也。況《史記·堯本紀》直至禪位後二十八年殂落始畢，凡今《舜典》所載察璣衡，定巡狩，封山濬川，制刑法，誅四凶等事，皆在《堯本紀》中。班固稱遷作《史記》多從安國問故，安國乃治古文《尚書》者，而遷本之作《堯紀》。如此可知古文《堯典》原不止于「釐降二女」，而必至「遏密八音」方止也。〔姚氏曰〕據《史記》以「遏密八音」以上爲《堯典》，「月正元日」以下爲《舜典》，文氣仍是割裂。經文直敘舜事，無容中畫也。蓋別有《舜典》而今亡之，不必分截以足之。《左氏傳》莊公八年引「皋陶邁種德」，僖公二十四年引「地平天成」，二十七年引「賦納以言」，文公七年引「戒之用休」，襄公五年引「成允成功」，二十一年、二十三年兩引「念兹在兹」，二十六年引「與其殺不辜，寧失不經」，哀公六年引「允出兹在兹」，十八年引「官占惟先蔽志」，《國語》周内史過引「衆非元后何戴，后非衆罔與守邦」，而皆謂之《夏書》，則後之目爲《虞書》者贅矣。〔原注〕《正義》言馬融、鄭玄、王肅、《别録》題皆曰《虞夏書》，以虞、夏同科。何則？記此《書》者必出於夏之史臣，雖傳之自唐，而潤色成文，不無待於後人者，故篇首言曰「若稽古」，以古爲言，明非當日之記也。世更三聖，事同一家。以夏之臣追記二帝之事，不謂之《夏書》而何？夫惟以夏之臣而追記二帝之事，則言堯可以見舜，不若後人之史，每帝立一本紀，而後爲全書也。〔趙氏曰〕《左傳》稱爲《夏書》者，典謨原係夏時史官追記，故春秋時猶仍舊稱。孔子删定題爲《虞書》者，以其事皆虞廷之事，如《隋書》修于唐而謂之《隋書》，《唐書》修于宋而謂之《唐書》也。

「帝曰：來，禹，汝亦昌言」，承上文皋陶所陳，一時之言也。「王出，在應門之内」，承上文「諸侯出廟門俟」，一時之事也。《序》分爲兩篇者，妄也。

## 書序

益都孫寶侗仲愚謂：「《書序》爲後人僞作，逸《書》之名，亦多不典。至如《左氏傳》定四年祝佗告萇弘，其言魯也，曰『命以伯禽，而封於少皞之虚』；其言衛也，曰『命以《康誥》，而封於殷虚』；其言晋也，曰『命以《唐誥》，而封於夏虚』。是則《伯禽之命》《康誥》《唐誥》，《周書》之三篇，而孔子所必録也。今獨《康誥》存而二書亡，爲《書序》者不知其篇名，而不列於百篇之内，疏漏顯然。是則不但《書序》可疑，并百篇之名亦未可信矣。」其解「命以伯禽」爲《書》名《伯禽之命》，尤爲切當，今録其説。〔錢氏曰〕亭林不信《書序》，然《書序》不可廢。

《正義》曰：「《尚書》遭秦而亡，漢初不知篇數。武帝時有大常蓼侯孔臧者，安國之從兄也，與安國書云：『時人惟聞《尚書》二十八篇，取象二十八宿，謂爲信然，不知其有百篇也。』」今攷傳記引《書》並無《序》所亡四十二篇之文，則此篇名亦未可盡信也。

## 豐熙僞尚書

五經得於秦火之餘，其中固不能無錯誤。學者不幸而生乎二千餘載之後，信古而闕疑，乃其分也。近世之説經者，莫病乎好異。以其説之異於人而不足以取信，於是舍本經之訓詁，而求之諸子百家之書。猶未足也，則舍近代之文，而求之遠古。又不足，則舍中國之文，而求之四海之外，如豐熙之古《書》《世本》，尤可怪焉。〔原注〕鄞人言出其子坊僞譔。又有《子貢詩傳》，後儒往往惑之。曰「箕子朝鮮本」者，箕子封於朝鮮，傳《書》古文，自《帝典》至《微子》止，後附《洪範》一篇。曰「徐市倭國本」者，徐氏爲秦博士，因李斯坑殺儒生，託言入海求僊，盡載古書至島上，立倭國，即今日本是也。二國所譯書，其曾大父河南布政使慶録得之，以藏於家。按宋歐陽永叔《日本刀歌》：「徐福行時書未焚，逸《書》百篇今尚存。」蓋昔時已有是説，而葉少藴固已疑之。夫詩人寄興之辭，豈必真有其事哉！日本之職貢於唐久矣，自唐及宋，歷代求書之詔不能得，而二千載之後慶乃得之，其得之又不以獻之朝廷而藏之家，何也？〔原注〕宋咸平中，日本僧奝然以鄭康成注《孝經》來獻，不言有《尚書》。至曰「箕子傳《書》古文自《帝典》至《微子》」，則不應別無一篇逸《書》，而一一盡同於伏生、孔安國之所傳。其曰「後附《洪範》一篇」者，蓋徒見《左氏傳》三引《洪範》皆謂之《商書》，〔原注〕文公五年引「沈漸剛克，高明柔克」，成公六年引「三人占，從二人」，襄公三年引「無偏無黨，王道蕩蕩」。《正義》曰：「箕子商人，所説故謂之《商書》。」而不知「王」者周人之稱，「十有三」者周史之記，不得爲商人之《書》也。《禹貢》以道山、道水移於九州之前，此不知古人先經後緯之義也。〔原注〕孔安國傳「道岍及岐」，即云「更理説所治山川首尾所在」，是自漢以來，別無異文。《史記・夏本紀》亦先九州而後道山道水。《五子之歌》「爲人上者，柰何不敬」，以其不叶，而改之曰「可不敬乎」，謂本之鴻都石經。據《正義》言，蔡邕所書石經《尚書》

止今文三十四篇，無《五子之歌》，熙又何以不攷而妄言之也？〔原注〕《五子之歌》乃孔氏古文，東晉豫章内史梅賾所上，故《左傳》成公十六年引「怨豈在明，不見是圖」，哀公六年引「惟彼陶唐，有此冀方」，杜預注並以爲逸《書》。《國語》周單襄公引「民可近也而不可上也」，單穆公引「關石和鈞，王府則有」，韋昭解亦以爲逸《書》。夫「天子失官，學在四裔」，❶使果有殘編斷簡，可以裨經文而助聖道，固君子之所求之而惟恐不得者也。若乃無益於經，而徒爲異以惑人，則其於學也，亦謂之異端而已。愚因歎夫昔之君子，遵守經文，雖章句先後之閒猶不敢輒改，故元行沖奉明皇之旨，用魏徵所注《類禮》譔爲疏義，成書上進，而爲張説所駮，謂章句隔絶，有乖舊本，竟不得立於學官。夫《禮記》二戴所録，非夫子所删，況其篇目之次元無深義，而魏徵所注則又本之孫炎。〔原注〕字叔然，漢末人。以累代名儒之作，申之以詔旨而不能奪經生之所守，蓋唐人之於經傳，其嚴也如此。故啖助之於《春秋》，卓越三家，多有獨得，而史氏猶譏其不本所承，自用名學，謂後生詭辯，爲助所階。乃近代之人，其於讀經，鹵莽滅裂，不及昔人遠甚，又無先儒爲之據依，而師心妄作，刊傳記未已也，進而議聖經矣；更章句未已也，進而改文字矣。此陸游所致慨於宋人，〔原注〕陸務觀曰：「唐及國初，學者不敢議孔安國、鄭康成，況聖人乎？自慶曆後，諸儒發明經旨，非前人所及，然排《繫辭》，毁《周禮》，疑《孟子》，譏《書》之《胤征》《顧命》，不難於議經，況傳注乎！」趙汝談至謂《洪範》非箕子之作。而今且彌甚。徐防有言：「今不依章句，妄生穿鑿，

---

❶「裔」，據《校記》，鈔本作「夷」。

以遵師爲非義，意説爲得理，輕侮道術，寖以成俗。」嗚呼，此學者所宜深戒，若豐熙之徒，又不足論也。〔原注〕近有謂得朝鮮本《尚書》，於《洪範》「八政」之末添多五十二字者。按元王惲《中堂事記》：「中統二年，高麗世子禃來朝，宴於中書省。問曰：『傳聞汝邦有古文《尚書》及海外異書。』荅曰：『與中國《書》不殊。』」是知此五十二字者亦僞譔也。漢東萊張霸僞造《尚書》「百二篇」，以中書校之，非是。「霸辭受父，父有弟子尉氏樊並，詔存其書。後樊並謀反，乃黜其書。」而僞逸《書·嘉禾篇》有「周公奉鬯，立于阼階，延登贊曰，假王涖政」之語，莽遂依之，以稱居攝。是知惑世誣民，乃犯上作亂之漸，大學之教「禁於未發」者，其必先之矣。

# 日知録集釋卷三

崑山顧炎武著　嘉定後學黄汝成集釋

## 詩有入樂不入樂之分

《鼓鍾》之詩曰：「以雅以南。」子曰：「《雅》《頌》各得其所。」夫二《南》也，《豳》之《七月》也，《小雅》正十六篇，《大雅》正十八篇，〔原注〕《詩譜》：「《小雅》十六篇，《大雅》十八篇爲正經。」頌也，《詩》之入樂者也。《邶》以下十二國之附於二《南》之後，而謂之《風》；《鴟鴞》以下六篇之附於《豳》，而亦謂之《豳》；《六月》以下五十八篇之附於《小雅》，《民勞》以下十三篇之附於《大雅》，而謂之「變雅」，《詩》之不入樂者也。〔原注〕《釋文》曰：「從《六月》至《無羊》十四篇，是宣王之變《小雅》。從《節南山》至《何草不黄》四十四篇，前儒申公、毛公皆以爲幽王之變《小雅》。從《民勞》至《桑柔》五篇，是厲王之變《大雅》。從《雲漢》至《常武》六篇，是宣王之變《大雅》。《瞻卬》及《召旻》二篇，是幽王之變《大雅》。」《正義》曰：「變者，雖亦播於樂，或無算之節所用，或隨事類而歌，又在制禮之後，樂不常用。」今按：以變雅而播之於樂，如衛獻公使大師歌《巧言》之卒章是也。〔全氏曰〕古未有詩而不入樂者，特宗廟朝廷祭祀燕享不用，而其屬於樂府，則奏之以觀民風，是亦樂也。是以吴札請觀於周樂，而列國之風並奏，不謂之樂而何？古者四夷之樂尚陳於天子之庭，況列國之風乎？亭林於是乎失言。況變風亦概而言之，《衛風》之《淇澳》，《鄭風》之《緇衣》，《齊風》之《雞鳴》，《秦風》之「同袍」「同澤」，其中未嘗無正聲，是又不可不知也。〔汝成案〕《釋文》止云「前儒申毛」，先生誤作「申公、毛公」。《十月》章箋云「刺厲王」，正用《魯詩》説，見《漢書·谷永傳》注。則「申毛」云者，當是「伸毛」之義，非「申公、毛公」也。《樂記》子夏對魏文侯曰：「鄭音好濫淫志，宋音燕女溺志，衛音趨數煩志，齊音敖辟喬志。此四者，皆淫於色而害於德，是以祭祀弗用也。」朱子曰：「二《南》正風，房中之樂也，鄉樂也。二《雅》之正雅，朝廷之樂也。商、周之《頌》，宗廟之樂也。至變雅，則衰周卿士之作，以言時政之得失。而《邶》《鄘》以下，則太師所陳，以觀民風者耳，非宗廟燕享之所用也。」但據程大昌之辯，則二《南》自謂之「南」，而別立「正風」之目者非。〔原注〕大昌字泰之，孝宗時人，著《詩論》一十七篇，朱子當日或未見。〔楊氏曰〕泰之《詩論》直云「《詩》無『國風』之名」，不但立「正風」之名之非而已。愚所見十五篇，無十七篇。〔陳氏曰〕二《南》《雅》《頌》之入樂，載於《儀禮》之《燕禮》《鄉飲禮》及內、外《傳》。列國燕享所歌無論已，至魯人歌周樂，則「十三國」繼二《南》之後，《周禮·籥章》：「迎寒暑則龡《豳》詩，祈年則龡《豳》雅，祭蜡則龡《豳》頌。」《大戴》投壺禮稱可歌者八篇，則《魏風》之《伐檀》在焉。漢末杜夔能記雅樂，則《伐檀》之詩與《鹿鳴》《騶虞》《文王》並列。十三國變風之入樂又歷歷可據也。宋程大昌謂有《南》《雅》《頌》而無《國風》，自《邶》至《豳》十三國詩皆不入樂，豈非妄説乎？彼特見蘇氏釋《鼓鍾》篇「以《雅》以《南》」，誤以爲「二《雅》」「二《南》」，故生此説耳。蘇氏之謬，前辨之已悉矣，見《小雅·鼓鍾》篇。程又謂季札觀樂，自《邶》以下，《左傳》但紀國而不言風，故知無「國風」之名。不知二《南》之詩不盡得於境內，兼得之於南國，周召之名不足以盡之，故言「南」，南指其地，非以爲詩名也。十三國之詩皆得於境内，自應舉國名以概之。言國言南，皆據實而言，其爲風一而已。且季札聞《邶》《鄘》《衛》，則云「是其《衛風》」，聞《齊》則云「泱泱乎大風」，風之名較然著矣。案《吕氏春秋》云：「禹省南土，塗山氏女命妾往候，女作歌曰『候人兮猗』，❶實始爲南音，周公、召公取風焉。」程以《南》爲詩名，或本於此。然《吕覽》言「取風」，不言無風也，况《吕覽》豈傳信之書耶？〔又曰〕詩篇皆樂章也，然詩與樂實分二教。《經解》云：「詩之教温柔敦厚，樂之教廣博易良。」是教詩教樂，其旨不同也。《王制》曰：「樂正立四教以造士。春秋教以禮樂，冬夏教以《詩》《書》。」是教詩教樂，其時不同也。故敘《詩》者止言作詩之意，其用爲何樂，則弗及焉。即《鹿鳴》燕羣臣，《清廟》祀文王之類，亦指作詩之意而言，其奏之爲樂，偶與作詩之意同耳。敘自言詩，不言樂也。意歌《詩》之法自載於《樂經》，元無煩敘《詩》者之贅，及《樂經》今已不存，則亦無可考矣。《集傳》於正雅諸詩，皆欲以樂章釋之，或以爲燕享通用，或以爲祭畢而燕，或以爲受釐陳戒，俱以詩之相似，億度而爲之説。殊不知古人用詩於樂，不必與作詩之本意相謀，馬端臨《文獻通考》論之甚悉。如射、鄉之奏二《南》，兩君相見之奏《文王》《清廟》，何嘗以其詞哉！况舍詩而徵樂，亦異乎古人之詩教矣。朱子嘗畣陳體仁書，言詩之作，本以言意，非爲樂而作。斯語甚當。及傳《詩》，則傳會樂章以立義，與己説相違，不可解也。〔汝成案〕陳氏《雅南説》云：「《文王世子》『胥鼓南』，鄭氏釋爲『南夷樂』，《左傳》『南籥』，杜氏以爲『文王樂』，俱不云二《南》。又《後漢·陳禪傳》引《詩》云『以《雅》以《南》，《韎》《任》《朱離》』，注引《韓詩》云：『南夷之樂曰《南》，四夷之樂惟《南》可以和於《雅》。』」又言：「《毛詩》無《韎》《任》《朱離》，蓋見齊、魯《詩》。即注語觀之，薛君南義既同，而齊、魯《詩》復列於四夷樂

❶ 「兮猗」，原作「猗兮」，今據學林出版社《吕氏春秋校釋》乙正。

名。」可見南爲南夷，古義皆然，則程氏説益無據。

## 四詩

《周南》《召南》，南也，非風也。《豳》謂之《豳》詩，亦謂之雅，亦謂之頌，〔原注〕據《周禮·籥章》。而非風也。《南》《豳》《雅》《頌》爲四詩，而列國之《風》附焉，此《詩》之本序也。〔原注〕宋椲大昌《詩論》謂無「國風」之目，然《禮記·王制》言「命大師陳詩，以觀民風」，即謂自《邶》至《曹》十二國爲《風》無害。〔楊氏曰〕泰之云《詩》之有《風》，其原誤于《左氏》、荀氏，《王制》之云非所疑也。

## 孔子删詩

孔子删《詩》，所以存列國之風也，有善有不善，兼而存之，猶古之太師陳詩以觀民風，而季札聽之以知其國之興衰。正以二者之並陳，故可以觀，可以聽。世非二帝，時非上古，固不能使四方之風有貞而無淫、有治而無亂也。文王之化，被於南國，而北鄙殺伐之聲，文王不能化也。使其詩尚存，而入夫子之删，必將存南音以繫文王之風，存北音以繫紂之風，而不容於没一也。是以《桑中》之篇，《溱洧》之作，夫子不删，志淫風也。《叔于田》爲譽段之辭，《揚之水》《椒聊》爲從沃之語，夫子不删，著亂本也。淫奔之詩，録之不一而止者，所以志其風之甚也。一國皆淫，而中有不變者焉，則亟録之：《將仲子》，畏人言也；《女曰鷄鳴》，相警以勤生也；《出其東門》，不慕乎色也；《衡門》，不願外也。選其辭，比其音，去其煩且濫者，此夫子之所謂删也。後之拘儒，不達此旨，乃謂淫奔之作不當録於聖人之經，是何異唐太子弘謂商臣弑君不當載於《春秋》之策乎！〔原注〕《舊唐書·高宗諸子傳》。《黄氏日鈔》云：「《國風》之用於燕享者，惟二《南》，而列國之《風》未嘗被之樂也。夫子之所言正者《雅》《頌》，而未及乎《風》也。《桑中》之詩明言淫奔，東萊吕氏乃爲之諱，而指爲雅音，失之矣。」真希元《文章正宗》，其所選詩一埽千古之陋，歸之正旨，然病其以理爲宗，不得詩人之趣。且如《古詩十九首》，雖非一人之作，而漢代之風畧具乎此。今以希元之所删者讀之，「不如飲美酒，被服紈與素」，何以異乎《唐》詩《山有樞》之篇？「良人惟古歡，枉駕惠前綏」，蓋亦《邶》詩「雄雉于飛」之義。「牽牛織女」，意仿《大東》，「兔絲女蘿」，情同《車舝》。十九作中無甚優劣，必以坊淫正俗之旨嚴爲繩削，雖矯昭明之枉，恐失《國風》之義。六代浮華，固當芟落，使徐、庾不得爲人，陳、隋不得爲代，無乃太甚，豈非執理之過乎！〔錢氏曰〕《四朝聞見録》云：「考亭先生晚注《毛詩》，盡去序文，以『彤管』爲淫奔之具，以『城闕』爲偷期之所。陳止齋得其説而病之，謂以千七百年女史之彤管與三代之學校爲淫奔之具、偷期之所，竊所未安。獨藏其説，不與考亭辯。考亭微知其然，移書求其《詩》説。止齋荅以『公近與陸子静門辯無極，又與陳同父争論王霸矣，某未嘗注《詩》，所以説《詩》者，不過與門人學子講義，今皆毁之矣』。蓋不欲佐陸、陳之辯也。」

**何彼穠矣**〔錢徵士曰〕傳：「襛，猶戎戎也。」按《説文》：「襛，衣厚皃。」引此詩。石經同《韓詩》作「茙」。按《説文》無「茙」字。

《山堂攷索》載林氏曰：「二《南》之詩雖大概美詩，亦有刺詩，不徒西周之詩，而東周亦與焉。據《何彼穠矣》之詩可知矣。其曰『平王之孫，齊侯之子』，攷《春秋》莊公元年書『王姬歸于齊』，此乃桓王女、平王孫，下嫁於齊襄公，非平王孫、齊侯子而何？〔原注〕洪氏《容齋五筆》曰：「《春秋》莊公元年當周莊王之四年，齊襄公之五年，書『王姬歸于齊』。莊公十一年當莊王之十四年，齊桓公之三年，又書『王姬歸于齊』。莊王爲平王之孫，則所嫁王姬當是姊妹，齊侯之子即襄公、桓公，二者必居一於此矣。」説者必欲以爲西周之詩，於時未有平王，乃以平爲『平正之王』，齊爲『齊一之侯』，與《書》言『寧王』同義，此妄也。〔原注〕毛氏傳：「平，正也。武王女，文王孫，適齊侯之子。」按成王時，齊侯則太公，而以武王之女適其子，是甥舅爲婚，周之盛時必無此事。逮成王顧命，丁公始見於經，而去武王三十餘年，又必無未笄之女矣。據詩人欲言其人之子孫，則必直言之，如稱衛莊姜，則曰『齊侯之子，衛侯之妻，東宮之妹，邢侯之姨』，美韓侯取妻，則曰『汾王之甥，蹶父之子』，又何疑乎？且其詩，刺詩也，以王姬徒有容色之盛，而無肅雝之德，何以使人化之？故曰『何彼穠矣，唐棣之華，曷不肅雝，王姬之車』。詩人若曰『言其容色，固如唐棣矣，然王姬之車，胡不肅雝乎？』是譏之也。」按此説桓王女、平王孫則是，其曰刺詩，於義未允。蓋《詩》自《邶》《鄘》以訖於《檜》《曹》，皆太師之所陳者也。其中有美有刺，若二《南》之詩，則用之爲燕樂，用之爲鄉樂，用之爲射樂，用之爲房中樂，而《鼓鍾》之卒章所謂「以《雅》以《南》」，《春秋傳》所謂「《象箾》《南籥》」，《文王世子》所謂「胥鼓南」者也，安得有刺？ 此必東周之後，其詩可以存二《南》之遺音，而聖人附之於篇者也。 且自平王之東，周德日以衰矣，麥禾之取，繻葛之戰，幾無以令於兄弟之國。 且莊王之世，魯、衛、晉、鄭日以多故，於是王姬下嫁，以樹援於强大之齊，尋盟府之墜言，繼昏姻之夙好。 且其下嫁之時，猶能修周之舊典，而容色之盛、禮節之備，有可取焉，聖人安得不録之，以示興周道於東方之意乎？〔原注〕《春秋》襄十五年書「劉夏逆王后于齊」，亦此意。 蓋東周以後之詩得附二《南》者，惟此一篇而已。 後之儒者乃疑之，而爲是紛紛之説，是烏知聖人之意哉！或曰：「詩之所言，但稱其容色，何也？」曰：「古者婦有四德，而容其一也；言其容則德可知矣。〔原注〕《説苑》引《書》「五事」：「一曰貌，貌者，男子之所以恭敬，婦人之所以姣好也。」故《碩人》之詩美其君夫人者，至無所不極其形容，而《野麕》之貞亦云「有女如玉」。 即唐人爲妃主碑文，亦多有譽其姿色者。〔原注〕洪氏《隸釋》載《郭輔碑》云：「有四男三女，咸高賢姣孋。」漢、魏間人作已如此。 豈若宋代以下之人，以此爲諱而不道乎！ 夫婦人倫之本，昏姻王道之大，下嫁於齊，甥舅之國，太公之後，先王以周禮治諸侯之本也，詩之得附於《南》者以此。 舍是則東周以後事無可稱，而民間之謡刺皆屬之《王風》矣。 況二《南》之與民風，其來自别，宣王之世，未嘗無《雅》，則平王以下，豈遂無《南》？ 或者此詩之舊附於《南》，而夫子不删，要亦不異乎鄉者之説也。

《何彼穠矣》以莊王之事而附於《召南》，其與《文侯之命》以平王之事而附於《書》，一也。〔江氏曰」東遷後之詩，何以不入《王風》而入《召南》？ 其以此詩爲有王者之化，異于《黍離》諸篇，故特附之《召南》歟？

## 邶鄘衛

邶、鄘、衛，本三監之地，自康叔之封未久而統於衛矣。采詩者猶存其舊名，謂之《邶》《鄘》《衛》。〔原注〕《漢書·地理志》：「河内本殷之舊都，周既滅殷，分其畿内爲三國。《詩·風》邶、鄘、衛國是也。邶，以封紂子武庚；鄘，管叔尹之；衛，蔡叔尹之，以監殷民，謂之『三監』。故《書序》曰：『武王崩，三監畔。』周公誅之，盡以其地封弟康叔，號曰孟侯，以夾輔周室，遷邶、鄘之民於雒邑。故邶、鄘、衛三國之詩相與同風。」〔雷氏曰〕《周書·克殷》曰：「立王子武庚，命管叔相。」《作雒》曰：「武王克殷，乃立王子禄父，俾守商祀。建管叔于東，建蔡叔、霍叔于殷，俾監殷民。」孔晁于立禄父注云：「封以鄭，祭成湯。」又云：「東謂衛。殷，邶、鄘。霍叔，相禄父也。」《漢書·地理志》曰：「周既滅殷，分其畿内爲三國，《詩》風《邶》《鄘》《衛》是也。鄁以封紂子武庚，庸管叔尹之，衛蔡叔尹之。」《詩譜》曰：「武王以紂京師封武庚，爲殷後。又分其地置三監，使管叔、蔡叔、霍叔尹之。自紂城而北謂之邶，南謂之鄘，東謂之衛。」服子慎、王子雍、皇甫士安並云鄘在紂都之西；鄭夾漈則中衛、南鄘、東邶；伯恭則南邶、東鄘、北衛。《九域志》謂武王立禄父在觀扈地，《路史》亦謂武庚封邶，即漕邑，今滑之白馬。此宋以前諸説之不同也。案經傳凡言武庚之國皆謂之殷，則武庚實封於鄴南之殷可知。此時商之宗廟在殷，故《周書》曰「俾守商祀」；廟社在殷，而紂居朝歌，故《牧誓》曰「昏棄厥肆，祀，弗答」，逸《書》曰「侮滅神祇，不祀」。孔注「鄭」字，乃「鄁」字之譌，即謂殷也。《詩譜》之紂城以朝歌言，北謂之邶，東謂之衛，自是定解。惟南謂之鄘，不如服、王、皇甫之説爲確。朝歌之南迫近大河，不容更置一監。惟西地河内亦有殷名，即懷之殷城。《書》曰「建管叔于東，建蔡叔、霍叔于殷」，《漢志》又云「以邶封武庚」，蓋一監處東，一監處西，邶近殷都，霍叔處之，實與武庚共地而理。殷都在紂城之北一百五十餘里，故《詩》之變風首列《邶》，孔注亦云「霍叔，相禄父也」。惟其共地而理，叔受其制，故叛周降辟，霍從末減。《書》云：「管叔相者，乃諸侯之命卿，在下車之始。」注云：「霍叔相者，乃方伯之三監，在既封之後。」據逸《書》《竹書》，命管叔相，在武王十二年正月朔，命三監，在十二年四月初。〔又曰〕三監之中有霍叔，此經之明文，無可疑者。《漢書志》及《書》僞《傳》謂三監有武庚，無霍叔，非是。其分監之地，即邶、鄘、衛是也；其所封之國，則管、蔡、霍是也。邶、鄘、衛皆武庚之封土，其國都則近邶。武王使三叔處此者，王封禄父爲上公，上公九命作伯。古制：天子使其大夫爲三監，監于方伯之國，國三人。蓋待以客禮，使爲方伯，遵用商之舊制，使其弟爲之監，非曰勝國餘孽，必監之以防其蠢動也。迨成王立，三叔及武庚畔，周公不得已而東征，于是殷之國土命康叔及中旄父尹之，後乃悉封康叔。《詩譜》謂「武庚誅後，更建此三國，以康叔爲之長，後世子孫并彼二國」，此不然也。《左傳》：季札觀樂，爲之歌《邶》《鄘》《衛》，曰：「吾聞衛康叔、武公之德如是，是其衛風乎？」以邶、鄘屬之康叔，則康叔時已有邶、鄘可知。聖人于變風首列此者，見此三地後雖康叔之國，前實武庚之封，所以著武王、周公之于殷大公至正，無私天下之心。無如武庚、三叔變而不善，淪胥以亡，此所以名寓其義，而即以風示後之不靖者。〔又曰〕殷商以前，河内無衛名。衛本殷之封國，姚姓故宇，其地在斟觀氏之墟，不在河内，見《續漢書·郡國志》《水經·河水注》。武王克殷，命百弇以虎賁伐衛，滅之，見《周書·世俘篇》。始邑管叔于此，故《周書》曰「建管叔于東」。蓋殷畿千里，凡在東河以外者通謂之「東」。周公踐殷，降辟三叔，始命康叔宇于殷墟，名曰衛，自是河内始有衛名。「邶鄘衛」者，總名也，不當分某篇爲《邶》，某篇爲

《鄘》，某篇爲《衛》。分而爲三者，漢儒之誤。以此詩之簡獨多，故分三名以各冠之，而非大子之舊也。〔原注〕觀《小雅·六笙》詩，毛公頗有升降，《黍離》之篇，毛公以爲《王》，《齊詩》以爲《衛》，則知今《詩》之次序多出於漢儒也。《新序》：「《黍離》，衛宣公之子壽閔其兄而作。」攷之《左氏傳》襄公二十九年，季札觀樂於魯，爲之歌《邶》《鄘》《衛》，曰：「美哉淵乎，憂而不困者也。吾聞衛康叔、武公之德如是，是其衛風乎？」而襄公三十一年北宮文子之言，引《衛詩》曰「威儀棣棣，不可選也」。此詩今爲《邶》之首篇，乃不曰邶而曰衛，是知累言之則曰「邶鄘衛」，專言之則曰「衛」，一也。猶之言「殷商」、言「荆楚」云爾。意者西周之時，故有《邶》《鄘》之詩，及幽王之亡而軼之，而大師之職猶不敢廢其名乎？然名雖舊而辭則今矣。〔原注〕若據《漢書》言，遷邶、鄘之民於雒邑，則成王之世已無邶、鄘。〔魏源曰〕《左氏》載季札觀樂，爲之歌《邶》《鄘》《衛》，曰：「美哉，吾聞衛康叔、武公之德如是，是其衛風乎？」三名一實，連而不分，視「爲之歌唐」「爲之歌魏」，判然二國者殊例。是「邶鄘衛」之不可分，猶曰「殷商」曰「荆楚」。故北宮文子引今《邶風·柏舟》「威儀」之語，以爲《衛詩》。毛公分一國爲三，蓋徒因簡編過大，而未念其名實之不相符。此異《左傳》者一也。劉向《新序》以《黍離》爲衛壽閔兄，則知《魯詩》必列於《衛風》，而不列入《王風》之首矣。鄭《箴膏肓》述《何彼襛矣》，不以平王爲平正之王，則是東周平王之詩，而不當次諸二《南》之後矣。此異三家者二也。《國風》之例，凡采風觀民，各從其所得之地，不從其所詠之人。故《木瓜》，衛人美齊桓，則繫諸《衛》。《猗嗟》，齊人刺魯莊，則繫之《齊》。乃《緇衣》爲周人美鄭武公，爲卿士之詩，何以不繫之《王》而繫之《鄭》？考《公羊傳》，古者鄭國處于留，先鄭伯有善于鄶公者，以取其國，而遷鄭焉而野留。「莊公死，祭仲將往省于留」云云，此即鄭桓公寄孥與賄于鄶而得其國，旋以留爲下邑，而《王風》「邱中有麻，彼留子嗟」之詩所爲作也。《邱中》與《緇衣》之詩皆鄭桓公爲王朝卿士時，小惠要結周民，説而歌之，既皆畿内民風，自當同列《王風》之末。故《魯詩》以《大車》爲哀息君之詩，正以鄭、息同爲畿内之國，故與其爲周人所詠之詩同殿乎《王風》。毛以《邱中》《緇衣》二詩一繫之《王》，一繫之《鄭》，既乖民風各繫本國之例，且因此遂并《大車》《邱中有麻》之詩，凡爲周民詠鄭、息者，皆不知所指何事，離之兩傷，較然明矣。此異於《魯詩》《公羊》者三也。

邶、鄘之亡久矣，故大師但有其名。而三國同風，無非衛人之作。檜〔原注〕《左傳》作「鄶」。之亡未久而詩尚存，故别於鄭，而各自爲風。《匪風》之篇，其西周未亡之日乎？〔原注〕曰「誰將西歸」，是鎬京尚存，故鄭氏《譜》以爲當夷王、厲王之時。蘇氏以《檜》詩皆爲鄭作，非也。

邶、鄘、衛，三國也，非三監也。殷之時，邦畿千里，周則分之爲三國，今其相距不過百餘里。如《地理志》所言，於百里之間而立此三監，又并武庚而爲一監，皆非也。宋陳傅良〔原注〕《止齋集・荅黄文叔書》。以爲「自荆以南，蔡叔監之，管叔河南，霍叔河北。蔡故蔡國，管則管城，霍所謂霍太山也。其緜地廣，不得爲邶、鄘、衛也。」〔汝成案〕三詩皆言衛事，故班氏謂之同風，其不當分爲三名甚明。馬永卿曰：「《邶》《鄘》《衛》在《王風・黍離》之前，存前代後也。」與雷氏言正合。若然，則康叔既封，猶標其地，是初爲三國，非三監明矣。

## 黎許二國

許無風，而《載馳》之詩録於《鄘》。黎無風，而《式微》《旄丘》之詩録於《邶》。聖人「闡幽」之旨、

「興滅」之心也。

## 諸姑伯姊

《泉水》之詩，其曰「諸姬」，猶《碩人》之「庶姜」。古之來媵而爲姪娣者，必皆同姓之國。其年之長幼，序之昭穆，則不可知也，故有「諸姑」「伯姊」之稱，猶《禮》之言「伯父」「伯兄」也。貴爲小君，而能謙以下其衆妾，此所謂「其君之袂，不如其娣」者矣。

## 王事

「王事適我，政事一埤益我。」凡交於大國，朝聘、會盟、征伐之事，謂之「王事」。〔原注〕《左傳》襄公二十九年：鄭子展曰：「《詩》云：『王事靡盬，不遑啟處。東西南北，誰敢寧處。』堅事晋、楚，以蕃王室也。王事無曠，何常之有。」《喪大記》曰：「既葬，與人立君，言王事不言國事。」又曰：「君既葬，王政入於國，既卒哭而服王事。」其國之事，謂之「政事」。

## 朝隮于西

〔錢徵士曰〕傳：「隮，升也。」案許尗重不收「隮」字。「隮」當爲「躋」。躋，升，《釋詁》文；彼作「陞」，俗字也。

「朝隮于西，崇朝其雨。」朱子引《周禮》「十煇」注，以隮爲虹，是也；謂「不終朝而雨止」，則未然。諺曰「東虹晴，西虹雨」，〔原注〕其雨者雨也。蓋虹蜺雜亂之交，無論雨晴，而皆非天地之正氣。楚襄王登雲夢之臺，望高唐之觀，所謂「朝雲」者也。

## 王

邶、鄘、衛、王，列國之名，其始於成、康之世乎？惟周王撫萬邦，巡侯甸，而大師陳詩以觀民風。其采於商之故都者則繫之《邶》《鄘》《衛》，其采於東都者則繫之《王》。〔原注〕《王》亦周初大師之本名。馬永卿述元城劉先生之言，亦謂邶、鄘、衛本商之畿内，故序《王》之上。其采於列國者，則各繫之其國。至驪山之禍，先王之詩率已闕軼，而孔子所録者皆平王以後之詩，此「變風」之所由名也。詩雖變，而大師之本名則不敢變，此十二國之所以猶存其舊也。先儒謂「王」之名不當儕於列國，而爲之説曰：「列《黍離》於《國風》，齊王德於邦君。」〔原注〕晉范甯《春秋穀梁傳序》。誤矣。〔李文貞曰〕周初之風，是謂二《南》，其詩自畿内達於侯國，以爲文、武之世，道一風同，無間中外。其後采諸列國者，歸其本部，則《邶》《鄘》以下是畿内所得者，附於《雅》，則有《小雅》中謡詠諸詩，故成、康後畿内無風。蓋俗化既散，不能比於二《南》，又不可别自爲部，故歸之《雅》。及乎既東，則巡守不行，而列國無詩。平王初年，周太師猶舉舊職，欲存風、雅二體。《節南山》以下，作自卿大夫者曰《雅》；《黍離》以下，畿内民俗曰《風》，其稱《風》而與西周别者以此。至其晚歲，則并此亡之。東遷，風、雅亦僅止于平王，故《孟子》曰：「《詩》亡然後《春秋》作。」先儒惑於詩亡之義，乃以《雅》爲西，以《風》爲東，而有降《黍離》於《國風》之説。夫王號猶在，誰則降之？魯猶有《頌》，夫子弗更也，肯降《周雅》爲《風》乎？〔汝成案〕康成云：「其詩不能復雅，故貶之，謂之王國之變風。」疏曰：「詩者緣政而作，風雅繫政廣狹。」又繹《鄭志》言：「幽、厲以酷虐之政，被於諸侯，故爲《雅》。平、桓則政教不及畿外，故爲《風》。」義亦甚正。惟譜次《豳》下，則見轉一孔，蓋名尊而實淆矣。

自幽王以上，大師所陳之詩亡矣。春秋時，君、卿、大夫之賦詩無及之者，此孔子之所不得見也，是故《詩》無正風。

二《南》也，《豳》也，小、大《雅》也，皆西周之詩也，至於幽王而止。〔原注〕惟《何彼穠矣》爲平王以後之詩。其餘十二國風，則東周之詩也。「王者之迹熄而詩亡」，西周之詩亡也。詩亡而列國之事迹不可得而見，於是晋之《乘》，楚之《檮杌》，魯之《春秋》出焉，是之謂「《詩》亡然後《春秋》作」也。《周頌》，西周之詩也。《魯頌》，東周之詩也。成、康之世，魯豈無詩，而今亦已亡矣。故曰「詩亡」，列國之詩亡也。其作於天子之邦者，以《雅》以《南》，以《豳》以《頌》，則固未嘗亡也。

## 日之夕矣

「雞棲于塒，日之夕矣，羊牛下來」，君子當歸之時也。至是而不歸，如之何勿思也。君子以嚮晦入宴息，「日之夕矣」而不來，則其婦思之矣。朝出而晚歸，則其母望之矣。〔原注〕《列女傳》。夜居于外，則其友弔之矣。〔原注〕《檀弓》。於文「日夕」爲「退」。〔原注〕《説文繫傳》。是以樽罍無卜夜之賓，衢路有宵行之禁。故曰：「見星而行者，惟罪人與奔父母之喪者乎？」〔原注〕《曾子問》。至於酒德衰而酣身長夜，官邪作而昏夜乞哀，天地之氣乖而晦明之節亂矣。

## 大車

「豈不爾思，畏子不敢」，「民免而無恥」也。「雖速我訟，亦不女從」，「有恥且格」也。

## 鄭

自《邶》至《曹》，皆周初大師之次序。先《邶》《鄘》《衛》，殷之故都也。次之以《王》，周東都也。何以知其爲周初之次序？邶、鄘也，晋而謂之唐也，皆西周之舊也。惟鄭乃宣王所封，中興之後始立其名於大師，而列於諸國之先者，鄭亦王畿之内也，故次於《王》也。桓公之時，其詩不存，故首《緇衣》也。

## 楚吴諸國無詩

吴、楚之無詩，以其僭王而删之與？❶非也，太師之本無也。楚之先熊繹「辟在荆山，篳路藍縷，以處草莽」，「惟是桃弧棘矢，以共禦王事」，而周無分器。〔原注〕左氏昭公十二年《傳》。岐陽之盟，

---

❶「删」，據《校記》，鈔本作「夷」。

「楚爲荆蠻，置茅蕝，設望表，與鮮牟守燎而不與盟」，〔原注〕《晋語》。是亦無詩之可采矣，況於吴自壽夢以前，未通中國者乎？滕、薛之無詩，微也。若乃虢、鄶，皆爲鄭滅，而虢獨無詩；陳、蔡皆列春秋之會盟，而蔡獨無詩，有司失其傳爾。

## 豳

自《周南》至《豳》，統謂之《國風》，此先儒之誤，程泰之辨之詳矣。《豳》詩不屬於《國風》，周世之國無豳，此非太師所采。周公追王業之始，作爲《七月》之詩，兼雅、頌之聲，而用之祈報之事。《周禮·籥章》：「逆暑迎寒，則歈《豳》詩。祈年於田祖，則歈《豳》雅。祭蜡，則歈《豳》頌。」雪山王氏曰：「此一詩而三用也。」〔原注〕謂《籥章》之《豳》詩，以鼓、鍾、琴、瑟四器之聲合籥也。笙師歈竽、笙、塤、籥、簫、篪、篴、管，舂、牘、應、雅，凡十二器，以雅器之聲合籥也。眂瞭播鼗，擊頌磬、笙磬，凡四器，❶以頌器之聲合籥也。凡爲樂器，以十有二律爲之數度，以十有二聲爲之齊量，凡和樂亦如之，此用《七月》一詩，特其以器和聲有不同爾。《鴟鴞》以下，或周公之作，或爲周公而作，則皆附於《豳》焉。雖不以合樂，然與二《南》同爲有周盛時之詩，非東周以後列國之風也，故他無可附。

❶「凡四器」，陳垣《日知録校注》於此下注云：「應爲三器。」按播鼗、頌磬、笙磬各爲一器也。

## 言私其豵

「雨我公田，遂及我私」，先公而後私也。「言私其豵，獻豣于公」，先私而後公也。自天下爲家，各親其親，各子其子，而人之有私，固情之所不能免矣，故先王弗爲之禁。非惟弗禁，且從而恤之。建國親侯，胙土命氏，畫井分田，合天下之私以成天下之公，此所以爲王政也。至於當官之訓，則曰以公滅私，然而禄足以代其耕，田足以供其祭，使之無將母之嗟、室人之謫，又所以恤其私也。此義不明久矣。世之君子必曰「有公而無私」，此後代之美言，非先王之至訓矣。

## 承筐是將

君子不親貨賄，「束帛戔戔」，實諸筐篚，非惟盡飾之道，亦所以遠財而養恥也。萬曆以後，士大夫交際多用白金，乃猶封諸書册之間，進自閽人之手。今則親呈坐上，徑出懷中，交收不假他人，茶話無非此物，衣冠而爲囊橐之寄，朝列而有市井之容。若乃拾遺金而對管寧，倚被囊而酬温嶠，曾無媿色，了不關情，固其宜也。然則先王制爲「筐篚」之文者，豈非禁於未然之前，而示人以遠財之義者乎？以此坊民，民猶輕禮而重貨。

## 罄無不宜

「罄無不宜」，宜室家，宜兄弟，宜子孫，宜民人也。「吉蠲爲饎，是用孝享，禴祠烝嘗，于公先王」，得萬國之歡心，以事其先王也。

## 民之質矣日用飲食

「民之質矣，日用飲食。」夫使機智日生，而姦僞萌起，上下且不相安，神奚自而降福乎？有「起信險膚」之族，則「高后崇降弗祥」；有「譸張爲幻」之民，則嗣王「罔或克壽」。是故有道之世，人醇，工龐，商樸，女童，上下皆有嘉德，而至治馨香感於神明矣。然則祈天永命之實，必在於觀民。而斲雕爲樸，其道何由？則必以厚生爲本。

「羣黎」，庶人也。「百姓」，百官也。「民之質矣」，兼百官與庶人而言，猶曰「人之生也直」也。

## 小人所腓

「小人所腓。」古制：一車甲士三人，步卒七十二人，炊家子十人，固守衣裝五人，廄養五人，樵汲五人。〔原注〕見《司馬法》。隨車而動，如足之腓也。〔原注〕傳曰：「腓，辟也。」箋曰：「腓當作芘。」皆未是。步乘相資，短長相衛，行止相扶，此所以爲節制之師也。繻葛之戰，鄭「原繁、高渠彌以中軍奉公，爲魚麗之陳，先偏後伍，伍乘彌縫」，卒不隨車，遇闕即補，斯已異矣。〔原注〕古時營陳，遇闕處仍以車補。《周禮》：「車僕，掌闕車之萃。」注：「闕車，所用補闕之車也。」《左傳》宣公十二年，楚子「使潘黨率游闕四十乘」。注：「游車，補闕者。」大鹵之師，魏舒請「毁車以爲行，五乘爲三伍」，〔原注〕注：「乘車者車三人，五乘十五人。今改去車，更以五人爲伍，分爲三伍。」「爲五陳以相離，兩於前，伍於後，專爲右角，參爲左角，偏爲前拒。」專任步卒，以取捷速，然亦必山林險阻之地而後可用也。步不當騎，於是趙武靈王爲變服騎射之令，❶而後世因之。所以取勝於敵者，益輕益速，而一敗塗地，亦無以自保，然後知車戰之爲謀遠矣。

終春秋二百四十二年，車戰之時，未有斬首至於累萬者。車戰廢而首功興矣。先王之用兵，服之而已，不期於多殺也。「殺人之中，又有禮焉」，以此毒天下而民從之，不亦宜乎？

宋沈括對神宗言：「車戰之利，見於歷世，然古人所謂兵車者，輕車也，五御折旋，利於捷速。今之民間輜車重大，日不能三十里，故世謂之太平車，但可施於無事之日爾。」

## 變雅

《六月》《采芑》《車攻》《吉日》，宣王中興之作，何以爲「變雅」乎？《采芑》，傳曰：「言周室之

❶ 「變」，據《校記》，鈔本作「胡」。

强，車服之美也。言其强美，斯劣矣。」〔原注〕《正義》曰：「名生於不足。」觀夫《鹿鳴》以下諸篇，其於君臣、兄弟、朋友之間，無不曲當，而未嘗有夸大之辭。《大雅》之稱文、武，皆本其敬天勤民之意，至其言伐商之功，盛矣大矣，不過曰「會朝清明」而止。然則宣王之詩不有侈於前人者乎！〔原注〕如《韓奕》之篇尤侈。一傳而周遂亡。嗚呼，此太子晋所以謂「自我先王厲、宣、幽、平而貪天禍」，固不待《沔水》之憂、《祈父》之刺而後見之也。

## 大原

「薄伐玁狁，至于大原。」毛、鄭皆不詳其地。其以爲今太原陽曲縣者，始於朱子，〔原注〕吕氏《讀詩記》、嚴氏《詩緝》並云。而愚未敢信也。古之言大原者多矣，若此詩，則必先求涇陽所在，而後大原可得而明也。《漢書・地理志》：「安定郡有涇陽縣，幵頭山在西，《禹貢》涇水所出。」《後漢書・靈帝紀》：「段熲破先零羌於涇陽。」注：「涇陽縣屬安定，在原州。」《郡縣志》：「原州平涼縣，本漢涇陽縣地，今縣西四十里涇陽故城是也。」然則大原當即今之平涼，而後魏立爲原州，亦是取古大原之名爾。〔原注〕《唐書》：「原州平涼郡，治平高。廣德元年，没吐蕃。節度使馬璘表置行原州於靈臺之百里城。貞元十九年，徙治平涼。元和三年，又徙治臨涇。大中三年，收復關隴，歸治平高。」計周人之禦玁狁，必在涇原之間。若晋陽之太原，在大河之東，距周京千五百里，豈有寇從西來、兵乃東出者乎？故曰「天子命我，城彼朔方」。而《國語》「宣王料民于大原」，亦以其地近邊而爲禦戎之備，必不料之於晋國也。

又按《漢書》賈捐之言：「秦地南不過閩越，北不過大原，而天下潰畔。」亦是平涼而非晉陽也。〔原注〕漢武帝始開朔方郡，故秦但有隴西、北地、上郡而止。若晉陽之太原，則其外有鴈門、雲中、九原，不得言「不過」也。若《書・禹貢》「既修大原，至于岳陽」，《春秋》「晉荀吴帥師敗狄于大原」，及子産對叔向「宣汾、洮，障大澤，以處大原」，則是今之晉陽。而豈可以晉之大原爲周之大原乎？〔原注〕司馬相如《上林賦》：「布濩閎澤，延蔓太原。」阮籍《東平賦》：「長風振厲，蕭條太原。」高平曰原，蓋古人之通稱也。〔全氏曰〕《尚書大傳》：「大而高平者謂之太原。」《春秋題辭》：「高平曰太原。」故平涼亦有太原之名。

吾讀《竹書紀年》而知周之世有戎禍也，蓋始於穆王之征犬戎。六師西指，無不率服，於是遷戎於太原。〔原注〕十七年。以黷武之兵而爲徙戎之事。懿、孝之世，戎車屢征，至夷王七年，虢公帥師伐太原之戎，至於俞泉，獲馬千匹。則是昔日所内徙者，今爲寇而征之也。宣王之世，雖號中興，三十三年，「王師伐太原之戎，不克」；三十八年，「伐條戎、奔戎，王師敗逋」；三十九年，「伐羌戎，戰於千畝，王師敗逋」；四十年，「料民於太原」，其與後漢西羌之叛大畧相似。幽王六年，「命伯士帥師伐六濟之戎，王師敗逋」。〔原注〕《後漢書・西羌傳》並用此。嚴尤以爲周得中策，蓋不攷之言。於是關中之地，戎得以整居其間，而陝東之申侯，至與之結盟而入寇。〔原注〕自遷戎至此一百七十六年。《周語》：❶「申繒、西戎方强，王室方騷。」蓋宣王之世，其患如漢之安帝也；幽王之世，其患如晉之懷帝也。

❶「周語」，此下所引爲《國語・鄭語》文，當作「鄭語」。

戎之所由來，非一日之故，而三川之震，「檿弧」之謡，皆適會其時者也。然則宣王之功，計亦不過唐之宣宗，而周人之美宣，亦猶魯人之頌僖也，事劣而文侈矣。書不盡言，是以論其世也。如毛公者，豈非獨見其情於意言之表者哉！〔原注〕《竹書紀年》自共和以後多可信，蓋亦必有所傳，其前則好事者爲之爾。

## 荛言自口

荛言，穢言也。若鄭享趙孟，而伯有賦《鶉奔》之詩是也。君子在官言官，在府言府，在庫言庫，在朝言朝，狎侮之態不及於小人，謔浪之辭不加於妃妾。自世尚通方，人安媟慢，宋玉登牆之見，淳于滅燭之歡，遂乃告之君王，傳之文字，忘其穢論，敘爲美談。以至執女手之言，發自臨喪之際；〔原注〕原壤。齧妃脣之詠，宣於侍宴之餘。〔原注〕郭舍人。於是摇頭而舞八風，〔原注〕祝欽明。連臂而歌萬歲，〔原注〕閻知微。去人倫，無君子，而國命隨之矣。

臧孫紇見衛侯于郲，退而告其人曰：「衛侯其不得入矣，其言糞土也。亡而不變，何以復國！」以糞土喻其言，猶《詩》之「荛言」也。

## 皇父

〔錢徵士曰〕作都於向，事在幽王六年，見《竹書紀年》。《九域志》「同州有向城」，即此。

王室方騷，人心危懼，皇父以柄國之大臣，而營邑于向，〔原注〕《左傳》隱十一年。解幘縣西有地名向上，在今濟源縣界。於是「三有事」之「多藏」者隨之而去矣，庶民之「有車馬」者隨之而去矣，蓋亦知西戎之已偪，而王室之將傾也。以鄭桓公之賢且寄孥於虢、鄶，則其時之國勢可知。然不顧君臣之義而先去，以爲民望，則皇父實爲之首。昔晉之王衍，見中原已亂，乃説東海王越，以弟澄爲荆州，族弟敦爲青州，謂之曰：「荆州有江漢之固，青州有負海之險，卿二人在外，而吾留此，足以爲三窟矣。」鄙夫之心，亦千載而符合者乎！

## 握粟出卜

古時用錢未廣，《詩》《書》皆無貨泉之文，而問卜者亦用粟。漢初猶然。《史記·日者傳》：「卜而有不審，不見奪糈。」〔汝成案〕《日者傳》云「以義置數十百錢」，又云「此之爲德，豈直數十百錢哉」，是問卜者兼用錢粟矣。此特偏引一語爾。〔惠氏曰〕古者卜筮，先用精鑿之米以享神，謂之糈。《楚辭》云「巫咸將夕降兮，懷椒糈而要之」，王逸注：「言巫咸將下，願懷椒糈要之，使筮者占兹吉凶之事也。」《管子》云：「守龜不兆，握粟而筮者屢中。」

## 私人之子百僚是試

孔氏曰：私人，皁隸之屬也。天下有道，小德役大德，小賢役大賢。故貴有常尊，賤有等威，所以辨上下而定民志也。周之衰也，「政以賄成」，而「官之師旅，不勝其富」。〔原注〕左氏襄公十年《傳》。

又其甚也，私人之子皆得進而服官，而文、武、周公之法盡矣。候人而赤芾，曹是以亡；不狩而縣貆，魏是以削。「賤妨貴」，「小加大」，古人列之「六逆」，又不但仍叔之子譏其年弱，尹氏之媢刺其材瑣而已。自古國家吏道雜而多端，未有不趨於危亂者。舉賢材，慎名器，豈非人主之所宜兢兢自守者乎！

## 不醉反恥

「彼醉不臧，不醉反恥」，所謂一國皆狂，反以不狂者爲狂也。以箕子之忠，而不敢對紂之失日。〔原注〕《韓非子》。況中材以下，有不尤而效之者乎！「卿士師師非度」，此商之所以亡。「蘭芷變而不芳兮，荃蕙化而爲茅」，此楚之所以六千里而爲讎人役也。是以聖王重特立之人，而遠苟同之士，保邦于未危，必自此始。

## 上天之載

〔錢徵士曰〕《禮記·中庸》鄭註：「讀曰栽，謂生物也。」與箋異，蓋三家説也。亦作「縡」，見《漢書·揚雄傳》。

「上天之載，無聲無臭。儀刑文王，萬邦作孚。」君子所以事天者如之何？亦曰「儀刑文王」而已。其「儀刑文王」也如之何？「爲人君止於仁，爲人臣止於敬，爲人子止於孝，爲人父止於慈，與國人交止於信」而已。

## 王欲玉女

《民勞》，本召穆公諫王之辭，乃託爲王意，以戒公卿百執事之人，故曰「王欲玉女，是用大諫」。猶之「轉予于恤」而呼祈父，從事不均而怨大夫，所謂言之者無罪，而聞之者足以戒也。豈亦監謗之時，疾威之日，不敢指斥而爲是言乎？ 然而亂君之國，無治臣焉。至於「我即爾謀，聽我囂囂」，則又不獨王之愎諫矣。

## 夸毗

「天之方懠，無爲夸毗。」《釋訓》曰：「夸毗，體柔也。」〔原注〕《後漢書·崔駰傳》注：「夸毗，謂佞人足恭，善爲進退。」天下惟體柔之人，常足以遺民憂而召天禍。夏侯湛有云：「居位者以善身爲静，以寡交爲慎，以弱斷爲重，以怯言爲信。」〔原注〕《抵疑》。白居易有云：「以拱默保位者爲明智，以柔順安身者爲賢能，以直言危行者爲狂愚，以中立守道者爲凝滯。故朝寡敢言之士，庭鮮執咎之臣。自國及家，寖而成俗。故父訓其子曰『無介直以立仇敵』，兄教其弟曰『無方正以賈悔尤』。且慎默積於中，則職事廢於外。强毅果斷之心屈，畏忌因循之性成。反謂率職而居正者不達於時宜，當官而行法者不通於事變。是以殿最之文，雖書而不實；黜陟之典，雖備而不行。」〔原注〕《長慶集·策》。羅點有云：「無所可否，則曰得體；與世浮沈，則曰有量。衆皆默己獨言，則曰沽名；衆皆濁己獨清，則曰立異。」〔原注〕《宋史》本傳。觀三子之言，其於末俗之敝可謂懇切而詳盡矣。至於佞諂日熾，剛克消亡，朝多沓沓之流，士保容容之福。苟由其道，無變其俗，必將使一國之人皆化爲巧言令色孔壬而後已。然則喪亂之所從生，豈不階於夸毗之輩乎！〔原注〕樂天作《胡旋女》詩曰：「天寶季年時欲變，臣妾人人學圓轉。」是以屈原疾楚國之士，謂之「如脂如韋」，而孔子亦云「吾未見剛者」。

## 流言以對

「彊禦多懟」，即上章所云「彊禦」之臣也。其心多所懟疾，而獨窺人主之情，深居禁中而好聞外事，則假流言以中傷之，若二叔之流言以間周公是也。夫不根之言，何地蔑有？以斛律光之舊將，而有「百升明月」之謡；以裴度之元勳，而有「坦腹小兒」之誦，所謂「流言以對」者也。如此則寇賊生乎内，而怨詛興乎下矣。「郤宛之難」，「進胙者莫不謗令尹」，所謂「侯作侯祝」者也。孔氏疏《采苓》曰：「讒言之起，由君數問小事於小人也。」可不慎哉！〔汝成案〕明封疆勳舊多傷於讒，而卒以人之云亡，邦國殄瘁，皆由中朝奸邪之徒「流言以對」也。

## 申伯

〔雷氏曰〕申爲方伯，非伯爵。《嵩高》之四章曰「鉤膺濯濯」，惟金路有鉤膺，上公九命所乘，是受命爲方伯明矣。

申伯，宣王之元舅也。立功於周，而吉甫作《崧高》之誦。其孫女爲幽王后，無罪見黜，申侯乃與犬戎攻殺幽王。〔原注〕《竹書紀年》：「宣王四十一年，王師敗于申。」則宣王之末申侯已叛。乃未幾而爲楚所病，「戍申」之詩作焉。當宣王之世，周興而申以强；當平王之世，周衰而申以弱；至莊王之世，而申爲楚縣矣。〔原注〕《左傳》哀公十七年言「楚文王縣申」。二舅之於周，功罪不同，而其所以自取如此。宋左師之告華亥曰：「女喪而宗室，於人何有？人亦於女何有？」讀二詩者，豈徒論二王之得失哉！

## 德輶如毛

「德輶如毛」，〔原注〕即「輶車鸞鑣」之「輶」。言易舉也。故曰：「一日克己復禮，天下歸仁焉。」又曰：「有能一日用其力於仁矣乎？我未見力不足者。」

## 韓城

《水經注》：「聖水逕方城縣故城北，又東南逕韓城東。《詩》：『溥彼韓城，燕師所完。』王錫韓侯，其追其貊，奄受北國。』王肅曰：『今涿郡方城縣有韓侯城，世謂寒號。』非也。」〔原注〕《魏書·地形志》：「范陽郡方城縣有韓侯城。」〔楊氏曰〕據《水經注》，則周有兩韓國，不可不辨。按《史記·燕世家》「易水東分爲梁門」，今順天府固安縣有方城村，即漢之方城縣也；《水經注》亦云「濕水徑良鄉縣之北界，❶歷梁山南，高梁水出焉」，是所謂「奕奕梁山」者矣。舊説以韓國在同州韓城縣，曹氏曰：「武王子初封於韓，其時召襄公封於北燕，實爲司空，王命以燕衆城之。」竊疑同州去燕二千餘里，即令召公爲司空，掌邦土，量地遠近，興事任力，亦當發民於近甸而已，豈有役二千里外之人而爲築城者哉！召伯營申，亦曰「因是謝人」，齊桓城邢，不過宋、曹二國，而《召誥》「庶殷攻位」，蔡氏以爲此遷洛之民，無役紂都之理。此皆經中明證。〔原注〕《大全》載朱子之言，亦以此爲不可曉。況「其追其貊」乃東北之夷，而蹶父之「靡國不到」，亦似謂韓土在北陲之遠也。又攷王符《潛夫論》曰：「昔周宣王時，有韓侯，其國近燕，故《詩》云『普彼韓城，燕師所完』。其後韓西，亦姓韓，爲衛滿所伐，遷居海中。」漢時去古未遠，當有傳授，今以《水經注》爲定。〔江氏曰〕梁山在韓城，而燕地亦自有梁山。《水經注》：「鮑邱水過潞縣西，高梁水注之，水東逕梁山南。」潞縣，今之通州，其西有梁山，正當固安縣之東北也。禹治冀州水，恒、衛既從，則燕地之梁山固其所奠定者。韓城之梁山，名偶同耳。然則韓始封在韓城，至宣王時徙封於燕之方城歟？〔雷氏曰〕《路史》謂韓於幽王之世失國，此用《國語》「應、韓不在」之説，謂失其近燕之國也。蓋失於北而遷於西，故王符曰「其後韓西」也。韋昭謂「韓於平王之世失國」，此則指其所遷之國，近於《禹貢》之梁者。韓之二國皆有梁山，故鄭氏誤以遷國爲封國。

按毛傳，梁山、韓城皆不言其地，鄭氏箋乃云：「梁山，今左馮翊夏陽西北。韓，姬姓之國也，後

❶「濕」，《水經注》卷一三作「㶟」，是。

爲晉所滅，故大夫韓氏以爲邑名焉。」〔原注〕《左傳》富辰言：「邘、晉、應、韓，武之穆也。」《竹書紀年》：「平王十四年，晉人滅韓。」按《左傳》僖公十五年，「晉侯及秦伯戰于韓」。上言「涉河」，下言「及韓」，又曰「寇深矣」，是韓在河東，亦非今之韓城也。故杜氏解但云「韓，晉地」。文公十年，晉人伐秦，取少梁，始得今韓城之地，益明「戰于韓」非此也。至「溥彼韓城，燕師所完」，則鄭已自知其説之不通，故訓「燕」爲「安」，而曰「大矣，彼韓國之城，乃古平安時衆民之所築完」。惟王肅以梁山爲涿郡方城縣之山，而以燕爲燕國。〔原注〕孫毓亦云。今於梁山則用鄭説，於燕則用王説，二者不可兼通，而又巧立召公爲司空之説，可謂甚難而實非矣。又「其追其貊」，鄭以經、傳説貊多是東夷，故《職方》「掌四夷九貉」，〔原注〕即「貊」字。《鄭志》荅趙商云「九貉即九夷也」，又《秋官》「貉隸」注云「征東北夷所獲」，而漢時所謂「濊貊」者皆在東北，〔原注〕《史記·貨殖傳》：「燕東綰穢貊、朝鮮、真番之利。」《漢書·武帝紀》注服虔曰：「穢貊在辰韓之北，高句麗沃沮之南，東窮於大海。」因於箋末添二語云：「其後追也貊也，爲獫狁所逼，稍稍東遷。」此又可見康成之不自安而遷就其説也。〔陳氏曰〕「溥彼韓城，燕師所完」，鄭箋訓「燕」爲「安」，云「古平安時衆民所築完也」，則「燕師」二字爲不詞矣。王肅、孫毓皆以燕爲燕國，得之。至《水經注》載肅語，謂今涿郡方城縣有韓侯城，王符《潛夫論》亦言宣王時有韓侯國近燕，近儒有據此立説，謂此詩之韓在今順天府固安縣，非西安府之韓城縣，殆未必然也。爲此説者，因燕遠於韓，不得用其師；貊是東夷，與今韓城隔遠，不應以貊錫韓耳。然命燕城韓，東萊引《春秋》事例之，洵爲允當。且非直此也，周公作洛，四方民大和會，五服咸至，無間遠近；山甫城齊，自鎬而往，與燕之去韓路亦相等。至以貊爲東夷，鄭氏注《周禮》據漢世言之耳。《魯頌》「淮夷蠻貊，莫不率從」，本謂淮夷行如蠻貊，非謂蠻貊亦服魯，傳義不謬也。《孟子》言「貊五穀不生」，此北方氣寒之證。《説文》亦以貉爲「北方豸種」，此詩「其追其貊」又與「奄受北國」連文，其爲北垂荒裔無疑矣。貊，俗字也，本作「貉」。此詩「追貊」、《書》「華夏蠻貊」，石經皆作「貃」，注、疏作「貊」，諸本因之。〔又曰〕吕記、朱傳以燕爲燕國，其説當矣。然所謂「燕師」者，直是燕國之民，而召公子孫受封于燕者，率之以城韓。自朱傳謂韓初封時，召公爲司空，王命以其衆爲築此城，此言非也。燕雖召公之國，召公未嘗至燕也，召公自食采于畿内。若召公率之，則所用之衆乃王師也。王師而謂之燕師，天子而蒙侯國之號，可乎？況召公爲司空，不見經典。朱子爲此説者，特因《崧高》疏載王肅語，謂召公爲司空，主繕治，遂意召氏當世居此職耳。不知宣王時，城謝則使召穆公，城齊則使樊仲山甫，穆公一身尚未必常居司空之職，況其先世乎？又案，召康公歷事文、武、成、康四王，封韓大約在成王時也。《周書·顧命》列諸臣位次，召公嘗爲冢宰，而司空則屬毛公。詳見孔氏《書傳》。《左傳》又云「聃季爲司空」，見定四年。則成、康之世爲司空者，已有兩人明著于經傳，而召公不與焉，安得謂召氏世居此職耶？又周家六卿並無世職者，成王時蘇公爲司寇，康叔亦爲之。穆王命君牙爲司徒，而幽王時番爲之，鄭桓公亦爲之。謂司空獨世屬召公，豈其然乎？〔汝成案〕陳氏之説辨矣，第既主王肅、孫毓之説，以燕爲燕國，復云《詩》之韓城在今西安，又主《魯頌》傳「淮夷蠻貊」，謂淮夷行如蠻貊，以訓此貊字，義固當矣。然同州去燕二千餘里，獨以此賦功屬役，誠乖理勢。周公作洛，是築王城，五服咸至，宜矣。而康成猶言「不見要服者，以遠於役事而恒闕焉」。豈城此侯邑，而惟勤是遠國？至山甫城齊，自鎬而往，此是王命往城，稽度教護，非率鎬衆往也。而云燕之與韓路亦相等，舛鑿甚矣。攷韓之先祖，是武王之子。《括地志》「同州韓城縣南十八里爲古韓國」，王肅曰「今涿郡方城縣有韓侯城」，是有兩韓國也。《史記·燕世家》曰「燕北迫蠻貊」，《山海經》曰「貊國，其地近燕」，則雷氏譏康成誤以遷國爲封國，信矣。然尚有疑者。《竹書》：「成王十二年，王師、燕師城韓。」徐位山因曰：「後蓋追述其先祖事，非宣王之時別有燕師城韓。」若然，鎬、燕既近涿郡，司空營度土功，是以令役二地。而《括地志》所云古韓國者，似誤。

## 如山之苞如川之流

「如山之苞」，營法也；「如川之流」，陳法也。古之善用師者，能爲營而後能爲陳。故曰「師出以律」，又曰「不愆於四伐五伐六伐七伐，乃止齊焉」。管子霸國之謀，且猶「作内政以寄軍令」，使之耳目素習，心志素定，如山之不可動摇，然後出而用之，若決水於千仞之谿矣。

## 不弔不祥

威儀之不類，賢人之喪亡，婦寺之專横，皆國之不祥。而日月之眚，山川之變，鳥獸草木之妖，其小者也。《傳》曰：「人無釁焉，妖不自作。」故孔子對哀公，以「老者不教、幼者不學」爲「俗之不祥」。〔原注〕《家語》。《荀子》曰：「人有三不祥，幼而不肯事長，賤而不肯事貴，不肖而不肯事賢，是人之三不祥也。」而武王勝殷，得二俘而問焉，❶曰：「若國有妖乎？」二俘對曰：「吾國有妖，晝見星

❶「俘」，據《校記》，鈔本作「膚」。下二「俘」字同。

而天雨血。」一俘對曰：「此則妖也，非其大者也。吾國之妖，子不聽父，弟不聽兄，君令不行，此妖之大者也。」武王避席再拜之。〔原注〕《吕氏春秋》。《書》載箕子之言，亦曰：「乃罔畏畏，咈其耇長舊有位人。」自余所逮見五六十年，國俗民情舉如此矣。不教不學之徒滿於天下，而一二稍有才知者，皆少正卯、鄧析之流，是豈待三川竭而悲周，岷山崩而憂漢哉！《書》曰「習與性成」，《詩》云「如彼泉流，無淪胥以敗」，識時之士所以引領於哲王，❶繫心於耇德也。

## 駉

魯僖公儉以足用，寬以愛民，務農重穀，而有坰牧之盛。「衛文公大布之衣，大帛之冠，務材訓農，通商惠工，敬教勸學，授方任能」，而有「騋牝三千」之多。然則古之馬政，皆本於田功也。吾未見廄有肥馬、野有餓莩而能國者也。

## 實始翦商

太王當武丁、祖甲之世，殷道未衰，何從有「翦商」之事？僖公之世，距太王已六百餘年，作詩之人特本其王迹所基而侈言之爾。猶《泰誓》之言「命我文考，肅將天威」也，猶《康誥》之言「天乃大

❶「哲」，據《校記》，鈔本作「明」。

命文王，殪戎殷」也，亦後人追言之也。張子曰：「一日之間，天命未絶，猶是君臣。」〔徐璈曰〕習鑿齒曰：「昔周人詠祖宗之德，追述翦商之功。」惠棟曰：「《爾雅》：『翦，勤也。』《詩》言太王自邠遷岐，始能光復祖宗，修朝貢之職，勤勞王事也。」璈按：習氏之義，證以《雅》訓及惠氏之解，則知文王三分有二，猶合六州之衆奉勤于商。當太王之初基，值殷宗之繼軌，雖天佑岐周，亦不得遽云翦斷矣。〔汝成案〕「翦」有數訓，《爾雅·釋詁》「勤也」，《釋言》「齊也」，見《左傳》杜注者則「削也」「盡也」，毛傳于《甘棠》訓「去」，于《閟宮》訓「齊」，鄭訓「斷」，惟「勤」義小異，而郭氏無注。本朝邵氏《正義》以爲「踐」之通，引「踐修舊好」「不足以踐禮」爲訓，亦牽强。其餘諸訓雖小有輕重，大意則同。《詩》《書》追原受命之本，每有溢辭，此亦「靡有孑遺」之類，不必深求也。徒以朱子據以注《論語》，爲太王因有翦商之志，未免以詞害意。又實之以商道寖衰，周日强大，又似未審時勢，遂致諸家紛紜耳。

## 玄鳥

讀經傳之文，終商之世，無言祥瑞者。而大戊之祥桑，高宗之雊雉，惕於天之見妖而修德者有二焉，則知監於夏王之矯誣上天而慄慄危懼，蓋湯之家法也。簡狄吞卵而生契，不亦矯誣之甚乎？毛氏傳曰：「玄鳥，鳦鳥也。春分玄鳥降。湯之先祖有娀氏女簡狄，配高辛氏帝，帝率與之祈於郊禖而生契，故本其爲天所命，以玄鳥至而生焉。」可以破史遷之謬矣。〔楊氏曰〕簡狄吞卵，非獨子長之說，其來舊矣。要毛公之説不可易。

## 敷奏其勇

「敷奏其勇，不震不動，不戁不竦。」苟非大受之人，驟而當天下之重任，鮮不恐懼而失其守者，此公孫丑所以有「動心」之問也。升陑伐夏，創未有之事而不疑，可謂天錫之勇矣。何以能之？其「上帝臨女，無貳爾心」之謂乎？

「湯、武，身之也。」學湯之勇者宜何如？「震驚百里，不喪匕鬯」，近之矣。

## 魯頌商頌

《詩》之次序，猶《春秋》之年月，夫子因其舊文，述而不作也。《頌》者，美盛德之形容，以告宗廟。魯之《頌》，頌其君而已，而列之《周頌》之後者，魯人謂之《頌》也。〔原注〕鄭氏曰：「襄公時，季孫行父請命於周，而史克作之。」然春秋列國卿大夫賦詩，無及此四篇者。世儒謂夫子尊魯而進之爲《頌》，是不然。魯人謂之《頌》，夫子安得不謂之《頌》乎？「爲下不倍」也。《春秋》書「公」、書「郊禘」，亦同此義。《孟子》曰：「其文則史。」不獨《春秋》也，雖六經皆然。今人以爲聖人作書，必有驚世絶俗之見，此是以私心待聖人。世人讀書如王介甫，纔入貢院，而一院之事皆欲紛更，〔原注〕《宋史·張方平傳》。此最學者之大病也。〔劉氏曰〕《詩》何以《風》先乎《雅》？著《詩》《春秋》之相終始也。風者，王者之迹所存也。王者之迹熄，而采風之使缺，《詩》于是終，《春秋》于是始。《春秋》宗文王，《詩》之四始莫不本于文王。

首基之以二《南》，《春秋》之大一統也；終運之以三《頌》，《春秋》之通三統也。《周南》終《麟趾》，《召南》終《騶虞》，《春秋》之始元終麟也。變風始于《邶》《鄘》《衛》，《春秋》之故宋也；《王》次之，《春秋》之新周也。變雅始于宣王之征伐。《春秋》之内諸夏而外吴、楚也。《魯頌》先乎《商頌》，《春秋》之寓王也。《頌》以商爲殿者，謂救周之文敝，宜用殷之質也。託夏于魯，明繼周以夏，繼夏以商，三王之道若循環，終則又始，《易》終未濟之義也。王者損益因革之道，三王五帝不相襲，託王者于斯，一質一文，當殷之尚忠，敬文迭施，當夏之教也，是《春秋》之通義也。孔子序《書》，特韞神恉，紀三代，正稽古，列正變，明得失，等百王，知來者，莫不本于《春秋》，即莫不具于《詩》。故曰《詩》《書》《春秋》，其歸一也。此皆删述之微言大義也。

列國之風，何以無魯？大師陳之，固曰「魯詩」，不謂之《頌》矣。孔子，魯人也，從魯而謂之《頌》，此如魯史之書「公」也，然而《泮水》之文則固曰「魯侯」也。

商何以在魯之後？曰草廬吴氏嘗言之矣：「大師所職者，當代之詩也。商則先代之詩，故次之周、魯之後。」〔原注〕《汲冢周書》「伊尹朝獻商書」附於《王會解》之後，即其例也。

## 詩序

《詩》之世次，必不可信，今《詩》亦未必皆孔子所正。且如「褒姒烕之」，幽王之詩也，而次於前；「召伯營之」，宣王之詩也，而次於後。序者不得其説，遂并《楚茨》《信南山》《甫田》《大田》《瞻彼洛矣》《裳裳者華》《桑扈》《鴛鴦》《魚藻》《采菽》十詩，皆爲刺幽王之作，恐不然也。又如《碩人》，莊姜初歸事也，而次於後；《緑衣》《日月》《終風》，莊姜失位而作，《燕燕》，送歸妾作，《擊鼓》，國人怨州吁而作也，而次於前。〔原注〕朱子《日月》傳曰：「此詩當在《燕燕》之前，下篇放此。」《渭陽》，秦康公爲太子時作也，而次於後；《黄鳥》，穆公薨後事也，而次於前。此皆經有明文可據，故鄭氏謂《十月之交》《雨無正》《小旻》《小宛》皆刺厲王之詩，〔原注〕《十月之交》有「豔妻」之云，自當是幽王。漢興之初師移其第耳。而《左氏傳》楚莊王之言曰：「武王作《武》，其卒章曰『耆定爾功』，其三曰『敷時繹思，我徂維求定』，其六曰『綏萬邦，屢豐年』。」今詩但以「耆定爾功」一章爲《武》，而其三爲《賚》，其六爲《桓》，章次復相隔越。《儀禮》歌《召南》三篇，越《草蟲》而取《采蘋》，《正義》以爲《采蘋》舊在《草蟲》之前。知今日之《詩》已失古人之次，非夫子所謂「《雅》《頌》各得其所」者矣。〔嚴太僕曰〕虞惇按：亭林顧氏之説最爲有見，「三百篇」中前後世次錯迕者甚多，如《小雅・常棣》，閔管、蔡，成王時詩也，而在《采薇》《出車》之前。《靈臺》，民始附文王時詩也，而在《文王》《大明》之後。蓋經秦火，簡編殘脱，漢儒掇拾補綴，厘而存之，未必皆孔氏之舊矣。至於《楚茨》《信南山》八篇及《黍苗》一篇，應從《序》陳古刺今之説。《十月之交》四篇，考之經文及史傳，皆當作刺幽王，非刺厲王之詩也。

# 日知録集釋卷四

崑山顧炎武著　嘉定後學黃汝成集釋

## 魯之春秋

《春秋》不始於隱公。晋韓宣子聘魯，「觀書於太史氏，見《易象》與《魯春秋》，曰：『周禮盡在魯矣，吾乃今知周公之德與周之所以王也。』」〔原注〕《左傳》昭公二年。〔江氏云〕韓子觀《魯春秋》，此未筆削之《春秋》也。《春秋》當始伯禽，何爲始隱？疑當時《魯春秋》惠公以上，魯史不存，夫子因其存者修之，未必有所取義也。使伯禽以後之《春秋》皆存，則周初禮樂征伐自天子出，夫子何不存其盛世之事以爲法，顧獨存其衰世之事以爲戒耶？夏、殷之禮，杞、宋不足徵，夫子惜之。正考父得《商頌》十二篇於周太師，後又亡其七，夫子因而存之。使《魯春秋》具存，夫子有所取義而託始於隱，是因筆削《春秋》，反使惠公以前二百餘年之事皆無徵，豈聖人之心哉！迹熄《詩》亡，孟子就當時之《春秋》推説耳。〔左暄曰〕《春秋》「筆則筆，削則削」，魯史之舊本無存，故筆削之新義莫攷。然亦有可攷而知者，如公羊莊七年《傳》曰：「不修《春秋》曰：『雨星不及地尺而復。』君子修之曰：『星霣如雨。』」此傳文之可據者。又有見於他書者。《坊記》載夫子之言曰：「故《魯春秋》猶去夫人之姓曰吳，其死曰孟子卒。」孔穎達《春秋疏》曰：「《魯春秋》『去夫人之姓曰吳』，《春秋》無此文，《坊記》云然者，禮：

夫人初至，必書于策，若娶齊女，則云『夫人姜氏至自齊』。此孟子初至之時，亦當書曰『夫人姬氏至自吴』，同姓不得稱姬，舊史所書，蓋直云『夫人至自吴』，是去夫人之姓直書曰吴而已。仲尼修《春秋》，以犯禮明著，全去其文，故今經無其事。」此又夫子《春秋》與舊史不同之一證也。蓋必起自伯禽之封，以洎於中世，當周之盛，朝覲、會同、征伐之事皆在焉，故曰「周禮」，而成之者，古之良史也。〔原注〕《孟子》雖言「《詩》亡然後《春秋》作」，然不應伯禽至孝公二百五十年全無紀載。〔閻氏曰〕按杜元凱《春秋經傳集解序》，便知《春秋》一書，其發凡以言例，皆周公之垂法，仲尼從而修之，何必言「起自伯禽」與「成之古良史」哉！又《左傳》隱七年「謂之禮經」，杜注曰：「此言凡例，乃周公所制禮經也。」自隱公以下，世道衰微，史失其官，於是孔子懼而脩之，自惠公以上之文無所改焉，所謂「述而不作」者也。自隱公以下，則孔子以己意脩之，所謂「作《春秋》」也。然則自惠公以上之《春秋》，固夫子所善而從之者也，惜乎其書之不存也。〔莊侍郎曰〕《春秋》之義，不可書則辟之，不忍書則隱之，不足書則去之，不勝書則省之。辭有據正則不當書者，皆書其可書，以見其所不可書；辭有詭正而書者，皆隱其所大不忍，辟其所大不可，而後目其所常不忍、常不可也。辭若可去、可省而書者，常人之所輕，聖人之所重。《春秋》非記事之史，不書多于書，以所不書知所書，以所書知所不書。〔又曰〕《春秋》治亂必表其微，所謂禮禁未然之前也。凡所書者，有所表也，是故《春秋》無空文。〔又曰〕《春秋》之辭，斷十二公之策而列之，則十二公之行狀莫不著也。辭有屢于一公之策書者，有屢于一年之策書者，有曠而不志者，有曠而一志者，不可不察也。〔劉氏曰〕《孟子》言《春秋》繼「王者之迹」，行「天子之事」，「知我罪我，其唯《春秋》」。爲邦而兼夏、殷、周之制，既以告顔淵；「吾其爲東周」，又見于不狃之召；夏、殷、周道皆不足觀，「吾舍魯何適」，復見于《禮》之告子游。故曰「我欲載之空言，不如見諸行事之深切著明也」，又曰「吾因其行事，而加吾王心焉」。憂天憫人，不得已之心，百世如將見之。〔又曰〕《傳》曰：「親親之殺，尊賢之等，禮所生也。」《春秋》緣禮義以致太平，用坤乾之義以述殷道，用夏時之等以觀夏道。等之不著，義將安放？故分十二世以爲三等，有見三世，有聞四世，有傳聞五世。若是者有二義焉，于所見世微其辭，于所聞世痛其禍，于所傳聞世殺其恩，此一義也。于所傳聞世見撥亂始治，于所聞世見治廩廩進升平，于所見世見治太平，此又一義也。由是辨内外之治，明王化之漸，施詳略之文，魯愈微而《春秋》之化益廣，世愈亂而《春秋》之文益治。〔又曰〕《史記》言：「《春秋》上記隱，下至哀，以制義法，爲有所刺譏、褒諱、抑損之文辭，不可以書見也，故七十子之徒口受其傳指。」《漢書》言：「仲尼没而微言絶，七十子喪而大義乖。」夫使無口受之微言大義，則人人可以屬詞比事而得之。趙汸、崔子方何必不與游、夏同識，惟其無張三世、通三統之義以貫之，故其例此通而彼礙，左支而右絀。

## 春秋闕疑之書

孔子曰：「吾猶及史之闕文也。」史之闕文，聖人不敢益也。《春秋》桓公十七年「冬十月朔，日有食之」，《傳》曰：「不書日，官失之也。」僖公十五年「夏五月，日有食之」，《傳》曰：「不書朔與日，官失之也。」以聖人之明，千歲之日至可坐而致，豈難攷曆布算，以補其闕，而夫子不敢也，況於史文之誤而無從取正者乎？況於列國之事得之傳聞不登於史策者乎？〔楊氏曰〕宋吕大圭《春秋論》，大約言不以日月爲褒貶，不以爵號爲予奪。「大旨有三：一曰明分義，二曰著名實，三曰正幾微而已。」《左氏》之書，成之者非一人，録之者非一世，可謂富矣，而夫子當時未必見也。史之所不書，則雖聖人有所不知焉者。〔莊侍郎曰〕《春秋》博列國之載，因魯史以約文。于所不審，則義不可斷，皆削之而不書。書則斷之者，斷則審之者，故曰春秋之信史也。存闕文而不益，實其所不削也。不審其事則去之，不審其文則存之，傳之萬世而不可亂也。且《春秋》，魯國之史也，即使歷聘之餘，必聞其政，遂可以百二十國之寶書增入本國之記注乎？〔原注〕成公十三年「公會諸侯伐秦」下《正義》曰：「經文依史官策書，策書所無，故經文遂闕也。傳文采於簡牘，簡牘先有，故傳文獨存也。」〔劉氏曰〕《春秋説》曰：「孔子作《春秋》萬八千字，九月而書成，以授游、夏之徒，不能改一字。」蓋魯史記之文本録内而略外，聖人取百二十國寶書而損益之，其大致則略同，故曰「述而不作」，述文王也，非述魯也。魯史記之例，常事不能不悉書備載，《春秋》盡削之，其存什一于千百，以著微文刺譏，爲萬世法，故曰非記事之書也。或筆一而削百，或筆十而削一。削者以筆見，筆者以削見，屈伸變化，以著其義，使人深思而自省悟，應問以窮其奥，故曰「知其人不待告，告非其人，雖言而不著」。唯游、夏能知之，知之故不能贊一詞也。若乃改葬惠公之類不書者，舊史之所無也。曹大夫、宋大夫、司馬、司城之不名者，闕也。〔原注〕齊崔氏出奔衛，去名而書族；宋殺其大夫山，去族而書字，疑皆前史之闕。鄭伯髡頑、楚子麇、齊侯陽生之實弑而書「卒」者，傳聞不勝簡書，是以從舊史之文也。〔原注〕邵氏曰：「赴以卒則卒，赴以弑則弑。弑而赴以卒，其弑也傳聞云爾也。傳聞不勝簡書，是以書卒以待察也，比之疑獄。」《左氏》出於獲麟之後，網羅浩博，實夫子之所未見。乃後之儒者似謂已有此書，夫子據而筆削之。即《左氏》之解經，於所不合者亦多曲爲之説，而經生之論，遂以聖人所不知爲諱。是以新説愈多，而是非靡定。

故今人學《春秋》之言，皆郢書燕説，而夫子之不能逆料者也。子不云乎：「多聞闕疑，慎言其餘。」豈特告子張乎，脩《春秋》之法亦不過此。

《春秋》，因魯史而脩者也，《左氏傳》，采列國之史而作者也。故所書晋事，自文公主夏盟，政交於中國，則以列國之史參之，而一從周正。自惠公以前，則閒用夏正。其不出於一人明矣。其謂賵仲子爲「子氏未薨」，平王崩爲「赴以庚戌」，〔原注〕先壬戌十二日。陳侯鮑卒爲「再赴」，似皆揣摩而爲之説。

## 三正

「三正」之名，見於《甘誓》。蘇氏以爲「自舜以前必有以建子、建丑爲正者」，其來尚矣。《微子之命》曰「統承先王，脩其禮物」，則知杞用夏正，宋用殷正。若朝覲會同，則用周之正朔，其於本國，自用其先王之正朔也。獨是晋爲姬、姓之國而用夏正，則不可解。〔原注〕三正之所以異者，疑古之分國各有所受。故公劉當夏后之世，而「一之日」「二之日」已用建子爲紀。晋之用寅，其亦承唐人之舊與？《舜典》「協時月正日」，即協此不齊之時月。〔沈氏曰〕王守溪《春王正月辨》云：「《汲冢周書》云：『亦越我周王，致伐于商，改正異械，以垂三統。至于敬授民時，巡狩烝享，猶自夏焉。』且《周禮》有正月，又有正歲，周時二正實兼行之矣。」杜預《春秋後序》曰：「晋太康中，汲縣人發其界内舊冢，得古書，皆簡編科斗文字，記晋國起自殤叔，次文侯、昭侯，以至曲沃莊伯。莊伯之十一年十一月，魯隱公之元年正月也，皆用夏正建寅之月爲歲首編年。」今攷《春秋》，僖公五年，晋侯殺其世子申生，經書「春」，而《傳》在上年之十二月。十年，里克弑其君卓，經書「正月」，而《傳》在上年之十一月。十一年，晋殺其大夫丕鄭父，經書「春」，而《傳》在上年之冬。十五年，晋侯及秦伯戰于韓，獲晋侯，經書「十有一月壬戌」，而《傳》則爲九月壬戌。經、傳之文或從夏正，或從周正，所以錯互如此。〔原注〕羅泌以爲《傳》據晋史，經則周曆。與《史記》「漢元年冬十月，五星聚東井」乃「秋七月」之誤〔沈氏曰〕毛云：「秦正建亥，而漢初因之，非誤也。」正同。僖公五年十二月丙子朔，虢公醜奔京師，而卜偃對獻公，以爲「九月、十月之交」。襄公三十年，絳縣老人言「臣生之歲，正月甲子朔」，以《長曆》推之，爲魯文公十一年三月甲子朔。此又晋人用夏正之見於《傳》者也。〔沈氏曰〕毛云：「三正遞建，諸事可通，而獨此推測占驗之事多用夏正，何則？以氣候分至有難齊也。卜偃以鶉火、天策推驗昏旦，此非用夏正不可。」

僖公二十四年「冬，晋侯夷吾卒」。杜氏注：「文公定位而後告。」夫不告文公之入，〔原注〕《傳》曰：「秦伯納之，不書，不告入也。」而告惠公之薨，以上年之事爲今年之事，新君入國之日，反爲舊君即世之年，非人情也。疑此經乃錯簡，〔沈氏曰〕毛云：「《春秋》恒例，但得書列國君卒，而不書列國立君，此全經盡然。至于踰年之告，則國亂多故，並從緩赴，非錯簡也。」當在二十三年之冬。《傳》曰「九月，晋惠公卒」。晋之九月，周之冬也。〔原注〕蓋懷公遣人來告。

隱公六年「冬，宋人取長葛」，《傳》作「秋」。劉原父曰：「《左氏》日月與經不同者，丘明作書雜取當時諸侯史策之文，其用三正，參差不一，往往而迷。故經所云『冬』，《傳》謂之『秋』也。」攷宋用殷正，則建酉之月，周以爲冬，宋以爲秋矣。

桓公七年「夏，穀伯綏來朝，鄧侯吾離來朝」，《傳》作「春」。劉原父曰：「《傳》所據者，以夏正紀時也。」

文公十六年，❶「齊公子商人弒其君舍」。經在九月，《傳》作七月。

隱公三年，夏「四月，鄭祭足帥師取温之麥。秋，又取成周之禾」。若以爲周正，則麥、禾皆未熟。四年秋，「諸侯之師敗鄭徒兵，取其禾而還」，亦在「九月」之上，是夏正六月，禾亦未熟。注云：「取者，蓋芟踐之。」終是可疑。按《傳》中雜取三正，多有錯誤。《左氏》雖發其例於隱之元年，曰「春王周正月」，而閒有失於改定者。文多事繁，固著書之君子所不能免也。

## 閏月

《左氏傳》文公元年，「於是閏三月，非禮也」；〔梁氏曰〕《左傳》紀閏者六：僖七年，文元年，成十七年，襄九年，昭二十年、二十二年。獨文元年閏三月，昭二十年閏八月，皆違歸餘于終之例。而《傳》獨譏閏三月爲非禮，不可解。或謂周之三月，夏之正月，不得有閏，故譏之。近曆家置閏，惟正月、十二月罕見。以理推之，不應此兩月不置閏也。攷齊、梁以來亦多有之。錢詹事云：「古法用恒氣，以無中氣之月爲閏，一歲十二月皆可置閏。

❶「十六年」，據《春秋》，下引文在「十四年」。

不獨宋、元以前，即明亦有閏正月、閏十二月也。西法改用定氣，每氣長短不齊，冬至前後氣最短，故百餘年來從無閏十一月、十二月、正月者。」襄公二十七年「十一月乙亥朔，日有食之。辰在申，司曆過也，再失閏矣」；哀公十二年「冬十二月，螽」，仲尼曰：「今火猶西流，司曆過也。」並是魯曆。春秋時，各國之曆亦自有不同者，經特據魯曆書之耳。〔原注〕《史記》：「秦宣公享國十二年，初志閏月。」此各國曆法不同之一證。成公十八年「春王正月，晉殺其大夫胥童」，《傳》在上年閏月；〔原注〕上有「十二月」。哀公十六年「春王正月己卯，衛世子蒯聵自戚入于衛，衛侯輒來奔」，《傳》在上年閏月。〔原注〕上有「冬」。皆魯失閏之證。杜以爲「從告」，非也。〔錢氏曰〕文公元年《傳》注，杜預曰：「步曆之始以爲術之端首，朞之日三百六十有六日。日月之行，又有遲速，故必分爲十二月，舉中氣以正。月有餘日，則歸之於終，積而爲閏，故言歸餘于終。」孔穎達曰：「日月轉運于天，猶如人之行步，故推曆謂之步曆。」步曆之始以爲術之端首，謂曆之上元，必以日月全數爲始，于前更無餘分，以此日爲術之端首，故言『履端于始』也。日行遲，月行速，凡二十九日過半，月行及日，謂之一月。過半者，謂一日于曆法分爲九百四十分，月行及日，必四百九十九分，是過半二十九分。今一歲氣周有三百六十五日四分日之一，其十二月一周惟三百五十四日，是少十一日四分日之一，未得氣周。細而言之，一歲只少弱十一日，所以然者，一月有餘分二十九，一年十二月有餘分三百四十八。是一歲既得三百五十四日，又得餘分三百四十八。其四分日之一，一日爲九百四十分，則四分之爲二百三十五分。今于餘分三百四十八內取二百三十五分，當卻四分日之一，餘分仍有一百一十三。其整日惟有十一日，又以餘分一百一十三減其一日九百四十分，惟有八百二十七分。是一年有餘十日八百二十七分，少一百一十三分不成十一日也。

分一周之日爲十二月，則每月常三十日餘，計月及日爲一月，則每月惟二十九日餘。前朔後朔相去二十九日餘，前氣後氣相去三十日餘，每月參差，氣漸不正。但觀中氣所在，以爲此月之正，取中氣以正月，故言『舉正于中』也。月朔之與月節，每月賸一日有餘，所有餘日歸之于終，積成一月，則置之爲閏，故言『歸餘于終』。」〔又曰〕《史記》《漢書》于秦時及漢未改秦曆之前，屢書「後九月」。文穎曰：「時律曆廢，不知閏，謂之後九月。」師古曰：「文説非也，若以律曆廢不知閏者，則當徑謂之十月，不應有後九月。蓋秦之曆法，應置閏者總致之于歲末。觀其此意，當取《左傳》所謂『歸餘于終』耳。」按師古于此篇用杜預説，謂有餘日則歸于終，積而成閏，並無置閏在歲終之解。《春秋》經、傳所載九閏月，除襄九年閏月依杜預當作「門五日」，其餘八閏惟成十七年「閏月乙卯晦」，昭二十二年「閏月，取前城」，《傳》文上有「十二月」，知此兩閏皆在歲終。文六年「閏月，不告朔」，《傳》在冬十一月之後，則未知其閏在十一月與？十二月與？僖七年「閏月，惠王崩」，哀五年「閏月，葬齊景公」，哀十五年「閏月，渾良夫與太子入」，經、傳上有「冬」字，則未知其閏在十月與？十一月與？十二月與？俱不得而知也。文元年「閏三月，非禮也」。劉歆以爲「是歲閏餘十三，閏當在十一月後，而在三月，故《傳》曰非禮也」。杜預以爲「曆法閏當在僖公末年，誤于今年置閏，蓋時達曆者所譏」。按文元年之閏，《漢志》謂失之前，杜氏謂失之後，非以置閏當在歲終而譏之也。昭二十年閏月，殺宣姜。《傳》文上有八月，下有十月，孔穎達以爲閏在八月後也。此兩閏不在歲終，《傳》有明文。春秋魯曆雖不正，如以應置歲終者移之或春或秋，恐亦無是事也。秦、漢所書「後九月」，自是秦曆，蓋誤以置閏歲末傅會「歸餘于終」之文。師古所注甚明。後人乃謂古法閏在歲終，失之甚矣。

《史記》：「周襄王二十六年閏三月，而《春秋》非之。」則以魯曆爲周曆，非也。平王東遷以後，周朔之不頒久矣，故《漢書·律曆志》「六曆」有黄帝、顓頊、夏、殷、周及魯曆，其於《左氏》之言失閏，皆謂魯曆，蓋本劉歆之説。〔原注〕《五行志》：「周衰，天子不班朔。魯曆不正，置閏不得其月，月大小不得其度。」

## 王正月

《廣川書跋》載《晋姜鼎銘》曰「惟王十月乙亥」，〔原注〕《集古録》《博古圖》載此鼎並作「王九月」。而論之曰：「聖人作《春秋》，於歲首則書『王』，説者謂謹始以正端。今晋人作鼎而曰『王十月』，是當時諸侯皆以尊王正爲法，不獨魯也。」李夢陽言：「今人往往有得秦權者，亦有『王正月』字。以是觀之，《春秋》『王正月』必魯史本文也。」言「王」者，所以别於夏、殷，並無他義。劉原父以「王」之一字爲聖人新意，非也。子曰「述而不作，信而好古」，亦於此見之。〔原注〕《博古圖》載《周仲偁父鼎銘》曰「維王五月初吉丁亥」，《齊侯鎛鍾銘》曰「維王五月辰在戊寅」，《敔敦銘》曰「維王十月」。

趙伯循曰：「天子常以今年冬班明年正朔於諸侯，諸侯受之，每月奉月朔甲子以告於廟，所謂稟正朔也，故曰『王正月』。」

《左氏傳》曰：「元年春，王周正月。」此古人解經之善，後人辨之累數百千言而未明者，《傳》以一字盡之矣。

未爲天子，則雖建子而不敢謂之「正」，《武成》「惟一月壬辰」是也。〔原注〕《傳》「一月，周之正月」，猶《豳》詩言「一之日」。已爲天子，則謂之「正」，而復加「王」以别於夏、殷，《春秋》「王正月」是也。

## 春秋時月並書

《春秋》時、月並書，於古未之見。攷之《尚書》，如《泰誓》「十有三年春，大會于孟津」，《金縢》「秋，大熟，未穫」，言時則不言月；《伊訓》「惟元祀十有二月乙丑」，《太甲中》「惟三祀十有二月朔」，《武成》「惟一月壬辰」，《康誥》「惟三月哉生魄」，《召誥》「三月惟丙午朏」，《多士》「惟三月」，《多方》「惟五月丁亥」，《顧命》「惟四月哉生魄」，《畢命》「惟十有二年六月庚午朏」，言月則不言時。〔原注〕朱文公答林擇之，亦有「古史例不書時」之説。其他鍾鼎古文多如此。《春秋》獨並舉時、月者，以其爲編年之史，有時、有月、有日，多是義例所存，不容於闕一也。〔原注〕或疑夫子特筆，是不然。舊史既以「春秋」爲名，自當書時。且如隱公二年，「春，公會戎于潛」，不容二年書「春」，元年乃不書「春」。是知謂以時冠月出於夫子者，非也。

建子之月而書「春」，此周人謂之春矣。《後漢書·陳寵傳》曰：「天正建子，周以爲春。」元熊朋來《五經説》曰：「陽生於子即爲春，陰生於午即爲秋，此之謂天統。」

## 謂一爲元

楊龜山《答胡康侯書》曰：「蒙録示《春秋》第一段義，所謂『元者，仁也；仁，人心也。《春秋》深明其用，當自貴者始，故治國先正其心』。其説似太支離矣，恐改元初無此意。〔原注〕此本之《漢書·

董仲舒傳》：「臣謹按，《春秋》謂一元之意，一者，萬物之所從始也。元者，辭之所謂大也。謂一爲元者，視大始而欲正本也。」〔汝成案〕謂一爲元，固不自作《春秋》始，然不曰「一月」而曰「正月」，不曰「一年」而曰「元年元日」，義必有取。董氏發明「元」義，亦未嘗鑿入孔子也。三代正朔，如忠、質、文之尚，循環無端，不可增損也。『斗綱之端連貫營室，織女之紀指牽牛之初，以紀日月，故曰星紀。五星起其初，日月起其中。』其時爲冬至，其辰爲丑。『三代各據一統，明三統常合而迭爲首，周環五行之道也。』周據天統，以時言也；商據地統，以辰言也；夏據人統，以人事言也。故三代之時，惟夏爲正，謂《春秋》以周正紀事是也。正朔必自天子出，改正朔，恐聖人不爲也。若謂以夏時冠月，如定公元年『冬十月，隕霜殺菽』，若以夏時言之，則十月隕霜，乃其時也，不足爲異。周十月，乃夏之八月，若以夏時冠月，當曰秋十月也。」〔原注〕熊朋來亦云：「若依夏時周月之説，則正月、二月須書『冬』，而三月乃可書『春』爾。」〔汝成案〕《左氏》于隱元年大書「春王周正月」，所以明《春秋》所書春爲時王之春，而正月亦時王之正月也。孔子之作《春秋》，使人信，不使人疑。若以夏時冠周月，則謂之何？而桓六年「秋八月壬午，大閲」，實夏之六月，農事方盛，不可以觀武，故以不時書。如謂夏時冠周月者，何不書「夏八月」耶？

《五代史・漢本紀》論曰：「人君即位稱元年，常事爾，孔子未脩《春秋》其前固已如此。雖暴君昏主、妄庸之史，其記事先後遠近，莫不以歲月一二數之，乃理之自然也。〔原注〕元吴萊本此作《改元論》。其謂一爲元，蓋古人之語爾。及後世曲學之士，始謂孔子書元年爲《春秋》大法，遂以改元爲重事。」徐無黨注曰：「古謂歲之一月，亦不云『一』，而曰『正月』。《國語》言六吕曰『元閒大吕』，《周易》列六爻曰『初九』，大抵古人言數多不云一，不獨謂年爲元也。」吕伯恭《春秋講義》曰：「命日以元，《虞典》也。〔原注〕《書》「月正元日」。命祀以元，商《訓》也。〔原注〕「惟元祀十有二月乙丑。」年紀日辰之首，其謂之元，蓋已久矣，豈孔子作《春秋》而始名之哉！說《春秋》者乃言《春秋》謂一爲元，殆欲深求經旨而反淺之也。」

## 改月

三代改月之證，見於《白虎通》所引《尚書大傳》之言甚明。其言曰：「夏以孟春月爲正，殷以季冬月爲正，周以仲冬月爲正。〔原注〕正即正月。夏以十三月爲正，色尚黑，以平旦爲朔。殷以十二月爲正，色尚白，以雞鳴爲朔。周以十一月爲正，色尚赤，以夜半爲朔。不以二月後爲正者，萬物不齊，莫適所統，故必以三微之月也。」周以十一月爲正，即名正月，不名十一月矣。殷以十二月爲正，即名正月，不名十二月矣。夏以十三月爲正，即名正月，不名十三月矣。〔原注〕洪邁曰：「十三月者，承十二月而言，即正月也。」〔沈氏曰〕朱氏《尚書埤傳》亦曰十有二月，孔氏以爲商王之建子月是也。《左傳》梓慎曰「火出于夏爲三月，于商爲四月，于周爲五月」，其的證也。蔡《傳》「正朔改而月朔不改」，其說非是。胡氏引《伊訓》《太甲》「十有二月」之文，以爲商人不改月之證，與孔傳不合，亦未有明據。〔原注〕《伊訓》：「惟元祀十有二月乙丑，伊尹祠于先王。」傳曰：「湯崩踰月，太甲即位，奠殯而告。」《太甲中》：「惟三祀十有二月朔。」傳曰：「湯以元年十一月崩，至此二十六月，三年服闋。」未嘗以十二月爲歲首。〔楊氏曰〕秦以十月爲正，史家皆如此書。

胡氏又引秦人以亥爲正、不改時月爲證，則不然。《漢書·高帝紀》「春正月」注，師古曰：「凡此諸月號，皆太初正曆之後記事者追改之，非當時本稱也。〔楊氏曰〕師古之論亦未見其必然，大抵三代有改月，有不改月，漢儒所謂有質家、文家之別。以十月爲歲首，即謂十月爲正月。今此真正月，當時謂之四月耳。他皆類此。」《叔孫通傳》「諸侯羣臣朝十月」，師古曰：「漢時尚以十月爲正月，故行朝歲之禮，史家追書十月。」〔原注〕漢元年冬十月，五星聚東井，當是建申之月。劉攽曰：「按曆，太白辰星去日率不過一兩次，今十月而從歲星於東井，無是理也。然則五星以秦之十月聚東井耳。秦之十月，今七月，日當在鶉尾，故太白、辰星得從歲星也。」按此足明記事之文皆是追改，惟此一事失於追改，遂以秦之十月爲漢之十月耳。夫以「七月」誤爲「十月」，正足以爲秦人改月之證，胡氏失之。〔沈氏曰〕《魏志·明帝紀》：「景初元年春正月壬辰，山茌縣言黄龍見。于是有司奏，以爲魏得地統，當以建丑之月爲正。三月，定曆改年，爲孟夏四月。」此魏人之改月者也。又曰：「改大和曆曰景初曆，其春夏秋冬、孟仲季月雖與正歲不同，至于郊祀、迎氣、礿祠、蒸嘗、巡狩、蒐田、分至啟閉、班宣時令、中氣早晚、敬授民事，皆以正歲斗建爲曆數之序。」

## 天　王

《尚書》之文但稱「王」，《春秋》則曰「天王」，以當時楚、吴、徐、越皆僭稱王，〔楊氏曰〕吴、楚之王不通于天下，顧氏之言非是。故加「天」以别之也。趙子曰「稱天王，以表無二尊」是也。〔楊氏曰〕不因諸國之僭，王者自宜法天耳。

## 邾儀父

邾儀父之稱字者，附庸之君無爵可稱，若直書其名，又非所以待鄰國之君也，故字之。〔原注〕《詩序》：「《車鄰》，美秦仲也。」孔氏曰：「秦仲以字配國者，附庸未得爵命，無謚可稱。」卑於子、男而進於蠻夷之國，〔原注〕郳犂來、介葛盧書名。與蕭叔朝公〔原注〕杜解：「叔，名。」非也。同一例也。《左氏》曰「貴之」，《公羊》曰「褒之」，非矣。〔原注〕此亦史家常例，非舊史書「邾克」，而夫子改之爲「儀父」也。〔雷氏曰〕《左》及《穀梁》皆以邾爲附庸國，未確。《公羊傳》謂邾婁顔得罪于天子，天子殺顔而立其弟術。天子崩，術仍致國于顔之子夏父。夏父五分其國，而以濫封術。《世本》謂「邾顔居邾，肥徙郳」，宋衷注云「邾顔别封小子肥于郳，爲小邾子」，《世族譜》云「夷父顔有功于周，其子友别封爲附庸，居郳」，據此，則邾非附庸可知。《傳》言「魯賦八百乘，邾賦六百乘，二國嘗相雠」，且其地東有巽、偃、離姑，在今之費縣；西有訾婁、蟲、類，❶在今之濟寧；北界于魯，南界楚荆，絶長補短，地方百數十里，有郳、濫以爲附庸，此豈不能自達于天子者？

邾儀父稱字，附庸之君也。「郳犂來來朝」，稱名，下矣。「介葛盧來」，不言朝，又下矣。「白狄來」，略其君之名，又下矣。

---

❶「類」，《春秋公羊傳》宣公十年作「蘱」。

## 仲子

隱公元年：「秋七月，天王使宰咺來歸惠公仲子之賵。」曰『惠公仲子』者，惠公之母仲子也。」文公九年：「冬，秦人來歸僖公成風之禭。曰『僖公成風』者，僖公之母成風也。」〔原注〕猶晋簡文帝母、會稽王太妃鄭氏之稱簡文宣太后。國學明教臧壽所謂「繫子爲稱，兼明貴之所由」者也。《穀梁傳》曰：「母以子氏，」〔原注〕注：「妾不得體君，故以子爲氏。」按「妾不得體君」，《儀禮傳》文。仲子者何？惠公之母、孝公之妾也。」此説得之。《左氏》以爲桓公之母，桓未立，而以夫人之禮尊其母，又未薨而賵，皆遠於人情，不可信。〔原注〕《公羊》亦以爲桓公之母，惠公之妾。繫妾於君，較之繫母於子，義則短矣。所以然者，以魯有兩仲子：孝公之妾，一仲子；惠公之妾，又一仲子，〔原注〕左氏哀公二十四年《傳》：「周公及武公娶于薛，孝惠娶于商，自桓以下娶于齊。」而隱之夫人又是子氏。二傳所聞不同，故有紛紛之説。

此亦魯史原文，蓋魯有兩仲子，不得不稱之曰「惠公仲子」也。「考仲子之宫」不言惠公者，承上文而略其辭也。〔姚刑部曰〕魯仲子之有二也，前後異焉。《春秋》以爲一書歸賵于桓母未亡之時，必不疑于桓母矣；一書考其宫于君夫人子氏薨喪終之歲，必不疑于惠母矣，是以不嫌同稱也。而猶有如《左氏》見之僻也，聖人所不及料矣。

《釋例》曰：「婦人無外行，於禮當繫夫之謚，以明所屬。」如「鄭武公娶于申，曰武姜」，「衛莊公娶于齊東宫得臣之妹，曰莊姜」是也。妾不得體君，不得已而繫之子。仲子繫惠公，而不得繫於孝公；成風繫僖公，而不得繫於莊公，抑所謂「名不正則言不順」者矣。

春秋十二公夫人之見於經者，桓夫人文姜，莊夫人哀姜，僖夫人聲姜，宣夫人穆姜，成夫人齊姜，皆書「薨」書「葬」。〔原注〕聲姜不書「逆」，不書「至」，文公、成公不書「生」。文夫人出姜不書「薨」「葬」。隱夫人子氏書「薨」不書「葬」。昭夫人孟子變薨言「卒」，不書「葬」，不稱「夫人」。其妾母之見於經者，僖母成風，宣母敬嬴，襄母定姒，昭母齊歸，皆書「薨」書「葬」，稱「夫人」「小君」。惟哀母定姒變薨言「卒」，不稱「夫人」「小君」。其他若隱母聲子，桓母仲子，閔母叔姜，皆不見於經。定母則經、傳皆闕。而所謂「惠公仲子」者，惠公之母也。

二年「十有二月乙卯，夫人子氏薨」。《穀梁傳》：「夫人者，隱公之妻也。〔原注〕《左氏》以爲桓母，《公羊》以爲隱母，並非。卒而不書葬，夫人之義從君者也。」《春秋》之例，葬君則書，葬君之母則書，葬妻則不書，所以別禮之輕重也。隱見存而夫人薨，故葬不書。注謂「隱弑賊不討，故不書」者，非。

## 成風敬嬴

成風、敬嬴、定姒〔原注〕襄公四年。齊歸之書「夫人」，書「小君」，何也？邦人稱之，舊史書之，夫子焉得而貶之？在後世則秦羋氏、漢薄氏之稱「太后」也，直書而失自見矣。定姒〔原注〕定公十五年。魯有兩定姒。書「葬」而不書「夫人」「小君」，哀未君也。〔原注〕劉原父曰：「姒氏爲哀公之母、定公之妾，哀未成君，故亦未敢謂其母夫人耳。」孟子則并不書「葬」，不成喪也。

## 君氏卒

「君氏卒」，以定公十五年「姒氏卒」例之，從《左氏》爲是。不言「子氏」者，子氏非一，故繫之君以爲別，猶仲子之繫惠公也。若天子之卿，則當舉其名，不但言氏也。〔原注〕公羊、穀梁二《傳》作「尹氏」。〔楊氏曰〕卒亦有不舉名者，又何如？或赴不以名，則書，尹氏、崔杼之奔，其例也。〔惠侍讀曰〕天子之外諸侯，嗣也，故卒稱爵，内諸侯，禄也，故卒稱氏。其王子弟，則以王子爲氏；或稱其采，則以采爲氏，皆不稱爵。《春秋》志外諸侯之卒也詳，志内諸侯之卒也略。外諸侯之卒，微而不名者凡五：隱七年「滕侯」，八年「宿男」，莊三十一年「薛伯」，僖二十三年「杞子」，成十六年「滕子」，皆不名，皆小國，微之，故不名。强而不名者惟一，而凡四見焉：成十四年「秦伯」，昭五年「秦伯」，定九年「秦伯」，哀三年「秦伯」，皆不名，秦，强國也。惟罃、稻名，餘皆不名，貶之，故不名。内諸侯之卒者三人：尹氏、王子虎、劉卷，其不名者尹氏一人而已。或曰「譏世卿」也。爲此説者，蓋見周尹氏、齊崔氏皆世卿，或弑其君，或亂王室，《春秋》皆稱氏而不名，故以爲譏。然則外諸侯稱爵而不名者，又何説？宿男、滕子、薛伯、秦伯、杞子，皆不名，其卒也以爵卒。尹氏亦不名，其卒也以氏卒，一也，奚獨於尹氏而疑之？諸侯卒名而葬不名，卒告而葬不告。告者，告於天子。故《春秋》志内外諸侯之卒，皆臨之以天下而稱名。微國不名者如宿，如杞，如薛，如滕，皆陵夷衰微，不能以名達也。其後晋主夏盟，扶而存之，因得以其名達，故滕、杞、薛皆名。内諸侯之强如尹氏，外諸侯之强如秦伯，皆有跋扈不臣之心，故《春秋》三書「尹氏」：「尹氏卒」「尹氏立王子朝」「尹氏以王子朝奔楚」；四書「秦伯」，始終貶之而不名，則聖人之情見乎辭矣。尹氏，《左傳》作「君氏」，何也？傳寫訛也。説者謂「君之母氏，故稱君氏而不稱姓」，其説雖合於《左氏》，然左氏莊元年《傳》曰「夫人孫於齊，不稱姜氏，絶不爲親」，然則不稱姓是絶不爲親也，可乎？三《傳》皆可信，擇其尤善者從之。尹氏主喪，王子虎主盟，劉卷主會，故「卒」之。〔又曰〕王子虎即叔服，文元年來會葬者，公、穀二《傳》皆云然。《左氏》謂即僖二十九年盟翟泉者，經書「王人」，《傳》稱「王子虎」。《左氏》據國史，二《傳》本師傳，其説孰是？《左氏》謂同盟乃弔，弔則書，從之可也。諸侯不奔喪，尹氏焉得主喪？古者束脩之問不出境，王室大夫非有玉帛之使不與外諸侯通。春秋主會主盟，不獨劉卷、王子虎，而獨卒此二人，蓋來赴則往弔之，故卒之。來赴者，以其嘗有玉帛之使者也。尹氏獨無聞，似王室之重臣，故貶而不名。〔莊侍郎曰〕「尹氏卒」，天子之大夫不書卒，此何以書？公羊子曰：「天王崩，諸侯之主也。」禮相接，斯恩相及矣，則恩録之乎？以公奔喪録之也。《春秋》以諸侯奔天王之喪爲常事，而不書，諱他年之不奔喪也。以吾君主尹氏而録其卒，則奔喪見矣。何以氏之而不名？公羊子曰：「譏世卿，世卿非禮也。」其聖人之志乎？〔汝成案〕君氏，《左傳》以爲聲子，先生主是説，近儒皆如是。然不若《公》《穀》作「尹氏」者當也。若君氏是隱公母，則隱二年「十有二月乙卯，夫人子氏薨」，是魯何人？若爲桓母，桓未爲君，則是惠公之妾。即隱以讓故從正君之禮，然不應預書於八年前也。《左氏》無傳，《穀梁》以爲隱之妻。若然，則妻尚書夫人、書姓、書薨，而母則不書，又去其姓，不辭甚矣。定公十五年書「姒氏卒」，《公羊傳》曰：「定姒者何？哀公之母也。何以不稱夫人？哀未君也。」《穀梁傳》曰：「妾辭也，哀公之母也。」即隱以攝故謙不爲君，從妾辭而書，亦不當貶去其姓明矣。然則莫善於《公羊》説也。隱二年「夫人子氏薨」，《公羊》以爲隱母，此《春秋》達例也。子氏爲隱母，則君氏爲尹氏決矣。若以君氏爲隱夫人，隱夫人子氏非昭夫人孟子比也，亦何緣絶去其姓？且以夫人之氏而冠以君，則言不順而名不正也。若毛西河解爲鄭大夫尹氏，斯更穿鑿。外大夫不書卒，即隱與俱歸爲魯臣，不爲大夫也。曷知之，隱不爵大夫，穀梁氏已著其説矣。

或疑君氏之名别無所見。《左傳》襄公二十六年：「左師見夫人之步馬者，問之，對曰：『君夫人氏也。』」蓋當時有此稱。然則去其「夫人」，即爲「君氏」矣。〔原注〕戰國齊有君王后。夫人子氏，隱之妻，嫡也，故書「薨」。君氏，隱之母，惠公之繼室，妾也，故書「卒」。不書「葬」者何？春秋之初，去西周未遠，嫡、妾之分尚嚴，故仲子别宫而獻六羽，所謂「猶秉周禮」者也。僖公以後，日以僭踰，於經可見矣。

## 滕子薛伯杞伯

滕侯之降而子也，薛侯之降而伯也，杞侯之降而伯而子也，貶之乎？〔原注〕「滕子來朝」，張無垢、胡康侯謂貶其朝桓。〔楊氏曰〕貶其朝桓最迂。貶之者，「人」之可也，名之可也。至於名，盡之矣；降其爵，非情也。古之天下猶今也，崔呈秀、魏廣微，天下之人無字之者，言及之則名之，名之者惡之也，惡之則名之焉，盡之矣。若降其少師而爲太子少師，降其尚書而爲侍郎、郎中、員外，雖童子亦知其不可矣。然則三國之降焉何？沙隨程氏以爲：「是三國者皆微，困於諸侯之政而自貶焉。」〔原注〕孫明復已有此説，伊川《春秋傳》略同。昭公十三年平丘之盟，子產争承，曰：「鄭伯，男也，而使從公侯之貢，懼弗給也。」哀公十三年黄池之會，子服景伯曰：「魯賦於吴八百乘，若爲子、男，則將半邾以屬於吴，而如邾以事晉。」皆其證也。春秋之世，衛稱公矣，及其末也，貶而侯，貶而君。〔原注〕《史記·衛世家》：「昭公時，三晋彊，衛如小侯，屬之。成侯十六年，衛更貶號曰侯。嗣君五年，更貶號曰君。」此著於《史記》而後人尚有不知者。高誘解《吕氏春秋》「衛嗣君」曰：「秦貶其號爲君。」夫滕、薛、杞猶是也，〔原注〕襄公二十七年宋之盟，齊人請邾，宋人請滕，皆不與盟。定公元年，城成周，宋仲幾曰：「滕、薛、郳，吾役也。」則不惟自貶，且爲大國之私屬矣。故魯史因而書之也。

小國貧，則滕、薛、杞降而稱伯，稱子；大國彊，則齊世子光列於莒、邾、滕、薛、杞、小邾之上，〔原注〕齊世子光八會諸侯，其五會並序諸侯之下。至襄公十年伐鄭之會，在滕、薛、杞、小邾上。十一年再會，又進在莒、邾上。時爲之也。《左氏》謂以先至而進之，亦託辭焉爾。

## 闕文

桓公四年、七年闕秋、冬二時，定公十四年闕冬一時，〔原注〕《公羊》成公十年闕冬十月。昭公十年十二月無冬，僖公二十八年冬無月而有壬申、丁丑，桓公十四年有「夏五」而無「月」，桓公十七年冬十月有「朔」而無甲子，桓公三年至九年、十一年至十七年無「王」，桓公五年春正月甲戌，己丑陳侯鮑卒，甲戌有日而無事，皆春秋之闕文，後人之脱漏也。〔原注〕莊公二十二年夏五月無事，而不書首月，杜氏《釋例》以爲闕，謬。《穀梁》有「桓無王」之説，竊以爲夫子於繼隱之後而書「公即位」，則桓之志見矣，奚待去其王以爲貶邪？

「王使榮叔來錫桓公命」，不書「天」，闕文也。〔原注〕文公五年，「王使榮叔歸含且賵」，同。若曰以其錫桓而貶之，則桓之立，《春秋》固已公之矣。商臣而書楚子，〔原注〕文公九年。商人而書齊侯，〔原

注〕文公十五年。五等之爵，無所可貶，孰有貶及於天王邪？

僖公元年，「夫人氏之喪至自齊」，不言「姜」。宣公元年，「遂以夫人婦姜至自齊」，不言「氏」。此與文公十四年，「叔彭生」不言「仲」，定公六年「仲孫忌」不言「何」同，皆闕文也。聖人之經，平易正大。

邵國賢〔原注〕寶。曰：「『夏五』，魯史之闕文歟？《春秋》之闕文歟？如謂魯史之闕文者，筆則筆，削則削，何獨闕其所不必疑，以示後世乎？闕其所不必疑以示後世，推不誠伯高之心，是不誠於後世也，聖人豈爲之哉！不然，則『甲戌』『己丑』『叔彭生』『仲孫忌』又何爲者？是故『夏五』，《春秋》之闕文也，非魯史之闕文也。」

范介儒〔原注〕守己。曰：「『紀子伯』『郭公』『夏五』之類，傳經者之脱文耳。謂爲夫子之闕疑，吾不信已。〔原注〕按「甲戌」「己丑」，似是魯史之文，故《左傳》已有再赴之説。〔顧司業曰〕《春秋》文多闕誤，三《傳》類多附會，而《公》《穀》尤甚。其大者如「紀子伯、莒子盟於密」，本闕文也，而習《公》《穀》者遂謂紀本子爵，後因天子將娶於紀，進爵爲侯，加封百里，以廣孝敬。漢世因之，凡立后，先封其父爲侯，進大司馬、大將軍，封爵之濫自此始，蓋嘗推而論之。日食闕書日朔者凡十，本史失之，而《穀梁》則曰「言日不言朔，食晦日也」。言朔不言日，食既朔也」。案自襄十五年以後，無不書日朔者，豈自此至獲麟近百年，總無食於前、食於後，而獨參差不定於襄以前乎？則《穀梁》之説非也。外諸侯卒，闕書名者凡十，亦史失之，而《左氏》則曰「不書名，未同盟也」。案隱元年「及宋人盟於宿」，而八年「宿男卒」不名；成十三年「滕會諸侯同伐秦」，而十六年「滕子卒」不名；杞與魯結昏，而僖二十三年杞成公卒不名，則《左氏》之説非也。夫人不書姜氏，及去姜存氏、去氏存姜者凡四，而《左傳》則曰：「不稱姜氏，絶不爲親，禮也。」賈逵又云：「哀姜殺子罪輕，故但貶去姜。」《公》《穀》又以出姜不宜成禮于齊，穆姜不宜從夫喪娶，故俱貶去氏。夫去姜存氏，去氏存姜，既不成詞，況文姜、哀姜之罪豈待去其姓氏而明，至夫甥舅之合，事由父母，而必責其問合禮與否，無乃蹈拊驂移臼之譏乎？亦拘固不通甚矣。王不稱天者凡六，其三史脱之，其三從省文。而胡氏于「錫桓公命」「歸成風之襚」及「會葬」則云：「聖人去天以示貶。」夫歸仲子之賵，王已稱天矣，豈於前獨罪宰咺，而於天王無貶，於此數事又獨責天王，而於榮、召無譏乎？桓五年「三國從王伐鄭」，此自省文爾，與「公朝於王所」同義，而胡氏以爲桓王失天討，豈朝於王所，不責諸侯，而反責王乎？必以桓十四年不書王爲責桓無王，則宣亦篡弑，何以書王？必以桓四年、七年不書秋冬爲責王失刑，則昭十年不書冬，定十四年不書冬，又何以説？「秦伐晋」「鄭伐許」「晋伐鮮虞」，皆是偶闕「人」字，而《公》《穀》以爲「狄之」。夫秦且無論，晋之罪莫大於助亂臣立君。襄十四年，「會孫林父於戚以定衛」，當日不聞狄晋；鄭伯「射王中肩」，未嘗有微詞示貶，而沾沾責其伐許、伐鮮虞，亦可謂舍其大而圖其細矣。凡此皆《公》《穀》倡之，而後來諸儒如孔氏穎達、啖氏助、趙氏匡、陸氏淳、孫氏復、劉氏敞亦既辨之矣，而復大熾於宋之中葉者，蓋亦有故焉。自諸儒攻擊三《傳》，王介甫遂目《春秋》爲「斷爛朝報」，不列學宫。文定反之，矯枉過正，遂舉聖經之斷闕不全者，皆以爲精義所存，復理《公》《穀》之故説，而吕氏東萊、葉氏少藴、張氏元德諸儒俱從之。由是《春秋》稍明於唐以後者，復晦昧於宋之南渡，豈非勢之相激使然哉！愚故瀏覽諸家之説，於南渡以後兼取黄氏仲炎、吕氏大圭、程氏端學、俞氏皋、齊氏履謙五家，列闕文凡百有餘條，俾學者於此不復强求其可通，則於諸儒支離穿鑿之論亦掃除過半矣。〔汝成案〕顧氏論辨頗通闢，然不達二家義例，殊失微言。事有室閡，輒歸闕文，則益張南宋來師心武斷説矣。〔惠侍讀曰〕諸侯或日卒，或月卒，或時卒，《公》《穀》二傳皆有説。其以二日卒者，惟桓五年陳侯鮑而已。

是時陳亂，故再赴，再赴者，一告亂，一告喪也。《春秋》惟一書「王室亂」。列國來告亂，則直書其事，而不書亂，書亂則嫌與王室同。且書亂則不日，以亂非一朝一夕之事。故惟弑君日，餘不日，兩書日，則非亂明矣。或曰：兩日之間有闕文，吾未之前聞也。《公羊》謂：「以兩日卒之，怴也，以甲戌之日亡，己丑之日死而得。」攷死即「屍」，《漢書》讀爲「尸」。謂有狂易之病，蜚亡而死，己丑日乃得其屍也。故《春秋》如其再赴之日書之，蓋言君死不得其日，所以辠其臣也。〔汝成案〕《穀梁傳》云：「不知死之日，故舉二日以包也。」即此義。

## 夫人孫于齊

莊公元年，「三月，夫人孫于齊」。不稱「姜氏」，絶之也。二年，「十有二月，夫人姜氏會齊侯于禚」。復稱「姜氏」，見魯人復以小君待之，忘父而與讎通也。先「孫」後「會」，其閒復歸於魯，而《春秋》不書，爲國諱也，此夫子削之矣。

劉原父曰：「《左氏》曰：『夫人孫于齊，不稱姜氏，絶不爲親，禮也。』謂魯人絶文姜，不以爲親，乃中禮爾。〔原注〕杜氏謂文姜之義宜與齊絶，而復奔齊者，乃是曲説。《魏書·竇瑗傳》引注云：「夫人有與殺桓之罪，絶不爲親，得尊父之義。善莊公思大義，絶有罪，故曰禮也。」蓋先儒皆主此説。然則母可絶乎？宋襄之母獲罪於君，歸其父母之國。及襄公即位，欲一見而義不可得，作《河廣》之詩以自悲。然宋亦不迎而致也，爲嘗獲罪於先君，不可以私廢命也。孔子論其詩而著之，以爲宋姬不爲不慈，襄公不爲不孝。今文姜之罪大，絶不爲親，何傷於義哉！」〔汝成案〕説本胡文定而闡發其義。

《詩序》：「《猗嗟》，刺魯莊公不能防閑其母。」趙氏因之，有「哀痛以思父，誠敬以事母，威刑以馭下」之説。此皆禁之於末而不原其始者也。夫文姜之反於魯，必其與公之喪俱至。其孫于齊，爲國論所不容而去者也。〔原注〕内諱奔謂之「孫」。文姜之於齊，父母之國也，何至於書「孫」？此直書而義自見者也。於此而遂絶之，則臣子之義伸，而異日之醜行不登於史策矣。莊公年少，當國之臣不能堅持大義，使之復還於魯。憑君母之尊，挾齊之强，而恣睢淫佚，遂至於不可制。《易》曰：「君子以作事謀始。」《左氏》「絶不爲親」一言，深得聖人之意。而魯人既不能行，後儒復昧其義，所謂「爲人臣子而不通《春秋》之義者，遭變事而不知其權」，豈不信夫！

## 公及齊人狩于禚

莊公四年，「二月，夫人姜氏享齊侯于祝丘」，「冬，公及齊人狩于禚」。夫人享齊侯，猶可書也。公與齊侯狩，不可書也。故變文而曰「齊人」。人之者，讎之也，杜氏以爲「微者」，失之矣。

## 楚吴書君書大夫

《春秋》之於吴、楚，❶斤斤焉不欲以其名與之也。楚之見於經也，始於莊之十年，曰「荆」而已。

---

❶「吴楚」，據《校記》，鈔本作「夷狄」。

二十三年，於其來聘而「人」之。二十八年，復稱「荆」而不與其「人」也。僖之元年，始稱「楚人」。四年，盟于召陵，始有「大夫」。〔原注〕《公羊傳》謂文公九年，使椒來聘，「始有大夫」，疏矣。又謂「夷狄不氏」，非也，屈完固已書氏。二十一年，會于盂，始書「楚子」。然使宜申來獻捷者，楚子也，〔原注〕二十一年。而不書「君」。圍宋者子玉，〔原注〕二十七年。救衛者子玉，戰城濮者子玉也，〔原注〕二十八年。而不書「帥」。聖人之意，使之不得遽同於中夏也。吴之見於經也，始於成之七年，曰「吴」而已。襄之五年，會于戚，於其來聽諸侯之好而「人」之。十年、十四年，復稱「吴」，殊會而不與其「人」也。二十五年，門于巢卒，始書「吴子」。〔原注〕吴本伯爵，《春秋》以其僭王，降從四裔之例而書「子」。❶〔楊氏曰〕《春秋》降其爵，亦不然。吴既不通中國，則從四夷之例亦宜。二十九年，使札來聘，始有「大夫」。然滅州來，〔原注〕昭公十三年。戰長岸，〔原注〕十七年。敗雞父，〔原注〕二十三年。滅巢，〔原注〕二十四年。滅徐，〔原注〕三十年。伐越，〔原注〕三十二年。入郢，〔原注〕定公四年。敗檇李，〔原注〕十四年。伐陳，〔原注〕哀公六年。會柤，〔原注〕同上。會鄫，〔原注〕七年。伐我，〔原注〕八年。伐齊，〔原注〕十年、十一年。救陳，〔原注〕十年。戰艾陵，〔原注〕十一年。會橐皋，〔原注〕十二年。並稱「吴」而不與其「人」。會黄池，〔原注〕十三年。書「晉侯及吴子」而殊其會。終《春秋》之文無書「帥」者，使之終不得同於中夏也。是知

❶「裔」，據《校記》，鈔本作「夷」。

書「君」、書「大夫」，《春秋》之不得已也，政交於中國矣。以後世之事言之，如劉石十六國之輩，❶略之而已，❷至魏、齊、周則不得不成之爲國，而列之於史。遼、金亦然。❸此夫子所以録楚、吴也。然於備書之中而寓抑之之意，聖人之心蓋可見矣。❹

## 亡國書葬

紀已亡而書「葬紀叔姬」，存紀也。陳已亡而書「葬陳哀公」，存陳也。此聖人之情而見諸行事者也。

## 許男新臣卒

「許男新臣卒」，《左氏傳》曰：「許穆公卒於師，葬之以侯，禮也。」而經不言「於師」，此舊史之闕，夫子不敢增也。穀梁子不得其説而以爲「内桓師」，劉原父以爲「去其師而歸，卒於其國」，鑿矣。

---

❶ 「劉石」，據《校記》，鈔本作「五胡」。
❷ 「略」，據《校記》，鈔本作「夷」。
❸ 「遼金」，據《校記》，鈔本作「金元」。
❹ 「蓋可見矣」，據《校記》，鈔本作「無時而不在中國也。嗚呼」。

## 禘于太廟用致夫人

「禘于太廟，用致夫人。」夫人者，哀姜也。哀姜之薨七年矣，魯人有疑焉，故不祔於姑，至是因禘而致之。不稱「姜氏」，承元年「夫人姜氏薨于夷」之文也。哀姜與弑二君，而猶以之配莊公，是亂於禮矣。明乎郊社之禮、禘嘗之義，治國其如示諸掌乎？「致夫人」也，「躋僖公」也，皆魯道之衰，而夫子所以傷之者也。胡氏以夫人爲成風，成風尚存，何以言致？亦言之不順也。〔惠侍讀曰〕吉禘於莊公，不於大廟，何也？禘於大廟而致莊公焉，因莊公而行吉禘，故書曰「吉禘於莊公」。莊公之喪未滿二十五月，故書「吉」以譏之。吉禘者，新主入廟，與先君相接，因是而爲大祭，故不稱宫，明非新宫也，則在人廟何疑。夫人在大廟曷爲不書？辟嫌也。何嫌爾？吉禘於大廟致莊公，則嫌莊公不應致，與「禘於大廟用致夫人」同。夫人不應致，故書「致」。莊公不應吉，故書「吉」。用者，謂用禘也，用禘猶用郊也。秋九月不可以用郊，致夫人不可以用禘。大禘則終王，王者喪終乃用之，用禘而致夫人，悖矣。國之大事，惟郊、禘。《春秋》屢書「郊」，不屢書「禘」，惟書此二「禘」，皆譏也。昭公十有五年，禘於武宫，時禘也。不書禘而書有事者，國之常事云爾。常事不書，非常然後書。或曰：禘惟一，安得有三？吉禘、時禘，皆春秋壞法亂紀者爲之也。《春秋》凡壞法亂紀之事，如吴、楚之君葬，以臣召君與臣出其君，皆不書於册，曷爲而獨書此壞法亂紀之祭哉！〔江氏曰〕不言風氏，君母不可指斥也。若致哀姜，則哀姜有謚號，何得止言夫人？且以主附廟，亦不可謂之用致。〔沈學博曰〕僖公非哀姜所生，齊桓誅之，僖必不夫人之，且必不待八年之久。則夫人者，洵成風也。妾媵無助祭之事，尊成風爲將來祔食之地，乃致成風爲此日入廟之典，故《春秋》以其非常而書之。

以成風稱小君，是亂嫡妾之分。雖然，猶愈於哀姜也。説在乎漢光武之黜吕后，而以薄氏配高廟也。

## 及其大夫荀息

晉獻公之立奚齊，以王法言之，易樹子也；以臣子言之，則君父之命存焉。〔原注〕古人重父命，伯夷以父命之故，不立而逃叔齊是也。是故荀息之忠，同於孔父、仇牧。〔楊氏曰〕予荀息亦可，此如《五代史》之與王子明。〔莊侍郎曰〕《春秋》責賢者備。孔父、仇牧、荀息克以一節應先王之法，《春秋》不責之以備也。《春秋》尚此三人，亂不自斯人出。斯人一心于所事前定者終不變，孔父、荀息也；猝然不驚，不顧其身者，仇牧也。

## 邢人狄人伐衛

《春秋》之文有從同者。僖公十八年「邢人、狄人伐衛」，二十年「齊人、狄人盟于邢」，並舉二國而狄亦稱「人」，臨文之不得不然也。〔原注〕莊公二十三年，「荆人來聘」。趙氏鵬飛曰：「稱人，非進之也。若但書『荆來聘』，則若舉國皆來，於文不順，故書『人』字以成文耳。不然，二十八年荆伐鄭，何以不書人乎？」若惟狄而已，則不稱「人」，十八年「狄救齊」，二十一年，「狄侵衛」是也。《穀梁傳》謂「狄稱人，進之也」，何以不進之於救齊，而進之於伐衛乎？則又爲之説曰：「善累而後進之。」夫伐衛，何善之有！

昭公五年，「楚子、蔡侯、陳侯、許男、頓子、沈子、徐人、越人伐吴」。不稱「於越」而稱「越人」，亦同此例。〔原注〕陸氏《纂例》曰：「凡夷狄與諸侯列序皆稱『人』以便文，但君臣同辭。」

## 王入于王城不書

襄王之復，《左氏》書「夏四月丁巳，王入于王城」，而經不書。其文則史也，史之所無，夫子不得而益也。《路史》以爲襄王未嘗復國，而王子虎爲之居守。此鑿空之論。〔原注〕其説曰：「《春秋》始書『天王出居』，後四年五月書『公朝于王所』，『冬，天王狩于河陽，公朝于王所』，文公八年書『天王崩』，未嘗書入也。王猛居皇，敬王居狄泉，此畿内地，而其入也，猶且書之，天下之主也。鄭，他國也，亦既遠而戒矣，孰有入不書哉？納天子，定王室，是乃人臣之極勳，而不書於經，又何以《春秋》爲？然則襄王未嘗入也。」且惠王嘗適鄭而處于櫟矣。〔原注〕莊公二十年。其出不書，其入不書，以《路史》之言例之，則是未嘗出、未嘗入也。莊王、僖王、頃王崩，皆不書，以《路史》之言例之，則是未嘗崩也，而可乎？〔原注〕趙氏曰：「《春秋》王崩三不書，見王室不告，魯亦不赴也。」愚謂此特因舊史之不書，而二者之義自見。邵氏曰：「襄王之出也，嘗告難於諸侯，故仲尼據策而書之。其入也，與夫惠王之出入也，皆未嘗告於諸侯，策所不載，仲尼雖得之傳聞，安得益之？乃若敬王之立，則仲尼所見之世也。子朝奔楚，且有使以告諸侯，況天王乎？策之所具，蓋昭如也，故『狄泉』也書，『成周』也書。」

事莫大於天王之入，而《春秋》不書，故夫子之自言也，曰「述而不作」。

## 星孛❶

《春秋》書星孛，有言其所起者，有言其所入者。文公十四年「秋七月，有星孛入于北斗」，不言所起，重在北斗也。昭公十七年「冬，有星孛于大辰」，西及漢，不言及漢，重不在漢也。

## 子卒

叔仲惠伯從君而死，義矣，而國史不書。夫子平日未嘗闡幽及之者，蓋所謂「匹夫匹婦之諒，自經於溝瀆而莫之知」者也。〔全氏曰〕惠伯，其所傅者，應立之世子，既主喪矣，襄仲突出而弑之，是死也，雖與日月争光可也。今求聖人所以不書之故而不得，乃詆之，則非也。荀息在晋，非能導其君以正者，及其老而耄，以身殉亂，聖人書之以爲猶愈于里克、丕鄭之徒也，非竟許之也。若惠伯，則真忠也，然則聖人不書，何也？曰：其文則史，是固舊所不書也，聖人無從而增之，而況既諱國惡，不書子赤之弑，則惠伯無從而附見也。〔錢氏曰〕惠伯之死，不見於經，闕文也，不當貶。

❶「星孛」，據《校記》，鈔本作「有星孛入於北斗」。

## 納公孫寧儀行父于陳

孔寧、儀行父，從靈公宣淫於國，殺忠諫之泄冶，君弒不能死，從楚子而入陳，《春秋》之罪人也，故書曰「納公孫寧、儀行父于陳」。杜預乃謂「二子託楚以報君之讎」，「靈公成喪，賊討國復，功足以補過」。嗚呼！使無申叔時之言，陳爲楚縣矣，二子者，楚之臣僕矣，尚何功之有！幸而楚子復封，成公反國，二子無秋毫之力，而杜氏爲之曲説，使後世詐諼不忠之臣得援以自解。嗚呼，其亦愈於已爲他人郡縣，❶而猶言報讎者與！❷〔沈學博曰〕陳國小君弱，不有貴戚世臣，無以立國。春秋世臣，與其君相輔而行者也，故臣有罪，絶其身，不絶其世，蓋積貴之繫人望久矣。楚亦因陳所欲擇利而歸之耳，後儒責楚者固是，而未悉彼時之情也。

與楚子之存陳，不與楚子之納二臣也。公羊子固已言之曰：「存陳，悕矣。」

❶ 「於」下，據《校記》，鈔本有「今之」二字。

❷ 「報讎者與」下，據《校記》，鈔本有一節正文，共七十七字，今録於下：「有盜于此，將劫一富室，至中途，而其主爲僕所弒，盜遂入其家，殺其僕，曰：吾報爾讎矣。遂有其田宅貨財，子其子，孫其孫，其子孫亦遂奉之爲祖父。嗚呼，有是理乎！《春秋》之所謂『亂臣賊子』者，非此而誰邪！」

## 三國來媵

十二公之世，魯女嫁於諸侯多矣，獨宋伯姬書三國來媵，蓋宣公元妃所生。〔原注〕宣公元年「夫人至自齊」，即穆姜。〔楊氏曰〕不如録賢之説爲允。

庶出之子不書「生」，故「子同生」特書；庶出之女不書「致」，不書「媵」，故「伯姬歸於宋」特書。〔楊氏曰〕書「子同生」，明嫌也。〔莊侍郎曰〕「子同生」，舉之有禮，名之有義，得殊異于適之法焉。終克享其國，傳嗣子孫，此不易得之于天者，聖人敬而喜之，故以書于策，不以父母之惡累其子。《書》曰：「爾乃邁迹自身。」蔡仲所以爲忠臣孝子也。方將觀其後，必先正其始，謹而志之。

衛《碩人》之詩曰「東宫之妹」，《正義》曰：「東宫，太子所居也。繫太子言之，明與同母，見夫人所生之貴。」是知古人嫡庶之分，不獨子也，女亦然矣。〔汝成案〕古者擇配，必適所出。故晏平仲致女於晉，曰「先君之適」。是知嫡庶之分，必先嚴自女子始矣，所以端其本也。

## 殺或不稱大夫

凡書「殺其大夫」者，義繫於君，而責其專殺也。「盜殺鄭公子騑、公子發、公孫輒」，文不可曰「盜殺大夫」，故不言「大夫」。〔原注〕杜氏曰：「以盜爲文，故不得言其大夫。」其義不繫於君，猶之盟會之卿，書名而已。胡氏以爲罪之而削其大夫，非也。

「闔弑吴子餘祭。」言「吴子」，則君可知矣，文不可曰「吴闔弑其君」也。〔原注〕盜殺蔡侯申同此。《春秋》中凡若此者，皆趙子所謂「避不成辭」。穀梁子曰：「不稱其君，闔不得君其君也。」非也。〔楊氏曰〕闔非名，故不言君。

## 邾子來會公

定公十四年，「大蒐于比蒲，邾子來會公」。《春秋》未有書「來會公」者，「來會」，非朝也，會于大蒐之地也。嘉事不以野成，故明年正月復來朝。

## 葬用柔日

春秋葬皆用柔日。宣公八年，「冬十月己丑，葬我小君敬嬴，雨，不克葬。庚寅，日中而克葬」。定公十五年，「九月丁巳，葬我君定公，雨，不克葬。戊午，日下昃乃克葬」。己丑、丁巳，所卜之日也，遲而至於明日者，事之變也，非用剛日也。〔原注〕經文所書葬列國之君，無非柔日者，惟成公十五年秋八月庚辰葬宋共公是剛日，其亦雨不克葬，遲而至於明日者與？漢人不知此義，而長陵〔原注〕高帝。以丙寅，茂陵〔原注〕武帝。以甲申，平陵〔原注〕昭帝。以壬申，渭陵〔原注〕元帝。以丙戌，義陵〔原注〕哀帝。以壬寅，皆用剛日。〔楊氏曰〕不特雨也，日食之類皆是。但庚辰之葬無日食耳。《穆天子傳》成姬之葬以壬戌。疑其書爲後人僞作。

## 諸侯在喪稱子

凡繼立之君，踰年正月乃書「即位」，然後成之爲君；未踰年則稱子，未踰年又未葬則稱名。先君初没，人子之心不忍亡其父也，父前子名，故稱名，莊公三十二年「子般卒」，襄公三十一年「子野卒」是也。已葬則子道畢而君道始矣，子而不名，文公十八年「子卒」，僖公二十五年「衛子」，〔原注〕成公。二十八年「陳子」，〔原注〕共公。定公三年「邾子」〔原注〕隱公。是也。〔原注〕《雜記》曰：「君薨，太子號稱子，待猶君也。」鄭氏注曰：「謂未踰年也。」踰年則改元，國不可以曠年無君，〔原注〕《白虎通》曰：「踰年稱公者，緣臣民之心不可一日無君也，緣終始之義一年不可有二君也。」〔梁氏曰〕案《史記》衛戴公無元年，而稱元年者，戴公亦欲踰年改元，而其身已不及待，其臣子憫其經營再造於艱難危苦之會，而不忍使從未成君之例，即以懿公九年爲戴公之元年。此朱子《綱目》之例，而不謂古之人已有行之者，政可見人情不甚相遠也。故有不待葬而即位，則已成之爲君，文公元年，「春王正月公即位」，成公元年「春王正月公即位」，定公元年「夏六月戊辰公即位」，桓公十三年「衛侯」，〔原注〕惠公。宣公十一年「陳侯」，〔原注〕成公。成公三年「宋公」、〔原注〕共公。「衛侯」〔原注〕定公。是也。所以敬守而重社稷也。〔原注〕杜氏《左傳》注：「衛宣公未葬，惠公稱侯，以接鄰國，非禮也。」蓋不達此義。此皆周公之制，魯史之文，而夫子遵之者也。《公羊傳》曰：「君存稱世子，〔原注〕世子下仍當繫名，若陳世子款、鄭世子華之類。君薨稱子某，既葬稱子，踰年稱公。」得之矣。

未葬而名，亦有不名者，僖公九年「宋子」，〔原注〕襄公。定公四年「陳子」〔原注〕懷公。是也，所以從同也。〔原注〕盟會之文，從同而書，不得獨異。昭公二十二年，劉子、單子以王猛居于皇，劉蚠亦在喪。已葬而不名，亦有名之者，昭公二十二年「王子猛」是也，所以示別也。〔原注〕嫌於敬王、王子朝。「鄭伯突出奔蔡」者，已即位之君也。「鄭世子忽復歸于鄭」者，已葬未踰年之子也。此臨文之不得不然，非聖人之抑忽而進突也。〔原注〕忽、突皆名，别嫌也。杜氏注「賤之」者，非。「里克殺其君之子奚齊」者，未葬居喪之子也。「里克弑其君卓」者，踰年已即位之君也。此臨文之不得不然。《穀梁傳》曰：「其『君之子』云者，國人不子也。」非也。〔楊氏曰〕凡《穀梁》之説失之巧而纖。

## 未踰年書爵

即位之禮，必於踰年之正月，即位然後國人稱之曰「君」。春秋之時，有先君已葬，不待踰年而先即位者矣。宣公十年「齊侯使國佐來聘」，〔原注〕頃公。成公四年，「鄭伯伐許」，〔原注〕悼公。稱爵者，從其國之告，亦以著其無父之罪。

## 姒氏卒

定公十五年「姒氏卒」，不書「薨」，不稱「夫人」，葬不稱「小君」。蓋《春秋》自成風以下，雖以妾母爲夫人，然必公即位而後稱之。此姒氏之不稱者，本無其事也。〔原注〕《左氏》謂不成喪者，非。後世之君多於柩前即位，於是大行未葬，而尊其母爲皇太后。〔原注〕《續漢·禮儀志》：「三公奏：『《尚書·顧命》太子即日即天子位於柩前。請太子即皇帝位，皇后爲皇太后。』奏可。羣臣皆出吉服，入會如儀。」及乎所生，亦以例加之。妾貳於君，子疑於父，而先王之禮亡矣。

## 卿不書族

《春秋》之文，不書「族」者有二義。「無駭卒」，「挾卒」，「柔會宋公、陳侯、蔡叔，盟于折」，「溺會齊師伐衛」，未賜氏也。「遂以夫人婦姜至自齊」，「歸父還自晋」，「至笙遂奔齊」，「僑如以夫人婦姜氏至自齊」，「豹及諸侯之大夫盟於宋」，「意如至自晋」，「婼至自晋」，一事再見，因上文而略其辭也。〔原注〕公羊宣公元年《傳》：「遂何以不稱公子？一事而再見者，卒名也。」注：「卒，竟也。竟但舉名者，省文。」如後人作史，一條之中再見者不復書姓。《左氏》不得其解，於「溺會齊師伐衛」則曰「疾之」，於「歸父還自晋」則曰「善之」。豈有疾之而去族，善之而又去族者乎！

春秋隱、桓之時，卿大夫賜氏者尚少，故無駭卒，而羽父爲之請族，〔姚氏曰〕諸侯之子稱公子，公子之子稱公孫，至公孫之子不復得稱公曾孫。如無駭之輩，直以名行，及其死也，則賜之族，以其王父之字爲族也。公子、公孫於身必無賜族之理。經之季友、仲遂、叔肸，皆是以字配名連言之，故杜注並云字也。如挾，如柔，如溺，皆未有氏族者也。〔原注〕《穀梁傳》「不爵大夫」之説近之，而未得其實。莊、閔以下，則不復見於經，其時無不賜氏者矣。

劉原父曰：「諸侯大國三卿，皆命於天子；次國三卿，二卿命於天子；小國三卿，一卿命於天子。〔楊氏曰〕據《王制》，則小國二卿，無命于天子。大國之卿三命，次國之卿再命，小國之卿一命，其於王朝皆士也。〔原注〕韓宣子稱晋士起。三命以名氏通，再命名之，一命略稱人。周衰禮廢，强弱相并，卿大夫之制雖不能盡如古，見於經者亦皆當時之實録也。故隱、桓之閒，其去西周未久，制度頗有存者。是以魯有無駭、柔、挾，鄭有宛、詹，秦、楚多稱人，至其晚節，無不名氏通矣。而邾、莒、滕、薛之君日已益削，轉從小國之例，稱人而已。説者不知其故，因謂曹、秦以下悉無大夫，患其時有見者害其臆説，因復構架無端，以飾其僞，彼固不知王者諸侯之制度班爵云爾。」

或曰：翬不稱公子，何與？杜氏曰：「公子者，當時之寵號。」〔原注〕宣元年注。翬之稱公子也，桓賜之也。其終隱之篇不稱公子者，未賜也。〔原注〕劉原父曰：「公子雖親，然天下無生而貴者，是以命爲大夫則名，氏得兩通，未命爲大夫則得稱名，不得稱公子。」若專命之罪，則直書而自見矣。「齊公子商人弑其君舍」，已賜氏也。「衛州吁弑其君完」，未賜氏也。胡氏以爲「以國氏者累及乎上，稱公子者誅及其身」，此求其説而不得，故立此論爾。

## 大夫稱子

周制：公、侯、伯、子、男爲五等之爵，而大夫雖貴，不敢稱子。《春秋》自僖公以前，大夫並以伯、仲、叔、季爲稱。〔原注〕《詩》云「叔兮伯兮」，此大夫之稱也。《春秋》僖公十五年「震夷伯之廟」，杜氏注：「夷，謚；伯，字。大夫既卒，書字。」〔閻氏曰〕案《春秋》自莊十二年衛大夫已稱子，石祁子是也。大夫稱子莫先于此。〔楊氏曰〕伯、叔，大夫士之通字。三桓之先曰共仲，曰僖叔，曰成季。孟孫氏之稱子也，自蔑也；〔原注〕文公十五年。〔閻氏曰〕案《國語》有孟文子，即《左傳》文伯也，又先于蔑之稱子。叔孫氏之稱子也，自豹也；〔原注〕襄公七年。〔閻氏曰〕案《國語》定王八年有叔孫宣子，即《左傳》叔孫宣伯也，又先于豹之稱子。季孫氏之稱子也，自行父也。〔原注〕文公十三年。閔公元年書季子，二年書高子，皆《春秋》之特筆。〔閻氏曰〕季孫行父之稱子，見文六年，不待十三年也。〔楊氏曰〕特筆亦未然，據史舊文耳，觀《公羊傳》自見。晉之諸卿在文公以前無稱子者，魏氏之稱子也，自犨也；〔原注〕僖公二十三年。欒氏之稱子也，自枝也；〔原注〕僖公二十八年。〔閻氏曰〕案《左傳》桓三年有欒共叔，然《國語》稱爲欒共子，又先于欒氏之有貞子。趙氏之稱子也，自衰也，〔原注〕文公二年。中行氏之稱子也，自林父也；〔原注〕文公十三年。郤氏之稱子也，自缺也；〔原注〕文公十三年。知氏之稱子也，自首也；〔原注〕宣公十二年。范氏之稱子也，自會也；〔原注〕宣公十二年。〔閻氏曰〕案范氏稱子亦自渥濁也；並見十二年。韓氏之稱子也，自厥也。〔原注〕宣公十二年。晉、齊、魯、衛之執政稱子，他國惟鄭間一有之，餘則否，不敢與大國並也。魯之三家稱子，他如臧氏、子服氏、仲叔氏皆以伯、叔稱焉，不敢與三家並也。〔原注〕惟襄公十四年有子叔齊子，《論語》有卞莊子。〔閻氏曰〕案子叔氏有齊子，即叔老；有敬子，即叔弓。一見襄十四年，一見昭三年，誰謂不敢與三家並也。其生也或以伯、仲稱之，如趙孟、知伯，死則謚之而後子之，猶國君之死而謚稱公也。於此可以見世之升降焉。讀《春秋》者，其可忽諸？

春秋時，大夫雖僭稱子，而不敢稱於其君之前，猶之諸侯僭稱公，而不敢稱於天子之前也。何以知之？以衛孔悝之《鼎銘》知之，曰「獻公乃命成叔，纂乃祖服」，曰「乃考文叔，興舊耆欲」。成叔，孔成子烝鉏也；文叔，孔文子圉也。叔而不子，是君前不敢子也，〔原注〕《左傳》韓厥言於晉侯，亦云「成季」「宣孟」。〔閻氏曰〕君前臣名，禮也。《孟子》稱莊暴于齊宣王前曰莊子，誠所未解。〔左暄曰〕按杜蕢對晉平曰：「子卯不樂，知悼子在堂，斯其爲子卯也大矣。」知悼子，晉大夫知罃也，是君前稱子矣。且成叔、文叔亦是。孔悝《鼎銘》述其君莊公蒯聵之辭，非稱之於君前也。猶有先王之制存焉。〔原注〕陸淳曰：「侯、伯、子、男之臣皆得稱其君曰公，其子孫亦曰公子，而謚不得云公者，謚是王所賜也。大夫之臣得稱其主曰子，而謚不得稱子者，謚是君所賜也。」〔左暄曰〕公叔文子卒，其子戍請謚于君。君曰：「謂夫子貞惠文子。」是春秋時大大稱子，實出自君之命矣。至戰國，則子又不足言而封之爲君矣。

《洛誥》：「予旦以多子，越御事。」多子，猶《春秋傳》之言「羣子」也。〔原注〕宣公十二年。唐孔氏以爲大夫皆稱子，非也。

春秋自僖、文以後，而執政之卿始稱子。其後則匹夫而爲學者所宗，亦得稱子，老子、孔子是也。〔原注〕孔子弟子惟有子、曾子二人稱子，閔子、冉子僅一見。又其後則門人亦得稱之，樂正子、公都子之流是也。〔原注〕《孟子》「樂正子」注：子，通稱。故《論語》之稱子者，皆弟子之於師；〔原注〕如云「非不説子之道」「衛君待子而爲政」之類。〔閻氏曰〕案陳子禽謂子貢凡兩稱子，猶曰亢，子貢弟子也。若夫子于季子然一稱子，于季康子四稱子，陳亢于伯魚亦稱子，桀溺于子路亦稱子，子路于丈人亦稱子，豈皆弟子之于師乎？《孟子》之稱子者，皆師之於弟子，〔原注〕如云「子誠齊人也」「子亦來見我乎」之類。〔閻氏曰〕《孟子》之于平陸大夫、蚳鼃、沈同、留行之客、畢戰、陳相景春、戴不勝、淳于髡、告子、慎子、白圭、宋句踐、滕之或人，俱稱之爲子，豈皆弟子乎？至曹交，《集注》明謂不容其受業，亦稱之爲子，其説尤不可通。亦世變之所從來矣。

《論語》稱孔子爲子，蓋「夫子」而省其文，門人之辭也。亦有稱「夫子」者，「夫子矢之」，「夫子喟然歎曰」，「大子不荅」，「夫子莞爾而笑」，「夫子憮然曰」，不直曰「子」，而加以「夫」，避不成辭也。〔原注〕即此可悟《春秋》書法。凡對君、卿、大夫皆稱孔子。又《季氏》一篇皆稱孔子，乃記者之異。

## 有謚則不稱字

《春秋傳》，凡大夫之有謚者則不書字。外大夫若宋，若鄭，若陳，若蔡，若楚，若秦，無謚也而後字之。〔閻氏曰〕子産謚成子，見《國語》，是子産有謚矣，何《左傳》止稱爲子産、公孫僑？子産之子參，字子思，謚桓子，是亦有謚矣，何《左傳》不稱爲國桓子，而必連其字曰桓子思？内大夫若羽父，若衆仲，若子家，無謚也而後字之。公子亦然。〔原注〕《玉藻》：「士於君所言大夫，没矣則稱謚若字。」楚共王之五子，其成君者皆謚，康王、靈王、平王是也，其不成君，無謚而後字之，子干、子晳是也。他國亦然，陳之五父，鄭之子亹、子儀是也。衛州吁、齊無知，賊也，則名之。作傳者於稱名之法可謂嚴且密矣。

## 人君稱大夫字

古者人君，於其國之卿大夫皆曰「伯父」〔原注〕鄭厲公謂原繁。「叔父」，〔原注〕魯隱公謂臧僖伯。曰「子大夫」，曰「二三子」。不獨諸侯然也。《曲禮》言：「列國之大夫，入天子之國曰某士，自稱曰陪臣某。」然而天子接之，猶稱其字。宣公十六年，晉侯使士會平王室，王曰「季氏而弗聞乎」。成公三年，❶「晉侯使鞏朔獻齊捷于周」，王曰「鞏伯實來」。昭公十五年，晉荀躒如周，葬穆后，籍談爲介，王曰「伯氏，諸侯皆有以鎮撫王室」，〔原注〕伯氏謂荀躒。又曰「叔氏，而忘諸乎」。〔原注〕注：叔，籍談字。周德雖衰，辭不失舊，此其稱字必先王之制也。〔原注〕《春秋》凡命卿書字皆本於此。周公作《立政》之書，若侯國之司徒、司馬、司空、亞旅並列於王官之後，蓋古之人君恭以接下，而不敢遺小國之臣，故「平平左右，亦是率從」，而成上下之交矣。

## 王貳於虢

「名不正則言不順，言不順則事不成。」而《左氏》之記周事曰「王貳於虢」，「王叛王孫蘇」。以天王之尊而曰「貳」曰「叛」，若敵者之辭，其不知《春秋》之義甚矣。〔錢氏曰〕此以後世之書法議古人，宋儒

---

❶「三年」，據《左傳》，下引文在「二年」。

多有此病。「貳心」，上下皆可用之。「叛」與「背」聲相近，晋之「背先蔑而立靈公」，與此叛義同。《楚詞》「初既與予成言兮，後悔遁而有他」，亦此意也。

## 星隕如雨

「星隕如雨」，言多也。〔原注〕啖氏曰：「奔流者衆，如雨之多。」《漢書·五行志》：「成帝永始二年，二月癸未，夜過中，星隕如雨，長一二丈，繹繹未至地滅，至雞鳴止。谷永對言：『《春秋》記異，星隕最大，自魯莊以來至今再見。』」此爲得之。而後代之史，或曰「小星流百枚以上，四面行」，或曰「星流如織」，或曰「四方流星，大小縱横百餘」，皆其類也。〔原注〕《唐書·天文志》：「太和七年六月戊午，日暮及曙，四方流星，大小縱横百餘。」正統四年八月癸卯，日夜達旦，有流星大小二百六十餘。余於甲申年閏六月丙申望見月食既，星流竟夕，始悟古時有此異。不言「石隕」，不至地也。《傳》曰：「與雨偕也。」然則無雨而隕，將不爲異乎？〔汝成案〕此下當别立「秋無麥苗」題，諸本皆然，當是傳寫初誤脱。

「秋，無麥苗，不害嘉穀也。」據隱公元年《傳》曰：「有蜚，不爲災，不書。」使不害嘉穀，焉用書之於經乎？〔楊氏曰〕已無麥苗矣，雖不害嘉穀亦書。

## 築郿

「築郿，非都也。凡邑有宗廟先君之主曰『都』，無曰『邑』。邑曰『築』，都曰『城』。」《舊唐書·禮儀志》，太常博士顧德章議引此，謂：「《春秋》二百四十二年，魯凡城二十四邑，惟郿一邑書築，其二十三邑曰城，豈皆有宗廟先君之主乎？」又定公十五年「城漆」，漆是邾邑，《正義》亦知其不可通，而曲爲之說。〔汝成案〕陸氏新舊義爲當。

## 城小穀

「城小穀，爲管仲也。」據經文，小穀不繫於齊，疑《左氏》之誤。范甯解《穀梁傳》曰：「小穀，魯邑。」《春秋發微》曰：「曲阜西北有故小穀城。」按《史記》，「漢高帝以魯公禮葬項王穀城」，當即此地。杜氏以此小穀「爲齊邑，濟北穀城縣，城中有管仲井」。劉昭《郡國志注》、酈道元《水經注》皆同。按《春秋》有言穀不言小者，莊公二十三年「公及齊侯遇于穀」，僖公二十六年「公以楚師伐齊，取穀」，文公十七年「公及齊侯盟于穀」，成公五年「叔孫僑如會晋荀首于穀」，四書穀而一書小穀，別於穀也。又昭公十一年《傳》曰：「齊桓公城穀，而寘管仲焉，至於今賴之。」則知《春秋》四書之穀及管仲所封在濟北穀城，而此之小穀自爲魯邑爾。況其時齊桓公始霸，管仲之功尚未見於天下，豈遽勤諸侯以城其私邑哉！〔孫氏曰〕案《春秋》之言穀者，尚有宣十四年「公孫歸父會齊侯于穀」，襄十九年「晋士匄侵齊至穀」，又成十七年《傳》「齊國佐殺慶克，以穀叛」，則齊地之名穀而不名小穀灼然矣。小穀應屬魯邑，《左氏》不應謬誤。後讀《公羊疏》云「二《傳》作小，與《左氏》異」，始悟《左氏》經本作「城穀」，與昭十一年申無宇言正合，故杜注以爲齊邑，今經、傳及注乃後人據二《傳》之文而誤加之也。〔汝成案〕第三十一卷尚有「小穀」一條，似失删并。

## 齊人殺哀姜

哀姜通慶父，弑閔公，爲國論所不容，而孫于邾。齊人取而殺之，義也。而《傳》謂之「已甚」，非也。〔胡氏曰〕齊强魯弱，齊女有罪，必畏不敢討。若父母家又黨庇之，則人倫絶、天理滅矣。桓公誅之，是也。〔汝成案〕桓此舉使魯失臣子之義，齊失父母之恩，謂爲已甚，義未違也。或如陳執州吁，而請涖殺于衛，當兩得之。

## 微子啟

「蔡穆侯將許僖公以見楚子于武城，許男面縛銜璧，大夫衰絰，士輿櫬。楚子問諸逢伯，對曰：『昔武王克殷，微子啟如是。武王親釋其縛，受其璧而祓之，焚其櫬，禮而命之，使復其所。』楚子從之。」何孟春曰：「按《書》，殷紂無道，微子去之，在武王克殷之前，何應當日而有是事？已去之後，無復還之理，而牧野之戰，亦必不從人而伐其宗國也。意此殆非微子事，而逢伯之言，特託之古人以規楚子乎？」〔楊氏曰〕金仁山曰：「武王伐紂，非討微子也。縱微子未遯，面縛銜璧，亦非其事也。」又曰：「武王釋箕子之囚，封比干之墓，而未及微子，以其遯野，未之獲也。」又曰：「銜璧面縛者，必武庚也。紂已自焚，故武庚請罪焉。」

徐孚遠曰：「《史記》言『微子持祭器造於軍門，武王乃釋微子，復其位如故』。夫武王既立武庚，而又復微子之位，則是微子與武庚同在故都也。厥後武庚之叛，微子何以初無異同之迹？然則武王克商，微子未嘗來歸也。」

## 襄仲如齊納幣

經書僖公之薨以十二月，而「公子遂如齊納幣」則但書「冬」。即如杜氏之解，移公薨於十一月，而猶在二十五月之内，惡得謂之禮乎？

## 子叔姬卒

據《傳》，杞桓公在位七十年。其二十二年，魯文公之十二年，出一叔姬；其五十年，魯成公之四年，又出一叔姬。再娶於魯而再出之，必無此理，殆一事而《左氏》誤重書之爾。〔原注〕成公九年，「杞伯來逆叔姬之喪以歸」，此其本事。且文公十二年，經書曰「二月庚子，子叔姬卒」，何以知其爲杞婦乎？趙子曰：「書卒義與僖公九年伯姬同，以其爲時君之女，故曰子，以别其非先君之女也。」

## 齊昭公

文公十四年「齊侯潘卒」，《傳》以爲「昭公」。按僖公二十七年，經書「齊侯昭卒」。〔原注〕孝公。

今此「昭公」即孝公之弟，不當以先君之名爲謚。疑《左氏》之誤。〔原注〕經不書葬。然僖公十七年《傳》曰「葛嬴生昭公」，前後文同，〔原注〕史記同。先儒無致疑者。

## 趙盾弑其君

太史書曰「趙盾弑其君」，此董狐之直筆也。「子爲正卿，亡不越境，反不討賊」，此董狐之巽辭也。傳者不察其指而妄述孔子之言，以爲「越境乃免」，謬矣。穿之弑，盾主之也，討穿猶不得免也。君臣之義無逃於天地之閒，而可逃之境外乎？〔楊氏曰〕司馬昭即誅賈充，仍不免弑君之號。

## 臨于周廟〔汝成案〕哀公二年《傳》文「敢昭告皇祖文王」，此衍「於」字。

襄公十二年，「吴子壽夢卒。臨于周廟」，杜氏以爲「文王廟也」。昭公十八年，「鄭子産使祝史徙主祏于周廟」，杜氏以爲「厲王廟也」。《傳》曰「鄭祖厲王」，〔原注〕宣公十二年，鄭伯逆楚子之辭曰：「徼福於厲、宣、桓、武。」而哀公二年，蒯聵之禱亦云「敢昭告於皇祖文王」。夫「諸侯不得祖天子」，而有廟焉何？曰：此廟也，非祖也。〔楊氏曰〕支子不祭，義又云何？公廟之設于私家，自三桓始也，孰謂祖則不得、廟則得乎？始封之君謂之祖。雖然，伯禽爲文王之孫，鄭桓爲厲王之子，其就封而之國也，將何祭哉？天下有無祖考之人乎？而況於有土者乎！意者特立一廟以祀文王、厲王，而謂之周廟歟？漢時有郡國廟，其亦倣古而爲之歟？〔原注〕漢高帝令諸侯王都皆立太上皇廟，蓋亦以天下不可有無廟之諸侯王也。薄昭《與淮南厲王書》曰：「臣之所見，高皇帝之神必不廟食於大王之手，明白。」〔全氏曰〕愚謂周禮散亡，此必有大宗伯之明文，許令諸侯各立所出先王之廟，而特不以之入五廟。蓋周禮之別廟，以義考之，自屬多有。假如周公之會于東都，則別有祊在鄭國。而況天子巡狩，屬車所過，身後自皆有廟，則各令同姓諸侯司之。不然，反不如周公矣。漢人郡國皆立高皇廟，其遺意也。〔王氏曰〕漢人郊祀，瀆亂無理，元帝好儒，貢禹、韋玄成、匡衡等相繼爲公卿。禹建言：「漢家宗廟，祭祀多不應古禮。」上是其言，後玄成丞相議罷郡國廟，自太上皇、孝惠帝諸園寢廟皆罷。愚謂韋、匡，庸相也；貢、谷，陋儒也，然郊祀賴其駁正，古制獲存，是其所長。

《竹書紀年》：「成王十三年夏六月，魯大禘於周公廟。」按二十一年，「周文公薨於豐」。周公未薨，何以有廟？蓋周廟也。〔原注〕「公」字衍。是則始封之君有廟，亦可因此而知禘之説。

## 欒懷子

晋人殺欒盈，安得有謚？《傳》言「懷子好施，士多歸之」，豈其家臣爲之謚，而遂傳於史策邪？〔楊氏曰〕荀寅、士吉射又云何？寅謚文，吉射謚昭，皆美謚，非懷比也。又崔武子。〔汝成案〕郤至謚昭子，見《國語》。

## 子大叔之廟

昭公十二年，「鄭簡公卒，將爲葬除。及游氏之廟，將毁焉。子大叔使其除徒執用以立，而無庸毁，曰：『子産過女，而問何故不毁。乃曰：不忍廟也。諾，將毁矣。』既如是，子産乃使辟之」。十八年，「簡兵大蒐，將爲蒐除。子太叔之廟在道南，其寢在道北，其庭小，過期三日，使除徒陳於道南廟北，曰：『子産過女，而命速除，乃毁於而鄉。』子産朝，過而怒之。除者南毁，子産及衝，使從者止之，曰：『毁於北方。』」此亦一事，而記者或以爲葬，或以爲蒐，《傳》兩存之，而失删其一耳。

## 城成周

昭公三十二年《傳》：「冬十一月，晋魏舒、韓不信如京師，合諸侯之大夫于狄泉，尋盟，且令城成周。魏子南面，衛彪傒曰：『魏子必有大咎，干位以令大事，非其任也。《詩》曰「敬天之怒，不敢戲豫。敬天之渝，不敢馳驅」，況敢干位以作大事乎？』」定公元年《傳》：「春王正月辛巳，晋魏舒合諸侯之大夫于狄泉，將以城成周。魏子涖政，衛彪傒曰：『將建天子，而易位以令，非義也。大事干義，必有大咎，晋不失諸侯，魏子其不免乎！』」此是一事，《左氏》兩收，而失删其一。周之正月，晋之十一月也。其下文曰：「己丑，士彌牟營成周，計丈數，揣高卑，度厚薄，仞溝洫，物土方，議遠邇，量事期，計徒庸，慮財用，書餱糧，以令役於諸侯。」又曰：「庚寅，栽，宋仲幾不受功。」庚寅即己丑之明日，而《傳》分爲兩年，豈有遲之兩月而始栽，宋仲幾乃不受功者乎？且此役不過三旬而畢矣。

# 五伯

「五伯」之稱有二，有三代之「五伯」，有春秋之「五伯」。《左傳》成公二年，齊國佐曰：「五伯之霸也，勤而撫之，以役王命。」杜元凱云：「夏伯昆吾，商伯大彭、豕韋，周伯齊桓、晉文。」〔原注〕《詩正義》引服虔云：「五伯，謂夏伯昆吾，商伯大彭、豕韋，周伯齊桓、晉文。」與此同。應劭《風俗通》亦主此說。《孟子》「五霸者，三王之罪人也」，趙臺卿注：「齊桓、晉文、秦繆、宋襄、楚莊。」二說不同。〔原注〕顔師古注《漢書・異姓諸侯王表》，五伯則以爲昆吾、大彭、豕韋、齊桓、晉文。《同姓諸侯王表》，五伯則以爲齊桓、宋襄、晉文、秦穆、吴夫差。《白虎通》並存二說。其後一説謂齊桓、晉文、秦繆、楚莊、吴闔閭。據國佐對晉人言，其時楚莊之卒甫二年，不當遂列爲五，亦不當繼此無伯而定於五也。其通指三代無疑。《國語》：「祝融能昭顯天地之光明，其後八姓，昆吾爲夏伯，大彭、豕韋爲商伯。」《莊子》「彭祖得之，上及有虞，下及五伯」，李軌注：「彭祖名鏗，堯臣，封於彭城，歷虞、夏至商，年七百歲。」是所謂五伯者，亦商時也。〔原注〕《淮南子》「至於昆吾、夏后之世」，高誘注：「昆吾，夏之伯，夏后桀世也。」是知國佐以前，其有五伯之名也久矣。〔原注〕據此，周時但有二伯，《穀梁傳》「交質子不及二伯」，《左傳》昭公四年椒舉對楚子言「六王二公」，亦但指齊桓、晉文。若《孟子》所稱五伯，而以桓公爲盛，則止就東周以後言之，如嚴安所謂「周之衰三百餘歲，而五霸更起」者也。然趙氏以宋襄並列，亦未爲允。宋襄求霸不成，傷於泓以卒，未嘗霸也。《史記》言「越王句踐遂報强吴，觀兵中國，稱號五伯」。子長在臺卿之前，所聞異辭。

〔原注〕《越世家》言「周元王使人賜句踐胙，命爲伯」，又言「越兵横行於江淮東，諸侯畢賀，號稱霸王」。《淮南子》亦言「越王句踐勝夫差於五湖，南面而霸天下，泗上十二諸侯皆朝之」。❶ 然則言三代之五伯，當如杜氏之説；言春秋之五伯，當列句踐而去宋襄。《荀子》以桓、文及楚莊、闔閭、句踐爲五伯，〔原注〕江都易王問越王句踐，董仲舒對以五伯，是當時以句踐爲五伯之數。斯得之矣。〔閻氏云〕董仲舒云：「仲尼之門，五尺之童皆羞稱五伯。」惟宋襄輩在仲尼之前，故言羞稱。不然，句踐之伯不出仲尼後哉？〔汝成案〕顧氏謂《孟子》所稱五伯始及句踐，若孔子以前五伯，蓋合夏、商言之，不列句踐，亦不必定屬宋襄也。

## 占法之多

以日占事者，《史記·天官書》「甲、乙，四海之外，日月不占；丙、丁，江淮海岱；戊、己，中州河濟；庚、辛，華山以西；壬、癸，恒山以北」是也。以時占事者，《越絶書》公孫聖「今日壬午，時加南方」，《史記·賈誼傳》「庚子日斜，服集予舍」是也。又有以月行所在爲占，《史記·龜策傳》「今昔壬子，宿在牽牛」，《漢書》翼奉言「白鶴館以月宿亢災」，《後漢書》蘇竟言「白虹見時，月入於畢」是也。《周禮·占夢》：「掌其歲時。觀天地之會，辨陰陽之氣，以日月星辰占六夢之吉凶。」則古人之法可知矣。漢以下則其説愈多，其占愈鑿，加以日時、風角、雲氣遲疾變動，不一其物，故有一事而合於

❶ 「皆」下，據《校記》，鈔本有「率九夷以」四字。

此者或迮於彼，豈非所謂大道以多歧亡羊者邪？故士文伯對晉侯以「六物不同，民心不壹」，而太史公亦謂皐、唐、甘、石書傳凌雜米鹽，在人自得之於象占之外耳。

干寶解《易》「六爻相雜，唯其時物也」曰：「一卦六爻，則皆雜有八卦之氣，若『初九』爲《震》爻，『九二』爲《坎》爻也。或若見辰戌言《艮》，己亥言《兑》也。或以甲壬名《乾》，乙癸名《坤》也。或若以午位名《離》，以子位名《坎》。或若得來爲惡物，❶王相爲興，休廢爲衰。」解「爻有等，故曰物」曰：「爻中之義，羣物交集，五星四氣，六親九族，福德刑殺，衆形萬類，皆來發於爻，故總謂之物也。」説《易》如此，小數詳而大道隱矣。以此卜筮，亦必不驗，天文亦然。

褚先生補《史記·日者列傳》：「孝武帝時，聚會占家，問之：『某日可取婦乎？』五行家曰可，堪輿家曰不可，建除家曰不吉，叢辰家曰大凶，曆家曰小凶，天人家曰小吉，太乙家曰大吉。辯訟不決，以狀聞。制曰：『避諸死忌，以五行爲主。』」

## 以日同爲占

裨竈以逢公卒於戊子日，而謂今「七月戊子，晉君將死」。萇弘以昆吾乙卯日亡，而謂毛得殺毛伯而代之是乙卯日，以卜其亡。此以日之同於古人者爲占，又是一法。

---

❶「或若得來爲惡物」，《刊誤》卷上據《周易正義》本文，以爲應作「或若德來爲好物，刑來爲惡物」。

## 天道遠

春秋時，鄭裨竈、魯梓慎最明於天文。昭公十八年，「夏五月，宋、衛、陳、鄭災」。裨竈曰：『不用吾言，鄭又將火。』子産不從，亦不復火」。二十四年，「夏五月乙未朔，日食，梓慎曰：『將水。』叔孫昭子曰：『旱也。』秋八月，大雩」。是雖二子之精，亦有時而失之也。〔原注〕昭公七年：「公將適楚，夢襄公祖。梓慎曰：『君不果行。』子服惠伯曰：『行。』三月，公如楚。」故張衡《思玄賦》曰：「慎、竈顯以言天兮，占水火而妄訊。」

## 一事兩占

襄公二十八年，「春，無冰。梓慎曰：『宋、鄭其饑乎？歲在星紀，而淫於玄枵，以有時災，陰不堪陽，蛇乘龍。龍，宋、鄭之星也，宋、鄭必饑。玄枵，虚中也，枵，耗名也。土虚而民耗，不饑何爲？』裨竈曰：『今兹周王及楚子皆將死，歲棄其次，而旅於明年之次，以害鳥帑。周、楚惡之。』十一月癸巳天王崩，十二月楚康王卒，宋、鄭皆饑」。一事兩占，皆驗。

## 春秋言天之學

天文五行之學，愈疏則多中，愈密則愈多不中。春秋時言天者，不過本之分星，合之五行，驗之日食、星孛之類而已。五緯之中但言歲星，而餘四星占不之及，何其簡也。〔原注〕邵子曰：「五星之説自甘公、石公始。」而其所詳者，往往在於君、卿、大夫言語動作威儀之閒，及人事之治亂敬怠，故其説也易知，而其驗也不爽。揚子《法言》曰：「史以天占人，聖人以人占天。」

## 左氏不必盡信

昔人所言興亡禍福之故，不必盡驗，《左氏》但記其信而有徵者爾，而亦不盡信也。三良殉死，「君子是以知秦之不復東征」。至於孝公，而天子致伯，諸侯畢賀，其後始皇遂并天下。季札聞《齊風》，以爲「國未可量」，乃不久而篡於陳氏；聞《鄭風》，以爲「其先亡乎」，而鄭至三家分晋之後始滅於韓。渾罕言「姬在列者，蔡及曹、滕其先亡乎」，而滕滅於宋王偃，在諸姬爲最後。僖三十一年「狄圍衛，衛遷於帝丘，卜曰三百年」，而衛至秦二世元年始廢，歷四百二十一年。是《左氏》所記之言亦不盡信也。

## 列國官名

春秋時列國官名，若晋之中行，宋之門尹，鄭之馬師，秦之不更、庶長，皆他國所無。而楚尤多，有莫敖、令尹、司馬、太宰、少宰、御士、左史、右領、左尹、右尹、連尹、鍼尹、〔原注〕宣公四年有箴尹克黄，哀公十六年有箴尹固，疑即鍼尹。寢尹、工尹、卜尹、芋尹、〔原注〕陳有芋尹蓋。藍尹、沈尹、清尹、莠尹、囂尹、陵尹、郊尹、樂尹、宫廄尹、監馬尹、揚豚尹、武城尹，其官名大抵異於他國。〔原注〕宋有褚師，而鄭亦有之。昭公二年，子皙請以印爲褚師。〔楊氏曰〕凡此諸尹，有掌其事，有官其地者。

## 地名

《左傳》成公元年「戰于窐，❶入自丘輿」，注云「齊邑」。三年鄭師禦晋，「敗諸丘輿」，注云「鄭地」。哀公十四年「阬氏葬諸丘輿」，注云「阬氏，魯人也，泰山南城縣西北有輿城」，又是魯地。是三丘輿爲三國地也。文公七年「穆伯如莒涖盟，及鄢陵」，注云「莒邑」。成公十六年「戰于鄢陵」，注云「鄭地，今屬潁川郡」。是二鄢陵爲二國地也。襄公十四年伐秦，「至于棫林」，注云「秦地」。十六年「次于棫林」，注云「許地」。是二棫林爲二國地也。襄公十七年「衛孫蒯田于曹隧，飲馬于重丘」，注云「曹邑」。二十五年「同盟于重丘」，注云「齊地」。是二重丘爲二國地也。定公十二年「費人北，國人追之，敗諸姑蔑」，〔汝成案〕「公及邾儀父盟于蔑」注：「蔑，姑蔑，二名。魯國卞縣南有姑蔑城。」即此姑蔑也。無注，當是魯地。哀公十三年「彌庸見姑蔑之旗」，注云「越地，今東陽大末縣」。是二姑蔑爲二國地也。

地名盂者有五。僖公二十一年「宋公、楚子、陳侯、蔡侯、鄭伯、許男、曹伯會于盂」，宋之盂也。

---

❶「元年」，據《左傳》，應作「二年」。

定公八年「單子伐簡城，劉子伐盂，以定王室」，周之盂也。十四年「衛太子蒯聵獻盂于齊」，衛之盂也。而晉則有二盂：昭公二十八年「盂丙爲盂大夫」，今太原盂縣；哀公四年「齊國夏伐晉，取邢、任、欒、鄗、逆時、陰人、盂、壺口」，此盂當在邢、洺之閒。

州國有二。桓公五年「州公如曹」，注：「州國在城陽淳于縣。」十一年「鄖人將與隨、絞、州、蓼伐楚師」，注：「州國在南郡華容縣東南。」

## 昌䵬

僖公三十年，「王使周公閱來聘，饗有昌歜、白、黑、形鹽」，注曰：「昌歜，昌蒲菹。」而《釋文》：「歜，音在感反。」《正義》曰：「齊有邴歜，魯有公父歜，〔原注〕文公十七年，周甘歜敗戎于邥垂。其音爲觸。」《説文》：「歜，盛氣怒也。從欠，蜀聲。」此昌歜之音，相傳爲在感反，不知與彼爲同爲異。今攷顧氏《玉篇》有「䵬」字，「徂敢切，昌蒲俎也」。然則《傳》之昌䵬正合此字，而唐人已誤作「歜」。〔原注〕《廣韻》亦誤作「歜」。是知南、北之學，陸、孔諸儒，猶有不能徧通。哀公二十五年，「若見之君將㱿之」。今本作「𣪘」，《廣韻》注曰：「《説文》從口。」蓋經典之誤文不自天寶、開成始矣。

襄公二十四年「日有食之」。《正義》曰：「此與二十一年頻月日食，理必不然。但其字則變古爲篆，改篆爲隸，書則縑以代簡，紙以代縑，多歷世代，轉寫謬誤，失其本真，後儒因循，莫能改易。」此通人之至論。攷《魏書》江式言：「魯共王壞孔子宅，得《尚書》《春秋》《論語》《孝經》。又北平侯張倉獻《春秋左氏傳》，書體與孔氏相類，世謂之古文。」自古文以至於今，其傳寫不知幾千百矣，安得無誤？後之學者，於其所不能通，必穿鑿而曲爲之説，其爲經典之害也甚矣。

古之教人，必先小學。小學之書，聲音、文字是也。《顔氏家訓》曰：「夫文字者，墳籍根本。世之學徒多不曉字。讀五經者是徐邈而非許慎；習賦誦者，信褚詮而忽吕忱；明《史記》者，專皮、鄒而廢篆籀；學《漢書》者，悦應、蘇而略《蒼》《雅》。不知書音是其枝葉，小學乃其宗系。」吾有取乎其言。

## 文字不同

五經中文字不同多矣。有一經之中而自不同者，如「桑葚」見於《衛》詩而《魯》則爲「黮」，「鬯弓」著於《鄭風》而《秦》則爲「韔」；《左氏》一書，其録楚也，「薳氏」或爲「蔿氏」，「箴尹」或爲「鍼尹」。況於鍾鼎之文乎？《記》曰「書同文」，亦言其大略耳。

## 所見異辭〔原注〕已下《公羊傳》。

孔子生於昭、定、哀之世，文、宣、成、襄則所聞也，隱、桓、莊、閔、僖則所傳聞也。國史所載策書之文，或有不備，孔子得據其所見以補之。至於所聞，則遠矣，所傳聞，則又遠矣。雖得之於聞，必將參互以求其信，信則書之，疑則闕之，此其所以爲「異辭」也。公子益師之卒，魯史不書其日，遠而無所攷矣。〔原注〕「無駭卒」，「俠卒」，不書日，同此義。以此釋經，豈不甚易而實是乎？何休見桓公二年會稷之《傳》，以恩之淺深，有「諱」與「目言」之異，而以書日不書日詳略之分，爲同此例，則甚難而實非矣。竊疑「所見異辭，所聞異辭，所傳聞異辭」此三語必有所本，而齊、魯諸儒述之。然其義有三：闕文一也，諱惡二也，言孫三也。〔原注〕孔子曰：「邦無道，危行言孫。」從前之一説，則略於遠而詳於近。從後之二説，則晦於近而章於遠。讀《春秋》者可以得之矣。《漢書》言：孔子作《春秋》，「有所褒諱貶損，不可書見，口授弟子。弟子退而異言。及口説流行，故有公羊、穀梁、鄒、夾之學」。〔原注〕鄒氏、夾氏無傳。夫「喪欲速貧，死欲速朽」，曾子且聞而未達，非子游舉其事實之，亦烏得而明哉！故曰：「《春秋》之失，亂。」

## 紀履綸來逆女

〔汝成案〕履繻，《左傳》作「裂繻」。惠侍讀曰：「裂古音厲，與履音相近。」

「何以不稱使？昏禮不稱主人。宋公使公孫壽來納幣，則其稱主人何？辭窮也。辭窮者何？無母也。然則紀有母乎？曰有。有則何以不稱母？母不通也。」富平李因篤曰：「此言經所以不書紀侯者，以見母雖不通，而紀侯有母，則不得自稱主人，以别於宋公之無母也。」

## 母弟稱弟

「齊侯使其弟年來聘」，《公羊傳》：「其稱弟何？母弟稱弟，母兄稱兄。」〔原注〕左氏宣公十七年

《傳》亦曰：「凡稱弟，皆母弟也。」〔梁氏曰〕《史記》：「高祖之同母少弟也。」《索隱》曰：「《漢書》作『同父』，言同父，以明異母也。」趙太常云：「言同母，以别于異母則可，言同父，以明異母則不可。」何休以爲：「《春秋》變周之文，從殷之質。質家親親，明當親厚，異於羣公子也。」夫一父之子，而以同母不同母爲親疏，此時人至陋之見。春秋以下，骨肉衰薄，禍亂萌生，鮮不由此。詩人美鳲鳩均愛七子，豈有於父母則望之以均平，於兄弟則教之以疏外？以此爲質，是所謂「直情而徑行，戎狄之道」也。郭氏曰：「若如《公羊》之説，則異母兄弟不謂之兄弟乎？」程子曰：「禮文有立嫡子同母弟之説，其曰同母弟，蓋謂嫡耳，非以同母弟爲加親也。若以同母弟爲加親，則知有母不知有父，是禽獸也。」〔汝成案〕母弟稱弟，重適妻而嚴父統也。此義不明，而以妾爲妻，廢嫡立庶之禍起矣。母弟加親，非爲母也，乃爲父也。

## 子沈子

隱公十一年《公羊傳》「子沈子曰」，注云：「子沈子，後師。明説此意者。沈子稱子冠氏上者，著其爲師也。不但言『子曰』者，辟孔子也。其不冠子者，他師也。」按《傳》中有「子公羊子曰」，〔原注〕桓公六年，宣公五年。而又有「子沈子曰」，〔原注〕隱公十一年，莊公十年，定公元年。「子司馬子曰」，〔原注〕莊公三十年。「子女子曰」，〔原注〕女音汝。閔公元年。「子北宫子曰」，〔原注〕哀公四年。何後師之多歟？〔原注〕又有「魯子曰」，莊公三年、二十三年，僖公五年、二十年、二十四年、二十八年。有「高子曰」，文公四年。皆不冠子。《穀梁傳》有「穀梁子曰」，隱公五年。「尸子曰」，隱公五年，桓公八年。「沈子曰」，定公元年。皆不冠子。然則此傳不盡出於公羊子也明矣。〔全氏曰〕明莊烈帝嘗詰以「子程子爲尊稱，何以不稱孔子、子孟子？」而毛西河亦以爲難。如宋人張横浦自稱子張子，王厚齋自稱子王子，則固不盡以爲尊稱矣。唐人劉夢得亦自稱子劉子，又先乎此。是即《公羊傳》自稱子公羊子之例也。考之荀卿稱宋銒爲子宋子，王孫駱稱范蠡爲子范子，是皆平輩相推重之詞，不以師弟也。顧氏據《公羊》所言，特其一節耳。〔雷氏云〕子者，男子之美稱。古人多係於氏，孔、顔是也。或係於謚，列國卿大夫之稱武子、文子、襄子、桓子是也。然東周以後，始多此稱。西周以前謂之「父」，係於名氏之下，如尹吉父、仲山父、虢石父、程伯休父，及閼父、皇父、燮父、禽父皆是。後又於名字下係以「子」，晋悼公周爲周子，冉有爲有子，戰國時有和子、嬰子，皆是。

## 穀伯鄧侯書名

「穀伯綏來朝。鄧侯吾離來朝。」《傳》曰：「皆何以名？失地之君也。」〔原注〕穀、鄧去魯甚遠，不緣失地，不得皆朝於魯。其稱『侯』『朝』何？貴者無後，待之以初也。」其義甚明。而何氏乃有「去二時者，桓公以火攻人君」之説，又有「不月者，失地君朝惡人」之説。胡氏因之，遂以朝桓之貶歸之於「天道」矣。

## 鄭忽書名

「鄭忽出奔衛」，《傳》曰：「忽何以名？《春秋》伯、子、男，一也，辭無所貶。」傳文簡而難曉。李因篤曰：「春秋之法，天子三公稱公，王者之後稱公，其餘大國稱侯，小國稱伯、子、男。〔原注〕見「初獻六羽」《傳》。是則公、侯爲一等，伯、子、男爲一等也。故子産曰『鄭伯，男也』。遭喪未踰年之君，公、侯皆稱子，如宋子、衛子、陳子之類是也。以其等本貴於伯、子、男，故降而稱子。今鄭，伯爵也，伯與子、男爲一等，下此更無所降，不得不降而書名矣。名非貶忽之辭，故曰『辭無所貶』。」

## 祭公來遂逆王后于紀

桓公八年，「祭公來，遂逆王后于紀」。九年，「春，紀季姜歸于京師」。從逆者而言謂之「王后」，從歸者而言謂之「季姜」，此自然之文也。猶《詩》之言爲「韓姞相攸」也，猶《左氏》之言「息嬀將歸，過蔡」也，皆未嫁而冠以夫國之號，此臨文之不得不然也。而《公羊》以爲「王者無外，其辭成矣」，又以爲「父母之於子，雖爲天王后，猶曰吾季姜」。是其説經雖巧，而非聖人之意矣。今將曰「逆季姜于紀」，則初學之士亦知其不通，又將曰「王后歸于京師」，則王后者誰之女？辭窮矣。公羊子蓋拘於「在國稱女」之例，〔原注〕隱公二年《傳》：「女在其國稱女，在途稱婦，入國稱夫人。」而不知文固有倒之而順者也。

傳文則有不同者。《左氏》莊公十八年「陳嬀歸于京師」，實惠后。

## 争　門

公羊閔公二年《傳》，「桓公使高子將南陽之甲，立僖公而城魯。或曰自鹿門至於争門者是也，或曰自争門至於吏門者是也」，注：「鹿門，魯南城東門也。」據《左傳》，「臧紇斬鹿門之關出，奔邾」是也。争門、吏門並闕。按《説文》：「浄，魯北城門池也。从水争聲。士耕切。」是争門即以此水名省文作「争」爾。〔原注〕《廣韻》作「埩」。後人以「瀞」字省作「浄」，音才性切，而梵書用之。自南、北《史》以下，俱爲才性之「浄」，而魯之争門不復知矣。〔原注〕《禮記》「絜静精微」，只作「静」字。〔桂氏曰〕案浄水發于故魯城東北之五泉，流經夫子墓前，西南入沂，俗誤以爲洙水，又呼泥河。此水甚小，自春秋至今不涸，猶洛陽城中之狄泉也。

〔汝成案〕襄公二十三年《傳》文，「臧紇斬鹿門之關以出」。此脱「以」字。

## 仲嬰齊卒

魯有二嬰齊，皆公孫也。成公十五年，「三月乙巳，仲嬰齊卒」，其爲仲遂後者也。〔原注〕杜氏注曰：「襄仲子，公孫歸父弟。」成公十七年，「十一月壬申，公孫嬰齊卒于貍脤」，則子叔聲伯也。季友、仲遂皆生而賜氏，故其子即以父字爲氏。〔原注〕劉炫曰：「仲遂受賜爲仲氏，故其子孫稱仲氏。」孔氏曰：「死後賜族，乃是正法。春秋之世，有非禮生賜族者，華督是也。」季友、仲遂亦同此例。中唐以後，賜功臣之號亦此意也。生而賜氏，非禮也。以父字爲氏，亦非禮也。《春秋》從其本稱，而不没其變氏，其牛也書「公子遂」，其死也書「仲遂卒于垂」。於其子也，其生也書「公孫歸父」，其死也書「仲嬰齊卒」。〔原注〕公子季友卒亦同此義，惟季友之子不見於經。

《公羊傳》：「仲嬰齊者何？公孫嬰齊也。」此言仲嬰齊亦是公孫嬰齊，非謂子叔聲伯。故注云：「未見於經，爲公孫嬰齊，今爲大夫死，見經，爲仲嬰齊。」此漢人解經之善。若子叔聲伯，則戰鞌、〔原注〕成公二年。如晉、〔原注〕六年。如莒，〔原注〕八年。已屢見於經矣。

「爲人後者爲之子」，此語必有所受。然嬰齊之爲後，後仲遂，非後歸父也，〔原注〕猶之叔孫僑如奔而立豹。以爲「爲兄後」，則非也。《傳》拘於「孫以王父字爲氏」之説，而以嬰齊爲後歸父，則以弟後兄，亂昭穆之倫矣，非也。且三桓亦何愛於歸父而爲之立後哉！〔惠侍讀曰〕戰國衛南文子者，子南子，猶仲嬰齊、仲遂子，不必至孫始氏王父字。《公羊》創孫禰祖兄爲父説，殊悖。

## 隱十年無正〔原注〕已下《穀梁傳》。

「隱十年無正」者，以無其月之事而不書，非有意削之也。《穀梁》以爲「隱不自正」者，鑿矣。趙氏曰：「宣、成以前，人名及甲子多不具，舊史闕也。」得之矣。〔莊侍郎曰〕五始，大教也。隱公，《春秋》之始也，公即位，可闕乎？踐其位，行其禮，削不書乎？抑未嘗踐其位，行其禮，無可書乎？曰：公踐其位，行其禮，然後稱元年。君之始年，非他人，隱公也。則何以不書？成公之讓與繼故者同辭，非所以尊先君也。善乎穀梁子之言，隱公「成父之惡」以爲讓，所由與伯夷、叔齊異矣。嘗得而推言《春秋》之志，天倫重矣，父命尊矣。

讓國誠，則循天理，承父命；不誠矣，雖行即位之事，若無事焉，是以不書「即位」也。君位，國之本也，南面者無君國之心，北面者有二君之志，位又焉在矣？十年無正，隱不自正，國以無正也。元年有正，正隱之宜爲正，而不自爲正，不可一日而不之正也。

## 戎菽

莊公三十一年，「齊侯來獻戎捷」。《傳》曰：「戎菽也。」似據《管子》桓公「北伐山戎，得冬蔥及戎菽，布之天下」而爲之説。桓公以戎捷夸示諸侯，豈徒一戎菽哉！且《生民》之詩曰「藝之荏菽，荏菽旆旆」，《傳》曰「荏菽，戎菽也」，《爾雅》「戎菽謂之荏菽」，〔原注〕亦作「茙菽」。《列子》：「北宫子既歸，進其茙菽，有稻粱之味。」則自后稷之生而已蓺之，不待桓公而始布矣。

## 隕石于宋五

《公》《穀》二傳，相傳受之子夏，其宏綱大指得聖人之深意者凡數十條。然而齊、魯之間，人自爲師，窮鄉多異，曲學多辯，其穿鑿以誤後人者亦不少矣。且如「隕石于宋五」，「六鷁〔原注〕《左氏》《公羊》作「鶂」。退飛過宋都」，此臨文之不得不然，非史云「五石」而夫子改之「石五」，史云「鷁六」而夫子改之「六鷁」也。穀梁子曰：「『隕石于宋五』，後數，散辭也；『六鷁退飛過宋都』，先數，聚辭也。」「天下之達道五，所以行之者三」，其「散辭」乎？「凡爲天下國家有九經」，其「聚辭」乎？「初九潛龍」，後九也；「九二見龍」，先九也，世未有爲之説者也。

「石無知，故日之。」然則「梁山崩」不日，何也？「鵙，微有知之物，故月之。」然則「有鸜鵒來巢」不月，何也？夫月日之有無，「其文則史」也。故劉敞謂：「言『是月』者，宋不告日，嫌與隕石同日，書『是月』以别之也。」

## 王子虎卒

文公四年，「夏五月，王子虎卒」。《左氏》以爲「王叔文公」者是也，而《穀梁》以爲「叔服」。按此後文公十四年，「有星孛入于北斗。周内史叔服曰：『不出七年，宋、齊、晋之君皆將死亂。』」成公元年，「劉康公伐戎，叔服曰：『背盟而欺大國，此必敗。』」明叔服别是一人，非王子虎。〔原注〕胡氏仍《穀梁》之誤。

## 穀梁日誤作曰

《穀梁傳》宣公十五年，「中國謹日，卑國月，夷狄不日。其曰潞子嬰兒，賢也」。疏解甚迂。按《傳》文「曰」字誤，當作「其日潞子嬰兒，賢也」。〔原注〕《書・皐陶謨》「思曰贊贊襄哉」，《吕刑》「今爾罔不由慰曰勤」，《易・大畜》九三「曰閑輿衛」，皆當作「日」。古人「日」「曰」二字同一書法，唯「曰若」之「曰」上畫不滿，與「日」字異耳。故陸氏《釋文》於九經中遇二字可疑者即加音切。又有一字而兩讀者，如《詩》「豈不曰戒」，

「曰音越，又人栗反」。「曰爲改歲」「曰殺羔羊」亦然。自古經師所傳，或以爲「日月」之「日」，或以爲「曰若」之「曰」，陸氏兩存，而以其音别之。毛晃以爲一字兩音而駁其失，誤矣。《史記·秦始皇本紀贊》「而以責一日之孤」，《正義》曰：「日音馹。」〔臧氏曰〕《孟子》「放勳日勞之來之，匡之直之，輔之翼之，使自得之，又從而振德之」，孫宣公《音義》引丁音「日音馹，或作『曰』，誤也」。趙氏注亦不以爲堯之言，自上文「當堯之時」以下，皆敘事之辭也。邢疏則誤讀「日」爲「曰」矣。

# 日知録集釋卷五

崑山顧炎武著　嘉定後學黃汝成集釋

## 閽人寺人

閽人、寺人屬於冢宰，則内廷無亂政之人。九嬪、世婦屬於冢宰，則後宮無盛色之事。太宰之於王，不惟佐之治國，而亦誨之齊家者也。〔錢氏曰〕此亦冢宰得其人耳。後世以嬖倖居輔弼之地，欲其爲天子齊家，得乎？故曰：「爲治不在多言。」自漢以來，惟諸葛孔明爲知此義，故其上表後主，謂「宮中府中俱爲一體。而宮中之事，事無大小，悉以咨攸之、禕、允三人」。於是後主欲采擇以充後宮，而終執不聽。宦人黃皓終允之世，位不過黃門丞。〔原注〕《蜀志・董允傳》。可以爲行周禮之效矣。後之人君，以爲此吾家事，而爲之大臣者亦以爲天子之家事，人臣不敢執而問也。其家之不正，而何國之能理乎？魏楊阜爲少府，上疏欲省宮人，乃召御府吏，問後宮人數。吏曰：「禁密不得宣露。」阜怒，杖吏一百，數之曰：「國家不與九卿爲密，反與小吏爲密乎！」然後知閽寺、嬪御之繫於天官，周公所以爲後世慮至深遠也。

漢承秦制，有少府之官，中書謁者、黃門、鉤盾、尚方、御府、永巷、内者、宦者八官令丞，諸僕射、署長、中黄門皆屬焉，然則奄寺之官猶隸於外廷也。

## 正月之吉

「大司徒，正月之吉，始和，布教于邦國、都鄙」，注云：「周正月朔日。」〔原注〕「大宰」注同。「正歲，令于教官」，注云：「夏正月朔日。」〔原注〕「凌人」注同。州長既以正月之吉讀法，又以正歲讀法如初。注云：「因此四時之正重申之。」即此是古人三正竝用之驗。《逸周書·周月解》曰：「亦越我周改正，以垂三統，至於敬授民時，巡狩烝享，猶自夏焉。」正謂此也。〔原注〕如左氏桓公五年《傳》云「凡祀，啟蟄而郊，龍見而雩，始殺而嘗，閉蟄而烝」之類是也。〔沈氏曰〕《周禮·太史》：「正歲年以序事，頒之于官府及都鄙。」王與之《訂義》：「鄭鍔曰：『周以建子爲正，而四時之事，有用夏正建寅者。用建寅謂之歲，用建子謂之年。事有用建寅者，如正歲則讀法、三歲大計羣吏之治之類。事有用建子者，如司稼以年之上下出斂法、豐年則公旬用三日之類。太史正歲與年，而次序其事，頒于官府都鄙，吏以次舉先後，不失其序，如《月令》所建十二月之事，是亦併與歲而皆正也。』與之案：此以周人建子兼用夏正，説極是。《爾雅》云：『周曰年，夏曰歲。』經所謂『正月之吉』者，建子之正。年只讀法、朝會等事用之，歲則便于事功。然有合用周時之正，亦有合用前王之正，不可不正之以序其事也。《豳風·七月》一詩稱『一之日』『二之日』與『七月』『八月』，即此義。孔子作《春秋》亦兩存之，書四時而兼月，用時王之正，則建子；書四時而不月，則行夏之時，而建寅。如書『二月無冰』，以夏正論之，二月春暖無冰，亦是時之常，不知此二月乃用周正，夏之十二月。」〔汝成案〕如王與之之説，是孔子作《春秋》乃兼用二正也，恐不若是偏反。至時、月、日有書有不書，則《公》《穀》咸發其凡矣。〔戴氏曰〕後儒或謂「正月之吉」亦夏時，其説曰：「『凌人掌冰政，歲十有二月，令斬冰』，十二月爲夏之十二月，則正月亦爲夏之正月。」余謂《周禮》重別歲、年，直曰「正月之吉」，則知爲周正月也。不直曰「十有二月」而曰「歲十有二月」，加歲以明夏以別周，則知爲夏時也。如「正月之吉」亦夏時，是無別於正歲。而《大司徒》「正月之吉，始和，布教于邦國都鄙」，又曰「正歲，令于教官」，《鄉大夫》「正月之吉，受教法于司徒」，「正歲，令羣吏攷法于司徒以退」，《州長》「正月之吉，各屬其州之民而讀法。正歲，則讀教法如初」，異正月、正歲之名而事不異，其爲二時審矣。《豳》詩《七月》一篇之中，凡言月者皆夏正，凡言日者皆周正。「一之日觱發，二之日栗烈，三之日于耜」，傳曰：「一之日，周正月」，「二之日，殷正月」，「三之日，夏正月」。

《北史·李業興傳》：天平四年，使梁。梁武帝問：「《尚書》『正月上日，受終文祖』，此時何正？」業興對曰：「此夏正月。」梁武帝問：「何以得知？」業興曰：「案《尚書中候·運衡篇》云『日月營始』，故知夏正。」又問：「堯時以前，何月爲正？」業興對曰：「自堯以上，書典不載，實所不知。」梁武又云：「『寅賓出日』，即是正月。『日中，星鳥，以殷仲春』，即是二月。此出《堯典》，何得云堯時不知用何正？」業興對曰：「雖三正不同，言時節者皆據夏時正月。《周禮》『仲春二月，會男女之無夫家者』，雖自周書，月亦夏時。堯之日月亦當如此。」〔原注〕近有楚人䣙爲堯建子、舜建丑之説者，據此闢之，遂無以難。

金鐸所以令軍中，木鐸所以令國中，此先王仁義之用也。一器之微而剛柔别焉，其可以識治民之道也歟！

鼓吹，軍中之樂也，非統軍之官不用。〔原注〕陳蔡徵爲吏部尚書，啓後主借鼓吹。後主謂所司曰：「鼓吹軍樂，有功乃授。」今則文官用之，〔原注〕王世貞《觚不觚録》言：「先朝之制，維總兵官列營，始舉礮奏鼓吹。嘉靖後，巡撫乃放而行之。」士庶人用之，僧道用之，金革之器徧於國中，而兵由此起矣。〔原注〕《晉書》：「司馬恬爲御史中丞。值海西廢，簡文帝登阼，未解嚴。大司馬桓温屯中堂，吹警角。恬奏劾温大不敬，請科罪。」今制，雖授鉞遣將，亦不舉礮鼓吹，而士庶吉凶之禮及迎神賽會反有用鼓吹者。景泰六年，華陽王友堚遣千户齎奏赴京，并買喇吧、號笛、銅鑼等物。奉敕切責，以爲此行師之具，於王何用？當時遵守祖訓如此。以後法禁日弛，庶民皆得用矣。

後魏孝武永熙中，諸州鎮各給鼓吹，尋而高歡舉兵，魏分爲二。唐自安史之亂，邊戍皆得用之，故杜甫詩云：「萬方聲一概，吾道竟何之。」粗厲之音，形爲亂象，先王之制，所以「軍容不入國」也。

## 木鐸

《詩·有瞽》箋云：「簫，編小竹管，如今賣餳〔原注〕俗作「糖」。者所吹也。」〔原注〕《周禮·小師》注同。漢時賣餳止是吹竹，今則鳴金。

## 稽其功緒

已成者謂之「功」，未竟者謂之「緒」。《説文》：「緒，絲端也。」《記》曰：「武王纘太王、王季、文王之緒。」

## 六牲

古之爲禮以祭祀燕享，故六牲之掌特重。「執豕于牢」，稱公劉也；「爾牲則具」，美宣王也。至於鄰國相通，則葛伯不祀，湯使遺之牛羊；而衛戴公之廬于曹，齊桓歸之牛羊豕雞狗皆三百。其平日，「國君無故不殺牛，大夫無故不殺羊，士無故不殺犬豕」。而用大牲則卜之於神，以求其吉。故《左氏》載齊國之制，公膳止於雙雞；而詩人言賓客之設，不過兔首炰鼈之類。古人之重六牲也如此。自齊靈公伐萊，萊人使正輿子賂之，索馬牛皆百匹。而吴人徵魯百牢。始於貪求，終於暴殄。於是范蠡用其霸越之餘謀，以畜五牸，而澤中千足彘，得比封君。孳畜之權，不在國而在民矣。

《易》曰：「東鄰殺牛，不如西鄰之禴祭。」秦德公用三百牢於鄜畤。而王莽末年，自天地六宗以下至諸小鬼神，凡千七百所，用三牲鳥獸三千餘種。後不能備，乃以雞當鶩雁，犬當麋鹿。〔汝成案〕古者六牲之用，尊卑有差。天子社稷皆太牢，諸侯社稷皆少牢。修肥索以事神，辨等威以愛物，禮也。不爾，則晏子豚肩，梁武不殺，雖曰儉慈，何殊淫暴？宴享之度，準于此矣。

## 邦饗耆老孤子

「春饗孤子」，以象物之方生；「秋饗耆老」，以象物之既成。然而國中之老者孤者多矣，不可以徧饗也，故國老、庶老則饗之，而其他則養於國、養於鄉而已。〔原注〕《王制》。死事之孤則饗之，而其他則養幼少、存諸孤而已。〔原注〕《月令》。一以教孝，一以勸忠，先王一舉事而天道人倫備焉，此禮之所以爲大也與！

## 醫　師

古之時庸醫殺人。今之時庸醫不殺人，亦不活人，使其人在不死不活之閒，其病日深，而卒至於死。夫藥有君臣，人有强弱。有君臣則用有多少，有强弱則劑有半倍。多則專，專則其效速；❶倍則厚，厚則其力深。今之用藥者，大抵雜泛而均停，既見之不明，而又治之不勇，病所以不能愈也。而世但以不殺人爲賢，豈知古之上醫不能無失。《周禮·醫師》：「歲終，稽其醫事以制其食，十全爲上，十失一次之，十失二次之，十失三次之，十失四爲下。」是十失三四，古人猶用之。而淳于意之對孝文，尚謂「時時失之，臣意不能全也」。《易》曰：「裕父之蠱，往見吝。」柰何獨取夫「裕蠱」

❶「其」，原無。《續刊誤》上云：「原寫本『則』下有『其』字，與下『其力深』爲對文。」今據補。

者，以爲其人雖死而不出於我之爲。嗚呼，此張禹之所以亡漢，李林甫之所以亡唐也。〔原注〕朱文公《與劉子澄書》所論「四君子湯」，其意亦略似此。

《唐書》許胤宗言：「古之上醫，惟是別脈，脈既精別，然後識病。夫病之與藥，有正相當者，惟須單用一味，直攻彼病，藥力既純，病即立愈。〔楊氏曰〕許胤宗之言固良醫也。然李明之、朱彦修諸公則又不盡然，其用藥或至數十種。又醫有四術，而切居殿，別脈之説果如何？今人不能別脈，莫識病源，以情臆度，多安藥味。譬之於獵，未知兔所，多發人馬，空地遮圍，冀有一人獲之，術亦疏矣。假令一藥偶然當病，他味相制，氣勢不行，所以難差，諒由於此。」《後漢書》：「華佗精於方藥，處齊不過數種。」夫《師》之「六五」，任「九二」則吉，參以「三」「四」則凶。是故官多則亂，將多則敗，天下之事亦猶此矣。

## 造言之刑

舜之命龍也，曰：「朕堲讒説殄行，震驚朕師。」故大司徒「以鄉八刑糾萬民」，「造言之刑」，次於「不孝」「不弟」，而禁暴氏掌誅庶民之「作言語而不信者」。至於「訛言莫懲」，而宗周滅矣。〔汝成案〕野曠難稽，而民愚易惑，故造言必始於鄉，惟鄉刑得而治之。

## 國子

世子齒於學，自后夔之教胄子而已然矣。師氏「以三德教國子」，保氏「掌養國子以道」而「教之六藝」。而王世子不别置官，是世子之與國子齒也。是故「諸子掌國子之倅，國有大事，則帥國子而致於大子，惟所用之」。非平日相習之深，烏能得其用乎？後世乃設東宫之官而分其職秩，於是有内外宫朝之隔，而先王之意失矣。

## 死政之老

死國事者之父，如《史記・平原君傳》李同戰死，封其父爲李侯；《後漢書・獨行傳》小吏所輔扞賊，代縣令死，除父奉爲郎中；《蜀志・龐統傳》統爲流矢所中卒，拜其父議郎，遷諫議大夫是也。若父子竝爲王臣而特加恩遇，如光武之於伏隆，先朝之於張五典，❶〔原注〕天啓初，張銓以御史死遼，❷加其父五典至兵部尚書。又不可以常格論矣。

❶ 「先朝」，據張京華《日知録校釋》，雍正鈔本、北大鈔本作「本朝」。蓋二鈔本是。

❷ 「遼」，據《校記》，鈔本作「邊」。

# 凶禮

大宗伯「以凶禮哀邦國之憂」，其別有五，曰死亡、凶札、禍烖、圍敗、寇亂。是古之所謂「凶禮」者，不但於死亡，而五服之外有非喪之喪者，緣是而起也。《記》曰：「年不順成，天子素服，乘素車，食無樂。」又曰：「年不順成，君衣布，搢本。」《周書》曰：「大荒，王麻衣以朝，朝中無采衣。」此「凶札」之服也。《司服》「大札、大荒、大烖，素服」注曰：「大烖，水火爲害，君臣素服縞冠，若晉伯宗哭梁山之崩。」《春秋》「新宫災，三日哭」。此「禍烖」之服也。《記》曰：「國亡大縣邑，公、卿、大夫、士厭冠，哭于太廟。」又曰：「軍有憂，則素服哭于庫門之外。」《大司馬》：「若師不功，則厭而奉主車。」《春秋傳》：秦穆公敗于殽，「素服郊次，鄉師而哭」。此「圍敗」之服也。〔原注〕《呂氏春秋》：公孫龍對趙惠王曰：「今藺、離石入秦，而王縞素出總。」是戰國時猶行此禮。若夫《曲禮》言「大夫士去國，素衣，素裳，素冠，徹緣，鞮屨，素簚，乘髦馬」，《孟子》言「三月無君則弔」，而季孫之會荀躒，「練冠麻衣」，此君臣之不幸而哀之者矣。秦穆姬之逆晉侯，「免服衰絰」；衛侯之念子鮮，「稅服終身」，此兄弟之不幸而哀之者矣。楚滅江，而秦伯降服出次；越圍吴，而「趙孟降于喪食」，此與國之不幸而哀之者矣。〔原注〕《漢書·高帝紀》「秦王子嬰素車白馬」，應劭曰：「喪人之服。」先王制服之方，固非一端而已。記有之曰：「無服之喪，以蓄萬邦。」〔原注〕杜氏《通典》以賑撫諸州水旱蟲災、勞問諸王疾苦編於凶禮之首。

## 不入兆域

《家人》：「凡死於兵者，不入兆域。」注：「戰敗無勇，投諸塋外以罰之。」《左氏》趙簡子所謂「桐棺三寸，不設屬辟，素車樸馬，無入於兆」，而《檀弓》「死而不弔者三，其一曰畏」，亦此類也。〔原注〕《莊子》：「戰而死者，其人之葬也，不以翣資。」崔本作「翣枚」。枚音坎，謂先人墳墓也。若敝無存死，而齊侯「三襚之，與之犀軒與直蓋」，而「親推之三」。童汪踦死，而仲尼曰「能執干戈以衛社稷，可無殤也」，豈得以此一概。隋文帝仁壽元年詔曰：「投生殉節，自古稱難。隕身王事，禮加二等。而世俗之徒，不達大義，致命戎旅，不入兆域，虧孝子之意，傷人臣之心。興言念此，每深愍歎。且入廟祭祀，竝不廢闕，何至墳塋獨在其外？自今以後，戰亡之徒，宜入墓域。」可謂達古人之意。又攷晋趙文子與叔譽觀乎九原，而有陽處父之葬，則得罪而見殺者，亦未嘗不入兆域也。〔原注〕《左傳》襄公二十九年「齊人葬莊公于北郭」，注引「兵死不入兆域」。〔楊氏曰〕戰陳無勇，曾子謂之不孝。《檀弓》曰「畏」，即其義也，與致命遂志者自不同。

## 樂章

《詩》三百篇，皆可以被之音而爲樂。自漢以下，乃以其所賦五言之屬爲徒詩，而其協於音者則謂之樂府。宋以下，則其所謂樂府者亦但擬其辭，而與徒詩無別。於是乎詩之與樂判然爲二，不特樂亡，而詩亦亡。

古人以樂從詩，今人以詩從樂。古人必先有詩，而後以樂和之。舜命夔「教胄子」，「詩言志，歌永言，聲依永，律和聲」，是以登歌在上，而堂上堂下之器應之，是之謂「以樂從詩」。〔原注〕宋國子丞王普言：「古者既作詩，從而歌之，然後以聲律協和而成曲。自歷代至於本朝，雅樂皆先製樂章，而後成譜。崇寧以後，乃先製譜，後命辭。於是辭律不相諧協，且與俗樂無異。」朱子曰：「詩之作，本言志而已。方其詩也，未有歌也；及其歌也，未有樂也。以聲依永，以律和聲，則樂乃爲詩而作，非詩爲樂而作也。詩，出乎志者也。樂，出乎詩者也。詩者其本，而樂者其末也。」古之詩大抵出於中原諸國，其人有先王之風，諷誦之教，其心和，其辭不侈，而音節之閒往往合於自然之律。《楚辭》以下，即已不必盡諧。〔原注〕《文心雕龍》言《楚辭》「訛韻實繁」。降及魏、晋，羌戎雜擾，方音遞變，南北各殊，故文人之作多不可以協之音，而名爲樂府，無以異於徒詩者矣。〔原注〕元稹言：「樂府等題，除《鐃吹》《横吹》《郊祀》《清商》等詞在《樂志》者，其餘《木蘭》《仲卿》《四愁》《七哀》之類，亦未必盡播於管絃也。」人有不純，而五音十二律之傳於古者至今不變，於是不得不以五音正人聲，而謂之「以詩從樂」。以詩從樂，非古也，後世之失，不得已而爲之也。

《漢書》：「武帝舉司馬相如等數十人，造爲詩賦，略論律吕，以合八音之調，作《十九章》之歌。」夫曰「略論律吕，以合八音之調」，是以詩從樂也。後代樂章皆然。

《安世房中歌》十七章，《郊祀歌》十九章，皆郊廟之正樂，如「三百篇」之《頌》。其他諸詩，所謂「趙、代、秦、楚之謳」，如列國之《風》。

十九章，司馬相如等所作，「略論律吕，以合八音」者也。趙、代、秦、楚之謳，則有協有否，以李延年爲協律都尉，采其可協者以被之音也。

樂府中如《清商》《清角》之類，以聲名其詩也。如《小垂手》《大垂手》之類，以舞名其詩也。以聲名者必合於聲，以舞名者必合於舞。至唐而舞亡矣，至宋而聲亡矣，於是乎文章之傳盛而聲音之用微，然後徒詩興而樂廢矣。〔趙氏曰〕《漢書・禮樂志》：「武帝定郊祀之禮，乃立樂府，采詩夜誦，有趙、代、秦、楚之謳。以李延年爲協律都尉，多舉司馬相如等造詩賦，以合八音之調，作十九章之歌。」師古曰：「樂府之名，蓋起于此。」又《樂志》云：「漢郊廟詩歌，内有掖廷材人，外有上林樂府，皆以鄭聲施于朝廷，故哀帝罷之。然百姓漸漬日久，湛沔自若。」《文心雕龍》曰：「樂府總趙、代之音，撮齊、楚之氣。延年以曼聲協律，朱、馬以騷體製歌。《桂華》雜曲，麗而不經；《赤雁》羣篇，靡而非典。河間獻雅而不御，故汲黯致譏于《天馬》。」然則樂府本非雅樂也。

歌者爲詩，擊者、拊者、吹者爲器，合而言之謂之樂。對詩而言，則所謂樂者，八音「興於詩，立於禮，成於樂」是也，分詩與樂言之也。專舉樂，則詩在其中，「吾自衛反魯，然後樂正，《雅》《頌》各得其所」是也，合詩與樂言之也。

《鄉飲酒禮》「工四人，二瑟」，注：「二瑟，二人鼓瑟，則二人歌也。」古人琴瑟之用，皆與歌竝奏，故有一人歌一人鼓瑟者，漢文帝「使慎夫人鼓瑟，上自倚瑟而歌」是也。〔原注〕師古曰：「倚瑟，即今之以歌合曲也。」亦有自鼓而自歌，孔子之「取瑟而歌」是也。若乃衛靈公聽新聲於濮水之上，而使師延寫之，〔閻氏曰〕師延爲紂作靡靡之樂，此以琴寫之者師涓。「延」當作「涓」。則但有曲而無歌，此後世徒琴之所由興也。

言詩者大率以聲音爲末藝，不知古人入學，自六藝始，孔子以游藝爲學之成。後人之學好高，以此爲瞽師、樂工之事，遂使三代之音不存於兩京，兩京之音不存於六代，而聲音之學遂爲當今之絶藝。

「七月流火」，天文也。「相其陰陽」，地理也。「四矢反兮」，射也。「兩驂如舞」，御也。「止戈爲武」「皿蟲爲蠱」，書也。「千乘三去」「亥有二首六身」，數也。古之時人人知之，而今日遂爲絶學，且曰「藝而已矣，不知之無害也」，此近代之儒所以自文其空疏也。

## 斗與辰合

《周禮・大司樂》注：「此據十二辰之斗建，與日辰相配合，皆以陽律爲之主，陰吕來合之，是以《大師》云『掌六律六同，以合陰陽之聲』。」「黄鍾，子之氣也，十一月建焉，而辰在星紀。大吕，丑之氣也，十二月建焉，而辰在玄枵。故奏黄鍾，歌大吕，以祀天神。」〔原注〕今五行家言子與丑合。「大蔟，寅之氣也，正月建焉，而辰在娵訾。應鍾，亥之氣也，十月建焉，而辰在析木。故奏大蔟，歌應鍾，以祀地祇。」〔原注〕寅與亥合。《南齊書・禮志》：太常丞何諲之議《禮》「孟春之月，擇元辰，躬耕帝藉」：「鄭注云：『元辰，蓋郊後吉亥也。』五行説十二辰爲六合，寅與亥合，建寅月東耕，取月建與日辰合也。」「姑洗，辰之氣也，三月建焉，而辰在大梁。南吕，西之氣也，八月建焉，而辰在壽星。」故「奏姑洗，歌南吕，以祀四望」。〔原注〕辰與酉合。「蕤賓，午之氣也，五月建焉，而辰在鶉首。林鍾，未之氣也，六月建焉，而辰在鶉火。」故「奏蕤賓，歌函鍾，〔原注〕林鍾也。以祭山川」。〔原注〕午與未合。「仲吕，巳之氣也，四月建焉，而辰在實沈。夷則，申之氣也，七月建焉，而辰在鶉尾。」故「奏夷則，歌小吕，〔原注〕仲吕也。以享先妣」。〔原注〕巳與申合。「夾鍾，卯之氣也，二月建焉，而辰在降婁。無射，戌之氣也，九月建焉，而辰在大火。」故「奏無射，歌夾鍾，以享先祖」。〔原注〕卯與戌合。《太玄經》所謂「斗振天而進，日違天而退」。先王作樂以象天地，其必有以合之矣。

## 凶聲

「凡建國，禁其淫聲、過聲、凶聲、慢聲。」凶聲，如殷紂好爲北鄙之聲，所謂「亢厲而微末，以象殺伐之氣」者也。注謂「亡國之聲，若桑閒濮上」，此則一「淫聲」已該之矣。

## 八音

先王之制樂也，具五行之氣。夫水、火不可得而用也，故寓火於金，寓水於石。「凫氏爲鍾」，火之至也；「泗濱浮磬」，水之精也。〔原注〕石生於土而得夫水、火之氣，火石多，水石少，泗濱磬石，得水之精者也，故浮。用天地之情以制器，是以五行備而八音諧矣。

土鼓，樂之始也。陶匏，祭之大也。二者之音，非以悦耳，存其質也。《國語》：伶州鳩曰「匏竹利制」，又曰「匏以宣之，瓦以贊之」。今之大樂久無匏、土二音，〔原注〕《舊唐書・音樂志》：「笙，女媧氏造，列管於匏上，内簧其中。今之笙竽，竝以木代匏而漆之，無匏音矣。」宋葉少藴《避暑録話》：「大樂舊無匏、土二音，笙以木刻其本而不用匏，塤亦木爲之。」《元史》：「匏以斑竹爲之。」而八音但有其六矣。熊氏謂「匏音亡，而清廉忠敬者之不多見」，吾有感於其言。〔原注〕元熊朋來《五經説》曰：「八音之有笙，宜以竹稱，而乃以匏稱，是所重在匏也。古者造笙，必以曲沃之匏，汶陽之竹。漢太學、槐市各持方物，列磬懸匏。八音之匏於卦爲艮，於風爲融，於氣爲立春。匏音啾以立清，闕之則清廉者鮮矣。匏音正則人思敬，不正則忠敬者鮮矣。爲禮樂之官者，尚申請而改正之。」

## 用火

有明火，有國火。明火以陽燧取之於日，〔原注〕《司烜氏》。近於天也，故卜與祭用之。〔原注〕《華氏》《大祝》《大司寇》。國火取之五行之木，〔原注〕《司爟》。近於人也，故烹飪用之。

古人用火必取之於木，而復有四時五行之變。《素問》黄帝言「壯火散氣，少火生氣」。季春出火，貴其新者，少火之義也。今人一切取之於石，其性猛烈而不宜人，疾疢之多，年壽之減，有自來矣。〔原注〕詳見第二十五卷「介子推」條。

邵氏《學史》曰：「古有火正之官。《語》曰『鑽燧改火』，此政之大者也。所謂『光融天下』者於是乎在。〔原注〕《史記·楚世家》:「重黎爲帝嚳火正,能光融天下,命曰祝融。」《周禮》司烜氏所掌及《春秋》宋、衛、陳、鄭所紀者,政皆在焉。今治水之官猶夫古也,而火獨缺焉。飲知擇水,而亨不擇火,以祭以養,謂之備物,可乎?或曰,庭燎則有司矣。雖然,此火之末也。〔楊氏曰〕晉之東也,攜中原之火,迄陳末,閲三百年而色轉青,此必有官主之矣。〔雷氏曰〕自水正失官,商多河患。《周禮》亡司空之籍,《小正》亡杼井之文,于是左氏内、外《傳》每以天象言火,而言水者恒略。周、秦以後,不修水政。《吕覽》十二紀删《周書》改火之文,故漢儒解《小正》《左傳》之「出火」「内火」,不復陳述古義。坎、離之未濟,此民生之所以多患也。

## 涖戮于社

《大司寇》「大軍旅,涖戮于社」,注:「社,謂社主在軍者也。」《書·甘誓》「用命賞于祖,不用命戮于社」,孔安國云:「天子親征,必載遷廟之祖主及社主行,有功則賞祖主前,示不專也。不用命奔北者,則戮之於社主前。社主陰,陰主殺。親祖嚴社之義也。」《記》曰:「社所以神地之道。」意古人以社爲陰主,若其司刑殺之柄者,故祭勝國之社,則士師爲之尸。而王莽之將亡,赦城中囚徒,授兵殺豨,飲其血,曰:「有不爲新室者,社鬼記之。」宋襄公、季平子皆用人於社,而亡曹之夢亦曰「立於社宫」,宰我「戰栗」之對有自來矣。〔楊氏曰〕社之義博,子我僅得其一端,故夫子責之。〔惠侍讀曰〕大司徒設社稷之壝,而樹之田主,各以其野之所宜木,遂以名其社與其野。案《墨子》云:「聖王建國營都,必擇國之正壇，置以爲宗廟。必擇木之修茂者，立以爲菆位。」菆位者，社稷也。《戰國策》：「恒思有神叢。」蓋木之茂者，神所憑，故古之社稷恒依樹木。松、柏、栗各以其野之所宜，宜松者以松名，宜柏者以柏名，宜栗者以栗名。宰我對哀公本此。許叔重云：「《周禮》『各樹其土之所宜木』，古文栗作。」徐巡説「木至西方戰栗」，蓋古有是語，宰我所謂「使民戰栗」者本此。今文《論語》「哀公問主於宰我」，而《公羊》有「練主用栗」之文，故張禹及包、周等皆以爲廟主。何休用以解《公羊》，云「松猶容想其容貌，主人正。柏猶迫，親而不遠，主地正。栗猶戰栗，謹敬貌，主天正」。杜預亦以注《左傳》，劉炫規其過。古文《論語》及孔、鄭皆謂「用其木以爲社主」，然則所宜木爲兩説，如前説植木，如後説主木，兩説相兼乃備。又《淮南·齊俗訓》云：「有虞氏社用土，夏后氏社用松，殷人社用石，周人社用栗。」似石主始於殷，周改用栗歟？《韓非子》曰：「夫社，木而塗之，鼠因自託也，燻之則木焚，灌之則塗陁，故患社鼠。」是古樹木爲社主，而加塗焉，所謂社用土者以此。《小宗伯》：「大師立軍社，肆師，師田祭社宗。」社宗者，社主與遷主皆載于齊車者也。秦、漢以後，載主未聞。《春秋》：「鄭入陳，陳侯擁社。」擁社者，抱主以示服。若後世五尺之石主，埋其半於地，既不便於載，亦不可抱而持。然則社主，春秋以前皆用木，秦、漢以後或用石歟？《祭法》孔疏引許叔重《五經異義》，以爲《論語》「夏后氏以松，殷人以柏，周人以栗」，謂社主也。田主之木，各以其野之所宜，豈非宜松者爲松主，宜柏者爲柏主，宜栗者爲栗主乎？〔汝成案〕繹惠氏所疏，則古社主多用木矣。孔傳：「天子親征，又載社主，不用命奔北者，戮于社主前。」則宰我「戰栗」之義，於師行合矣。然則孔子何以責也？《甘誓》是夏伐同姓，夏后氏則以松也。惕以嚴威，視所奉主不以木也。孔曰：「凡建邦立社，各以其土所宜之木。宰我不本其意而妄爲之説，因周用栗，便曰使戰栗。」是又一説。故楊氏曰：「宰我但得其一。」

## 邦朋

士師「掌士之八成」，「七曰爲邦朋」。太公對武王「民有十大」，而曰「民有百里之譽，千里之交，六大也」，又曰「一家害一里，一里害諸侯，諸侯害天下」。嗟乎！此太公之所以誅華士也。世衰道微，王綱弛於上，而私黨植於下，故箕子之陳《洪範》，必「皇建其有極」，而後庶民人無「淫朋」「比德」。〔惠侍讀曰〕「邦傰」，傰一作朋。注云「故書朋作傰」，鄭司農讀爲朋友之朋。案《漢書·王尊傳》有「南山盜傰宗」，蘇林曰「傰音朋」，蓋本鄭司農之讀而失焉者也。晋灼「音倍」，得之。《説文》：「沓作倗，讀若倍。」晋音本此。顔師古亦以晋音爲是。則「傰」非「朋」審矣。古有朋無黨，同道爲朋，阿黨爲傰。「八成」者，四方之亂獄，王命訝士成之。立氣勢，結私交，作威福，君子犯禮，小人犯法，無守職奉上之義，有背公死黨之名，故曰邦傰謂之「亂獄」，《管子·幼官》篇所謂「散羣傰署」也。强者爲圈，弱者爲屬，圈屬羣徒，私相署置，故王命訝士以成之者，散之焉。鄘，從邑，地名。《漢功臣表》「鄘成侯」，師古曰：「鄘音陪，又普背反。」從邑爲鄘，從人爲傰。傰，古倍字，皆從人，以朋音得聲。」司農破爲「朋」，或作「堋」。《説文》引《虞書》曰「堋淫于家」。堋與倗通。《廣雅》否、弗、倗、粃，皆非佳語，亦猶姦宄竊盜云爾。

《易·泰》之「九二」曰「朋亡」。《涣》之「六四」曰「涣其羣，元吉」。《莊子》：「文王寓政於臧丈人，而列士壞植散羣。」

荀悦論曰：「言論者計薄厚而吐辭，選舉者度親疎而舉筆。苞苴盈於門庭，聘問交於道路；書記繫於公文，私務眾於官事。」世之弊也，古今同之，可爲太息者此也。

## 王公六職之一

「坐而論道，謂之王公。」王亦爲「六職」之一也。未有無事而爲人君者，故曰「天子一位」。

## 奠摯見于君

士冠，士之嫡子，繼父者也，故得「奠摯見于君」。〔原注〕庶子不得見君，《左傳》昭公四年，「仲與公御萊書觀于公，叔孫怒而逐之」是也。〔汝成案〕《傳》云「遂逐之」，注云「牛不食叔孫，叔孫怒」。此誤合爲一。

## 主人

「主人爵弁，纁裳，緇袘」注：「主人，壻也。壻爲婦主。」「主人筵于户西」注：「主人，女父也。」親迎之禮，自夫家而行，故壻稱主人。至於婦家，則女父又當爲主人，故不嫌同辭也。女父爲主人，則壻當爲賓，故曰「賓東面荅拜」，注「賓，壻也」，對女父之辭也。至於賓出而婦從，則變其文而直稱曰壻。壻者，對婦之辭也。曰「主人」、曰「賓」、曰「壻」，一人而三異其稱，可以見「禮時爲大」，而義之由内矣。

### 辭無不腆無辱

「歸妹，人之終始也。」先王於此有省文尚質之意焉，故「辭無不腆，無辱」，〔原注〕賓不稱幣不善，主人不謝來辱。「告之以直信」，曰先人之禮而已。所以立生民之本，而爲嗣續之基，故以内心爲主，而不尚乎文辭也，非徒以教婦德而已。

### 某子受酬

《鄉飲酒禮》「某子受酬」注：「某者，衆賓姓也。」《鄉射禮》「某酬某子」注：「某子者，氏也。」古人男子無稱姓者，從《鄉射禮》注爲得。如《左傳》叔孫穆子言叔仲子、子服子之類。〔原注〕《士昏禮》「皇舅某子」，此或謚、或字之稱，與《聘禮》「皇考某子」同。疏以爲「若張子、李子」。婦人内夫家，豈有稱其舅爲張子、李子者哉！〔惠氏曰〕張稷若《儀禮節解》云：「疏之意或以婦新入門，稱姓以告，故亦以姓稱其舅。《春秋傳》云『男女辨姓』，其此之謂。」

### 辯

《鄉飲酒禮》《鄉射禮》其於旅、酬皆言「辯」，注云「辯衆賓之在下者」。此「辯」非「辯察」之「辯」，古字「辯」與「偏」通。經文言「辯」者非一。《燕禮》注「今文『辯』皆作『偏』」是也。《曲禮》「主人延客，食胾，然後辯殽」，《内則》「子師辯告諸婦諸母名，宰辯告諸男名」，《玉藻》「先飯，辯嘗羞，飲而俟」，《樂記》「其治辯者其禮具」，〔原注〕注：「辯，偏也。」《左傳》定公八年「子言辯舍爵於季氏之廟而出」，〔原注〕注：「辯，猶周徧也。」《史記·禮書》「瑞應辯至」。〔汝成案〕《戴記》「士死辯」鄭氏云：「宜讀作變。」則「辯」又通於「變」矣。

## 須臾

「寡君有不腆之酒，請吾子之與寡君須臾焉，使某也以請。」古者樂不踰辰，燕不移漏，故稱「須臾」，言不敢久也。《記》曰：「飲酒之節，朝不廢朝，莫不廢夕。」而《書·酒誥》之篇曰：「在昔殷先哲王，迪畏天，顯小民，經德秉哲。」「越在外服，侯、甸、男、衛、邦伯；越在内服，百僚庶尹，惟亞惟服宗工，越百姓里居，罔敢湎于酒，不惟不敢，亦不暇。」是豈待初筵之規，三爵之制，而後不得醉哉！〔朱氏曰〕古人祭祀、燕賓、養老外，無飲酒者。《論語》記孔子「惟酒無量，不及亂」，即《鄉飲酒禮》所謂「無算爵」也。飲無算爵而不及亂，惟聖人爲然。《小宛》之次章曰：「彼昏不知，壹醉日富。」此遭亂相戒免禍之詩也，未聞終日酩酊而能脱然于亂世者矣。自曠達之説起，一時輕薄之徒争相趨效，而學士大夫又美之以文章風雅之目，而淑慎爾儀之君子反詆爲鄙吝，蓋至是而酒之中于人心風俗甚矣，獄訟繁興，猶其後焉者。先王知斯人飲食之欲不可以盡蠲，而思所以遏其流，於是制爲飲酒之禮。一獻之禮，賓主百拜，終日飲酒而不得醉焉。

## 飧不致

《聘禮》：「管人爲客，三日具沐，五日具浴。飧不致，賓不拜，沐浴而食之。」即《孟子》所謂「廩人繼粟，庖人繼肉，不以君命將之」，恐勞賓也。

## 三年之喪

今人三年之喪，有過於古人者三事。《禮記·三年問》曰：「三年之喪，二十五月而畢。」〔原注〕《荀子》同。《檀弓》曰：「祥而縞，是月禫，徙月樂。」王肅云：「是祥之月而禫，禫之明月可以樂矣。」又曰：「魯人有朝祥而莫歌者，子路笑之。夫子曰：『由，爾責於人，終無已夫？三年之喪，亦已久矣夫。』子路出，夫子曰：『又多乎哉，踰月則其善也。』」《喪服小記》曰：「再期之喪三年也。」《春秋》閔公二年《公羊傳》曰：「三年之喪，實以二十五月。」〔原注〕《白虎通》：「三年之喪，再期二十五月。」《後漢書》陳忠疏言：「先聖緣人情而著其節，制服二十五月。」《淮南子》「飭喪紀」高誘注：「紀，數也，二十五月之數也。」孔安國《書傳·太甲篇》云：「湯以元年十一月崩，至此二十六月，三年服闋。」鄭玄謂「二十四月再期，其月餘日不數，爲二十五月。中月而禫則空月爲二十六月，出月禫祭爲二十七月」，與王肅異。〔原注〕魏明帝以景初三年正月崩，至五年正月積二十五晦爲大祥。太常孔美、博士趙怡等以爲：「禫在二十七月，其年四月祫祭。」散騎常侍王肅、博士樂詳等以爲：「禫在祥月，其年二月祫祭。」晉武帝時，越騎校尉程猗贊成王肅，駮鄭禫二十七月之失，爲六徵三驗。博士許猛扶鄭義，作《釋六徵》《解三驗》，以二十七月爲得。並見《魏書·禮志》。按《三年問》曰：「至親以期斷，是何也？曰：天地則已易矣，四時則已變矣，其在天地之中者莫不更始焉，以是象之也。然則何以三年也？曰：加隆焉爾也，焉使倍之，故再期也。」今從鄭氏之説，三年之喪必二十七月。〔原注〕宋武帝永初元年十月辛卯，改晉所用王肅祥禫二十六月儀，依鄭玄二十七月而後除。其過於古人一也。〔閻氏曰〕按從鄭氏説者，正合於古人，王肅乃故與鄭反，朱子所謂「王肅議禮必反鄭玄」是也。王肅且以此獲短喪之譏。《儀禮·喪服》篇曰：「疏衰裳齊，牡麻絰，冠布纓，削杖，布帶，疏屨，期者，父在爲母。」傳曰：「何以期也？屈也。至尊在，不敢伸其私尊也。」《禮記·雜記下》篇曰：「期之喪，十一月而練，十三月而祥，十五月而禫。」注云：「此謂父在爲母也。」《喪大記》曰：「期，終喪，不食肉，不飲酒，父在，爲母，爲妻。」又曰：「期，居廬，終喪不御於內者，父在，爲母，爲妻。」《喪服四制》曰：「資於事父以事母，而愛同。天無二日，土無二王，國無二君，家無二尊，以一治之也，故父在爲母齊衰期者，見無二尊也。」〔原注〕《服問》曰：「三年之喪既練矣，有期之喪既葬矣，則帶其故葛帶，絰期之絰，服其功衰。」徐師曾《集注》曰：「三年之喪，謂父喪也。期之喪，母喪也。賈公彦《喪服疏》所云『父卒三年之內而母卒，仍服期，必父服既除而遭母喪，乃得伸三年』也。」〔汝成案〕父卒則爲母三年，不待父服終也。賈疏非是。庾蔚之云：「父未殯而祖亡，不爲祖持重服。」賈殆由此而誤。《喪服傳》曰：「禽獸知母而不知父。野人曰，父母何算焉？都邑之士，則知尊禰矣。」今從武后之制，亦服三年之服，〔原注〕自唐以前禮制，父在，爲母，一周除靈，三年心喪。高宗上元元年十二月，天后上表，請「父在爲母服齊衰三年」，從之。玄宗開元五年，右補闕盧履冰上言：「孝莫大於嚴父，故父在爲母服齊衰周，心喪三年，情已申而禮殺也。則天皇后改服齊衰三年。請復其舊。」上下其議。左散騎常侍褚無量以履冰議爲是。諸人争論，連年不決。七年八月辛卯，敕「自今五服竝依《喪服傳》文」，然士大夫議論猶不息，行之各從其意。無量歎曰：「聖人豈不知母恩之厚乎？厭降之禮，所以明尊卑、異戎翟也。❶俗情膚淺，不知聖人之心，一紊其制，誰能正之？」二十年，中書令蕭嵩改修五禮，復請依上元敕，父在爲母齊衰三年。從之。按父在爲母齊衰三年，起自《開元禮》。然其時盧懷慎以母憂起復爲兵部侍郎，張九齡以母憂起復中書侍郎同平章事，邠王守禮以母憂起復左金吾衛將軍，嗣鄂王邕以母憂起復衛尉卿，而得終禮制者，惟張説、韓休二人，則明皇固已崇其文而廢其實矣。今制，父在爲母斬衰三年。按《太祖實録》，洪武七年九月庚寅，貴妃孫氏薨，命吴王橚服慈母服，斬衰三年，以主喪事，敕皇太子諸王皆服期。乃命翰林學士宋濂等修《孝慈録》，立爲定制。子爲父母，庶子爲其母，皆斬衰三年。嫡子、衆子爲其庶母，皆齊衰杖期。十一月壬戌朔，書成。此則當時别有所爲，而未可爲萬世常行之道也。其過於古人二也。《喪服篇》又曰：「不杖麻屨者，婦爲舅姑。」傳曰：「何以期也？從服也。」《檀弓上》篇曰：「南宫縚之妻之姑之喪，夫子誨之髽，曰：『爾毋從從爾，爾毋扈扈爾。』蓋榛以爲笄，長尺而總八寸。」《正義》謂「以其爲期之喪而殺於斬衰之服」。《喪服小記》曰：「婦人爲夫與長子稽顙，其餘則否。」今從後唐之制，婦爲舅姑亦服三年，〔原注〕《宋史》：乾德三年，判大理寺尹拙言：「按律及《儀

❶「翟」，據《校記》，鈔本作「狄」。

禮・喪服傳》《開元禮》《五禮精義》《三禮圖》等書所載，婦爲舅姑服期。近代時俗多爲重服，望加裁定。」右僕射魏仁浦等奏曰：「按《禮・内則》云：『婦事舅姑，如事父母。』則舅姑與父母一也。而古禮有期年之説，至於後唐，始定三年之喪。竊以三年之内，几筵尚存，豈可夫居苫塊之中，婦被綺紈之飾？夫婦齊體，哀樂不同，求之人情，實傷理本。況婦爲夫有三年之服，於舅姑止服朞年，是尊夫而卑舅姑也。孝明皇后爲昭憲太后服喪三年，足以爲萬世法。望自今婦爲舅姑服竝如後唐之制，三年齊斬，一從其夫。」詔從之。何孟春《餘冬序録》引唐李涪論曰：「《喪服傳》婦爲舅姑，齊衰五升布。十一月而練，十三月而祥，十五月而禫。禫後門庭尚素，婦服青縑衣，以俟夫之終喪。習俗以婦之服青縑，謂其尚在喪制，故因循亦同夫之喪紀，再周而後吉。貞元十一年，河中府倉曹參軍蕭據狀稱：『堂兄至女適李氏壻，見居喪，今時俗，婦爲舅姑服三年，恐爲非禮，請禮院詳定。』下詳定，判官、前太常博士李岧議曰：『《開元禮》五服制度，婦爲舅姑，及女子適人爲其父母，皆齊衰，不杖期。蓋以爲婦之道專一，不得自達，必繫於人。故女子適人，服夫以斬而降其父母。《喪服》篇曰：「女子子適人者，爲其父母。」傳曰：「爲父何以期也？婦人不貳斬也。」婦人不貳斬者何也？婦人有三從之義，無專用之道，故未嫁從父，既嫁從夫，夫死從子。故父者子之天也，夫者妻之天也，婦人不貳斬者，猶曰不貳天也。先聖格言，歷代不敢易。以此論之，父母之喪尚止周歲，舅姑之服無容三年。今之學者不本其義，輕重紊亂，寖以成俗。《開元禮》，玄宗所修，布在有司，頒行天下，伏請正牒，以明典章。』李岧之論可謂正矣。」《宋朝詒謀録》：「乾德三年詔，舅姑之喪，婦從其夫，齊斬三年。遂爲定制。」宋人蓋未講服青縑之制故也。〔汝成案〕古人行禮以誠，喪期之内無虚假，喪期之外無曼延，所謂過者俯而就，不肖者企而及。子自有喪，婦自吉服，亦復何嫌？況十五月而禫，則夫已小祥久矣。青縑之説，後世之見也。其過於古人三也。皆後儒所不敢議，非但因循國制，亦畏宰我短喪之議；若乃日月雖多，而哀戚之情不至焉，則不如古人遠矣。

古人以祥爲喪之終，「中月而禫」，則在除服之後。故《喪服四制》言：「祥之日，鼓素琴，示民有終也。」《檀弓》言：「孔子既祥，五日彈琴而不成聲，十日而成笙歌。有子蓋既祥而絲屨組纓。」又曰：「祥而外無哭者，禫而内無哭者，樂作矣故也。」自「魯人有朝祥而暮歌者，子路笑之」，孔子言「踰月則其善」，而「孟獻子禫，縣而不樂」，孔子曰「獻子加於人一等矣」，於是自禫而後，乃謂之「終喪」。〔汝成案〕三年之喪，二十五月而畢，不必自孔子之言乃禫後爲終也。祥之日示有終，非謂已終也。又《檀弓》文「踰月則其善也」，此脱「也」字。

王肅據《三年問》「二十五月而畢」，《檀弓》「祥而縞，是月禫，徙月樂」之文，謂爲二十五月。鄭玄據《服問》「中月而禫」之文，謂爲二十七月。〔原注〕注云「中月，間一月也」，《正義》引《喪服小記》云「妾祔於妾祖姑，亡則中一以上而祔」，又《學記》云「中年考校」，皆以「中」爲「間」。二説各有所據。古人祭當卜日，小祥卜於十三月之日，大祥卜於二十五月之日，而禫則或於大祥之月，〔原注〕是月。或於大祥之後間一月，〔原注〕中月。自《禮記》之時而行之已不同矣。〔汝成案〕祥、禫之數，杜氏《通典》頗爲持平，不審先生何以不引。杜氏曰：「遵鄭乃過禮而重情，遵王則輕情而反制。今約經傳，求其適中，可二十五月終而大祥，受以祥服，素縞麻衣；二十六月而禫，受以禫服；二十七月終而吉，吉而除，徙月樂，無所不佩。夫如此求其情而合乎禮矣。」

《孝經援神契》曰：「喪不過三年，以期增倍，五五二十五月，義斷仁，示民有終。」故漢人喪服之制，謂之「五五」，《堂邑令費鳳碑》曰「菲五五，縗杖其未除」，〔原注〕洪氏曰：「菲五五」者，居喪菲食二十五月也。此取《論語》「菲飲食」字。《隋書・姚察傳》所謂「蔬菲」。《巴郡太守樊敏碑》曰「遭離母憂，五五斷仁」是也。

爲父斬衰三年，爲母齊衰三年，此從子制之也。父在，爲母齊衰杖期，此從夫制之也。家無二尊，而子不得自專，所謂「夫爲妻綱，父爲子綱」。審此可以破學者之疑，而息紛紜之説矣。

「父在爲母」，雖降爲期，〔楊氏曰〕爲母期者，尊厭一也，從父二也。而「心喪」之實，未嘗不三年也。〔原注〕如後魏彭城王勰毁瘠三年，弗參吉慶，乃謂之心喪。傳曰：「父必三年然後娶，達子之志也。」〔原注〕《正義》曰：「左氏昭公十五年《傳》『王一歲而有三年之喪二焉』，據太子與穆后，天子爲后亦期，而言三年喪者，據『達子之志』而言，故并謂之三年也。」唐太宗貞觀元年詔，有云「妻喪達志之後」者，即用此傳文。假令娶於三年之内，將使爲之子者何服以見何情以處乎？理有所不可也。抑其子之服於期，而申其父之不娶於三年。聖人所以損益百世而不可改者，精矣。

《檀弓上》篇：「伯魚之母死，期而猶哭。夫子聞之，曰：『誰與哭者？』門人曰：『鯉也。』夫子曰：『嘻，其甚也！』伯魚聞之，遂除之。」此自父在爲母之制當然，疏以爲「出母」者，非。〔趙氏曰〕《禮》：「出妻之子爲母期。若爲父後者，則於出母無服，是并無期之喪矣。」伯魚固爲父後者也，不服于期之内，而反哭於期之外乎？即此可見孔氏出妻之説之妄也。

《喪服小記》曰：「庶子在父之室，則爲其母不禫。」山陰陸氏曰：「在父之室，爲未娶者也。并禫祭不舉，厭也。」

唐時武、韋二后皆以婦乘夫，欲除三綱，變五服，以申尊母之義。故高宗上元元年十二月壬寅，天后上表，請「父在爲母服齊衰三年」，中宗神龍元年五月丙申，皇后表請「天下士庶爲出母三年服」，其意一也。彼且欲匹二聖於天皇，陪南郊以亞獻，而況區區之服制乎！〔原注〕盧履冰表言：「原夫上元肇年，則天已潛秉政，將圖僭篡，預自崇加。請升慈愛之喪，以抗尊嚴之禮。雖齊斬之儀不改，而几筵之制遂同。數年之間，尚未通用。天皇晏駕，中宗蒙塵。垂拱之末，果行聖母之僞符；載初之元，遂啓易代之深釁。孝和雖仍反正，韋氏復效晨鳴。孝和非意暴崩，韋氏旋即稱制。《易》曰『臣殺其君，子殺其父，非一朝一夕之故』，其斯之謂矣。臣謹尋禮意，防杜實深，若不早圖刊正，何以垂戒於後。」玄宗開元七年八月癸丑，敕：「周公制禮，歷代不刊；子夏爲傳，孔門所受。格條之内，有父在爲母齊衰三年。〔原注〕指天后所定。此有爲而爲，非尊厭之義。與其改作，不如師古。諸服紀宜一依《喪服》舊文。」可謂簡而當矣。奈何信道不篤，朝令夕更，至二十四年，又從韋縚之言，加舅母堂姨舅之服；天寶六載，又令出母終三年之服；〔原注〕詳《舊書·禮儀志》。而太和、開成之世，遂使駙馬爲公主服斬衰三年。〔原注〕《文宗紀》《杜悰傳》。禮教之淪，有由來矣。〔楊氏曰〕宋制：「尚主者，升其等與父行輩同。」可謂無禮之尤矣。

自古以來，姦人欲蔑先王之禮法而自爲者，必有其漸。天后「父在爲母齊衰三年」之請，其意在乎臨朝也。故中宗景龍二年二月庚寅，「大赦天下，内外五品已上母妻各加邑號一等，無妻者聽授其女」，而安樂公主求立爲皇太女，遂進鴆於中宗矣。

金世宗大定八年二月甲午朔制：「子爲改嫁母服喪三年。」

洪武七年，雖定爲母斬衰三年之制，而孝慈皇后之喪，次年正旦，皇太子、親王、駙馬俱淺色常服，則尊厭之禮未嘗不用也。惟夫二十七月之內，不聽樂，不昏嫁，不赴舉，不服官，此所謂「心喪」，固百世不可改矣。〔汝成案〕心喪之説，本之《檀弓》。六朝議禮，於所不安者輒以此通融之。儒者誠欲悉心復古，不可依違遷就，使後世美名參附其間。蓋人心難知，責以禮之所當然則難辭，文以情之所或然則多飾。《喪服小記》曰：「祖父卒，而後爲祖母後者，三年。」鄭氏曰：「祖父在，則其服如父在爲母也。」此祖母之喪，厭於祖父者也。

婦事舅姑，如事父母，而服止於期，不貳斬也，然而心喪則未嘗不三年矣，故曰「與更三年喪，不去」。

吴幼清《服制攷詳序》曰：「凡喪禮，制爲斬、齊、功、緦之服者，其文也；不飲酒，不食肉，不處內者，其實也。中有其實而外飾之以文，是爲情文之稱。徒服其服而無其實，則與不服等爾。雖不服其服而有其實者，謂之心喪。心喪之實有隆而無殺，服制之文有殺而有隆，古之道也。愚嘗謂服制當一以周公之禮爲正，後世有所增改者，皆溺乎其文，昧乎其實，而不究古人制禮之意者也。爲母齊衰三年，而父在爲母杖期，豈薄於其母哉？蓋以夫爲妻之服既除，則子爲母之服亦除，家無二尊也。子服雖除，而三者居喪之實如故，則所殺者三年之文而已，實固未嘗殺也。女子子在室爲父斬，既嫁則爲夫斬，而爲父母期。蓋曰子之所天者父，妻之所天者夫，嫁而移所天於夫，則降其父。

婦人不貳斬者，不貳天也。降己之父母而期，爲夫之父母亦期，期之後夫未除服，婦已除服，而居喪之實如其夫，是舅姑之服期而實三年也，豈必從夫服斬而後爲三年哉！喪服有以恩服者，有以義服者，有以名服者。恩者，子爲父母之類是也；義者，婦爲舅姑之類是也；名者，爲從父從子之妻之類是也。從父之妻名以母之黨而服，從子之妻名以婦之黨而服，兄弟之妻不可名以妻之黨，其無服者，推而遠之也。然兄弟有妻之服，己之妻有娣姒婦之服，一家老幼俱有服，己雖無服，必不華靡於其躬，宴樂於其室，如無服之人也。同爨且服緦，〔原注〕同爨服緦，爲從母之夫、舅之妻與己同爨者爾。此所引似汎言之矣。朋友尚加麻，鄰喪里殯猶無相杵巷歌之聲，奚獨於兄嫂弟婦之喪而恝然待之如行路之人乎？古人制禮之意必有在，而未易以淺識窺也。夫實之無所不隆者，仁之至；文之有所或殺者，義之精。古人制禮之意蓋如此。後世父在爲母三年，婦爲舅姑從夫斬齊竝三年，爲嫂有服，爲弟婦亦有服，意欲加厚於古，而不知古者子之爲母，婦之爲舅姑，叔之於嫂，未嘗薄也。愚故曰：此皆溺乎其文，昧乎其實，而不究古人制禮之意者也。古人所勉者，喪之實也，自盡於己者也；後世所加者，喪之文也，表暴於人者也。誠僞之相去何如哉！」

## 繼母如母

「繼母如母」，以配父也；「慈母如母」，以貴父之命也。然於其黨則不同矣。《服問》曰：「母出，則爲繼母之黨服。母死，則爲其母之黨服。爲其母之黨服，則不爲繼母之黨服。」鄭氏注曰：

「雖外親，亦無二統。」夫禮者，所以別嫌明微，非聖人莫能制之，此類是矣。〔原注〕《喪服小記》：「爲慈母之父母無服。」

## 爲所後者之祖父母妻妻之父母昆弟昆弟之子若子

此因爲人後而推言之。所後者有七等之親，皆當如禮而爲之服也。所後之祖，我之曾祖也；父母，我之祖父母也；妻，我之母也；妻之父母，我之外祖父母也，因妻而及，故連言之，取便文也；昆弟，我之世叔父也；昆弟之子，我之從父昆弟也。若，及也，若子，我之從父昆弟之子也。《正義》謂「妻之昆弟、妻之昆弟之子」者，非。〔原注〕鄭以「若子」爲「如親子」，但篇末又有「兄弟之子若子」之文，當同一解。

## 女子子在室爲父

鄭氏注言：「在室者，關已許嫁。」關，該也。謂許嫁而未行，遭父之喪，亦當爲之「布總，箭笄，髽，三年」也。《内則》曰「有故二十三年而嫁」，《曾子問》「孔子曰：『女在塗，而女之父母死，則女反』」是也。

## 慈母如母

「慈母」者何也？子幼而母死，養於父妾，父卒，爲之三年，所以報其鞠育之恩也。然而必待父命者，此又先王嚴父而不敢自專其報之義也。「父命妾曰：女以爲子。」謂憐其無母，視之如子，長之育之，非立之以爲妾後也。《喪服小記》以爲「爲慈母後」，則未可信也。〔汝成案〕「爲慈母後」云者，主其祭而已，非立爲後也。慈母既無子，而養育之恩隆，斬然無祀，非禮意矣。

《禮記・曾子問》篇：「子游問曰：『喪慈母如母，禮與？』孔子曰：『非禮也。古者男子外有傳，内有慈母。君命所使教子也，〔原注〕此與《喪服》所言「慈母」不同。〔汝成案〕妾母，以妾爲生母者；慈母，以妾爲慈母者，而皆不世祭。有不同於母者安在耶？經文「慈母如母」，謂如妾母耳，非謂如適母也；「繼母如母」，則如適母矣。如之云者，視子之素所爲母者何如也。何服之有？昔者魯昭公少喪其母，有慈母良。及其死也，公弗忍也，欲喪之。有司以聞，曰：「古之禮，慈母無服。今也君爲之服，是逆古之禮而亂國法也。若終行之，則有司將書之以遺後世，無乃不可乎！」公曰：「古者天子練冠以燕居，吾弗忍也。」遂練冠以喪慈母。喪慈母，自魯昭公始也。』」然但練冠以居，則異於如母者矣，而孔子以爲非禮。

《南史・司馬筠傳》：梁天監七年，安成國太妃陳氏薨，詔禮官議皇子慈母之服。❶ 筠引鄭玄説

❶「皇子」，原作「皇太子」，今據《南史・司馬筠傳》改。

服止卿大夫，不宜施之皇子。武帝以爲不然，曰：「《禮》言『慈母』有三條。一則妾子無母，使妾之無子者養之，命爲母子，❶服以三年，《喪服》『齊衰』章所言『慈母如母』是也。二則嫡妻子無母，使妾養之，雖均乎慈愛，但嫡妻之子，妾無爲母之義，而恩深事重，故服以小功，《喪服》「小功」章所以不直言慈母，而云『庶母慈己』者，〔原注〕文曰「庶母」，則知其爲嫡妻之子矣。明異於三年之慈母也。其三則子非無母，擇賤者視之，義同師保，而不無慈愛，故亦有『慈母』之名，師保無服，則此慈母亦無服矣。《内則》云：『擇於諸母與可者，使爲子師。其次爲慈母，其次爲保母。』此其明文言『擇諸母』，是擇人而爲此三母，非謂擇取兄弟之母也。子游所問，自是師保之慈，非三年小功之慈也。故夫子得有此荅，豈非師保之慈母無服之證乎？鄭玄不辨三慈，混爲訓釋，引彼無服，以注『慈己』，後人致謬，實此之由。」於是筠等請依制改定嫡妻之子，母没爲父妾所養，服之五月，貴賤竝同，以爲永制。

《喪服小記》曰：「爲慈母之父母無服。」注曰：「恩所不及故也。」又曰：「慈母與妾母不世祭也。」然則雖云「如母」，有不得盡同於母者矣。

---

❶ 「母子」，原作「子母」，今據《南史·司馬筠傳》乙正。

## 出妻之子爲母

「出妻之子爲母。」此經文也。「傳曰：『出妻之子爲母期，則爲外祖父母無服。』」此子夏傳也。「傳曰：『絶族無施服，親者屬。』」此傳中引傳，援古人之言以證其無服也，當自爲一條。「出妻之子爲父後者，則爲出母無服。」此又經文也。「傳曰：『與尊者爲一體，不敢服其私親也。』」此子夏傳也，當自爲一條，今本乃誤連之。〔汝成案〕連之不誤，經文之例如是也。

## 父卒繼母嫁

「父卒，繼母嫁，從。」「從」字句，謂年幼不能自立，從母而嫁也。母之義已絶於父，〔原注〕下章云「妻不敢與焉」是也。故不得三年；而其恩猶在於子，不可以不爲之服也。〔原注〕繼母本非屬毛離裏之親，以其配父而服之如母爾。故王肅曰：「從乎繼而寄育，則爲服，不從則不服。」報者，母報之也，兩相爲服也。

## 有適子者無適孫

冢子，身之副也。家無二主，亦無二副，故有適子者無適孫。唐高宗有太子而復立太孫，非矣。

## 爲人後者爲其父母

「爲人後者，爲其父母」，此臨文之不得不然，《隋書》劉子翊云「『其』者，因彼之辭」是也。後儒謂以所後爲父母，而所生爲伯叔父母，於經未有所攷，亦自「尊無二上」之義而推之也。宋歐陽氏據此文，以爲聖人未嘗没其父母之名，辨之至數千言，然不若趙瞻之言「辭窮直書」爲簡而當也。〔原注〕《宋史・趙瞻傳》：中書請濮安懿王稱親，瞻争曰：「仁宗既下明詔子陛下，議者顧惑禮律所生所養之名，妄相訾難。彼明知禮無兩父貳斬之義，敢裂一字之辭，以亂厥真。且文有去婦、出母者，去已非婦，出不爲母，辭窮直書，豈足援以斷大義哉！臣請與之廷辨，以定邪正。」《石林燕語》：「濮議廷臣既皆欲止稱皇伯，歐陽文忠力詆以爲不然，因引《儀禮》及《五服敕》云：『爲人後者爲其父母，則是雖出繼而於本生猶稱父母也。』時未有能難之者。司馬君實在諫院，獨疏言：『爲人後而言父母，此因服立文，舍父母則無以爲稱，非謂其得稱父母也。』」〔楊氏曰〕歐陽公既據此甚力，故《五代史》晋出帝謂敬儒爲皇伯父，而公深辨之。〔莊侍郎曰〕生不奪其父母之名也，死則降其父母之服也。生則養之以己之養，死則己不得爲喪主焉。按經文言「其父母」「其昆弟」者，大抵皆私親之辭。〔汝成案〕曾子固《爲人後議》曰：「或謂當易其父母之名，從所後者爲屬，是未知考於禮也。聖人制禮，爲其父母期，使足以明所後者重而已，非遂以謂當變其親也。親非變，則名固不得而易也。又崔凱《喪服駁》曰：『本親有自然之恩，降一等則足以明所後者爲重，無緣乃絶之矣。』夫未嘗以謂可以絶其親，而輒謂可以絶其名，是亦惑矣。尊尊親親，其義一也，未有可以廢其一者。故爲人後者，爲之降其父母之服，禮則有之矣。爲之絶其父母之名，則禮未之有也。故《禮・喪服》『齊衰不杖期』章曰『爲人後，爲其父母報』，此見於經『爲人後者於其本親稱父母』之明文也。漢蔡義以謂宣帝親謚宜曰悼，魏相以謂宜稱尊號曰皇考，立廟。後世議者以其稱皇立廟爲非，至于稱親稱考則未嘗有以爲非者也。其後魏明帝尤惡爲人後者厚其本親，故非漢宣帝加悼考以皇稱。又謂後嗣有由諸侯入繼正統者，皆不得謂考爲皇，稱妣爲后。蓋亦但禁其猥加非正之號，而未嘗廢其考妣之稱。又晋王坦之《喪服議》曰：『罔極之重，非制教之所裁；昔日之名，非一朝之所去。』此出後之身所以有服本親也。又曰：『情不可奪，名不可廢，崇本敘恩，所以爲降。』則知爲人後者，未有去其所出父母之名。此古今之常理，故坦之引以爲制服之證。是則爲人後者之親見于經，見于前世議論，謂之父母，謂之考妣者，其大義如此，明文如此。至見于他書及史官之記，亦謂之父母，謂之考妣，謂之私考妣，謂之本親，謂之親者，則不可一二數。而以謂世父、叔父者，則不特禮未之有，載籍以來固未之有也。或謂爲人後者，於其本親稱父母，則爲兩統二父，其可乎？夫兩統二父者，謂加考以皇號，立廟奉祀，是不一于正統，懷貳於所後，所以著其非，而非謂不變革其父母之名也。夫考者，父殁之稱。然施于禮者，有朝廷典册之文，有宗廟祝祭之辭而已。若不加位號，則無典册之文；不立廟奉祀，則無祝祭之辭。則雖正其名，豈有施于事者？顧言之不可不順而已。」〔胡氏曰〕濮議一案，以「子無爵父」一語奪人主天性，罔極之恩，勢不免齟齬無當耳。當時中書所據者《儀禮・喪服》之文，不思所云「爲其父母」者乃詞窮而無可易，故道其實以成文，不當舉以爲據也。又引宣帝、光武皆稱父爲皇考，其説近是。然宣帝、光武不及所繼之嫌，故得遂其尊稱。濮議之時，太后固在也。進濮王爲皇考，置太后何地？惜此論未決而罷，使後生不見禮義之準則也。愚謂人情隆於所生，未爲大失，然不可謂非私也。爲臣子者必欲求其據於典禮，以明其非私，故其説多穿鑿附會。避私之名，而有失禮之實，非愛君也。若俟太后崩，然後以所生皇考爲定名，明示天下，以不容已之情，則於禮無憾也。若明之睿宗，猶唐之讓帝、元之裕宗，未嘗一日爲君，自不能亂正統，禮之秩序固在也。兩統之説，毋乃太激。

《黄氏日鈔》曰：「歐公被陰私之謗，皆激於當日主濮議之力。公集《濮議》四卷，又設爲或問以發明之，滔滔數萬言，皆以《禮經》『爲其父母』一語，謂未嘗因降服而不稱父母耳。然既明言所後者三年，而於所生者降服，則『尊無二上』明矣。謂所生父母者，蓋本其初而名之，非有兩父母也。未爲人後之時，以生我者爲父母；已爲人後，則以命我者爲父母。立言者於既命之後，而追本生之稱，自宜因其舊以父母稱，未必其人一時並稱兩父母也，公亦何苦力辨而至於困辱危身哉！況帝王正統，相傳有自，非可常人比邪？」

觀先朝嘉靖之事，❶至於入廟稱宗，而後知聖人制禮，别嫌明微之至也。永叔博聞之儒，而未見及此。學者所以貴乎格物。

「爲人後者，爲其父母，報」，謂所生之父母，報之亦爲之服期也，重其繼大宗也，故不以出降。

## 繼父同居者

夫物之不齊，物之情也。雖三王之世，不能使天下無孤寡之人，亦不能使天下無再適人之婦，

❶「先」，據《校記》，鈔本作「本」；「朝」下，鈔本有「有」字。

且有前後家、東西家而爲喪主者矣。假令婦年尚少，夫死而有三五歲之子，則其本宗大功之親自當爲之收恤。又無大功之親，而不許之從其嫁母，則轉於溝壑而已。於是其母所嫁之夫，視之如子而撫之，以至於成人，此子之於若人也名之爲何？不得不稱爲「繼父」矣。長而同居，則爲之服齊衰期。先同居而後别居，則齊衰三月，以其撫育之恩次於生我也。爲此制者，所以寓恤孤之仁，而勸天下之人不獨子其子也。若曰「以其貨財爲之築宫廟」，此後儒不得其説而爲之辭。

### 宗子之母在則不爲宗子之妻服也

《正義》謂母年未七十尚與祭，非也。《祭統》曰：「夫祭也者，必夫婦親之。」是以「舅殁則姑老」，〔原注〕《内則》。明其不與祭矣。〔原注〕夫人亞祼，母不可以亞子，故老而傳事。雖老，固嘗爲主祭之人。而禮無二敬，故爲宗子之母服，則不爲妻服。

杜氏《通典》有「夫爲祖、曾祖、高祖父母持重，妻從服議」一條，云：「孔瑚問虞喜曰：『假使玄孫爲後，玄孫之婦從服期；曾孫之婦尚存，纔緦麻。近輕遠重，情實有疑。』喜荅曰：『有嫡子者無嫡孫。又，若爲宗子母服，則不服宗子婦。以此推之，若玄孫爲後，而其母尚存，玄孫之婦猶爲庶，不得傳重。傳重之服，理當在姑矣。』宋庾蔚之〔原注〕《唐志》：庾蔚之注《喪服要記》五卷。謂：『舅殁則姑老，是授祭事於子婦；至於祖服，自以姑爲嫡。』」與此條之意互相發明。

## 君之母妻

與民同者，爲其君齊衰三月也。不與民同者，君之母妻，民不服，而嘗仕者獨爲之服也。古之卿大夫有見小君之禮，〔原注〕如成公九年「季文子如宋致女。復命，公享之，穆姜出於房再拜」是也。而妻之爵服，則又君夫人命之，是以不容無服。

## 齊衰三月不言曾祖已上

宋沈括《夢溪筆談》曰：「《喪服》但有曾祖、曾孫，而無高祖、玄孫。或曰『經之所不言，則不服』，是不然。曾，重也。自祖而上者皆曾祖也，自孫而下者皆曾孫也，雖百世可也。苟有相逮者，則必爲服喪三月。故雖成王之於后稷，亦稱曾孫，而祭禮祝文，無遠近皆曰『曾孫』。」《禮記・祭法》言「適子、適孫、適曾孫、適玄孫、適來孫」。《左傳》王子虎盟諸侯，亦曰「及而玄孫，無有老幼」。〔原注〕僖公二十八年。玄孫之文見於《記》《傳》者如此。〔原注〕《史記・孟嘗君傳》：「孫之孫爲何？曰爲玄孫。」然宗廟之中竝無此稱。《詩・維天之命》「駿惠我文王，曾孫篤之」，鄭氏箋曰：「曾，猶重也。自孫之子而下，事先祖皆稱曾孫。」《禮記・郊特牲》「稱曾孫某」注：「謂諸侯事五廟也，於曾祖已上，稱『曾孫』而已。」〔原注〕《信南山》正義：「自曾祖以至無窮，皆得稱曾孫。」《左傳》哀公二年，衛太子禱文王，稱「曾孫蒯聵」。《晉書・鍾雅傳》元帝詔曰：「禮：事宗廟，自曾孫已下皆稱曾孫，義取於重孫，可歷世共其名，無所改也。」

曾祖父母齊衰三月，而不言曾祖父之父母，〔原注〕後人謂之高祖。非經文之脱漏也，蓋以是而推之矣。凡人祖孫相見，其得至於五世者鮮矣。壽至八九十而後可以見曾孫之子，百有餘年而曾孫之子之子亦可見矣。人之壽以百年爲限，故服至五世而窮。苟六世而相見焉，其服不異於曾祖也。經於曾祖已上不言者，以是而推之也。〔原注〕晋徐農人問殷仲堪，謂「假如玄孫持高祖重，來孫都無服」，及《賀循傳》謂「高祖已上五世、六世無服之祖」者，竝非。觀於祭之稱「曾孫」，不論世數，而知「曾祖」之名統上世而言之矣。〔汝成案〕諸侯祭四親，曾、高二代可竝稱「曾孫」歟？有繼高祖之宗，「高祖」之名，非起後代也。《喪服》本士禮，而間及于大夫，大夫祭三世，或就大夫言之歟？

## 兄弟之妻無服

「謂弟之妻婦者，是嫂亦可謂之母乎？」〔原注〕《記・大傳》文同。蓋言兄弟之妻不可以母子爲比。以名言之，既有所閡而不通；以分言之，又有所嫌而不可以不遠。《記》曰：「嫂叔之無服也，蓋推而遠之也。」夫外親之同爨猶緦，而獨兄弟之妻不爲制服者，以其分親而年相亞，故聖人嫌之。嫌之故遠之，而大爲之坊，〔原注〕《曲禮》：「嫂叔不通問。」不獨以其名也，此又傳之所未及也。〔汝成案〕傳曰：「其夫屬乎父道者，妻皆母道也。其夫屬乎子道者，妻皆婦道也。」言外見昆弟之妻，非母、非婦，其近于妻道矣。名不正則嫌生，舉彼見此，從容不迫，此其所以爲聖門之文耳，非未及也。存其恩於娣姒，而斷其義於兄弟，夫聖人之所以處此者精矣。〔原注〕《大傳》疏曰：「有從有服而無服，嫂叔是也；有從無服而有服，娣姒是也。」

嫂叔雖不制服，然而曰「無服而爲位者，惟嫂叔」。〔原注〕《奔喪》。「子思之哭嫂也，爲位」，〔原注〕《檀弓》。何也？曰是制之所抑，而情之所不可闕也。然而鄭氏曰「正言嫂叔，尊嫂也。若兄公與弟之妻，則不能也」。〔原注〕《正義》曰：「兄公於弟妻不爲位者，卑遠之。弟妻於兄公不爲位者，尊絶之。」此又足以補《禮記》之不及。〔原注〕《檀弓》言「嫂叔之無服」，《雜記》言「嫂不撫叔，叔不撫嫂」，是兼兄公與弟妻。

## 先君餘尊之所厭

「尊尊」「親親」，周道也。諸侯有一國之尊，爲宗廟社稷之主，既没而餘尊猶在，故公之庶子於所生之母，不得伸其私恩爲之大功也。大夫之尊不及諸侯，既没，則無餘尊，故其庶子於父卒，爲其私親，竝依本服如邦人也。親不敵尊，故厭；尊不敵親，故不厭。此諸侯、大夫之辨也。後魏廣陵侯衍爲徐州刺史，「所生母雷氏卒，表請解州。詔曰：『先君餘尊之所厭，《禮》之明文。季末陵遲，斯典或廢。侯既親王之子，宜從餘尊之義，便可大功。』」饒陽男遥官左衛將軍，「遭所生母憂，表請解任，詔以餘尊所厭，不許」。

晋哀帝欲爲皇太妃服三年，僕射江彪啓：「於禮應服緦麻。」又欲降服期，彪曰：「厭屈私情，所以上嚴祖考。」乃服緦麻。〔原注〕胡三省曰：「以帝入後大宗，則太妃乃琅邪國母，當以服諸侯者服之也。」

## 貴臣貴妾

此謂大夫之服。「貴臣，室老士也；貴妾，姪娣也」，皆有相助之義，故爲之服緦。《穀梁傳》曰：「姪娣者，不孤子之意也。」古者大夫亦有姪娣，《左傳》「臧宣叔娶於鑄，生賈及爲而死，繼室以其姪生紇」是也。備六禮之制，合二姓之好，從其女君而歸焉，故謂之「貴妾」。〔原注〕雷次宗曰：「姪娣貴而大夫尊輕，故服。至於餘妾，出自凡庶，故不服。」士無姪娣，故《喪服小記》曰：「士妾有子而爲之緦。」然則大夫之妾雖有子，猶不得緦也。惟夫「有死於宮中者，則爲之三月不舉祭」，近之矣。

唐李晟夫人王氏無子，妾杜氏生子愿，詔以爲嫡子。及杜之卒也，贈鄭國夫人，而晟爲之服緦。議者以爲，準《禮》士妾有子而爲之緦，《開元新禮》無是服矣，而晟擅舉復之，頗爲當時所誚。〔原注〕《册府元龜》。今之士大夫緣飾禮文而行此服者，比比也。〔汝成案〕詔爲嫡子，則杜氏乃無子之妾矣。李晟之服，朝廷之贈，皆非也。然朝廷既以杜生子而贈之夫人，則李亦宜服。何也？以士，則有子者也；以大夫，則貴妾也。

## 外親之服皆緦

「外親之服皆緦。」外祖父母以尊加，故小功；從母以名加，故小功。〔原注〕《大傳》：「服術有六，三曰名。」此謂母之兄弟異德異名，母之姊妹同德同名。庾蔚之云：「男女異長，母之在室，與其姊妹有同居共席之禮，故許其因母名以加服。」唐玄宗開元二十三年制：令禮官議加服制。太常卿韋縚請加外祖父母服至大功九月，舅服至小功五月，堂姨、堂舅、舅母服至袒免。太子賓客崔沔議曰：「禮教之設，本於正家，家正而天下定矣。正家之道不可以貳，總一定義，理歸本宗。所以父以尊崇，母以厭降，内有齊斬，外服皆緦，尊名所加，不過一等，此先王不易之道，其來久矣。昔辛有適伊川，見被髮而祭於野者，曰：『不及百年，此其戎乎！其禮先亡矣。』貞觀修禮，特改舊章，漸廣渭陽之恩，不遵洙泗之典。及弘道之後，唐元之間，〔原注〕韋氏殺中宗，立温王重茂，改元唐隆。今避玄宗御名上字故稱唐元。國命再移於外族矣，禮亡徵兆，儻見於斯。開元初，補闕盧履冰嘗進狀論喪服輕重，敕令僉議。於時羣議紛拏，各安積習，太常禮部奏依舊定。陛下運稽古之思，發獨斷之明，特降别敕，一依古禮。事符典故，人知向方，式固宗盟，社稷之福。更圖異議，竊所未詳。願守八年明旨，以爲萬代成法。」職方郎中韋述議曰：「天生萬物，惟人最靈。所以尊尊親親，别生分類，存則盡其愛敬，殁則盡其哀戚。緣情而制服，考事而立言，往聖討論，亦已勤矣。上自高祖，下至玄孫，以及其身，謂之九族。由近而及遠，稱情而立文，差其輕重，遂爲五服。雖則或以義降，或以名加，教有所從，理不踰等。百王不易，三代可知。若以匹敵言之，外祖則祖也，舅則伯叔父之列也。父母之恩不殊，而獨殺於外氏者，所以尊祖禰而異於禽獸也。且家無二尊，喪無二斬。持重於大宗者，降其小宗。爲人後者，減其父母之服。女子出嫁，殺其本家之喪。蓋所存者遠，所抑者私也。今若外祖及舅更加服一等，堂舅及姨列於服紀之内，則中外之制相去幾何？廢禮徇情，所務者末。且五服有上殺之義，必循原本，方及條流。伯叔父母本服大功九月，〔原注〕今伯叔父母期是加服。〔汝成案〕《喪服》篇：「世父母、叔父母皆服期。」韋述云「本服大功」已誤，先生釋云「今服期是加服」，尤失經義。從父昆弟亦大功九月，並以上出於祖，其服不得過於祖也。從祖祖父母、從祖父母、從祖昆弟皆小功五月，以出於曾祖，服不得過於曾祖也。〔沈氏曰〕曾祖舊服齊衰三月，今言小功五月者，唐太宗所增也。族祖祖父母、族祖父母、族祖昆弟皆緦麻三月，以出於高祖，服不得過於高祖也。堂舅姨既出於外曾祖，若爲之制服，則外曾祖父母及外伯叔祖父母，亦宜制服矣。外祖加至大功九月，則外曾祖父母合至小功，外高祖合至緦麻。若舉此而舍彼，事則不均；棄親而録疏，理則不順。推而廣之，則與本族無異矣。且服皆有報，則堂外甥、外曾孫、姪女之子皆須制服矣。聖人豈薄其骨肉，背其恩愛。蓋本於公者薄於私，存其大者略其細，義有所斷，不得不然。苟可加也，亦可減也，往聖可得而非，則禮經可得而隳矣。先王之制，謂之彝倫，奉以周旋，猶恐失墜，一紊其敘，庸可止乎？」禮部員外郎楊仲昌議曰：「按《儀禮》爲舅緦，鄭文貞公魏徵議同從母例，加至小功五月。〔原注〕詳具下條。雖文貞賢也，而周、孔聖也，以賢改聖，後學何從？今之所請，正同徵論。如以外祖父母加至大功，豈不加報於外孫乎？外孫爲報，服大功，則本宗庶孫又用何等服邪？竊恐内外乖序，親疎奪倫，情之所沿，何所不至。昔子路有姊之喪而不除。孔子曰：『先王制禮，行道之人皆不忍也。』子路除之。此則聖人援事抑情之明例也。《記》不云乎：『毋輕議禮！』」時玄宗手敕再三，竟加舅服爲小功，舅母緦麻，堂姨堂舅祖免。宣宗舅鄭光卒，詔罷朝三日。御史大夫李景讓上言：「人情於外族則深，於宗廟則薄。所以先王制禮，割愛厚親。士庶猶然，況於萬乘。親王、公主，宗屬也；舅氏，外族也。今鄭光輟朝日數與親王、公主同，非所以别親疏、防僭越也。」優詔報之，乃罷兩日。夫由韋述、楊仲昌之言，可以探本而尊經；由崔沔、李景讓之言，可以察微而防亂。豈非能言之士深識先王之禮，而亦目見武、韋之禍，思永監於將來者哉！

宗廟之制，始變於漢明帝；服紀之制，始變於唐太宗。皆率一時之情，而更三代之禮，後世不學之主，踵而行之。

## 唐人增改服制

唐人所議服制，似欲過於聖人。嫂叔無服，太宗令服小功；曾祖父母舊服三月，增爲五月；嫡子婦大功，增爲期；衆子婦小功，增爲大功；舅服緦，增爲小功。〔原注〕《新唐書》：「初，太宗嘗以同爨緦而嫂叔乃無服，舅與從母親等而異服，詔侍中魏徵、禮部侍郎令狐德棻等議：『舅爲母族，姨乃外戚他姓。舅服一時，姨乃五月，古人未達者也。於是服曾祖父母齊衰三月者，增以齊衰五月。適子婦大功，增以期。衆子婦小功，增以大功。嫂叔服以小功五月報。弟妻及夫兄同。舅服緦，增以小功。』然《律疏》舅報甥，服猶緦。顯慶中，長孫無忌以爲甥爲舅服同從母，則舅宜進同從母報。又古庶母緦，今無服，且庶母之子，昆弟也，爲之杖齊，是同氣而吉凶異，自是亦改服緦。」父在爲母服期，高宗增爲三年。婦爲夫之姨舅無服，玄宗令從夫服，又增舅母緦麻，堂姨舅袒免。而弘文館直學士王元感，遂欲增三年之喪爲三十六月。〔原注〕《舊唐書·張柬之傳》。何休注《公羊傳》言：「魯文公亂聖人制，欲服喪三十六月。」皆務飾其文，欲厚於聖王之制，而人心彌澆，風化彌薄。不探其本而妄爲之增益，亦未見其名之有過於三王也。是故知廟有二主之非，則叔孫通之以益廣宗廟爲大孝者絀矣；知喪不過三年，示民有終之義，則王元感之服三十六月者絀矣；知親親之殺，禮所由生，則太宗、魏徵所加嫂叔諸親之服者絀矣。《唐書·禮樂志》言：「禮之失也，在於學者好爲曲説，而人君一切臨時申其私意，以增多爲盡禮，而不知煩數之爲黷也。」子曰：「道之不明也，賢者過之。」夫賢者率情之偏，猶爲悖禮，而況欲以私意求過乎三王者哉！〔原注〕《記》曰：「始死三日不怠，三月不解，期悲哀，三年憂，恩之殺也。聖人因殺以制節，此喪之所以三年。賢者不得過，不肖者不得不及，此喪之中庸也。」

宋熙寧五年，中書門下議不祧僖祖。祕閣校理王介上議曰：「夫物有無窮，而禮有有限。以有限制無窮，此禮之所以起，而天子所以七廟也。今夫自考而上何也？必曰祖。自祖而上何也？必曰曾祖。自曾祖而上何也？必曰高祖。自高祖而上又何也？必曰不可及見，則聞而知之者矣。今欲祖其祖而追之不已，祖之上又有祖，則固有無窮之祖矣。聖人制爲之限，此天子七廟所以自考廟而上，至顯祖之外而必祧也。自顯祖之外而祧，亦猶九族至高祖而止也，皆以禮爲之界也，五世而斬故也。喪之三年也，報罔極之恩也，以罔極之恩爲不足報，則固有無窮之報乎？何以異於是！故喪之罔極而三年也，族之久遠而九也，廟之無窮而七也，皆先王之制，弗敢過焉者也。

《記》曰：『品節斯，斯之謂禮。』《易》於《節》之《象》曰：『君子以制度數，議德行。』」唐、宋之君豈非昧於節文之意者哉！〔楊氏曰〕王介甫欲以僖祖爲太祖之廟，百世不遷，而朱子亦如其議，此最不可解。

貞觀之喪服，開元之廟謚，與始皇之狹小先王之宮廷而作爲阿房者，同一意也。

**報於所爲後之兄弟之子若子**〔汝成案〕「報」字屬上讀，先生屬下句，非是。

「所後者」，謂所後之親。〔原注〕「上斬」章言「所後者」是也。鄭注衍一「爲」字。「所爲後」，謂出而爲後之人。

爲人後者，於兄弟降一等，自期降爲大功也。兄弟之子，報之亦降一等，亦自期降爲大功也。「若子」者，兄弟之孫，報之亦降一等，自小功降而爲緦也。〔汝成案〕昆弟，兄弟，經、《記》義别。經所云昆弟，期親也。《記》所云兄弟，小功下也。是以康成注曰：「族親於兄弟降一等。」自小功降爲緦，非自期降爲大功也。「若子」之義與「斬衰」章同。康成前注云「如親子」是也。先生解「若」作「及」，因於此條遂增出「兄弟之孫」，益乖《記》義矣。

**庶子爲後者爲其外祖父母從母舅無服**

與尊者爲一體，不敢以外親之服而廢祖考之祭，故絀其服也。言母黨，則妻之父母可知。

## 考降

考，父也。既言父又言考者，猶《易》言「幹父之蠱，有子，考无咎」也。「降」者，骨肉歸復於土也。《記》曰：「體魄則降。」人死則魂升於天，魄降於地。《書》曰「禮陟配天」，「陟」言升也；又曰「放勳乃徂落」，「落」言降也。然而曰「文王陟降」，何也？神無方也，可以兩在而兼言之。

## 噫歆

《士虞禮》「聲三」注：「聲者，噫歆也，將啓户，警覺神也。」《曾子問》「祝聲三」注：「聲，噫歆，警神也。」蓋歎息而言：神其歆我乎？猶《詩》「顧予烝嘗」之意也。喪之「皋某復」，祭之「噫歆」，皆古人命鬼之辭。〔原注〕《正義》曰：「直云祝聲，不知作何聲。按《論語》云：顔淵死，子曰：『噫，天喪予！』《檀弓》云：公肩假曰：『噫！』是古人發聲多云『噫』，故知此聲亦謂『噫』也。凡祭祀，神之所享謂之歆，今作聲欲令神歆享，故云：『歆，警神也。』」

《既夕禮》「聲三」注：「舊説以爲噫興也。」噫興者，歎息而欲神之興也。噫歆者，歎息而欲神之歆也。

# 日知録集釋卷六

崑山顧炎武著　嘉定後學黄汝成集釋

## 毋不敬

「毋不敬，儼若思，安定辭」，修己以敬也；「安民哉」，修己以安人也。「儼若思，安定辭」，何以安民？子曰：「危以動，則民不與也。懼以語，則民不應也。」《詩》云：「彼都人士，狐裘黄黄，其容不改，出言有章。行歸于周，萬民所望。」

## 女子子

「女子子」，謂己所生之子，若兄弟之子；言女子者，别於男子也。〔原注〕猶《左氏》言「女公子」。古人謂其女亦曰子，《詩》曰「齊侯之子，衛侯之妻」，《論語》曰「以其子妻之」是也。此章言男女之别，故加「女子」於「子」之上以明之。下乃專言兄弟者，兄弟至親，兄弟之於姊妹猶弗與同席同器，而況於姑乎？況於女子子乎？不言從子，不言父，據兄弟可知也。《喪服小記》言：「女子子在室，爲父母杖。」然則女子子爲己所生之子明矣。〔原注〕胡氏謂重言「子」衍文，黄氏以爲女子之子，皆非。

〔楊氏曰〕對姑而言，不曰從子，當曰姪，《左氏》「姪其從姑」是也。古人不謂兄弟之子曰姪，姪者對姑之辭，男女同。

《内則》曰：「七年男女不同席，不共食。」則不待已嫁而反矣。

## 取妻不取同姓

姓之爲言，生也。〔原注〕《左傳》昭四年：「問其姓，對曰：『余子長矣。』」《詩》曰：「振振公姓。」天地之化，專則不生，兩則生。故叔詹言：「男女同姓，其生不蕃。」〔原注〕《晋語》曰：「同姓不昏，懼不殖也。」而子産之告叔向云：「内官不及同姓，美先盡矣，則相生疾。」晋司空季子之告公子曰：「異德合姓。」鄭史伯之對桓公曰：「先王聘后於異姓，務和同也。聲一無聽，物一無文。」是知禮不娶同姓者，非但防嫌，亦以戒獨也。故《曲禮》「納女于天子，曰備百姓」。〔原注〕《吴語》：句踐請「一介嫡女執箕帚，以晐姓於王宫」。而《郊特牲》注云：「百官，公卿以下也。百姓，王之親也。」〔原注〕《吕刑》「官百族姓」傳：「族，同族。姓，異姓。」《易》曰：「男女睽而其志通也。」是以「王御不參一族」，其所以合陰陽之化，而助嗣續之功者微矣。

古人以異姓爲昏姻之稱，《大戴禮》：南宫縚，「夫子信其仁，以爲異姓」。謂以兄之子妻之也。《周禮·司儀》「時揖異姓」鄭氏注引此。

姓之所從來，本於五帝；五帝之得姓，本於五行，則有相配相生之理。故《傳》言：「有嬀之後，將育於姜。」又曰：「姬、姞耦，其生必蕃。」而後世五音族姓之説自此始矣。晉嵇康論曰：「五行有相生，故同姓不昏。」〔原注〕《舊唐書》吕才序《宅經》，謂：「五姓之説，本無所出。惟《堪輿經》黄帝對於天老，乃有五姓之言。」今攷《漢書·王莽傳》，卜者王况謂李焉：「君姓李，李者徵，徵，火也。」《後漢》蘇竟與劉龔書：「五七之家三十五姓，彭、秦、延氏不得與焉。」李雲上書：「高祖受命，至今三百六十四歲，君期一周，當有黄精代見，姓陳、項、虞、田、許氏，不可令此人居太尉、太傅典兵之官。」五姓之説，始見于此，蓋與讖記之文同起於哀、平之際。而《京房傳》：「房本姓李，推律自定爲京氏。」《白虎通》曰：「古者聖人吹律定姓，以記其族。」《爾雅翼》曰：「古者司商協名姓，人始生，吹律合之，定其姓名。」《易是謀類》曰：❶「黄帝吹律定姓。」《論衡》言孔子「吹律，自知殷宋大夫子氏之世」。則古人以律推姓，亦必有法。《潛夫論》言：「凡姓之有音也，必隨其本生祖所出也。大皞木精，承歲星而王，夫其子孫咸當爲角。神農火精，承熒惑而王，夫其子孫，咸當爲徵。黄帝土精，承填而王，夫其子孫咸當爲宫。少昊金精，承太白而王，夫其子孫，咸當爲商。顓頊水精，承辰而王，夫其子孫，咸當爲羽。雖號百變，音形不易。」此則五姓所以分屬五音之説，與春秋裨竈、史趙、史伯諸人之論大抵相同，不可謂其無本。宋時猶尚五音之説，《雲麓漫鈔》言：「永安諸陵皆東南地穹，西北地垂，東南有山，西北無山，角音所利如此。」〔楊氏曰〕人必出于五帝，則五帝時其民人都無後乎？五姓之説良不可信。〔汝成案〕《易緯》名《是類謀》，注誤。

春秋時最重族姓，至七國時則絶無一語及之者。正猶唐人最重譜諜，而五代以後則蕩然無存，

❶「易是謀類」，此下引文見中華書局影宋本《太平御覽》卷三六二所徵引，上冠書名作「易類謀」。

人亦不復問此。百餘年間，世變風移，可爲長歎也已。

## 父不祭子夫不祭妻

「父不祭子，夫不祭妻。」不但名分有所不當，而以尊臨卑，則死者之神亦必不安，故其當祭，則有代之者矣。此别是一條，説者乃蒙上「餕餘不祭」之文而爲之解，殆似山東人作「不徹薑食，不多食」義，即謂「不多食薑」，同一謬也。〔原注〕此謂平日四時之祭，若在喪，則祥禫之祭未嘗不行。〔汝成案〕特牲、少牢之禮，主祭者一人，無代之者。孫祔食于祖，婦祔食于姑，不容别有人執事。似以鄭説爲安。

## 檀　弓

讀《檀弓》二篇及《曾子問》，乃知古人於禮服講之悉而辨之明如此。《漢書》言夏侯勝善説禮服，蕭望之從夏侯勝問《論語》、禮服。唐《開元四部書目》，《喪服傳義疏》有二十三部。昔之大儒有專以喪服名家者，其去鄒魯之風未遠也。故蕭望之爲太傅，以《論語》、禮服授皇太子。宋元嘉末，徵隱士雷次宗詣京邑，築室於鍾山西巖下，爲皇太子諸王講《喪服》經。齊初，何佟之爲國子助教，爲諸王講《喪服》。陳後主在東宫，引王元規爲學士，親授《禮記》《左傳》《喪服》等義。魏孝文帝親爲羣臣講《喪服》於清徽堂。而《梁書》言始興王憺薨，昭明太子命諸臣共議，從明山賓、朱异之言，以「慕悼之辭，❶宜終服月」。〔原注〕梁、陳、北齊各有皇帝、皇后、太子、王侯已下喪禮之書，謂之《凶儀》。夫以至尊在御，不廢講求喪禮，異於李義府之言「不豫凶事」而去《國恤》一篇者矣。〔原注〕《舊唐書·李義府傳》：「初，《五禮儀注》自前代相沿，吉凶畢舉。太常博士蕭楚材、孔志約以皇室凶禮爲豫備凶事，非臣子所宜言。義府深然之，於是悉删而焚之。」《裴守真傳》：「爲太常博士。高宗崩，時無大行凶儀，守真與同時博士韋叔夏、輔抱素等討論舊事，創爲之。」《宋史·章衡傳》：「熙寧初，判太常寺，建言：『自唐開元纂修禮書，以《國恤》一篇爲豫凶事，删而去之，故不幸遇事，則捃摭墜殘，茫無所據。今宜爲《厚陵集禮》，以貽萬世。』從之。」

宋孝宗崩，光宗不能執喪，寧宗嗣服，已服期年喪，欲大祥畢更服兩月。監察御史胡紘言：「孫爲祖服，已過期矣，議者欲更持禫兩月，不知用何典禮？若曰嫡孫承重，則太上聖躬亦已康復，於宮中自行二十七月之重服，而陛下又行之，是喪有二孤也。」詔侍從、臺諫、給舍集議。時朱熹〔原注〕君前臣名。上議，以紘言爲非，而未有以折之。後讀《禮記正義·喪服小記》「爲祖後者」條，因自識於本議之末。其略云：「準《五服年月格》，斬衰三年，嫡孫爲祖，〔原注〕謂承重者。法意甚明。而《禮經》無文，傳云『父殁而爲祖後者服斬』，然而不見本經，未詳何據。但《小記》云『祖父卒，而後爲祖母後者三年』，可以傍照。至『爲祖後者』條下，疏中所引《鄭志》，乃有『諸侯父有廢疾，不任國政，不任喪事』之問，而鄭荅以『天子諸侯之服皆斬』之文，〔原注〕《儀禮·喪服》篇「不杖」章「爲君之祖父母」

❶ 「辭」，《梁書·昭明太子傳》作「解」。

下，疏亦引此趙商問荅。方見父在而承國於祖之服。向日上此奏時，無文字可檢，又無朋友可問，故大約且以禮律言之。亦有疑父在不當承重者，時無明白證驗，但以禮律人情大意荅之。心常不安，歸來稽攷，始見此説，方得無疑。乃知學之不講，其害如此，而《禮經》之文，誠有闕略，不無待於後人。向使無鄭康成，則此事終未有所斷決。不可直謂古經定制，一字不可增損也。」〔原注〕昔人謂「讀書未到康成，不敢輕議漢儒」，以此。嗚呼，若曾子、子游之倫，親受學於聖人，其於節文之變，辨之如此其詳也！今之學者生於草野之中，當禮壞樂崩之後，於古人之遺文一切不爲之討究，而曰「禮吾知其敬而已，喪吾知其哀而已」，以空學而議朝章，以清談而干王政，是尚不足以闚漢儒之里，而何以升孔子之堂哉！

《論語》之言「斯」者七十，而不言「此」。《檀弓》之言「斯」者五十有三，而言「此」者一而已。《大學》成於曾氏之門人，而一卷之中言「此」者十有九。語音輕重之間，而世代之别，從可知已。〔原注〕《爾雅》曰：「茲，斯，此也。」今攷《尚書》多言「茲」，《論語》多言「斯」，《大學》以後之書多言「此」。

## 太公五世反葬于周

太公，汲人也。聞文王作，然後歸周。史之所言，已就封於齊矣，其復入爲太師，薨而葬於周，事未可知。使其有之，亦古人因薨而葬不擇地之常爾。《記》以「首丘」喻之，亦已謬矣，乃云「比及五世，皆反葬于周」！夫齊之去周二千餘里，而使其已化之骨，跋履山川，觸冒寒暑，自東徂西，以葬於封守之外，於死者爲不仁。古之葬者祖於庭，塴於墓，反哭於其寢，故曰「葬日虞，弗忍一日離也」。使齊之孤重趼送葬，曠月淹時，不獲遵五月之制，速反而虞，於生者爲不孝。且也入周之境，而不見天子則不度；離其喪次，而以衰絰見則不祥；若其孤不行，而使卿攝之則不恭；勞民傷財則不惠。此數者無一而可。禹葬會稽，其後王不從，而殺之南陵有夏后皋之墓，豈古人不達禮樂之義哉！體魄則降，知氣在上，故古之事其先人於廟而不於墓，聖人所以知幽明之故也。然則太公無五世反葬之事明矣。〔原注〕《水經注·淄水》下有胡公陵，「青州刺史傅弘仁言得銅棺隸書處」。胡公，太公之玄孫，未嘗反葬於周。

## 扶君

「扶君，卜人師扶右，〔原注〕注：「卜當爲僕。」射人師扶左，君薨以是舉。」此所謂「男子不死於婦人之手」也。三代之世，侍御僕從罔非正人，綴衣虎賁皆惟吉士，與漢高之獨枕一宦者卧異矣。《春秋傳》曰：「公薨於小寢，即安也。」魏中山王衮疾病，令官屬以時營東堂，堂成，輿疾往居之。其得禮之意者與！

## 二夫人相爲服

「從母之夫，舅之妻，二夫人相爲服。」從母之夫與謂吾從母之夫者相爲服也，舅之妻與謂吾舅之妻者相爲服也。上不言妻之姊妹之子，下不言夫之甥，語繁而冗，不可以成文也。聞一知二，吾於《孟子》「以紂爲兄之子」言之。

## 同母異父之昆弟

同母異父之昆弟不當有服。子夏曰「我未之前聞也」，此是正説；而又曰「魯人則爲之齊衰」，則多此一言矣。狄儀從而行之，後人踵而效之。今之齊衰，狄儀之問也，以其爲大賢之所許也，然則魯人之前固未有行之者矣。是以君子無輕議禮。〔汝成案〕子夏謂「未之前聞」，是未聞其服之輕重，非謂竟無服也。爲父三年，則爲昆弟期；爲繼父期，則爲繼父之子大功。似合經例。魏王肅曰：「繼父同居服朞，則子宜大功也。」晉淳于睿曰：「游、夏文學之俊，曰大功，曰齊衰。二者推之，明非無服與緦可知。繼父非親，立廟祭祀，尚爲之期，以比同胞，豈有絶道？」

廣安游氏曰：「後世所承傳之禮，有出三代之末，❶沿禮之失而爲之者。不喪出母，古禮之正也。孔氏喪出母，惟孔子行之，而非以爲法。今禮家爲出母服齊衰、杖、期，此後世之爲，非禮之正也。〔汝成案〕《喪服經》：「出妻之子爲母期。」此周公所爲，非末失也，游氏殊失考。同母異父之昆弟，子游曰『爲之大功』，魯人爲之齊衰，亦非禮之正也。昔聖人制禮，教以人倫，使之父子有親，男女有别，

❶「三」，原作「二」，今據影印文淵閣《四庫全書》本衛湜《禮記集説》卷一八引游氏説改。

然後一家之尊知統乎父，而厭降其母；同姓之親，厚於異姓；父在則爲母服齊衰、期，出母則不爲服。後世既爲出母制服，則雖異父之子，以母之故，亦爲之服矣。此其失在乎不明父母之辨、一統之尊，不別同姓、異姓之親而致然也。及後世，父在而升其母三年之服，至異姓之服若堂舅、堂姨之類，亦相緣而升。夫禮者，以情義言也。情義者有所限止，不可偏給也。母統於父，嚴於父則不得不厭降於其母，厚於同姓則不得不降殺於異姓。夫是以父尊而母卑，夫尊而婦卑，君尊而臣卑，皆順是而爲之也。今子游欲以意爲之大功，此皆承世俗之失。失之之原，其來寖遠，後世不攷其原，而不能正其失也。」

## 子卯不樂

古先王之爲後世戒也至矣：欲其出而見之也，故「亡國之社以爲廟屏」；〔原注〕《穀梁傳》。欲其居而思之也，故「子卯不樂」，〔原注〕《檀弓下》。「稷食菜羹」。〔原注〕《玉藻》。而太史奉之以爲「諱惡」，〔原注〕《王制》。鄭氏注：「諱，先王名；惡，子卯日。」此君子安而不忘危，存而不忘亡之義也。漢以下人主莫有行之者。〔原注〕惟崔琰諫魏世子田獵，曾引此義。後周武帝天和元年五月甲午，詔曰：「道德交喪，禮義嗣興，褒四始於一言，美三千於爲敬。是以在上不驕，處滿不溢，富貴所以長守，邦國於焉乂安。故能承天静地，和民敬鬼，明竝日月，道錯四時。朕雖庸昧，有志前古。甲子、乙卯，《禮》云『不樂』。萇弘表昆吾之稔，杜蕢有揚觶之文。自世道喪亂，禮儀紊毁，此典茫然，已墜於地。

昔周王受命，請聞顓頊，廟有戒盈之器，室爲復禮之銘。矧伊末學，而能忘此！宜依是日省事停樂，庶知爲君之難，爲臣不易。貽之後昆，殷鑒斯在。」〔原注〕《春秋》莊公二十一年：❶「春王正月，肆大眚。」《公羊傳》作「大省」。何休注：「謂子卯日也。先王常以此日省吉事，不忍舉，又大自省敕，得無有此行乎？」「子」，甲子也；「卯」，乙卯也。古人省文，但言「子卯」。翼奉乃謂子爲貪狼，卯爲陰賊，「是以王者忌子卯，《禮經》避之，《春秋》諱焉」。此術家之説，非經義也。

## 君有饋焉曰獻

「仕而未有禄者，君有饋焉曰獻，使焉曰寡君」，示不純臣之道也。〔原注〕長樂陳氏曰：「賓之而弗臣，故有饋焉，不曰賜而曰獻。其將命之使，不但曰君，而曰寡君，若子思之仕衛、孟子之仕齊是也。注以『君有饋』爲『饋於君』者，非。」故哀公執摯以見周豐，而老萊子之於楚王自稱曰僕，〔原注〕《荀子》：「周公自言所執贄而見者十人。」蓋古之人君有所不臣，故九經之序，先尊賢而後敬大臣。尊賢，其所不臣者也。至若武王之訪于箕子，變「年」稱「祀」，不敢以維新之號臨之，恪舊之心，師臣之禮，又不可以尋常論矣。

---

❶「二十一年」，據《春秋》，下引文在「二十二年」。

## 郳婁考公

「郳婁考公之喪，徐君使容居來弔含。」注：「考公，隱公益之曾孫。考，或爲『定』。」按隱公當魯哀公之時，傳至曾孫考公，其去春秋已遠。而魯昭公三十年，「吴滅徐，徐子章羽奔楚，楚沈尹戌帥師救徐，弗及，遂城夷，使徐子處之」。是已失國而爲寓公，其尚能行王禮於鄰國乎？定公在魯文、宣之時，作「定」爲是。

## 因國

有「勝國」，有「因國」。《周禮・媒氏》「凡男女之陰訟，聽之於勝國之社」，《喪祝》「掌勝國邑之社稷之祝號」，《士師》「若祭勝國之社稷，則爲之尸」。《書序》言「湯既勝夏，欲遷其社」，又言「武王勝殷」，《左傳》「凡勝國曰滅之」，〔原注〕文公十五年。是也。〔原注〕《左傳》哀公十三年「今吴王有墨，國勝乎」注：「國爲敵所勝。」《王制》「天子諸侯祭因國之在其地而無主後者」，《左傳》子産對叔向曰「遷閼伯於商丘，主辰，商人是因。遷實沈於大夏，主參，唐人是因」，〔原注〕昭公元年。齊晏子對景公曰「昔爽鳩氏始居此地，季萴因之，有逢伯陵因之，蒲姑氏因之，而後太公因之」，〔原注〕昭公二十年。是也。〔原注〕「都宗人」注：「都或有山川及因國無主、九皇、六十四民之祀。」

## 文王世子

「文王之爲世子，朝于王季，日三。雞初鳴而衣服，至于寢門外。」不獨文王之孝，亦可以見王季之其勤也。爲父者未明而衣，則爲子者雞鳴而起矣。苟宴安自逸，又何怪乎其子之惰四支而不養也？是以《小宛》之詩，必曰「夙興夜寐」，而管寧三日晏起，自訟其愆。古人之以身行道者如此。〔楊氏曰〕禮家都云：「雞初鳴，咸盥漱。」早起是古人一件事。

## 武王帥而行之

文王之孝，可謂至矣。「武王帥而行之，不敢有加焉。」如三朝、食上、色憂、復膳之節，皆不敢有過於文王。此中庸之行，而凡後人之立意欲以過於前人者，皆有所爲而爲之也。故樂正子春之母死，五日而不食，曰：「吾悔之，自吾母而不得吾情，吾惡乎用吾情。」

## 用日干支

三代以前，擇日皆用干，《郊特牲》「郊日用辛，社日用甲」，〔原注〕《書・召誥》：「丁巳，用牲于郊。戊午，乃社于新邑。」而《月令》「擇元日，命民社」，鄭注謂「春分前後戊日」。則郊不必用辛，社不必用甲矣。《詩》「吉日惟戊，既伯既禱」，《穀梁傳》「六月上甲始庀牲，十月上甲始繫牲」，《月令》「仲春上丁命樂正習舞釋菜，仲丁命樂正入學習樂，季秋上丁命樂正入學習吹」，《春秋》「秋七月上辛大雩，季辛又雩」，《易・蠱卦》「先甲三日，後甲三日」，《巽》九五「先庚三日，後庚三日」之類是也。秦、漢以下，始多用支，如「午祖」「戌臘」「三月上巳祓除」〔原注〕張衡《南都賦》：「於是暮春之禊，元巳之辰。」及「正月剛卯」之類是也。《月令》「擇元辰，躬耕帝藉」，盧植説曰：「日，甲至癸也；辰，子至亥也。郊天，陽也，故以日；藉田，陰也，故以辰。」蔡邕《月令章句》云：「日，幹也。辰，支也。有事於天用日，有事於地用辰。」此漢儒之説。攷之經文，無用支之證。〔原注〕《夏小正》：「二月丁亥，萬用入學。」二月不必皆有丁亥，蓋夏后氏始行此禮之日值丁亥而用之也。猶《郊特牲》言郊之用辛也，周之始郊，日以至，言周人以日至郊，適值辛日，謂以支取亥者，非。

## 社日用甲

《月令》「擇元日，命民社」，注：「祀社日用甲。」據《郊特牲》文「日用甲，用日之始也」，《正義》曰：「《召誥》『戊午，乃社于新邑』，用戊者，周公告營洛邑位成，非常祭也。」《墨子》云「吉日丁卯，周代祝社」，疑不可信。〔原注〕《禮》「外事用剛日」，「丁卯」非也。漢用午，魏用未，晋用酉，各因其行運。潘尼《皇太子社》詩：「孟月涉初旬，吉日惟上酉。」則不但用酉，又用孟月。唐武后長壽元年制「更以九月爲社」，玄宗開元十八年詔「移社日就千秋節」，皆失古人用甲之義矣。

## 不齒之服

道二，仁與不仁而已矣。出乎吉則入乎凶。惰游之士，縞冠垂緌；不齒之人，玄冠縞武。以其爲自吉而之凶之人，故被之以不純吉而雜乎凶之服。

## 爲父母妻長子禫

禫者，終喪之祭。父母之喪，中月而禫，固已，妻與長子何居？夫不有祖父母、伯叔父母及昆弟乎？曰：夫爲妻，父爲長子，喪之主也。服除而禫，非夫非父，其誰主之？若祖父母、伯叔父母及兄弟，則各有主之者矣，故不禫。

父在爲母，則從乎父而禫。

## 爲殤後者以其服服之

「爲殤後者，以其服服之。」殤無爲人父之道，而有爲殤後者，此禮之變也。謂大宗之子未及成人而殤，取殤者之兄弟若兄之子以爲後，則以爲人後之服而服之如父，不以其殤而殺，重大宗也。若魯之閔公，八歲而薨，僖爲之後是已。夫禮之制殤，所以示長幼之節而殺其恩也。大宗重則長幼之節輕，故殤之服而有時不異乎成人，不以宜殺之恩而虧尊祖之義，此所謂權也。若曰服其本服云爾，《記》何必言之，而亦烏有「爲殤後者」哉？〔王處士曰〕《曾子問》：「宗子爲殤而死，庶子弗爲後也。」《喪服小記》：「丈夫冠而不爲殤，婦人笄而不爲殤。爲殤後者，以其服服之。」陳氏《集説》曰：「男子死在殤年，則無爲人父之道，然亦有不俟二十而冠者，冠則成人也。此章舉不爲殤者言之，則此當立後者，乃是已冠之子也，不可以殤禮處之。其族人爲之後者，即爲之子也。以其服服之者，子爲父之服也。」徐氏《集注》據鄭注駁之曰：「後謂喪主，非後嗣也。既冠、既笄，則雖未婚嫁，亦成人矣。故兄弟之爲其主後者，以齊衰不杖期之服服之，不復殤服也。若殤本服，則昆弟之長殤、中殤大功，下殤小功。古者小宗不立後，未婚無父道。陳氏之説非也。」愚按《春秋》文公二年「八月丁卯，有事于太廟，躋僖公」，《左氏傳》曰：「子雖齊聖，不先父食。」蓋以僖繼閔，則爲閔後，爲閔後則爲閔子也。《公羊氏傳》曰：「先禰而後祖也。」蓋以文宜祖閔、禰僖也。文宜祖閔，禰僖，則僖宜禰閔也。《穀梁氏傳》曰：「先親而後祖也。」其義一也。閔公，弟也；僖公，兄也。以兄後弟，尚宜爲其子。且閔爲無服之殤，而曰父曰祖，不云殤無爲人父之道，所以尊祖重宗，明繼統之義也。然則宗子殤而庶子弗爲後者，非禮之常也，殆爲厭祭言之也。或曰：弗爲後者，小宗子也。小宗可絶，故殤而弗爲後。爲殤後者，大宗子也，大宗不可絶，故雖殤必爲之後。陳氏不言大宗、小宗，但云冠則爲之後，不重宗而重冠，何居？閔公之死，慮未必冠，魯人不以僖後閔，何以爲《春秋》所譏？不譏不爲後，何以譏逆祀？左、公、穀氏亦不得曰父曰祖也。鄭氏、徐氏以後爲喪主，而非後嗣，禮固有非後嗣而主喪者，然當言主，不當言後也。況冠笄既已不殤，則雖非喪主，咸各以其服服之，何俟主喪而後以其服服之乎？三氏交非，皆非也。質之《春秋》閔、僖之義，則《戴禮》後殤之説可決矣。繇是推之，漢之安帝宜爲殤後者也，不後殤而後和，漢人之失禮也。然則天子、諸侯兄弟可相爲後乎？曰：豈特天子諸侯而已，有家者皆可也。成公十五年三月乙巳，仲嬰齊卒。《公羊氏傳》曰：「仲嬰齊者何？公孫嬰齊也。公孫嬰齊則曷爲謂之仲嬰齊？爲兄後也。爲兄後則曷爲謂之仲嬰齊？爲人後者，爲之子也。」此有家者兄弟之相爲後，著於《春秋》者也。然則昭穆可紊乎？曰：義重於此也。是以穀梁氏「躋僖公」之《傳》曰：「逆祀則是無昭穆也，無昭穆則是無祖也。」閔、僖兄弟而相爲後，則亦相爲昭穆者，《春秋》之義也。若不重所爲後，而重所生，則《春秋》之昭穆舛矣。朱子《太廟圖》分太祖、太宗爲二世，亦緣《春秋》之義以相爲後爲昭穆也。雖然，此皆權于禮之變以爲禮也。故雖大宗之殤，必已繼統爲宗子而後後之。若宗子之子未繼統而殤，無昆弟與庶兄之子，則宗子自爲立後，而不必爲殤子後。是以世子殤而君以族人爲之後，古未之聞也。又攷漢宣之繼昭帝，以族孫後族祖，斯固得其變也。〔汝成案〕此處士與先生書也。後先生不繼殤而立孫，蓋從其議。惟先生與惠侍讀皆不主《公羊》「仲嬰齊後歸父」説，若然，則僖公後閔，其義窒矣。

## 庶子不以杖即位

古之爲杖，但以輔病而已，其後以杖爲主喪者之用。喪無二主，則無二杖，故「庶子不以杖即位」。

夫爲妻杖，則其子不杖矣。父爲長子杖，則其孫不杖矣。《雜記》曰：「爲長子杖，則其子不以杖即位。」〔原注〕其子，長子之子。〔沈氏曰〕《雜記》疏：「祖在不厭孫，其孫得杖，但與祖同處，不得以杖即位，辟尊者。」

## 婦人不爲主而杖者

無杖則不成喪，故女子在室，父母死而無男昆弟，則女子杖。其曰「一人」，明無二杖也。「姑在爲夫杖」，必其無子也。「母爲長子削杖」，必其無父也。此三者皆無主之喪，故婦人杖。

## 庶姓別於上

「庶姓」者，子姓也。〔沈氏曰〕以庶姓爲子姓，恐不若注疏之言爲的。《特牲饋食禮》言「子姓兄弟」，注曰：「所祭者之子孫言子姓者，子之所生。」《玉藻》《喪大記》竝言「子姓」，注曰：「子姓，謂衆子孫也。」〔原注〕《玉藻》：「縞冠玄武，子姓之冠也。」《正義》曰：「姓，生也。孫是子之所生，故云子姓。」故《詩》言「公姓」以繼「公子」，而「同父」之變文則云「同姓」。此所云「庶姓別於上」者，亦子姓之姓，與《周禮·司儀》之云「土揖庶姓」者，文同而所指異也。〔原注〕注以始祖爲正姓，高祖爲庶姓，意亦不殊，然多此兩姓之目。〔全氏曰〕《周禮·秋官·司儀》曰：「土揖庶姓，時揖異姓，天揖同姓。」康成曰：「同姓兄弟之國，異姓婚姻甥舅之國，庶姓無親而勳賢者。」故王昭禹曰：「異姓親於庶姓，同姓又親於異姓，而三揖之禮由此等焉。」然考《左傳》隱公十一年，❶「滕、薛來朝，爭長。滕曰：『我周之卜正也。薛，庶姓也。』」魯自周公以至武公皆娶于

❶「隱公」下，原有「二」字。檢隱公在位實僅十一年，《左傳》滕薛朝魯爭長事在十一年。今據删。

薛，不可爲非婚姻甥舅之國，而滕猶以庶姓目之，蓋成周異姓之封，如嬀，如姒，如子，則三恪，如姜，則元臣，皆族類之貴者。薛雖太皞之裔，而先代所封，又加以弱小，故降居庶姓之列。然則異姓因有貴姓而始有庶姓，亦不僅以親疏言也。若同姓，則安得有所謂庶姓？甚矣康成之謬也，何以解《大傳》？蓋嘗攷之，古之所謂姓、氏原有別。三桓七穆，是氏也，非姓也。受氏之禮，多以王父字爲氏，而亦或有以父字賜氏者，國僑之類是也，或有及身賜氏者，仲遂之類是也，不必高祖始有也，而要之皆不可以言姓。太史公承秦、項喪亂之餘，姓學已紊，故混書曰「姓某氏」，儒者譏之。若如康成所云，則氏固可以言姓，太史公又何譏乎？况姓一定而不易，氏遞出而不窮。以三桓言之，仲孫氏之後又分而爲南宫氏、子服氏，叔孫氏之後又分而爲叔仲氏，季孫氏之後又分而爲公鉏氏、公甫氏。諸侯不敢祖天子，大夫不敢祖諸侯，則仲慶父、叔牙、季友，實三桓之始祖也。始祖爲正姓，將無以三公子所受之氏爲正姓耶，則正姓即庶姓矣；倘仍以姬爲姓耶，則正姓并不出于始祖也。若敬叔諸家所受之氏，是又庶姓之小支也。姓固如是之不一而足耶，此康成之言之必不可通者也。至于《大傳》所云「別姓」，竊疑非即下文「繫姓」之姓。姓者，生也。庶姓即衆生，蓋謂支屬別於上，婚姻窮于下，故疑若可以通嫁娶而無害。至下文「繫姓弗別」，始指所受之姓而言。康成合而一之，遂謂繫姓之外又別有所別之姓，而所繫者出始祖，所別者出高祖，舛矣。〔汝成案〕康成注：「玄孫之子，姓別於高祖，五世而無服，姓世所由生。」又曰：「姓，正姓也。始祖爲正姓，高祖爲庶姓，繫之弗別，謂若今宗室屬籍也。《周禮》小胥掌定世繫，辨昭穆。」又《司儀》注：「庶姓，無親而勳賢者。」其義正指庶姓爲子姓，與先生言合。特出高祖者，雖別以氏，仍繫以姓，蓋以氏異其世，以姓繫其本，故曰「繫之弗別」，曰「小胥掌定繫世」，非云以氏爲姓也。以三桓七穆爲庶姓者，此孔疏誤合姓、氏爲一。全氏以此駁康成，過矣。且經文「庶姓別于上」，「繫之以姓而弗別」，義甚明白。全氏亦知其說之不可通，欲申其辨，乃云「別姓非即下文繫姓之姓，下文所云繫姓始指所受之姓而言」，已失經義，轉譏康成「合而一之，繫姓之外，別出別姓」，不知康成實未嘗別出，而己則分別姓、繫姓爲二也，此尤誤之顯然者。至庶姓謂無親而勳賢者，或包異姓說，魯自周公至武公娶于薛，至隱公則親疏矣。故杜氏注曰「非周之同姓」，孔疏亦引康成《司儀》注云「無親」者。全氏始曰「薛因弱小，降爲庶姓」，義或當也；復云「姓有貴賤，不以親疏」，則多窒閡矣。

## 愛百姓故刑罰中

人君之於天下，不能以獨治也。獨治之而刑繁矣，衆治之而刑措矣。古之王者不忍以刑窮天下之民也，是故一家之中，父兄治之，一族之間，宗子治之。其有不善之萌，莫不自化於閨門之内；而猶有不帥教者，然後歸之士師。然則人君之所治者約矣。然後原父子之親、立君臣之義以權之，意論輕重之序、愼測淺深之量以別之，悉其聰明、致其忠愛以盡之，夫然刑罰焉得而不中乎？是故宗法立而刑清。天下之宗子各治其族，以輔人君之治，「罔攸兼于庶獄」，而民自不犯於有司。風俗之醇，科條之簡，有自來矣。《詩》曰「君之宗之」，吾是以知宗子之次於君道也。

## 庶民安故財用足

民之所以不安，以其有貧有富。貧者至於不能自存，而富者常恐人之有求，而多爲吝嗇之計，於是乎有争心矣。夫子有言：「不患貧而患不均。」夫惟「收族」之法行，而歲時有合食之恩，吉凶有通財之義。「本俗六，安萬民」，「三曰聯兄弟」，而「鄉三物」之所興者，「六行」之條，曰睦曰恤，不待王政之施，而矜寡孤獨廢疾者皆有所養矣。此所謂均無貧者，而財用有不足乎？至於《葛藟》之刺興，《角弓》之賦作，九族乃離，一方相怨，而缾罍交恥，泉池並竭，然後知先王宗法之立，其所以養人之欲而給人之求，爲周且豫矣。〔原注〕宋范文正公蘇州義田，至今裔孫猶守其法，范氏無窮人。

## 術有序

《學記》「術有序」注：「術，當爲『遂』，聲之誤也。《周禮》『萬二千五百家爲遂』。」按《水經注》引此作「遂有序」。《周禮》遂人之職，「五家爲鄰，五鄰爲里，四里爲酇，五酇爲鄙，五鄙爲縣，五縣爲遂，皆有地域，溝樹之，使各掌其政令」。〔原注〕「遂人：中大夫二人。遂師：下大夫四人，上士八人，中士十有六人，旅下士三十有二人。」「遂大夫：每遂中大夫一人。」又按《月令》「審端徑術」注：「術，《周禮》作『遂』。夫間有遂，遂上有徑。徑，小溝也。」《春秋》文公十二年：「秦伯使術來聘。」《公羊傳》《漢書・五行志》並作「遂」。《管子・度地》篇：「百家爲里，里十爲術，術十爲州。」術音遂。此古「術」「遂」二字通用之證。陳可大《集説》改「術」爲「州」，非也。

《周禮・州長》：「會民射于州序。」陳氏《禮書》曰：「州曰序。《記》言『遂有序』，何也？《周禮》遂官各降鄉官一等，則遂之學亦降鄉一等矣。降鄉一等而謂之州長，其爵與遂大夫同，則遂之學，其名與州序同可也。」

## 師也者所以學爲君

三代之世，凡民之俊秀皆入大學，而教之以治國平天下之事。孔子之於弟子也，四代之禮樂以告顔淵，「五至三無」以告子夏，而又曰「雍也可使南面」。然則内而聖，外而王，無異道矣。其繫《易》也，曰：「九二曰『見龍在田，利見大人』，何謂也？子曰：『龍德而正中者也。庸言之信，庸行之謹，閑邪存其誠，善世而不伐，德博而化。《易》曰「見龍在田，利見大人」，君德也。』」「君子學以聚之，問以辨之，寬以居之，仁以行之。《易》曰『見龍在田，利見大人』，君德也。」故曰「師也者，所以學爲君也」。

## 肅肅敬也

「肅肅，敬也；雝雝，和也。」《詩》本「肅」「雝」，一字而引之二字者，長言之也。《詩》云「有洸有潰」，毛公傳之曰：「洸洸，武也；潰潰，怒也。」即其例也。〔臧氏曰〕《毛詩傳》有經本一字而傳重文者，如「憂心有忡」，傳「憂心忡忡然」；「赫兮咺兮」，傳「赫有明德赫赫然」；「容兮遂兮，垂帶悸兮」，傳「佩玉遂遂然，垂其紳帶悸悸然」；「將其來施」，傳「施施，難進之貌」；「條其歗矣」，傳「條條然歗也」；「惴惴其栗」，傳「栗栗懼也」。〔汝成案〕臧氏又引《顔氏家訓・書證》云：「河北《毛詩》皆云『施施』，江南舊本悉單爲『施』，恐有少誤。」然顔嘗云，河北本往往爲人所改，不得據以爲疑。且經、傳每正文一字，釋者重文，所謂長言之也。

## 以其綏復

男子以車爲居，以弓矢爲器。故其生也，「桑弧蓬矢，以射天地四方」；其死也，「設決，麗于掔」；比葬，則「弓矢之新，沽功，有弭飾焉，亦張可也」，以射者男子之事也。如死於道，「則升其乘車之左轂，以其綏復」，〔原注〕注改「綏」爲「緌」，謂旌旗之旄也。以旄復死，不切於事。廣陵胡氏曰：❶「此復魂既在車，當是『執綏』之『綏』。」以車者男子之居也。〔原注〕《晉書·祖逖傳論》「災星告釁，笠轂徒招」，用此。升車必正立執綏。〔原注〕徐鉉曰：「綏者，所執轡之總。」「以其綏復」者，象其行也；象其行，所以達其志也。於是有「朝聘而終，以尸將事之禮」矣。〔原注〕左氏哀公十五年《傳》。《聘禮》：「賓死，以棺造朝，介將命。」《宋史·章頻傳》：「爲刑部郎中。使契丹，至紫濛館卒。契丹遣内侍就館奠祭，命接伴副使吴克荷護其喪，以錦車駕橐駝，載至中京，斂以銀飾棺具，鼓吹羽葆，吏士衛送至白溝。」「邾婁復之以矢」，猶有殺敵之意焉。此亡於禮者之禮也。

## 親喪外除兄弟之喪内除

「親喪外除」者，祥爲喪之終矣，而其哀未忘，故中月而禫。「兄弟之喪内除」者，如其日月而止。

❶「廣陵」，按胡銓爲廬陵人，「廣」當爲「廬」字之訛。

〔汝成案〕「親喪外除」，所謂君子有終身之憂也，不以禫而止，惟待禫乃外除也。

## 十五月而禫

「期之喪，十一月而練，十三月而祥，十五月而禫。」孔氏曰：「此言父在爲母，亦備二祥節也。」蓋以十月當大喪之一周，踰月則可以練矣，故曰「十一月而練」。以十二月當大喪之再周，踰月則可以祥矣，故曰「十三月而祥」。〔原注〕必言十一月、十三月者，親喪外除。又加兩月焉，則與大喪之中月同，可以禫矣，故曰「十五月而禫」。

父在爲母，其禫也，父主之，則夫之爲妻亦當十五月而禫矣。晉孫楚《除婦服》詩但以一周而畢，蓋不數禫月。

其他期喪祥禫之祭，皆不在己，則亦以十一月而練，十三月而除可知。故鄭氏曰：「凡齊衰十一月，皆可以出弔。」

## 妻之黨雖親弗主

「姑姊妹其夫死，而夫黨無兄弟，使夫之族人主喪，妻之黨雖親弗主。夫若無族矣，則前後家、東西家。無有，則里尹主之。」此文以姑姊妹發端，以戒人不可主姑姊妹之夫之喪也。夫寧使疏遠之族人與鄰家、里尹，而不使妻之黨爲之主，聖人之意蓋已逆知後世必有如王莽假母后之權，行居攝之事，而篡漢家之統，而豫爲之坊者矣。别内外，定嫌疑，自天子至於庶人，一也。或曰「主之而附於夫之黨」，是惡知禮意哉！

## 吉祭而復寢

「禫而從御，吉祭而復寢」，互言之也，鄭注已明。而孔氏乃以吉祭爲四時之祭，雖禫之後，必待四時之祭訖，然後復寢。非也。禫即吉祭也，豈有未復寢而先御婦人者乎！

## 如欲色然

「人少則慕父母，知好色則慕少艾。」能以慕少艾之心而慕父母，則其誠無以加矣。〔原注〕《正義》云：「王肅解：『欲色，爲如欲見父母之顔色，鄭何得比父母於女色？』馬昭申云：『孔子曰：「吾未見好德如好色者。」是亦比色於德。』張融云：『如好色，取其甚也，於文無妨。』」

## 先古

《祭義》：「以事天地、山川、社稷、先古。」先古，先祖也。《詩》曰「以似以續，續古之人」，亦謂其先人也。近曰「先」，遠曰「古」，故周人謂其先公曰「古公」。

## 博愛

「先之以博愛，而民莫遺其親。」「左右就養無方」，謂之博愛。

## 以養父母日嚴

「故親生之膝下，以養父母日嚴。」孩提之童，知愛而已；稍長，然後知敬。知敬然後能嚴。子曰：「今之孝者，是謂能養。至於犬馬皆能有養，不敬，何以别乎！」故「雞初鳴而衣服，至於寢門外」，「問衣燠寒，疾痛苛養而敬抑搔之，出入則或先或後，而敬扶持之」，敬之始也。「《詩》云：『戰戰兢兢，如臨深淵，如履薄冰。』而今而後，吾知免夫」，敬之終也。「日嚴」者，與日而俱進之謂。

## 致知

「致知」者，「知止」也。〔原注〕董文清槐以「知止」二節合「聽訟章」爲「格物」傳。知止者何？爲人君止於仁，爲人臣止於敬，爲人子止於孝，爲人父止於慈，與國人交止於信，是之謂「止」，知止然後謂之「知」。至君臣、父子、國人之交，以至於「禮儀三百，威儀三千」，是之謂「物」。

《詩》曰：「天生烝民，有物有則。」《孟子》曰：「舜明於庶物，察於人倫。」昔者武王之訪，箕子之陳，曾子、子游之問，孔子之荅，皆是物也。故曰「萬物皆備於我矣」。

惟君子爲能體天下之物,故《易》曰「君子以言有物而行有恒」,《記》曰「仁人不過乎物,孝子不過乎物」。

以格物爲「多識於鳥獸草木之名」,則末矣。「知者無不知也,當務之爲急。」「聽訟」者,「與國人交」之一事也。

## 顧諟天之明命

「維天之命,於穆不已。」其在於人,「日用而不知」,「莫非命也」。故《詩》《書》之訓有曰:「顧諟天之明命。」又曰:「永言配命,自求多福。」又曰:「若生子,罔不在厥初生,自貽哲命。」又曰:「惟克天德,自作元命,配享在下。」而劉康公之言曰:「民受天地之中以生,所謂命也。是以有動作禮義威儀之則,以定命也。」「彼其之子,邦之司直」,而以爲「舍命不渝」;「乃如之人,懷昬姻也」,而以爲「不知命」。然則子之孝,臣之忠,夫之貞,婦之信,此天之所命,而人受之爲性者也,故曰「天命之謂性」。求命於冥冥之表,則離而二之矣。

「予迓續乃命于天」,人事也。理之所至,氣亦至焉。是以「含章,中正」而「有隕自天」。匪正之行,而「天命不祐」。

## 桀紂帥天下以暴

《仲虺之誥》篇曰：「簡賢附勢，實繁有徒。」《多方》篇曰：「叨懫日欽，劓割夏邑。」此桀民之從暴也。《微子》篇曰：「殷罔不小大，好草竊姦宄。卿士師師非度，凡有辜罪，乃罔恒獲。小民方興，相爲敵讎。」此紂民之從暴也。故曰「幽、厲興則民好暴」。古之人所以「胥訓告、胥保惠、胥教誨」，而不使民之陷於邪僻者，何哉？「上無禮，下無學，賤民興，喪無日矣。」《天保》之詩皆祝其君以受福之辭，而要其指歸，不過曰「民之質矣，日用飲食。羣黎百姓，徧爲爾德」。然則人君爲國之存亡計者，其可不致審於民俗哉！

## 財者末也

古人以財爲末，故舜命九官，未有理財之職。《周官》財賦之事，一皆領之於天官冢宰，而六卿無專任焉。漢之九卿，一太常，二光禄勳，三衛尉，四太僕，五廷尉，六鴻臚，七宗正，八大農，〔原注〕武帝太初元年，更名大司農。九少府。〔原注〕應劭曰：「少者，小也。」師古曰：「大司農供軍國之用，少府以養天子。」大農掌財在後，少府掌天子之私財又最後。唐之九卿，一太常，二光禄，三衛尉，四宗正，五太僕，六大理，七鴻臚，八司農，九太府，大略與漢不殊。而户部不過尚書省之屬官，故與吏、禮、兵、刑、工並列而爲六。至於大司徒教民之職，宰相實總之也。罷宰相，廢司徒，以六部尚書爲二品，非重教化、後財貨之義矣。〔錢氏曰〕唐末年重財用，而户部、度支二曹至以宰相判之。

## 未有上好仁而下不好義者也

治化之隆，則遺秉滯穗之利及於寡婦；恩情之薄，則耰鉏箕帚之色加於父母。故欲使民興孝興弟，莫急於生財。以好仁之君，用不畜聚斂之臣，則財足而化行。「人人親其親，長其長，而天下平矣。」

## 君子而時中

《記》曰：「禮時爲大，順次之，體次之，宜次之，稱次之。堯授舜，舜授禹，湯放桀，武王伐紂，時也。天地之祭，宗廟之事，父子之道，君臣之義，倫也。社稷山川之事，鬼神之祭，體也。喪祭之用，賓客之交，義也。羔豚而祭，百官皆足，太牢而祭，不必有餘，此之謂稱也。」「古之聖人内之爲尊，外之爲樂，少之爲貴，多之爲美，是故先王之制禮也，不可多也，不可寡也，惟其稱也。」此所謂「君子而時中」者也。故《易》曰：「二簋應有時，損剛益柔有時。」〔原注〕舜之大孝，文王之無憂，武王、周公之達孝，皆所謂「時中」也。

## 子路問强

《洪範》「六極」：「六曰弱。」鄭康成注：「愚懦不毅爲弱。」故「子路問强」。

## 素夷狄行乎夷狄❶

「素夷狄行乎夷狄」，然則將居中國而去人倫乎？非也。處夷狄之邦而失不吾中國之道，❷是之謂「素夷狄行乎夷狄」也。六經所載，帝舜滑夏之咨，殷宗「有截」之頌，《禮記》明堂之位，《春秋》會之書，❸凡聖人所以爲内夏外夷之防也如此其嚴也。文中子以《元經》之帝魏，謂「天地有奉，生民有庇，即吾君也」，何其語之偷而悖乎！宋陳同甫謂：「黄初以來，陵夷四百餘載，夷狄異類迭起以主中國，而民生常覬一日之安寧於非所當事之人。」以王仲淹之賢而猶爲此言，其無以異乎凡民矣。夫亡有迭代之時，而中華不復之日，若之何以萬古之心胸而區區於旦暮乎？〔原注〕楊循吉作

❶ 按原目録於「子路問强」條後、「鬼神」條前有此「素夷狄行乎夷狄」一條，然有目無文。今據《校記》所録鈔本收録的該條文字補入。全文共三百五十七字，另有小注四十一字。小注之前，今依本書體例統一加標「原注」二字。

❷ 「失不」，疑倒文。

❸ 「會」上，疑脱「盟」字。

《金小史序》曰：「由當時觀之，則完顔氏帝也，盟主也，大國也；由後世觀之，則夷狄也，盜賊也，禽獸也。」此所謂偷也。❶ 漢和帝時，侍御史魯恭上疏曰：「夫戎狄者，四方之異氣，蹲夷踞肆，與鳥獸無別，若雜居中國，則錯亂天氣，汙辱善人。」夫以亂辱天人之世，而論者欲將毁吾道以殉之，此所謂悖也。孔子有言：「居處恭，執事敬，與人忠，雖之夷狄，不可棄也。」夫是之謂「素夷狄行乎夷狄」也。若乃相率而臣事之，奉其令，行其俗，甚者導之以爲虐于中國，而藉口於「素夷狄」之文，則子思之罪人也已。

## 鬼神

王道之大，始於閨門。妻子合、兄弟和而父母順，道之邇也、卑也。郊焉而天神假，廟焉而人鬼饗，道之遠也、高也。「先王事父孝，故事天明；事母孝，故事地察。」修之爲經，布之爲政，本於天，殽於地，列於鬼神，達於喪祭射御冠昏朝聘，而天下國家可得而正也。若舜，若文、武、周公，所謂庸德之行而人倫之至者也。故曰：「君子之道，造端乎夫婦。及其至也，察乎天地。」

人之有父母也，雞鳴問寢，左右就養無方，何其近也？及其既亡，而其容與聲不可得而接，於是或求之陰，或求之陽，然後僾然必有見乎其位，然後乃憑工祝之傳而致賚於孝孫。生而爲父母，

❶「此所謂偷也」，《校記》原作「□此所偷也」，據張京華《日知録校釋》，雍正鈔本、北大鈔本作「此所謂偷也」，今據補改。

歿而爲鬼神。子曰「爲之宗廟，以鬼享之」，此之謂也。〔原注〕《論語》：「菲飲食而致孝乎鬼神。」「洋洋乎如在其上，如在其左右」，由順父母而推之也。

《記》曰：「文王之爲世子，朝于王季，日三。雞初鳴而衣服，至於寢門外，問内豎之御者曰：『今日安否，何如？』内豎曰：『安。』文王乃喜。及日中，又至，亦如之。及暮，又至，亦如之。其有不安節，則内豎以告文王。文王色憂，行不能正履。王季復膳，然後亦復初。食上，必在，視寒煖之節。食下，問所膳。命膳宰曰：『末有原。』應曰：『諾。』然後退。」又曰：「文王之祭也，事死者如事生，思死者如不欲生。忌日必哀，稱諱如見親，祀之忠也。如見親之所愛，如欲色然，其文王與？《詩》云『明發不寐，有懷二人』，文王之詩也。」夫惟文王生而事親如此之孝，故歿而祭如此之忠，而如親之或見也。苟其生無養志之誠，則其歿也自必無感通之理，故曰惟「孝子爲能饗親」。而夫子之告子路亦曰：「未能事人，焉能事鬼？」是故庸德之行，莫先於父母之順，而郊社之禮，禘嘗之義，緣之以起。明此而天下國家可得而治矣。

在上位者能順乎親，而後可以事天享帝。在下位者能順乎親，而後可以獲上治民。

程子曰：「鬼神，天地之功用而造化之迹也。」張子曰：「鬼神者，二氣之良能也。」用以解《易》「神也者，妙萬物而爲言」一章，斯爲切當。如二子之説，則「視之而弗見，聽之而弗聞」者，鬼神也，其可見可聞者，亦鬼神也。今夫子但言「弗見」「弗聞」，知其爲祭祀之鬼神也。〔錢氏曰〕鬼神之爲德，其盛矣乎。鬼神，謂天神地示人鬼也。有神而後有郊社，有鬼而後有宗廟。天統乎地，故言神可以該示。人死爲鬼，聖人不忍忘其親，事死如事生，故有祭祀之禮。經言鬼神，皆主祭祀而言。卜筮所以通神明，故《易傳》多言鬼神。「精氣爲物」，生而爲人也。「游魂爲變」，死而爲鬼也。聖人知鬼神之情狀，而祭祀之禮興焉。横渠張氏以鬼神爲二氣之良能，古人無此義。二氣者，陰陽也。陰陽自能消長，豈假鬼神司之？如人一呼一吸，人自爲之，豈轉有鬼神爲我呼吸乎？

「質諸鬼神而無疑」，猶《易·乾·文言》所謂「與鬼神合其吉凶」。〔原注〕《謙》《豐》二彖亦以鬼神與天、地、人並言。

## 期之喪達乎大夫

《喪服》「自期以下，諸侯絶，大夫降」者，説者以爲期已下之喪，皆其臣屬，故不服。然制禮之意，不但爲此。古人有喪不祭，諸侯有山川社稷宗廟之事，不可以曠，故惟服三年，而不服期。大夫亦與於其君駿奔在廟之事，但人數多，不至於曠，故但降之而已。此古人重祭之義，後人不知，但以爲「貴貴」而已。〔原注〕《正義》曰：「期之喪達乎大夫，謂旁親所降在大功者得爲期喪，還著大功之服。若天子、諸侯旁期之喪，則不服也。」〔楊氏曰〕本是「貴貴」之義，故云「無貴賤，一也」。〔又曰〕諸侯絶旁親，然尊同，則又爲之服，可以見之矣。〔沈氏曰〕毛西河《經問》詳駁之，大略仍從「貴貴」之説，而以有喪不祭爲無出，且誤解。〔汝成案〕「貴貴」則重祭之義已包。

諸侯亦有期服，如「始封之君不臣諸父昆弟，封君之子不臣諸父而臣昆弟」。且亦有大功服，如

「姑姊妹嫁於國君，尊同則不降」。《記》特舉其大概言之爾。

## 三年之喪達乎天子

「父母之喪，無貴賤一也」，即解上「三年之喪，達乎天子」一句，此舉其重者而言。然三年之喪，不止父母。左氏昭公十五年《傳》「王一歲而有三年之喪二焉」，謂穆后與太子、王后。謂之「三年」者，據「達子之志」而言，其實期也。是天子亦有期喪。

## 達孝

達孝者，達於上下，達於幽明，所謂「孝弟之至，通於神明，光於四海，無所不通」者也。〔原注〕與「達道」「達德」之「達」同義。

## 思事親不可以不知人

「無豐于昵」，祖己之所以戒殷王也；「自八以下」，衆仲之所以對魯隱也；以客爲臣，子游之所以規文子也。親親之道，賴賢人而明者多矣。漢哀帝聽冷褒、段猶之言，而尊定陶共皇；唐高宗聽李勣之言，而立皇后武氏。不知人之禍且至於斁倫亂紀而不顧，可不慎哉！

人倫之大，莫過乎君父，而子夏先之以「賢賢易色」，何也？「思事親，不可以不知人」也。

父子之親，長幼之序，男女之别，非師不明。教人以禮者，師之功也。故曰：「師無當於五服，五服弗得不親。」

## 誠者天之道也

「誠者，天之道也。」故「天下雷行，物與无妄」，而「先王以茂對時育萬物」。「天敘有典，敕我五典五惇哉。天秩有禮，自我五禮有庸哉。天命有德，五服五章哉。天討有罪，五刑五用哉。」莫非誠也。故曰「凡爲天下國家有九經，所以行之者一也」。

## 肫肫其仁

五品之人倫，莫不本於中心之仁愛，故曰「拜稽顙，哀戚之至隱也；稽顙，隱之甚也」。又曰：「其送往也，望望然，汲汲然，如有追而弗及也。其反哭也，皇皇然，如有求而弗得也。故其往送也如慕，其反也如疑。求而無所得之也，入門而弗見也，上堂又弗見也，入室又弗見也，亡矣喪矣，不可復見已矣，故哭泣辟踊，盡哀而止矣。心悵焉愴焉，惚焉愾焉，心絶志悲而已矣。」此於喪而觀其仁也。「喪三日而殯，凡附於身者，必誠必信，勿之有悔焉耳矣。三月而葬，凡附於棺者，必誠必信，勿之有悔焉耳矣。」又曰：「且比化者，無使土親膚，於人心獨無恔乎？」此於葬而觀其仁也。「齊之日，思其居處，思其笑語，思其志意，思其所樂，思其所嗜。齊三日，乃見其所爲齊者。祭之日，入室，僾然必有見乎其位。周還出户，肅然必有聞乎其容聲。出户而聽，愾然必有聞乎其歎息之聲。是故先王之孝也，色不忘乎目，聲不絶乎耳，心志嗜欲不忘乎心。」又曰：「祭之明日，明發不寐，饗而致之，又從而思之。祭之日，樂與哀半，饗之必樂，已至必哀。」此於祭而觀其仁也。自此而推之，「郊社之禮，所以仁鬼神也；射鄉之禮，所以仁鄉黨也；食饗之禮，所以仁賓客也」。「親親而仁民，仁民而愛物」，而天下之大經畢舉而無遺矣。故曰「孝弟爲仁之本」。

# 日知録集釋卷七

崑山顧炎武著　嘉定後學黄汝成集釋

## 孝弟爲仁之本

「堯、舜之道，孝弟而已矣。」是故「克明俊德，以親九族；九族既睦，平章百姓；百姓昭明，協和萬邦。黎民於變時雍」，此之謂「孝弟爲仁之本」。〔錢氏曰〕按《初學記・友悌部》《太平御覽・人事部》引《論語》，俱云「其爲人之本與」。有子先言「其爲人也孝弟」，後言「其爲人之本」，首尾相應，亦當以「爲人」長也。

## 察其所安

「求仁而得仁」，安之也。「不怨天，不尤人，下學而上達」，安之也。使非所安，則擇乎中庸，而不能期月守矣。

## 子張問十世

《記》曰：「聖人南面而治天下，必自人道始矣。立權度量，考文章，改正朔，易服色，殊徽號，異器械，别衣服，此其所得與民變革者也。其不可得變革者則有矣，親親也，尊尊也，長長也，男女有别，此其不可得與民變革者也。」自春秋之并爲七國，七國之并爲秦，而大變先王之禮。然其所以辨上下，别親疏，決嫌疑，定是非，則固未嘗有異乎三王也。故曰：「其或繼周者，雖百世可知也。」

自古帝王相傳之統，至秦而大變。然而秦之所以亡，漢之所以興，則亦不待讖緯而識之矣。「不仁而得天下，未之有也」，此「百世可知」者也。「保民而王，莫之能禦也」，此「百世可知」者也。

## 媚奥

奥何神哉？如祀竈，則迎尸而祭於奥，此即竈之神矣。〔原注〕《詩》「于以奠之，宗室牖下」注：「牖下，室西南隅，所謂奥也。」李氏曰：「户東而牖西，户不當中而近東，則西南隅最爲深隱，故謂之奥，而祭祀及尊者常處焉。」《曲禮》：「爲人子者，居不主奥。」《仲尼燕居》以奥、阼並言，是奥本人之所處，祭時乃奉神於此。時人之語，謂：「媚其君者，將順於朝廷之上，不若逢迎於燕退之時也。」注以奥比君，以竈比權臣。本一神也，析而二之，未合語意。〔楊氏曰〕奥本非神，此義甚好。

## 武未盡善

觀於季札論文王之樂，以爲「美哉，猶有憾」，則知夫子謂《武》「未盡善」之旨矣。「猶未洽於天下」，〔原注〕《孟子》。此文之「猶有憾」也；「天下未安而崩」，〔原注〕《史記·封禪書》。此武之「未盡善」

也。《記》曰：「樂者，象成者也。」又曰：「移風易俗，莫善於樂。」武王當日誅紂，伐奄三年，討其君，而寶龜之命曰：「有大艱于西土。」殷之頑民，「迪屢不静」，「商俗靡靡，利口惟賢，餘風未殄」，視舜之「從欲以治，四方風動」者何如哉！故《大武》之樂雖作於周公，而未至於世變風移之日。聖人之時也，非人力之所能爲矣。〔原注〕劉汝佳曰：「揖讓征誅，自是聖人所遇，使舜當武之時，亦須征伐。孔子曰：『唐、虞禪，夏后、殷、周繼，其義一也。』性之反之自其從人之異，及其成功，一也。人而天，反而性矣。以是而論樂之優劣，其與以追蠡者何異哉？」

## 朝聞道夕死可矣

「有弗學，學之弗能，弗措也。有弗問，問之弗知，弗措也。有弗思，思之弗得，弗措也。有弗辨，辨之弗明，弗措也。有弗行，行之弗篤，弗措也。」「不知年數之不足也，俛焉日有孳孳，斃而後已。」故曰：「朝聞道，夕死可矣。」

「吾見其進也，未見其止也。」有一日未死之身，則有一日未聞之道。

## 忠　恕

《延平先生荅問》〔原注〕門人朱熹元晦編。曰：「夫子之道，不離乎日用之間。自其盡己而言則謂之忠，自其及物而言則謂之恕，莫非大道之全體。雖變化萬殊，於事爲之末，而所以貫之者，未嘗不一也。」「曾子荅門人之問，正是發其心爾，豈有二邪？若以爲夫子『一以貫之』之旨甚精微，非門人所可告，姑以『忠恕』荅之，恐聖賢之心不若是之支也。如《孟子》言，『堯、舜之道，孝弟而已矣』，人皆足以知之，但合内外之道，使之體用一原，顯微無間，則非聖人不能爾。」朱子又嘗作《忠恕説》，其大指與此略同。按此説甚明，而《集注》乃謂借學者「盡己推己」之目以著明之，是疑忠恕爲下學之事，不足以言聖人之道也。然則是二之，非一之也。

慈谿黄氏曰：「天下之理，無所不在，而人之未能以貫通者，己私間之也。盡己之謂忠，推己及人之謂恕。忠恕既盡，己私乃克，此理所在，斯能貫通。故忠恕者，所以能『一以貫之』者也。」

元戴侗作《六書故》，其訓「忠」曰：「盡己致至之謂忠。《語》曰『爲人謀而不忠乎』，又曰『言思忠』。《記》曰『喪禮，忠之至也』，又曰『祀之忠也，如見親之所愛，如欲色然』，又曰『瑕不揜瑜，瑜不揜瑕，忠也』。《傳》曰『上思利民，忠也』，又曰『小大之獄，雖不能察，必以情，忠之屬也』。《孟子》曰：『自反而仁矣，自反而有禮矣，其横逆由是也，君子必自反也，我必不忠。』觀於此數者，可以知忠之義矣。反身而誠，然後能忠；能忠矣，然後由己推而達之家國天下，其道一也。」其訓「恕」曰：「推己及物之謂恕，己欲立而立人，己欲達而達人，施諸己而不願，亦勿施於人，恕之道也。充是心以往，達乎四海矣。故曰『夫子之道，忠恕而已矣』。忠也者，天下之大本也。恕也者，天下之達道也。」〔原注〕本程子。子貢問曰：「有一言而可以終身行之者乎？」子曰：「其恕乎！」〔原注〕仲弓問仁，夫子告之，亦以「敬恕」。夫聖人者，何以異於人哉？知終身可行，則知「一以貫之」之義矣。

《中庸》記夫子言「君子之道四」，無非忠恕之事。而《乾》九二之龍德，亦惟曰「庸言之信，庸行之謹」。然則忠恕，君子之道也。何以言「違道不遠」？曰：此猶之云「巧言令色鮮矣仁」也，〔原注〕古人語辭云爾。違道不遠，即道也。違禽獸不遠，即禽獸也。孟子已自申之。豈可以此而疑忠恕之有二乎！或曰《孟子》言「强恕而行，求仁莫近焉」，何也？曰：此爲未至乎道者言之也。《孟子》曰：「由仁義行，非行仁義也。」仁義豈有二乎！〔原注〕今人謂「有聖人之忠恕，有學者之忠恕」，非也。盡得忠恕，方是聖人。學者，所以學爲忠恕。

## 夫子之言性與天道

夫子之教人，「文、行、忠、信」，而「性與天道」在其中矣，故曰「不可得而聞」。〔錢氏曰〕《後漢書·桓譚傳》：「天道性命，聖人所難言。自子貢以下不得而聞。」注引鄭康成《論語》注：「性謂人受血氣以生，有賢愚吉凶。天道，七政變動之占也。」古書言天道者，皆主吉凶禍福而言。古文《尚書》「滿招損，謙受益，時乃天道」，「天道福善而禍淫」；《易傳》「天道虧盈而益謙」；《春秋傳》「天道多在西北」，「天道遠，人道邇」，「竈焉知天道」，「天道不謟」；《國語》「天道賞善而罰淫」，「我非瞽史，焉知天道」；《老子》「天道無親，常與善人」，皆論吉凶之數，與天命之性自是兩事。《孟子》「聖人之於天道也」，正謂虞舜井廩、文王拘幽、孔子戹困之類，故曰「命也」。

子曰：「二三子以我爲隱乎？吾無隱乎爾。吾無行而不與二三子者，是丘也。」謂「夫子之言性與天道，不可得而聞」，是疑其有隱者也。不知「夫子之文章」，無非「夫子之言性與天道」，所謂

「吾無行而不與二三子者，是丘也」。

子貢之意，猶以「文章」與「性與天道」爲二，故曰：「子如不言，則小子何述焉？」子曰：「天何言哉，四時行焉，百物生焉。天何言哉！」是故可仕可止，可久可速，無一而非天也；恂恂便便，侃侃誾誾，無一而非天也。

「動容周旋中禮者，盛德之至也」，孟子以爲「堯、舜性之」之事。夫子之文章莫大乎《春秋》，《春秋》之義，尊天王，攘戎翟，❶誅亂臣賊子，皆性也，皆天道也。故胡氏以《春秋》爲聖人性命之文，而「子如不言，則小子其何述」乎？

今人但以《繫辭》爲夫子言性與天道之書。愚嘗三復其文，如「鳴鶴在陰」七爻，「自天祐之」一爻，「憧憧往來」十一爻，「履，德之基也」九卦，所以教人學《易》者，無不在於言行之間矣。故曰：「初率其辭而揆其方，既有典常，苟非其人，道不虛行。」

樊遲問仁，子曰：「居處恭，執事敬，與人忠。」司馬牛問仁，子曰：「仁者，其言也訒。」由是而充之，「一日克己復禮」，有異道乎？今之君子學未及乎樊遲、司馬牛，而欲其説之高於顔、曾二子，是以終日言性與天道，而不自知其墮於禪學也。

朱子曰：「聖人教人，不過『孝弟忠信』持守誦習之間。此是下學之本。今之學者以爲鈍根，不

---

❶「戎翟」，據《校記》，鈔本作「夷狄」。

足留意，其平居道説，無非子貢所謂『不可得而聞』者。」又曰：「近日學者病在好高。《論語》未問『學而時習』便説『一貫』，《孟子》未言『梁惠王問利』便説『盡心』，《易》未看六十四卦便讀《繫辭》。」此皆「躐等之病」。又曰：「聖賢立言，本自平易，今推之使高，鑿之使深。」

《黄氏日鈔》曰：「夫子述六經，後來者溺於訓詁，未害也。濂洛言道學，後來者借以談禪，則其害深矣。」〔楊氏曰〕東發憂世之言，可謂深切。

孔門弟子不過「四科」，自宋以下之爲學者則有五科，曰「語録科」。

劉、石亂華，❶本於清談之流禍，人人知之。孰知今日之清談，有甚於前代者。昔之清談談老莊，今之清談談孔孟，未得其精而已遺其粗，未究其本而先辭其末。不習六藝之文，不攷百王之典，不綜當代之務，舉夫子論學論政之大端一切不問，而曰「一貫」，曰「無言」。以「明心見性」之空言，代修己治人之實學。股肱惰而萬事荒，爪牙亡而四國亂，神州蕩覆，宗社丘墟。昔王衍妙善玄言，自比子貢，及爲石勒所殺，將死，顧而言曰：「嗚呼，吾曹雖不如古人，向若不祖尚浮虚，戮力以匡天下，猶可不至今日。」今之君子，得不有愧乎其言！〔楊氏曰〕衍之言非其實也，懼後世之責，而姑爲是言。

---

❶「劉石」，據《校記》，鈔本作「五胡」。

## 變齊變魯

變魯而至於道者,「道之以德,齊之以禮」。變齊而至於魯者,「道之以政,齊之以刑」。

## 博學於文

「君子博學於文。」自身而至於家、國、天下,制之爲度數,發之爲音容,莫非文也。「品節斯,斯之謂禮。」孔子曰:「伯母、叔母疏衰,踊不絶地。姑姊妹之大功,踊絶於地。知此者,由文矣哉,由文矣哉!」《記》曰:「三年之喪,人道之至文者也。」又曰:「禮減而進,以進爲文。樂盈而反,以反爲文。」《傳》曰:「文明以止,人文也。觀乎人文,以化成天下。」故曰:「文王既没,文不在兹乎!」而《謚法》「經緯天地曰文」,與弟子之學《詩》《書》六藝之文,有深淺之不同矣。

## 三以天下讓

《皇矣》之詩曰:「帝作邦作對,自太伯王季。」則泰伯之時,周日以强大矣,乃託之采藥,往而不反。當其時,以國讓也,而自後日言之,則「以天下讓」也。〔原注〕猶南宫适謂「稷躬稼而有天下」。當其時,讓王季也,而自後日言之,則讓於文王、武王也。有天下者在三世之後,而讓之者在三世之前,宗祧不記其功,彝鼎不銘其迹,此所謂「三以天下讓,民無得而稱焉」者也。《路史》曰:「方太王時,以與王季，而王季以與文王，文王以與武王，皆泰伯啟之也，故曰『三讓』。」〔原注〕鄭康成注曰：「泰伯，周太王之長子，次子仲雍，次子季歷。太王見季歷賢，又生文王，有聖人表，故欲立之，而未有命。太王疾，泰伯因適吴越采藥，太王殁而不反，季歷爲喪主，一讓也。季歷赴之，不來奔喪，二讓也。免喪之後，遂斷髮文身，三讓也。三讓之美，皆隱蔽不著，故人無得而稱焉。」

泰伯去而王季立，王季立而文、武興，雖謂之「以天下讓」可矣。太史公序《吴世家》云：「太伯避歷，江蠻是適。文、武攸興，古公王迹。」甚當。

高泰伯之讓國者，不妨王季，《詩》之言「因心則友」是也。述文王之事君者，不害武王，《詩》之言「上帝臨女」是也。古人之能言如此。今將稱泰伯之德，而先以莽、操之志加諸太王，豈大子立言之意哉！朱子作《論語或問》，不取「翦商」之説，而蔡仲默傳《書·武成》曰：「大王雖未始有翦商之志，而始得民心，王業之成，實基於此。」仲默，朱子之門人，可謂善於匡朱子之失者矣。

《或問》曰：「太王有廢長立少之意，非禮也。泰伯又探其邪志而成之，至於父死不赴、傷毁髮膚，皆非賢者之事。就使必於讓國而爲之，則亦過而不合於中庸之德矣，其爲至德何邪？曰：太王之欲立賢子聖孫，爲其道足以濟天下，而非有愛憎之間、利欲之私也。是以泰伯去之而不爲狷，王季受之而不爲貪，父死不赴、傷毁髮膚而不爲不孝。蓋處君臣父子之變而不失乎中庸，此所以爲至德也。其與魯隱公、吴季子之事蓋不同矣。」〔原注〕此説本之伊川先生。

## 有婦人焉

「予有亂臣十人，同心同德。」此陳師誓衆之言，所謂十人，皆身在戎行者。而太姒、邑姜自在宫壺之内，必不從軍旅之事，亦必不并數之以足十臣之數也。「古人有言曰：『牝雞無晨。牝雞之晨，惟家之索。』」方且以用婦人爲紂罪矣，乃周之功業必藉於婦人乎？此理之不可通，或文字傳寫之誤，〔原注〕漢博士孔衍言：「臣祖安國得壁中古文《論語》，爲改今文。」闕疑可也。〔原注〕《書・大誥》：「爽邦由哲，亦惟十人，迪知上帝命。」蔡氏亦以爲「亂臣十人」。

## 季路問事鬼神

「未能事人，焉能事鬼？」「左右就養無方」，故其祭也，「洋洋乎如在其上，如在其左右」。「未知生，焉知死？」「人之生也直」，故其死也，「無求生以害仁，有殺身以成仁」。

「天地有正氣，雜然賦流形。下則爲河岳，上則爲日星」，〔原注〕文信公《正氣歌》。可以謂之「知生」矣。「孔曰成仁，孟曰取義，而今而後，庶幾無媿」，〔原注〕《衣帶贊》。可以謂之「知死」矣。

## 不踐迹

「服堯之服，誦堯之言，行堯之行」，所謂「踐迹」也。先王之教，若《説命》所謂「學于古訓」，《康誥》所謂「紹聞衣德言」，以至於《詩》《書》六藝之文，三百三千之則，有一非「踐迹」者乎？「善人」者，忠信而未學禮，篤實而未日新，雖其天資之美亦能闇與道合，而足己不學，無自以入聖人之室矣。治天下者亦然。故曰「周監於二代，郁郁乎文哉」。不然，則以漢文之幾致刑措，而不能成三代之治矣。

## 異乎三子者之撰

夫子「如或知爾」之言，「吾非斯人之徒與而誰與」也。曾點浴沂詠歸之言，「素貧賤，行乎貧賤」，「君子無入而不自得」也。故曰「異乎三子者之撰」。

## 去兵去食

「乃積乃倉，乃裹餱糧，于槖于囊」，國所以足食，而不待豳土之行也。「備乃弓矢，鍛乃戈矛，礪乃鋒刃，無敢不善」，國所以足兵，而不待淮夷之役也。苟其事變之來而有所不及備，則耰鉏白梃可以爲兵，而不可闕食以修兵矣；糠覈草根可以爲食，而不可棄信以求食矣。古之人有至於張空弮，羅雀鼠，而民無貳志者，非上之信有以結其心乎？此又權於緩急輕重之間，而爲不得已之計也。明此義，則國君死社稷，大夫死宗廟，至於輿臺牧圉之賤莫不親其上，死其長，所謂「聖人有金城者，此物此志也」。❶ 豈非爲政之要道乎？ 孟子言「制梃以撻秦、楚」，亦是可以無待於兵之意。

古之言兵，非今日之兵，謂「五兵」也。故曰：「天生五材，誰能去兵。」《世本》：「蚩尤以金作兵，一弓，二殳，三矛，四戈，五戟。」《周禮·司右》「五兵」注引《司馬法》曰「弓、矢圍，殳、矛守，戈、戟助」是也。「詰爾戎兵」，詰此兵也；「踊躍用兵」，用此兵也；「無以鑄兵」，〔原注〕左氏僖公十八年《傳》。鑄此兵也。秦、漢以下，始謂執兵之人爲兵。如信陵君得選兵八萬人，項羽將諸侯兵三十餘萬，見於太史公之書，而五經無此語也。

以執兵之人爲兵，猶之以被甲之士爲甲。《公羊傳》：「桓公使高子將南陽之甲，立僖公而城魯。」〔原注〕閔公二年。「晋趙鞅取晋陽之甲，以逐荀寅與士吉射。」〔原注〕定公十三年。

## 奡盪舟

《竹書紀年》：「帝相二十七年，澆伐斟鄩，大戰于濰，覆其舟，滅之。」《楚辭·天問》：「覆舟斟鄩，何道取之？」正此謂也。❷ 漢時《竹書》未出，故孔安國注爲「陸地行舟」，而後人因之。〔原注〕王逸注《天問》，謂「滅斟鄩氏，奄若覆舟」，亦以不見《竹書》而强爲之説。〔趙氏曰〕陸氏《釋文》於「丹朱傲」云：「字

---

❶ 「此物」，《漢書·賈誼傳》作「比物」。

❷ 「此謂」，據張京華《日知録集釋》，鈔本作「謂此」。

又作『奡』。蓋古『傲』『奡』通用。」宋吴斗南因悟即此盪舟之奡，與丹朱爲兩人也。蓋禹之規戒若但作傲慢之傲，則既云「無若丹朱傲」矣，何又曰「傲虐是作」乎？以此知丹朱與奡爲兩人也。曰「罔水行舟」，正此陸地行舟之明證也。然則南宫适所引，正指丹朱所與朋淫之人，而非寒浞之子，斷可識矣。

古人以左右衝殺爲「盪陳」，〔原注〕《宋書・顔師伯傳》「單騎出盪」，《孔覬傳》「每戰以刀楯直盪」。其鋭卒謂之「跳盪」，别帥謂之「盪主」。〔原注〕《陳書・高祖紀》「盪主戴晃、徐宣等」，《後周書・侯莫陳崇傳》《王勇傳》有「直盪都督」，《楊紹傳》有「直盪别將」。《晋書・載記》隴上健兒歌曰：「丈八蛇矛左右盤，十盪十決無當前。」《唐書・百官志》：「矢石未交，陷堅突衆，敵因而敗者曰跳盪。」「盪舟」蓋兼此義，與蔡姬之乘舟「蕩公」者不同。〔原注〕《左傳》僖公三年。

## 管仲不死子糾

君臣之分，所關者在一身；華裔之防，❶所繫者在天下。故夫子之於管仲，略其不死子糾之罪，而取其「一匡九合」之功，蓋權衡於大小之間，而以天下爲心也。夫以君臣之分猶不敵華裔之防，而《春秋》之志可知矣。〔楊氏曰〕夫子於管仲之罪，只存而不論，竝不曾説仲之無罪。

有謂管仲之於子糾未成爲君臣者，子糾於齊未成君，於仲與忽則成爲君臣矣。狐突之子毛及

---

❶「華裔」，據《校記》，鈔本作「夷夏」。下一「華裔」同。

偃從文公在秦，而曰「今臣之子名在重耳，有年數矣」。〔原注〕漢、晉以下，太子諸王與其臣皆定君臣之分，蓋自古相傳如此。若毛偃爲重耳之臣，而仲與忽不得爲糾之臣，是以成敗定君臣也，可乎？又謂桓兄糾弟，此亦强爲之説。❶〔楊氏曰〕此程子之言，實不然。

論至於尊周室、存華夏之大功，❷則公子與其臣區區一身之名分小矣。雖然，其君臣之分故在也，遂謂之無罪非也。

## 予一以貫之

「好古敏求」，「多見而識」，夫子之所自道也。然有進乎是者。六爻之義，至賾也，而曰「知者觀其象辭，則思過半矣」。三百之《詩》，至汎也，而曰「一言以蔽之，曰思無邪」。三千三百之儀，至多也，而曰「禮，與其奢也，寧儉」。十世之事，至遠也，而曰「殷因於夏禮，周因於殷禮，雖百世可知」。百王之治，至殊也，而曰「道二，仁與不仁而已矣」。此所謂「予一以貫之」者也。其教門人也，必先「叩其兩端」，而使之「以三隅反」。故顏子則聞一以知十，而子貢切磋之言，子夏禮後之問，則皆善其可與言《詩》，豈非天下之理殊塗而同歸，大人之學舉本以該末乎？彼章句之士既不足以觀其會

---

❶「强爲之説」下，據《校記》，鈔本有「夫子之意以被髮左衽之禍尤重於忘君事讐也」凡十九字。

❷「存華夏」，據《校記》，鈔本作「攘夷狄」。

通，而高明之君子又或語德性而遺問學，均失聖人之指矣。

## 君子疾没世而名不稱焉

疾名之不稱，則必求其實矣，君子豈有務名之心哉！是以《乾》初九之《傳》曰：「不易乎世，不成乎名。」

古人求没世之名，今人求當世之名。吾自幼及老，見人所以求當世之名者，無非爲利也。名之所在，則利歸之，故求之惟恐不及也。苟不求利，亦何慕名！

## 性相近也

「性」之一字，始見於《商書》，曰「惟皇上帝，降衷于下民，若有恒性」。恒即相近之義。相近，近於善也；相遠，遠於善也。故夫子曰：「人之生也直，罔之生也幸而免。」〔原注〕「人之生也直」，即孟子所謂性善。

人亦有生而不善者，如楚子良生子越椒，子文知其必滅若敖氏是也。然此千萬中之一耳，故公都子所述之三説，孟子不斥其非，而但曰：「乃若其情，則可以爲善矣，乃所謂善也。」蓋凡人之所大同，而不論其變也。若紂爲炮烙之刑，盜跖日殺不辜，肝人之肉，此則生而性與人殊，亦如五官百骸人之所同，然亦有生而不具者，豈可以一而槩萬乎？故終謂之性善也。

孟子論性，專以其發見乎情者言之。且如見孺子入井亦有不憐者，嘑蹴之食有笑而受之者，此人情之變也。若反從而喜之，吾知其無是人也。

曲沃衛蒿曰：❶「孔子所謂相近，即以性善而言。若性有善有不善，其可謂之相近乎？如堯、舜，性者也；湯、武，反之也。若湯、武之性不善，安能反之以至於堯、舜邪？湯、武可以反之，即性善之説。湯、武之不即爲堯、舜，而必待於反之，即性相近之説也。孔、孟之言一也。」

## 虞仲

《史記》：「太伯之奔荆蠻，自號句吴。荆蠻義之，從而歸之千餘家，立爲吴太伯。太伯卒，無子，弟仲雍立，是爲吴仲雍。仲雍卒，子季簡立。季簡卒，子叔達立。叔達卒，子周章立。是時周武王克殷，求太伯、仲雍之後，得周章。周章已君吴，因而封之，乃封周章弟虞仲於周之北故夏墟，是爲虞仲，列爲諸侯。」按此則仲雍爲吴仲雍，而虞仲者，仲雍之曾孫也。殷時諸侯有虞國，《詩》所云「虞、芮質厥成」者。武王時國滅，而封周章之弟於其故墟，乃有虞仲之名耳。《論語》「逸民虞仲夷

❶ 「蒿」，原作「嵩」。陳垣《日知録校注》云：「衛嵩應作『蒿』。全部《日知録》黄刻本皆誤『蒿』作『嵩』，並見本卷《梁惠王》條四段注二，十五卷《墓祭》條二段，十八卷《心學》條三段注二。十八卷潘本獨作『蒿』不誤，黄本乃改爲『嵩』。」今據改。後同。

逸」，《左傳》「太伯、虞仲，太王之昭也」，即謂仲雍爲虞仲，是祖孫同號。且仲雍君吴，不當言虞。古「吴」「虞」二字多通用。〔原注〕《史記・趙世家》「吴廣内其女孟姚」，《索隱》曰：「古『虞』『吴』音相近，故舜後亦姓吴。」《詩》「不吴不敖」，《漢書・武帝紀》引作「不虞不驁」。《衛尉衡方碑》辭引「不吴不揚」作「不虞不揚」。《釋名》：「吴，虞也。」《公羊傳》定公四年，「晉士鞅、衛孔圄帥師伐鮮虞」，「虞」本或作「吴」。《石鼓文》有「吴人」，注曰：「虞人也。」《水經注》：「吴山在汧縣西，古之汧山也。《國語》所謂虞矣。」楊用修曰：「吴，古『虞』字省文。如『虖』之省爲『乎』，『樝』之省爲『柤』也。」今崑山有浦名大虞、小虞，俗謂之大吴、小吴。竊疑二書所稱「虞仲」，竝是「吴仲」之誤。又攷《吴越春秋》「太伯曰，其當有封者，吴仲也」，則仲雍之稱吴仲，固有徵矣。

《漢書・地理志》：「河東郡大陽，吴山在西，上有吴城，〔原注〕《史記・秦本紀》：「昭襄王五十三年，伐魏取吴城。」周武王封太伯後於此，〔原注〕吴祖太伯，故曰太伯後。是爲虞公。」《續漢・郡國志》：「太陽有吴山，上有虞城。」〔原注〕《水經注》亦作虞城。「虞城」之書爲「吴城」，猶「吴仲」之書爲「虞仲」也。杜元凱《左氏》注亦曰「仲雍支子，别封西吴」。

## 聽其言也厲

君子之言，非有意於厲也，是曰是，非曰非。孔穎達《洪範》正義曰：「言之決斷，若金之斬割。」居官則告諭可以當鞭朴，行師則誓戒可以當甲兵，此之謂「聽其言也厲」。

## 有始有卒者其惟聖人乎

聖人之道，未有不始於灑埽應對進退者也。故曰「約之以禮」，又曰「知崇禮卑」。

## 梁惠王

《史記·魏世家》：「惠王三十六年，卒，子襄王立。襄王元年，與諸侯會徐州，相王也，追尊父惠王爲王。」而《孟子》書其對惠王無不稱之爲「王」者，則非追尊之辭明矣。司馬子長亦知其不通，而改之曰「君」。〔原注〕《通鑑》改《孟子》作「君何必曰利」，亦以此。然《孟子》之書出於當時，不容誤也。杜預《左傳集解後序》言：「哀王於《史記》襄王之子，惠王之孫也。惠王三十六年卒，而襄王立。立十六年卒，而哀王立。《古書紀年篇》：惠王三十六年改元。從一年始至十六年，而稱惠成王卒，即惠王也。疑《史記》誤分惠成之世以爲後王年也。哀王二十三年乃卒，故特不稱謚，謂之『今王』。」〔原注〕作書時未卒，故謂之今王。今按惠王即位三十六年稱王，改元，又十六年卒，而子襄王立，即《紀年》所謂「今王」，無哀王也。襄、哀字相近，《史記》分爲二人，誤耳。〔梁氏云〕觀《孟子》本書，當是晚始遊魏，故惠王尊之爲叟，必在惠王改元之十五六年間。以魏襄爲哀，猶《十二侯表》以秦哀公、陳哀公爲襄公也。

《秦本紀》：「秦惠文王十四年，更爲元年。」此稱王改元之證，又與魏惠王同時。

《魏世家》：「襄王五年，予秦河西之地。七年，魏盡入上郡於秦。」今按《孟子》書，惠王自言「西喪地於秦七百里」，乃悟《史記》所書襄王之年，即惠王之「後五年」「後七年」也，以《孟子》證之而自明者也。

據《紀年》，周慎靚王之二年，而魏惠王卒。其明年，爲魏襄王之元年。又二年，燕王噲讓國於其相子之。又二年，爲赧王之元年，齊人伐燕，取之。又二年，燕人畔。與《孟子》之書先梁後齊，其事皆合。然孟子在二國皆不久，書中齊事特多，又嘗爲卿於齊，當有四五年。若適梁，乃惠王之末，而襄王立，即行，故梁事不多。謂孟子以惠王之三十五年至梁者，誤以惠王之後元年爲襄王之元年故也。〔原注〕《史記》及《孟子序説》謂梁惠王之三十五年孟子至梁，其後二十三年齊人伐燕而孟子在齊者，非。

衛蒿曰：「孟子遊歷先後雖不可攷，以本書證之，當是自宋歸鄒，由鄒之任、之薛、之滕，而後之梁、之齊。」

孟子爲卿於齊，其於梁則客也。故見齊王稱臣，見梁王不稱臣。

## 未有義而後其君者也

不「遺親」，不「後君」，仁之效也。其言義何？義者，禮之所從生也。昔者齊景公有感於晏子之言，而懼其國之爲陳氏也，曰：「是可若何？」對曰：「惟禮可以已之。在禮，家施不及國，民不遷，農不移，工、賈不變，士不濫，官不滔，大夫不收公利。」又曰：「君令臣共，父慈子孝，兄愛弟敬，夫和妻柔，姑慈婦聽，禮也。君令而不違，臣共而不貳，父慈而教，子孝而箴，兄愛而友，弟敬而順，夫和而義，妻柔而正，姑慈而從，婦聽而婉，禮之善物也。」晋侯謂女叔齊曰：「魯侯不亦善於禮乎？」對曰：「禮所以守其國，行其政令，無失其民者也。今政令在家，不能取也；有子家羈，弗能用也。公室四分，民食於他，思莫在公，不圖其終。爲國君難將及身，不恤其所。禮之本末，將於此乎在，而屑屑焉習儀以亟，言善於禮，不亦遠乎！」子曰：「君子之道，辟則坊與？坊民之所不足者也，大爲之坊，民猶踰之。故君子禮以坊德，刑以坊淫，命以坊欲。」古之明王所以禁邪於未形，使民日遷善遠罪而不自知者，是必有其道矣。

## 不動心

凡人之動心與否，固在其加卿相行道之時也。枉道事人，曲學阿世，皆從此而始矣。「我四十不動心」者，不動其「行一不義、殺一不辜而得天下，有不爲也」之心。〔錢氏曰〕王安石主持新法，至於「天變不足畏，人言不足信」，可謂加卿相而不動心者矣。較之告子，其禍人家國尤烈，故曰「是不難」。

## 市朝

「若撻之於市朝」，〔閻氏云〕或曰「市朝」乃連類而及之文，若「躬稼」本稷，而亦稱禹。古文體則有然者。即《書》所言「若撻于市」。古者朝無撻人之事，市則有之。《周禮·司市》「市刑：小刑憲罰，中刑狥罰，大刑扑罰」，又曰「胥執鞭度而巡其前，掌其坐，作出入之禁令。凡有罪者，撻戮而罰之」是也。《禮記·檀弓》：「遇諸市朝，不反兵而鬭。」兵器非可入朝之物。《奔喪》：「哭辟市朝。」奔喪亦但過市，無過朝之事也。其謂之「市朝」者，《史記·孟嘗君傳》「日莫之後，過市朝者掉臂不顧」，《索隱》曰：「言市之行列有如朝位，故曰市朝。」古人能以衆整如此。〔原注〕《司市》「以次敘分地而經市」注：「敘，肆行列也。」後代則朝列之參差，有反不如市肆者矣。

## 必有事焉而勿正心

倪文節〔原注〕思。謂：「當作『必有事焉而勿忘，忽忘，勿助長也』。傳寫之誤，以『忘』字作『正心』二字。言養浩然之氣，必當有事而勿忘，既已勿忘，又當勿助長也。疊二『勿忘』，作文法也。」按《書·無逸》篇曰：「自時厥後立王，生則逸。生則逸，不知稼穡之艱難。」亦是疊一句，而文愈有致。今人發言亦多有重説一句者。《禮記·祭義》「見間以俠甒」，鄭氏曰：「『見間』當爲『覸』。」《史記·蔡澤傳》「吾持梁刺齒肥」，《索隱》曰：「刺齒肥，當爲齧肥。」《論語》「五十以學《易》」，朱子以爲「五十」當作「卒」。此皆古書一字誤爲二字之證。

## 文王以百里

「湯以七十里，文王以百里。」孟子爲此言以證王之不待大爾。其實文王之國不止百里，周自王季伐諸戎，疆土日大。文王自岐遷豐，其國已跨三四百里之地；伐崇伐密，自河以西，舉屬之周。〔原注〕未克商以前，無滅國者，但臣屬而已。至於武王，而西及梁、益，〔原注〕庸、蜀、羌、髳、微、盧、彭、濮。

東臨上黨，〔原注〕《戡黎》。無非周地。紂之所有，不過河内殷墟，其從之者，亦但東方諸國而已。一舉而克商，宜其如振槁也。《書》之言文王曰「大邦畏其力」，文王何嘗不藉力哉！

## 廛無夫里之布〔沈氏曰〕稼堂云：「元本中此條前人已有删之，今仍存。」

有「夫布」，有「里布」。《周禮·地官·載師職》曰：「凡宅不毛者，有里布。凡田不耕者，出屋粟。凡民無職事者，出夫家之征。」《閭師職》曰：「凡無職者，出夫布。」鄭司農云：「里布者，布參印書，廣二寸，長二尺，以爲幣，貿易物。《詩》云『抱布貿絲』，抱此布也。或曰：『布，泉也。』《春秋傳》曰『買之百兩一布』。〔原注〕昭公二十六年。又廛人職『掌斂市之絘布、總布、質布、罰布、廛布』。玄謂宅不毛者，罰以一里二十五家之泉。」《集注》未引《閭師》文，今人遂以布專屬於里。〔江氏曰〕「廛無夫里之布」，《集注》用舊説，皆未安。凡民居區域、關市、邸舍，通謂之廛，上文「廛而不征」「法而不廛」之廛是市宅，此廛謂民居，即《周禮》「上地夫一廛」「許行願受一廛」之廛，非市宅也。布者，泉也，亦即錢也，非布帛之布。夫布，見《地官·閭師》「凡無職者出夫布」。謂閒民爲民傭力者，不能赴公旬三日之役，使之出一夫力役之泉，猶後世之僱役錢也。里謂里居，即《孟子》「收其田里」之里，非二十五家也。里布，見《地官·載師》「凡宅不毛者有里布」。謂有宅不種桑麻，或荒其地，或作爲臺榭遊觀，則使之出里布，猶後世凡地皆有地税也。此皆民之常賦，戰國時一切取之，非傭力之閒民，已有力役之征，而仍使之别出夫布；宅已種桑麻，有嬪婦布縷之征，而仍使之别出里布。是額外之征，借夫布、里布之名而横取者。今皆除之，則居廛者皆受惠也。《集注》以廛爲市宅，以里爲二十五家，又舍《閭師》而引《載師》「凡無職者出夫家之征」，以夫家爲一夫百畝之税，一家力役之征。當時雖横取民，當不至此。

## 孟子自齊葬於魯

「孟子自齊葬於魯」，言葬而不言喪，此改葬也。《禮》：「改葬，緦。」事畢而除。故「反於齊，止於嬴」，而充虞乃得承間而問。若曰奔喪而還，營葬方畢，即出赴齊卿之位，而門人未得發言，可謂「三月無君則皇皇如也」；而身且不行三年之喪，何以教滕世子哉！〔閻氏曰〕劉向《列女傳》「孟子處齊，有憂色，擁楹而歎。孟母見之」云云，則知母蓋同在齊，自齊葬於魯，則知母既殁於齊也，終三年喪，復至齊而爲卿耳。

## 其實皆什一也

古來田賦之制，實始於禹，水土既平，咸則三壤，後之王者不過因其成蹟而已。故《詩》曰：「信彼南山，維禹甸之。畇畇原隰，曾孫田之。我疆我理，南東其畝。」然則周之疆理猶禹之遺法也。〔原注〕《周禮·小司徒》注：「昔夏少康在虞思，有田一成，有衆一旅。一旅之衆而田一成，則井牧之法，先古然矣。」孔氏《信南山》正義引此，則曰「丘甸之法，禹之所爲」。《孟子》乃曰：「夏后氏五十而貢，殷人七十而助，周人百畝而徹。」夫井田之制，一井之地，畫爲九區，故蘇洵謂「萬夫之地，蓋三十二里有半，而其間爲川爲路者一，爲澮爲道者九，爲洫爲涂者百，爲溝爲畛者千，爲遂爲徑者萬」，使夏必五十，殷必七十，周必百，則是一王之興，必將改畛涂、變溝洫、移道路以就之，爲此煩擾而無益於民之事也，豈其然乎？〔原注〕《周官·遂人》：「凡治野，夫間有遂，遂上有徑。十夫有溝，溝上有畛。百夫有洫，洫上有涂。千夫有澮，澮上有道。萬夫有川，川上有路，以達於畿。」夫子言「禹盡力乎溝洫」，而禹之自言亦曰「濬畎澮距川」，知其制不始於周矣。蓋三代取民之異，在乎貢、助、徹，而不在乎五十、七十、百畝。其五十、七十、百畝，特丈尺之不同，〔沈氏曰〕《通鑑外紀》云：「夏十寸爲尺，商十二寸爲尺，周八寸爲尺。」而田未嘗易也，故曰「其實皆什一也」。古之王者必改正朔，易服色，異度數。故《史記·秦始皇本紀》於「改年十月朔，上黑」之下即曰：「數以六爲紀，符、法冠皆六寸，而輿六尺，六尺爲步，乘六馬。」三代之王，其更制改物亦大抵如此。故《王制》曰：「古者以周尺八尺爲步，今以周尺六尺四寸爲步。」而當日因時制宜之法，亦有可言。夏時土曠人稀，故其畝特大。殷、周土易人多，故其畝漸小。以夏之一畝爲二畝，其名殊而實一矣。國佐之對晉人曰：「先王疆理天下物土之宜，而布其利。」豈有三代之王而爲是紛紛無益於民之事哉！〔錢氏曰〕鄭康成注《周禮》，嘗引《孟子》「野九夫而税一，國中什一」之文。孔穎達《詩正義》申其旨云：「周制有貢有助。助者，九夫而税一夫之田。貢者，什一而貢一夫之穀。通之二十夫而税二夫，是爲什中税一也。九一而助，爲九中一，知什一自賦，非什中一者。以言九一，即云而助，明九中一助也。國中言什一，乃云使自賦，是什一之中使自賦之，明非什中一爲賦也。」《孟子》又云：「方里而井，井九百畝，其中爲公田，八家皆私百畝，同養公田，公事畢然後敢治私事，所以別野人也。」言「別野人」者，別野人之法，使與國中不同也。《爾雅》云「郊外曰野」，則野人爲郊外也。野人爲郊外，則國中爲郊内也。郊内謂之國中者，以近國，故繫國言之，亦可地在郊内，居在國中故也。按郊外、國中，人各受田百畝，或九而取一，或什一而取一，通外内之率，則爲什而取一，故曰徹。徹之爲言通也。康成之義得孔氏而益明。若分公田爲廬舍，八家各二畝半，其説始于班固，而何休注《公羊》，趙岐注《孟子》，范甯解《穀梁》，宋均注《樂緯》，皆因之，非鄭義也。

## 莊　嶽

「引而置之莊、嶽之間」注：「莊、嶽，齊街里名也。」莊是街名，嶽是里名。《左傳》襄二十八年「得慶氏之木百車於莊」，注云：「六軌之道。」〔原注〕昭十年「又敗諸莊」，哀六年「戰于莊，敗」，注竝同。「反陳于嶽」注云：「嶽，里名。」

## 古者不爲臣不見

觀夫孔子之見陽貨，而後知踰垣閉門爲賢者之過，未合於中道也。然後世之人必有如胡廣被中庸之名，馮道託仲尼之迹者矣。其始也屈己以見諸侯，一見諸侯而懷其禄利，於是望塵而拜貴人，希旨以投時好，此其所必至者。曾子、子路之言，所以爲末流戒也。故曰「君子上交不諂」，又曰「上弗援，下弗推」。後世之於士人，許之以自媒，勸之以干禄，而責其有恥，難矣。

## 公行子有子之喪

《禮》：「父爲長子斬衰三年。」故公行子有子之喪，而孟子與右師及齊之諸臣皆往弔。〔錢氏曰〕公行子當是爲父後者，其子蓋長子也。大夫之適長，在國謂之國子，入學與世子齒焉者也。在家謂之門子，《春秋傳》「大夫門子皆從鄭伯」是也。故其喪也，父爲之服斬衰三年，君使人弔，卿、大夫咸往會焉。《周禮》卿、大夫、士之喪，職喪以國之喪禮涖其禁令。《孟子》所稱「不歷位，不踰階」之禮，即職喪之禁令也。〔汝成案〕《荀子·大略》篇云：「公行子之之燕。」楊倞注引此文，以子之爲公行子之先，或疑即燕子之，恐皆非是。

## 爲不順於父母

《虞書》所載，帝曰：「予聞，如何？」岳曰：「瞽子，父頑，母嚚，象傲。克諧以孝，烝烝乂，不格姦。」是則帝之舉舜，在「瞽瞍底豫」之後。今《孟子》乃謂「九男二女，百官牛羊，倉廩備，以事舜於畎畝之中。猶不順於父母，而如窮人無所歸」。此非事實，但其推見聖人之心若此，使天下之爲人子者處心積慮必出乎此，而後爲大孝耳。〔原注〕與答桃應之問同。後儒以爲實，然則「二嫂使治朕棲」之説亦可信矣。

## 象封有庳

舜都蒲阪，而封象於道州鼻亭，〔原注〕《水經注》：「王隱曰：應陽縣本泉陵之北部，東五里有鼻墟，象所封也。山下有象廟。」《後漢書·東平王蒼傳》注：「有鼻，國名，在今永州營道縣北。」《袁譚傳》注：「今猶謂之鼻亭。」在三苗以南，荒服之地，誠爲可疑。如《孟子》所論，「親之欲其貴，愛之欲其富」，又且欲其「源源而來」，何以不在中原近畿之處，而置之三千餘里之外邪？〔閻氏曰〕《孟子》「欲常常而見之，故源源而來」。兄居蒲坂，弟居零陵，陸阻太行，水絶洞庭，往返萬里，親愛弟者固如是乎？有庳之封，必近在帝都，而今不可考爾。零陵之傳有是名者，《括地志》云：「鼻亭神，在營道縣北六十里。故老傳言，舜葬九疑，象來至此，後人立祠，名爲鼻亭神。」此爲得之。蓋上古諸侯之封萬國，其時中原之地必無閒土可以封故也。又攷太公之於周，其功亦大矣，而僅封營丘。營丘在今昌樂、濰二縣界。史言其「地潟鹵，人民寡」，而《孟子》言其「儉於百里」，又萊夷偪處，而與之争國。夫尊爲尚父，親爲后父，功爲元臣，而封止於此，豈非中原之地無閒土，故至薄姑氏之滅，而後乃封太公邪？〔原注〕周時，滅一國乃封一國。《左傳》「成王滅唐，而封太叔焉」是也。《竹書紀年》：「武王十六年秋，王師滅蒲姑。」或曰：禹封在陽翟，稷封在武功，何與？二臣者，有安天下之大功，舜固不得以介弟而先之也。故象之封於遠，聖人之不得已也。〔原注〕漢高祖封劉仲爲代王，乃是棄其兄於邊陲近寇之地，與舜之封象異矣。

## 周室班爵禄

爲民而立之君，故「班爵」之意，天子與公、侯、伯、子、男一也，而非絶世之貴。代耕而賦之禄，故「班禄」之意，君、卿、大夫、士與庶人在官一也，而非無事之食。〔原注〕《黄氏日鈔·讀王制》曰：「必本於上農夫者，示禄出於農，等而上之，皆以代耕者也。」是故知「天子一位」之義，則不敢肆於民上以自尊；知「禄以代耕」之義，則不敢厚取於民以自奉。不明乎此，而「侮奪人之君」，常多於三代之下矣。〔雷氏曰〕周之班爵禄，有本制，有加禮。《孟子》於侯國舉本制而不言加禮，所以抑七國也；於天子之臣舉加禮而不言本制，所以申王朝也。

## 費惠公

《孟子》「費惠公」注：「惠公，費邑之君。」按春秋時有兩費，其一見《左傳》成公十三年，晉侯使吕相絶秦曰「殄滅我費滑」，注：「滑國都於費，今河南緱氏縣。」〔原注〕莊公十六年「滑伯」注同。昭公二十六年「王次于滑」注：「滑，周地，本鄭邑。」襄公十八年，「楚蔿子馮、公子格率鋭師侵費滑」，蓋本一地，秦滅之而後屬晋耳。〔原注〕女叔侯對平公曰：「虞、虢、焦、滑、霍、楊、韓、魏，皆姬姓也，晋是以大。」其一僖公元年，「公賜季友汶陽之田及費」。《齊乘》：「費城，在費縣西北二十里，魯季氏邑。」〔原注〕《漢梁相費汎碑》云：「其先季友爲魯大夫，有功，封費，因以爲姓。」按隱公元年已有費伯，即費庈父。在子思時，滑國之費其亡久矣，疑即季氏之後而僭稱公者。《魯連子》稱陸子謂齊湣王曰「魯、費之衆臣甲舍于襄賁」，而楚人對頃襄王有「鄒、費、郯、邳」，殆所謂泗上十二諸侯者邪？

仁山金氏曰：「費本魯季氏之私邑，而《孟子》稱小國之君，《曾子》書亦有費君、費子之稱。蓋季氏專魯，而自春秋以後，計必自據其邑，如附庸之國矣。大夫之爲諸侯，不待三晋而始然，其來亦漸矣。」

季氏之於魯，但出君而不敢立君，但分國而不敢篡位，愈於晋、衛多矣。故曰魯「猶秉周禮」。

## 行吾敬故謂之内也

先王治天下之具，五典、五禮、五服、五刑，其出乎身、加乎民者，莫不本之於心，以爲之裁制。親親之殺，尊賢之等，禮所生也。故孟子荅公都子言義，而舉「酌鄉人」「敬尸」二事，皆禮之用也，而莫非義之所宜。自此道不明，而二氏空虚之教，至於搥提仁義，絶滅禮樂，從此起矣。自宋以下，一二賢智之徒，病漢人訓詁之學得其粗迹，務矯之以歸於内，而「達道」「達德」「九經」「三重」之事置之不論，此真所謂「告子未嘗知義」者也，其不流於異端而害吾道者幾希！

董子曰：「宜在我者而後可以稱義。故言『義』者，合『我』與『宜』以爲一言。以此操之，『義』之言『我』也。」〔原注〕「義」字從「我」，兼聲與意。此與《孟子》之言相發。

## 以紂爲兄之子

以紂爲弟，且以爲君，而有微子啟。以紂爲兄之子，且以爲君，而有王子比干。竝言之，則於文有所不便，故舉此以該彼，此古人文章之善。且如「郊社之禮，所以事上帝也」，不言后土；「地道無成而代有終也」，不言臣妻；「先王居檮杌於四裔」，不言渾敦、窮奇、饕餮。後之讀書者不待子貢之明，亦當聞一以知二矣。

## 才

人固有爲不善之才，而非其性也。性者天命之，才者亦天降之。〔原注〕下章言「天之降才」。是以禽獸之人，謂之「未嘗有才」。

《中庸》言「能盡其性」，《孟子》言「不能盡其才」。能盡其才則能盡其性矣，在乎擴而充之。

## 求其放心

「學問之道無他，求其放心而已矣。」然則但「求放心」，可不必於學問乎？與孔子之言「吾嘗終日不食，終夜不寢，以思，無益，不如學也」者，何其不同邪？他日又曰「君子以仁存心，以禮存心」，是所存者非空虛之心也。夫仁與禮，未有不學問而能明者也。孟子之意蓋曰：能求放心，然後可以學問。「使奕秋誨二人奕，其一人專心致志，惟奕秋之爲聽。一人雖聽之，一心以爲有鴻鵠將至，思援弓繳而射之，雖與之俱學，弗若之矣。」此放心而不知求者也。然但知求放心而未嘗窮「中罫」之方，悉「雁行」之勢，〔原注〕馬融《圍棊賦》。亦必不能從事於奕。

## 所去三

「免死而已矣」，則亦不久而去矣，故曰「所去三」。

## 自視欿然

人之爲學，不可自小，又不可自大。「得百里之地而君之，皆足以朝諸侯，有天下」，不敢自小也。「附之以韓、魏之家，如其自視欿然，則過人遠矣」，不敢自大也。「予將以斯道覺斯民也，思天下之民，匹夫匹婦有不被堯、舜之澤者，若己推而内之溝中」，則可謂不自小矣。「自耕稼陶漁以至爲帝，無非取於人者」，則可謂不自大矣。故自小，小也；自大，亦小也。今之學者非自小則自大，吾見其同爲小人之歸而已。

## 士何事

士、農、工、商，謂之「四民」，其説始於《管子》。〔原注〕穀梁成公元年《傳》亦云。三代之時，民之秀者乃收之鄉序，升之司徒，而謂之士，固千百之中不得一焉。大宰「以九職任萬民」，「五曰百工，飭化八材」，計亦無多人爾。武王作《酒誥》之書曰「妹土，嗣爾股肱，純其藝黍稷，奔走事厥考厥長」，此謂農也；「肇牽車牛，遠服賈，用孝養厥父母」，此謂商也；又曰「庶士有正越庶伯君子，其爾典聽朕教」，則謂之士者。大抵皆有職之人矣，惡有所謂「羣萃而州處」，四民各自爲鄉之法哉！春秋以後，游士日多，《齊語》言「桓公爲游士八十人奉以車馬衣裘，多其資幣，使周游四方，以號召天下之賢士」。而戰國之君遂以士爲輕重，文者爲儒，武者爲俠。嗚呼！游士興而先王之法壞矣，彭更之言，王子墊之問，其猶近古之意與？〔陳庶子曰〕性命與經濟之學，合之則一貫，分之若兩途。有平居高言性命，臨事茫無措手者，彼徒求空虛之理，於當世之事未嘗親歷而明試之。〔又曰〕蘇子瞻曰：「士不以天下之重自任久矣。」歷山川，但抒吟咏，而不考其形勢；閱井疆，但觀市肆，而不察其風俗；攬人才，但肆清談，而不揣其德之所宜，才之所堪。若而人者，掩抑弗彰，無失爲善士，倘或司民之牧，秉國之鈞，俾之因革，委以調劑，興創不知孰利，改革不知誰害，薦舉不識其賢，廢黜不知其不肖；徇陋踵弊，貽毒已滋，忽然倡建，自申論議，非觸戾人情，犯時之好，即膠固成迹，滯古之法，爲患豈可勝道哉！夫士欲知用舍，必自勤訪問始；勤訪問，必自無事之日始。

## 飯糗茹草

享天下之大福者，必先天下之大勞。宅天下之至貴者，必執天下之至賤。是以殷王小乙使其子武丁舊勞于外，知小人之依。而周之后妃亦必「服澣濯之衣，修煩縟之事。及周公遭變，陳后稷先公王業之所由者，則皆農夫女工衣食之務也」。〔原注〕干寶《晋紀論》。古先王之教，能事人而後能使人。其心不敢失於一物之細，而後可以勝天下之大。舜之聖也而「飯糗茹草」，禹之聖也而「手足胼胝，面目黧黑」，此其所以道濟天下，而爲萬世帝王之祖也；況乎其不如舜、禹者乎！〔原注〕《朱子語類》言：「舜之耕稼陶漁，夫子之釣弋，子路之負米，子貢之埋馬，皆賤者之事，而古人不辟也。有若三踊於魯大夫之庭，冉有用矛以入齊軍，而樊須雖少，能用命，此執干戈以衛社稷，而古人所不辭也。後世驕侈日甚，反以臣子之職爲恥。」

## 孟子外篇

《史記》伍被對淮南王安引《孟子》曰：「紂貴爲天子，死曾不若匹夫。」《揚子法言・修身》篇引《孟子》曰：「夫有意而不至者有矣，未有無意而至者也。」桓寬《鹽鐵論》引《孟子》曰：「吾於《河廣》，知德之至也。」又引《孟子》曰：「堯、舜之道，非遠人也，人不思之爾。」《周禮・大行人》注引《孟子》曰：「諸侯有王。」宋鮑照《河清頌》引《孟子》曰：「千載一聖，猶旦暮也。」《顔氏家訓》引《孟子》曰：「圖影失形。」《梁書・處士傳序》引《孟子》曰：「今人之於爵禄，得之若其生，失之若其死。」《廣韻》「圭」字下注曰：「《孟子》：六十四黍爲一圭，十圭爲一合。」以及《集注》中程子所引《荀子》：孟子三見齊王而不言事，門人疑之，孟子曰：「我先攻其邪心。」今《孟子》書皆無其文，豈所謂「外篇」

者邪？〔原注〕《史記索隱》引皇甫謐曰：「《孟子》稱『禹生石紐，西夷人也』。」恐是「舜生諸馮」之誤。《漢書·藝文志》：「《孟子》十一篇。」《風俗通》曰：「孟子作書，中外十一篇。」《詩·維天之命》傳引《孟仲子》曰：「大哉，天命之無極，而美周之禮也。」《閟宫》傳引《孟仲子》曰：「是禖宫也。」《正義》引趙岐云：「孟仲子，孟子從昆弟，學於孟子者也。」《譜》云：「孟仲子者，子思弟子。」蓋與孟軻共事子思，後學於孟軻，著書論《詩》，毛氏取以爲説。則又有《孟仲子》之書矣。〔原注〕陸璣《詩草木疏》云：「子夏傳魯人申公，申公傳魏人李克，李克傳魯人孟仲子，孟仲子傳趙人孫卿，孫卿傳魯人大毛公，大毛公傳小毛公。」〔孫氏曰〕近刻《孟子外書》四篇，曰《性善辨》，曰《文説》，曰《孝經》，曰《爲正》。掇拾子書中所引《孟子》逸篇以成文，詞旨淺陋，即其篇題之謬，可直斷爲僞也。王充《論衡》云：「孟作《性善》之篇，以爲人性皆善。」是篇名「性善」，非「性善辨」也。且孟子道性善，性惡當辨，性善又何辨乎？《孝經》一書，孔子以授曾子，豈有孟子著書亦以「孝經」名篇之理？蓋《孟子外書》趙邠卿已譏其「不能閎深，似後人所依託」，今因其僞而僞之，則益淺陋矣。

## 孟子引論語

《孟子》書引孔子之言凡二十有九，其載於《論語》者八，〔原注〕「學不厭而教不倦。」「里仁爲美。」「君薨聽於冢宰。」「大哉堯之爲君。」「小子鳴鼓而攻之。」「吾黨之士狂簡。」「鄉原德之賊。」「惡似而非者。」又多大同而小異。然則夫子之言其不傳於後者多矣，故曰「仲尼没而微言絶」。

## 孟子字様

九經、《論語》皆以漢石經爲據，故字體未變，《孟子》字多近今，〔原注〕如「知」多作「智」，「説」多作「悦」，「女」多作「汝」，「辟」多作「避」，「弟」多作「悌」，「彊」多作「强」之類，與《論語》異。蓋久變於魏、晋以下之傳録也。然則石經之功亦不細矣。

《唐書》言：「郊州故作『豳』，開元十三年以字類『幽』，改爲『邠』。」❶今惟《孟子》書用「邠」字。《容齋四筆》言《孟子》「是由惡醉而强酒」，「見且由不得亟」，竝作「由」，今本作「猶」。是知今之《孟子》又與宋本小異。

## 孟子弟子

趙岐注《孟子》，以季孫、子叔二人爲孟子弟子：「季孫知孟子意不欲，而心欲使孟子就之，故曰：『異哉，弟子之所聞也。』子叔心疑惑之，亦以爲可就之矣。」「使己爲政」以下，則孟子之言也。又曰：「告子名不害，兼治儒墨之道者。嘗學於孟子，而不能純徹性命之理。」又曰：「高子，齊人也。學於孟子，鄉道而未明，去而學他術。」又曰：「盆成括嘗欲學於孟子，問道，未達而去。」宋徽宗

❶「改」，原作「故」，據張京華《日知録校釋》，雍正鈔本、北大鈔本作「改」，今據改。

政和五年，封告子不害東阿伯，高子泗水伯，盆成括萊陽伯，季孫豐城伯，子叔乘陽伯，皆以孟子弟子故也。《史記索隱》曰：「《孟子》有萬章、公明高等，並軻之門人。」《廣韻》又云：「離婁，孟子門人。」不知其何所本。〔原注〕《淮南子》：「黄帝亡其玄珠，使離朱、捷剟索之。」注：「二人皆黄帝臣。」《抱朴子》有彭祖之弟子離婁公。元吴萊著《孟子弟子列傳》二卷，今不傳。〔朱檢討曰〕政和五年，從太常議，贈季孫豐城伯，子叔乘陽伯。自朱子《集注》出，乃始非之，世莫有從趙氏之説者矣。吴立夫氏譔《孟子弟子列傳》，書雖不傳，序稱一十九人，則未嘗依朱子去季孫、子叔二人，益以滕更，適合十九人之數。考《盡心》篇「公都子曰，滕更之在門也」趙岐注：「滕更，滕君之弟，來學于孟子也。」其爲弟子甚明，不知宋太常之議何獨贈爵不及，有不可解者。至于《史記索隱》以公明高爲孟子弟子，而《廣韻》注謂離婁爲孟子門人，無稽之言，君子不信。又《廣韻》注詮「丘」字引《孟子》「齊有曼丘不擇」，今七篇無其文，弟子與？其不謂之弟子與？吾不得而知之矣。〔又曰〕案班氏《古今人表》，孟子居第二等，公孫丑居第三等，萬章、樂正子、告子、高子居第四等，徐子居第五等，餘不與焉。〔全氏曰〕樂正子、萬章、公孫丑、孟仲子、陳臻、充虞、徐辟、陳代、彭更、公都子、咸丘蒙、屋廬子、桃應，趙注、孫疏、朱注所同也。季孫子、叔高子，趙注、孫疏所同，而朱注不以爲然。浩生不害、盆成括，本不見于趙注，但見于孫疏，而朱注亦不以爲然。朱注之去取是也。季孫、子叔本非是時人，以爲季孫聞孟子之辭萬鍾而異之，子叔亦從而疑之，趙注之謬，未有甚于此者也。故相傳明世中曾經罷祀，而今孟廟仍列之，殆詔而未正與？以高子爲弟子，蓋以「山徑茅塞」之語，似乎師戒其弟，故以爲學他術而不終。然《小弁》之言，孟子稱之爲叟，則非弟子矣。《經典序録》有高行子，乃子夏之弟子，厚齋王氏謂即高子，則亦恐非弟子矣。告子名不害，趙注以爲嘗學于孟子者。若浩生不害，則趙注本曰齊人，未嘗以爲告子。孫疏疑以爲告子，而浩生其字，不害其名。夫浩生不害固非告子，即告子亦恐非孟子弟子，孫疏特漫言之，不知祀典何以竟合爲一，是則謬之尤者。至益成括，則在孫疏亦但言其欲學于孟子，非質言其爲及門也。元吴萊作《孟氏弟子列傳》一十九人，則似仍政和祀典之目，而增之以滕更。其增之可也，仍列此五人者，則泥古之過也。今孟廟且以子叔爲子叔疑，則是據朱注而增趙注，又謬中之謬也。〔又曰〕告子名不害，亦見《國策》注。而《文選》引《墨子》，則又曰告子勝。或有二名，否則其一爲字也。

《晏子》書稱「西郭徒居布衣之士盆成适，嘗爲孔子門人」，尤誤。

## 荼

「荼」字自中唐始變作「茶」，其説已詳之《唐韻正》。按《困學紀聞》：「荼有三：『誰謂荼苦』，苦菜也；『有女如荼』，茅秀也；『以薅荼蓼』，陸草也。」〔陸清獻曰〕王肅云：「荼，陸穢。蓼，水草。田有原有隰，故竝舉水陸穢草。」依此，則荼與蓼是二物。朱子《詩傳》謂一物而有水陸之異。前後儒者所見似不同。愚謂草木之類，有種一而臭味别者，故荼與蓼一物，而有水陸之異。《邶風》之荼與《周頌》之荼一物，而有苦菜穢草之異。《正義》以其分者言之，朱子以其合者言之，非牴牾也。〔陳氏曰〕《爾雅》：「荼者，荼委葉也。」蓼者，薔虞蓼也。」王肅皆以爲穢草，分水陸，當矣，但未詳荼之性狀。《爾雅》「蒤委葉」鄭注引《詩》而外，亦不著其形。案《古今注》云：「荼，蓼也。紫色者荼也，青色者蓼也。其味辛且苦，食之明目。或謂紫葉者爲香荼，青色者爲青荼。亦謂紫者爲紫蓼，青者爲青蓼，其長大不苦者爲高蓼。」此與王氏水陸二穢意同。朱子所謂辣蓼，或即斯草，但不當以苦菜當之耳。今按《爾雅》，「荼」「蒤」字凡五見，而各不同。《釋草》曰：「荼，苦菜。」注引《詩》「誰謂荼苦，其甘如薺」，疏云：「此味苦可食之菜，《本草》一名選，一名游冬。《易緯通卦驗玄圖》云，苦菜生於寒秋，經冬歷春乃成。《月令·孟夏》『苦菜秀』是也。葉似苦苣而細，斷之有白汁，花黄似菊，堪食，但苦耳。」又曰：「蔈荂荼。」注云：「即芀。」疏云：「按《周禮》『掌荼』及《詩》『有女如荼』皆云：荼，茅秀也。蔈也，荂也，其别名。」此二字皆从草从余。又曰：「蒤，虎杖。」注云：「似紅草而麄大，有細刺，可以染赤。」疏云：「蒤，一名虎杖。陶注《本草》云『田野甚多，狀如大馬蓼，❶莖斑而葉圓』是也。」又曰：「蒤，委葉。」注引《詩》「以茠蒤蓼」。疏云：「蒤，一名委葉。王肅説《詩》云：蒤，陸穢草。」然則蒤者原田蕪穢之草，非苦菜也。今《詩》本「茠」作「薅」。此二字皆从草从涂。《釋木》曰：「檟，苦荼。」注云：「樹小如梔子，冬生葉，可煮作羹飲。今呼早采者爲荼，晚取者爲茗。一名荈，蜀人名之苦荼。」此一字亦从草从余。今以《詩》考之，《邶·谷風》之「荼苦」，《七月》之「采荼」，《緜》之「堇荼」，皆苦菜之荼也。〔原注〕《詩》「采苦采苦」傳：「苦，苦菜。」《正義》曰：「此荼也。陸璣云：『苦菜生山田及澤中，得霜，恬肥而美，所謂「堇荼如飴」。《内則》云「濡豚包苦」，用苦菜是也。』」又借而爲荼毒之荼。《桑柔》《湯誥》皆苦菜之荼也。《夏小正》「取荼莠」，《周禮·地官》「掌荼」，《儀禮·既夕禮》「茵著用荼，實綏澤焉」，《詩·鴟鴞》「捋荼」，傳曰「荼，萑苕也」，《正義》曰「謂薍之秀穗，茅薍之秀，其物

❶「狀」，原作「壯」，《爾雅·釋草》作「狀」，今據改。

相類，故皆名荼也」，茅秀之荼也，以其白也而象之。《出其東門》「有女如荼」，《國語》「吳王夫差萬人爲方陳，白常、白旗、素甲、白羽之矰，望之如荼」，《考工記》「望而眂之，欲其荼白」，亦茅秀之荼也。《良耜》之「荼蓼」，委葉之薓也。唯虎杖之「薓」與檟之「苦荼」不見於《詩》《禮》，而王褒《僮約》云「武都買荼」，張載《登成都白菟樓》詩云「芳荼冠六清」，孫楚詩云「薑桂荼荈出巴蜀」，《本草衍義》「晉溫嶠上表，貢荼千斤，茗三百斤」，是知自秦人取蜀而後始有茗飲之事。

王褒《僮約》前云「炰鼈烹荼」，後云「武都買荼」，注以前爲苦菜，後爲茗。

《唐書·陸羽傳》：「羽嗜茶，〔原注〕自此後「荼」字減一畫爲「茶」。著經三篇，言茶之原、之法、之具尤備，天下益知飲茶矣。有常伯熊者，因羽論復廣著茶之功，其後尚茶成風。時回紇入朝，始驅馬市茶。」至明代設茶馬御史。❶而《大唐新語》言右補闕綦毋煚性不飲茶，著《茶飲》，序曰：「釋滯消壅，一日之利暫佳；瘠氣侵精，終身之害斯大。獲益則功歸茶力，貽患則不謂茶災。豈非福近易知，害遠難見？」宋黃庭堅《茶賦》亦曰：「寒中瘠氣，莫甚於茶。或濟之鹽，勾賊破家。」今南人往往有茶癖，而不知其害，此亦攝生者之所宜戒也。

---

❶「明代」，據《校記》，鈔本作「本朝」。

## 鴚

《爾雅》：「舒雁，鵝。」注：「今江東呼鴚。」「鴚」即「鴐」字。〔原注〕古「加」字讀如「哥」。《詩・君子偕老》之「珈」，《東山》之「嘉」，竝與「何」爲韻。《左傳》「魯大夫榮鴐鵝」，《方言》「雁自關而東謂之鴚鵝」，《太玄經・裝》次二「鴐鵝慘於冰」，一作「鴚鵝」，司馬相如《子虛賦》「弋白鵠，連鴐鵝，雙鶬下，玄鶴加」，《上林賦》「鴻鷫鵠鴇，鴐鵝屬玉」，揚雄《反離騷》「鳳皇翔於蓬陼兮，豈鴐鵝之能捷」，張衡《西京賦》「鴐鵝鴻鶤」，《南都賦》「鴻鴇鴐鵝」，杜甫《七歌》「前飛鴐鵝後鶖鶬」，《遼史・穆宗紀》「獲鴐鵝，祭天地」，《元史・武宗紀》「禁江西、湖廣、汴梁私捕鴐鵝」。《山海經》「青要之山，是多鴐鳥」，郭璞云「未詳，或云當作『鴐』」。其从馬者，傳寫之誤爾。〔原注〕《漢書・古今人表》「榮鴐鵝」，師古曰：「鴐，音加，今本亦誤作『駕』。」今《左傳》本亦多作「駕」，猶《詩》「乘乘駂」之誤作「鴇」也。

## 九經

唐、宋取士，皆用九經。今制定爲五經，而《周禮》《儀禮》、公羊、穀梁二《傳》竝不列於學官。杜氏《通典》：東晉元帝時，太常賀循上言：「尚書被符，經置博士一人。〔原注〕《晉書・荀崧傳》：「時簡省博士，其《儀禮》《公羊》《穀梁》及鄭《易》皆省不置。」又多故歷紀，儒道荒廢，學者能兼明經義者少。且《春秋》三《傳》俱出聖人，而義歸不同，自前代通儒未有能通得失兼而學之者也。今宜《周禮》《儀禮》二經置博士二人，《春秋》三《傳》置博士三人，其餘〔原注〕《易》《詩》《書》。則經置一人，合八人。」太常荀崧上疏言：「博士舊員十有九人，今五經合九人。準古計今，猶未中半。《周易》有鄭氏注，其書根源，誠可深惜。《儀禮》一經，所謂《曲禮》，鄭玄於禮特明，皆有證據。昔周之衰，孔子作《春秋》，左丘明、子夏造厀親受。孔子殁，丘明撰其所聞爲之傳，微辭妙旨，無不精究。公羊高親受子夏，立於漢朝，多可采用。穀梁赤師徒相傳，諸所發明，或是《左氏》《公羊》不載，亦足有所訂正。臣以爲三《傳》雖同曰《春秋》，而發端異趣，宜各置一人，以傳其學。」遇王敦難，不行。〔原注〕按《元帝紀》云：「太興四年三月，置《周易》《儀禮》《公羊》博士。明年正月，王敦反。」是雖置而旋不行也。唐貞觀九年五月敕：「自今以後，明經兼習《周禮》若《儀禮》者，於本色内量減一選。」開元八年七月，國子司業李元瓘上言：「三《禮》、三《傳》及《毛詩》《尚書》《周易》等竝聖賢微旨，生人教業。今明經所習，務在出身，咸以《禮記》文少，人皆競讀。《周禮》經邦之軌則，《儀禮》莊敬之楷模，《公羊》《穀梁》歷代宗習。今兩監及州縣以獨學無友，四經殆絶。事資訓誘，不可因循。其學生請停各量配作業，并貢人預試之，日習《周禮》《儀禮》《公羊》《穀梁》，並請帖十通五，許其入第。以此開勸，即望四海均習，九經該備。」從之。《唐書》：開元十六年十二月，楊瑒爲國子祭酒，奏言：「今之明經，習《左氏》者十無二三。又《周禮》《儀禮》及《公羊》《穀梁》殆將廢絶，請量加優獎。」於是下制：「明經習《左氏》及通《周禮》等四經者，出身免任散官。」遂著於式。古人抱遺經、扶微學之心如此其急，而今乃一切廢之，蓋必當時之士子苦四經之難習，而主議之臣徇其私意，遂舉歷代相傳之經典棄之而不學也。

自漢以來，豈不知經之爲五，而義有並存，不容執一，故三家之學並列《春秋》，至於三《禮》，各自爲書。今乃去經習傳，尤爲乖理。苟便己私，用之干禄，率天下而欺君負國，莫甚於此。經學日衰，人材日下，非職此之由乎！

《宋史》：神宗用王安石之言，「士各占治《易》《書》《詩》《周禮》《禮記》一經，兼《論語》《孟子》」。〔原注〕是時《儀禮》《春秋》皆不列學官。元祐初，始復《春秋左傳》。朱文公《乞修三禮劄子》：「遭秦滅學，禮樂先壞，其頗存者，三《禮》而已。《周官》一書，固爲禮之綱領，至於儀法度數，則《儀禮》乃其本經。而《禮記·郊特牲》《冠義》等篇，乃其義説耳。〔原注〕朱子言《儀禮》是經，《禮記》是解《儀禮》。且如《儀禮》有《冠禮》，《禮記》便有《冠義》；《儀禮》有《昏禮》，《禮記》便有《昏義》。以至《燕射》之類，莫不皆然。前此猶有三禮、通禮、學究諸科，禮雖不行，士猶得以誦習而知其説。熙寧以來，王安石變亂舊制，廢罷《儀禮》，而獨存《禮記》之科。棄經任傳，遺本宗末，其失已甚。」是則《儀禮》之廢，乃自安石始之。〔原注〕《語類》言：「《儀禮》舊與五經並行，王介甫始罷去。祖宗朝有開寶通禮科，禮官用此等人爲之，介甫一切罷去。」至於明代，❶此學遂絶。〔沈氏曰〕康熙九年二月，順天學政蔣超題請課士之法，增定《周禮》《儀禮》與《禮記》並立，又請《春秋傳》題及脱母等題，全悖經旨，不能將傳合盡去，亦當除去脱母等題。禮部議：「《周禮》《儀禮》增入《禮記》之處，無容議。《春秋》脱母等題，原係扭合，與士子學業無益，相應删去。以後考試，止將單

❶「明代」，據《校記》，鈔本作「今朝」。

題、合題酌出。」旨依。

朱子又作《謝監嶽文集序》，曰：「謝綽中，建之政和人。先君子尉政和，行田間，聞讀書聲，入而視之，《儀禮》也。以時方專治王氏學而獨能爾，異之，即與俱歸，勉其所未至，遂中紹興三年進士第。」在宋已爲空谷之足音，今時則絶響矣。

先生《儀禮鄭注句讀序》曰：三代之禮，其存於後世而無疵者，獨有《儀禮》一經。漢鄭康成爲之注，魏、晋以下，至唐、宋，通經之士無不講求於此。自熙寧中王安石變亂舊制，始罷《儀禮》不立學官，而此經遂廢。此新法之爲經害者一也。南渡以後，二陸起於金谿，其説以德性爲宗，學者便其簡易，羣然趨之，而於制度文爲一切鄙爲末事。賴有朱子正言力辨，欲修三《禮》之書，而卒不能勝夫空虚妙悟之學。此新説之爲經害者二也。沿至於今，有坐皋比，稱講師，門徒數百，自擬濂洛，而終身未讀此經一偏者。若天下之書皆出於國子監所頒，以爲定本，而此經誤文最多，或至脱一簡一句，非唐石本之尚存於關中，則後儒無由以得之矣。濟陽張爾岐稷若，篤志好學，不應科名，録《儀禮》鄭氏注，而采賈氏、陳氏、吴氏之説，略以己意斷之，名曰《儀禮鄭注句讀》。又參定監本脱誤凡二百餘字，并考石經之誤五十餘字，作《正誤》二篇，附於其後，藏諸家塾。時方多故，無能板行之者。後之君子因句讀以辨其文，因文以識其義，因義以通制作之原，則夫子所謂「以承天之道而治人之情」者，可以追三代之英，而辛有之歎不發於伊川矣。如稷若者，其不爲後世太平之先倡乎！若乃據石經刊監本，復立之學官，以習士子，而姑勸之以禄利，使毋失其傳，此又治經術者之責也。

## 考次經文

《禮記・樂記》「寬而静」至「肆直而慈」一節，❶當在「愛者宜歌商」之上，文義甚明。然鄭康成因其舊文，不敢輒更，但注曰：「此文换簡，失其次。『寬而静』宜在上，『愛者宜歌商』宜承此。」

《書・武成》定是錯簡，有日月可攷。蔡氏亦因其舊而别序一篇，爲《今攷定武成》，最爲得體。

其他攷定經文，如程子改《易・繫辭》「天一地二」一節於「天數五」之上，《論語》「必有寢衣」一節於「齊必有明衣布」之下。〔錢氏曰〕《説文》：「被，寢衣也。長一身有半。」寢衣之非齋服明矣，不宜移易。蘇子瞻改《書・洪範》「曰王省惟歲」一節於「五曰曆數」之下，改《康誥》「惟三月哉生魄」一節於《洛誥》「周公拜手稽首」之上。朱子改《大學》「《康誥》曰」至「止於信」於「未之有也」之下，改「《詩》云瞻彼淇澳」二節於「止於信」之下，《論語》「誠不以富」二句於「齊景公有馬千駟」一節之下，《詩・小雅》

❶ 「禮記樂記」上，據《校記》，鈔本有一節文字，凡九十二字，今録於下。其中三處字誤，今均據《魏書・高允傳》改正（用〔　〕（　）表示增删）：「後魏崔浩爲司徒時，著作令史閔湛爲浩信任，見浩所注《詩》《論》《書》《易》，遂上疏言馬、鄭、王、賈雖（著作）〔注述〕六經，並（名）〔多〕疏謬，不如浩之精微，乞收境内諸書藏之秘府，班浩所注，命天下習業，並求勑浩注《禮傳》，令後生得觀（王）〔正〕義。浩亦表薦湛有著述之才。」

以《南陔》足《鹿鳴之什》，而下改爲《白華之什》，皆至當，無復可議。後人效之，妄生穿鑿，《周禮》五官，互相更調。而王文憲〔原注〕名柏。作《二南相配圖》《洪範經傳圖》《重定中庸章句圖》，改《甘棠》《野有死麕》《何彼穠矣》三篇於《王風》。仁山金氏本此，改「斂時五福」一節於「五曰考終命」之下，改「惟辟作福」一節於「六曰弱」之下，使鄒魯之書傳於今者，幾無完篇，殆非所謂「畏聖人之言」者矣。

董文清槐，改《大學》「知止而後有定」二節於「子曰聽訟吾猶人也」之上，以爲傳之四章，釋格物致知，而傳止於九章，則《大學》之文元無所闕。其説可從。

鳳翔袁楷謂：「《文言》有錯入《繫辭》者，『鳴鶴在陰』已下七節，『自天祐之』一節，『憧憧往來』已下十一節，此十九節皆《文言》也，即『亢龍有悔』一節之重見，可以明之矣。」遂取此十八節屬於「天玄而地黄」之後，〔原注〕依卦爲序。於義亦通。〔錢氏曰〕此等謬説，徒啟學者師心蔑古之咎。然古人之文變化不拘，況六經出自聖人，傳之先古，非後人所敢擅議也。

# 日知録集釋卷八

崑山顧炎武著　嘉定後學黄汝成集釋

## 州縣賦税

王士性《廣志繹》曰：「天下賦税，有土地肥瘠不甚相遠，而徵科乃至懸絶者。當是國初草草，未定畫一之制，而其後相沿，不敢議耳。如真定之轄五州二十七縣，蘇州之轄一州七縣，無論所轄，即其廣輪之數，真定已當蘇之五，而蘇州糧二百三萬八千石，真定止一十萬六千石。然猶南北異也。若同一北方也，河間之繁富，二州十六縣，登州之貧寡，一州七縣，相去殆若莛楹，而河間糧止六萬一千，登州乃二十三萬六千。然猶直隸、山東異也。若在同省，漢中二州十四縣之殷庶，視臨洮二州三縣之衝疲，易知也，而漢中糧止三萬，臨洮乃四萬四千。然猶各道異也。若在同道，順慶不大於保寧，其轄二州八縣，均也，而順慶糧七萬五千，保寧止二萬。然猶兩郡異也。若在一邑，則同一西南充也，而負郭十里，田以步計，賦以田起；二十里外，則田以組量，不步矣；五十里外，田以約計，不組矣。官賦無定數，私價亦無定估，何其懸絶也。惟是太平日久，累世相傳，民皆安之，以爲固然，不自覺耳。」夫王者制邑居民，則壤成賦，豈有大小輕重不同若此之甚哉！且以所轄州縣言之，真定三十二，西安三十六，開封、平陽各三十四，濟南三十，成都三十一，而松江、鎮江、太平止三縣，漢陽、興化止二縣。其直隸之州，則如徐州、澤州之四縣，郴州之五縣，嘉定之六縣，潼川之七縣，儼然一府也；而其小者，或至於無縣可轄。且明初之制，❶多因元舊，平陽一路共領九州，殆據山西之半。至洪武二年，始以澤、潞、遼、沁四州直隸山西行省，而今尚有五州。若蒲州，自古別爲一郡，屢次建言，皆爲户部所格。歸德一州，向屬開封，至嘉靖二十四年始分爲府。天下初定，日不暇給，沿元之非，遂至二三百年。〔原注〕崔銑言：「今之郡大者千里，屬邑數十，爲長者名數且不能悉，奚望其理也。宜令大郡不過四百里，邑百里。」然則後之王者，審形勢以制統轄，度輻員以界郡縣，則土田以起徵科，乃平天下之先務，不可以慮始之艱而廢萬年之利者矣。〔閻氏曰〕宋紹興十一年，知臨江軍王伯淮奏曰：清江縣有税錢四十餘貫，苗米四百餘石，人煙田產並在高安。經界既定，兩縣隨產認税。于是清江有税無田，高安有田無税。清江不免以無田之税增均于原額之田，高安即以無税之田減均于原額之税。是高安得偏輕之利，而清江得偏重之害矣。〔又曰〕懷慶府知府紀誠疏曰：如《西華縣志》，洪武二十四年在册地止一千九百九十四頃有奇，嘉靖十一年，新丈地一萬九千七百七十頃有奇。永城縣原地一千五百三十頃有奇，嘉靖十一年，新丈出二萬六千六百一十九頃有奇。二縣如此，他縣可知。是土地實增倍于其舊，則糧宜增而不增，而顧以其糧分灑之，此輕者益見其輕也。至河内縣原編户一百二十餘里，今併爲八十三里；修武縣原編户六十里，今併

❶「明」，據《校記》，鈔本作「國」。

爲二十九里。他縣亦皆類是。人逃而地漸荒，則土地已非其舊。夫糧宜減而不減，而復以其糧包賠之，此重者益重。無怪乎懷慶之民日困征輸，而卒無以自安也。〔汝成案〕先生此條説詳十卷「地畝大小」「州縣界域」。閻氏注附下尤合。

《太祖實録》：「洪武八年三月，平陽府言：『所屬蒲、解二州，距府闊遠，乞以直隸山西行省爲便。』未許。」至天啓四年，巡按山西李日宣，請以二州十縣分立河中府，治運城，以運使兼知府事，運同兼清軍，運副兼管糧，運判兼理刑。事下户部，户部下山西，山西下河東，河東下平陽府議之，竟寢不行。〔原注〕按漢河東郡二十四縣，後漢二十城。魏正始八年，分河東之汾北十縣爲平陽郡。此所謂欲製千金之裘而與狐謀其皮也。且商、雒之於關内，陳、許之於大梁，德、棣之於濟南，潁、亳之於鳳陽，自古不相統屬。去府既遠，更添司道，於是有一府之地而四五其司道者，官愈多而民愈擾，職此之由矣。昔仲長統《昌言》謂：「諸夏有十畝共桑之迫，遠州有曠野不發之田。」范曄《酷吏傳》亦言：「漢制宰守曠遠，户口殷大。」而《後漢·馬援傳》：「既平交趾，奏言：『西于縣户有三萬二千，遠界去庭千餘里，〔原注〕庭，縣庭也。請分爲封溪、望海二縣。』許之。」《華陽國志》：「巴郡太守但望〔原注〕字伯門，太山人。見《風俗通》。上疏言：『郡境南北四千，東西五千，屬縣十四，土界遐遠，令、尉不能窮詰姦凶。時有賊發，督郵追案，十日乃到，賊已遠逃，蹤迹絶滅。其有犯罪逮捕，證驗文書詰訊，從春至冬，不能究訖，繩憲未加，或遇德令。是以賊盜公行，姦宄不絶。太守行農桑不到四縣，刺史行部不到十縣。欲請分爲二郡。』其後遂爲三巴。」《水經注》：「山陰縣，漢會稽郡治也。永建中，陽羡周嘉上書，以縣遠，赴會稽至難，求得分置。遂以浙江西爲吴，以東爲會稽。」此皆遠縣之害已見於前事者也。《北齊書》：「赫連子悦除林慮守，世宗往晋陽，路由是郡，因問所不便。子悦荅言：『臨水、武安二縣，去郡遥遠，山嶺重疊，車步艱難。若東屬魏郡，則地平路近。』世宗笑曰：『卿徒知便民，不覺損幹。』〔楊氏曰〕幹，郡守所食于郡者。子悦荅以『所言因民疾苦，不敢以私潤負心』。」嗟乎，今之牧守，其能不徇於私而計民之便者，吾未見其人矣。

## 屬縣

自古郡縣之制，惟唐爲得其中。今攷《地理志》屬縣之數，京兆、河南二府各二十，河中、太原二府各十三，魏州十四，廣州十三，鎮州、桂州各十一，其他雖大，無過十縣者。此其大小相維，多寡相等，均安之效不可見於前事乎？後代之王猶可取而鏡也。但其中一二縣之郡亦有可并。憲宗元和元年，割屬東川六州，制曰：「分疆設都，蓋資共理。形束壤制，亦在稍均。將懲難以銷萌，在立防而不紊。故賈生之議，以楚益梁；宋氏之規，割荆爲郢。酌於前事，宜有變通。」此雖一時之言，亦經邦制郡之長策也。

## 州縣品秩

漢時縣制，萬户以上爲令，秩千石至六百石；减萬户爲長，秩五百石至三百石。唐則州有上、中、下三等，縣有京、畿、上、中、中下、下六等，品各有差。〔汝成案〕唐制：自羈縻州外，有雄、望、赤、緊、輔、上、中、下八等，見新、舊《唐書·地理志》。實則以户口多寡，分爲上、中、下，而刺史之秩視之。《唐六典》所云「上州刺史一人，從三品；中州刺史一人，正四品上；下州刺史一人，正四品下」是也。《唐會要》：開元十八年三月十七日勑：「太平時久，户口日殷，宜以四萬户已上爲上州，二萬五千户爲中州，不滿二萬户爲下州。其六雄、十望州、三輔等及别勑同上州，都督及畿内州並同上州。緣邊州三萬户已上爲上州，二萬户已上爲中州。其親王任中州、下州刺史者，亦爲上州，王去任後仍舊。」是以刺史之尊暫升其州，非通制也。第《六典》成于是時，則云中州三萬户以上，下州户不滿三萬者，何以岐舛若是？至縣，則《新志》有赤、畿、緊、望、次赤、次畿、上、中、中下、下十等，無云京者。攷《六典》云：「萬年、長安、河南、洛陽、奉先、太原、晉陽，令一人，正五品上。京兆、河南、太原諸縣，令各一人，正六品上。諸州上縣，令一人，從六品上。諸州中縣，令一人，正七品上。諸州中下縣，令一人，從七品上。諸州下縣，令一人，從七品下。」是唐時縣之等有十，而秩則六也。又「萬年長安」條下注云：「開元十一年置北都，以晉陽、太原爲京縣。十七年巡陵，又以奉先同京縣。」又「丞二人從七品上」條下注云：「皇朝置京縣丞三員。」「主簿二人從七品上」條下注云：「皇朝京縣置二人。」則唐時有京縣明矣。先生所云縣有京、畿、上、中、中下、下六等，蓋本諸此。不知《新志》何以遺去京縣，故著其説云。《太祖實録》：「吴元年，定縣有上、中、下三等，税糧十萬石已下爲上縣，知縣從六品，縣丞從七品，主簿從八品；六萬石已下爲中縣，知縣正七品，縣丞正八品，主簿從八品；三萬石已下爲下縣，知縣從七品，丞簿如中縣之秩。」「洪武六年八月壬辰，分天下府爲三等，糧二十萬石已上者爲上府，秩從三品；二十萬石已下者爲中府，秩正四品；十萬石已下者爲下府，秩從四品。」〔原注〕不知何年始改此制。洪武十四年十月，定考劾法，府以田糧十五萬石已上，州以七萬石以上，縣以三萬石以上，親臨王府上司，軍馬守禦，路當驛道，邊方衝要者爲繁，不及此者爲簡。後乃一齊其品，而但立繁簡之目，才優者調繁，不及者調簡。古時列爵惟五之意，遂盡亡之矣。

## 府

漢曰郡，唐曰州，州即郡也，惟建都之地乃曰府。唐初止京兆、河南二府。武后以并州爲太原府。玄宗以蒲州爲河中府，益州爲成都府。肅宗以岐州爲鳳翔府，荆州爲江陵府。德宗以梁州爲興元府。惟興元以德宗行幸於此，其餘皆建都之地也。〔原注〕《舊唐書·田悦傳》：「朱滔自稱冀王，悦稱魏王，王武俊稱趙王，又請李納稱齊王。以幽州爲范陽府，魏州爲大名府，恒州爲真定府，鄆州爲東平府。」《李希烈傳》：「僭號以汴州爲大梁府。」是則以州稱府者，僭也。後梁以汴州爲開封府。後唐以魏州爲興唐府，鎮州爲真定府。〔原注〕《册府元龜》載：長興三年，中書省奏：「本朝都長安，以京兆府爲上。今都雒陽，請以河南府爲上。其五府，舊以鳳翔府爲首，河中、成都、江陵、興元爲次。中興初，升魏博爲興唐府，鎮州爲真定府。皆是創業興王之地，宜升在五府之上，合爲七府。」至宋，而大郡多升爲府。王明清《揮麈録》曰：「太祖皇帝以歸德軍節度使創業，升宋州爲歸德府，後爲應天府。〔錢氏曰〕景德三年。太宗以晋王即位，升并州爲太原府。〔錢氏曰〕大觀元年。真宗以壽王建儲，升壽州爲壽春府。〔錢氏曰〕政和六年。仁宗以昇王建儲，升建業爲江寧府。英宗以齊州防禦使入繼，以齊州爲興德軍。神宗自潁王升儲，升汝陰〔錢氏曰〕潁州。爲順昌府。〔錢氏曰〕政和六年。哲宗自延安郡王升儲，升延州爲延安府。〔錢氏曰〕元祐四年。徽宗以端王即位，升端州爲肇慶府。〔錢氏曰〕重和元年。欽宗自定王建儲，前已升定州爲中山府。〔錢氏曰〕政和三年。太上以康王中興，升康州爲德慶府。〔錢氏曰〕紹興元年。今上以建王建儲，升建安爲建寧府。〔錢氏曰〕紹興卅二年。宣和元年六月，邢州民董世多進狀，以英宗嘗爲鉅鹿郡公，又知岳州孫勰進言，英宗嘗爲岳州防禦使，詔加討論。時邢州已升安國軍，遂以邢州爲信德府，岳州爲岳陽軍。是歲十月，又詔以列聖潛邸所領地，再加討論。以真宗嘗爲襄王，升襄州爲襄陽府；仁宗嘗爲慶國公，升慶州爲慶陽府；英宗嘗爲宜州刺史，以宜州爲慶遠軍；神宗嘗爲安州觀察使，以安州爲德安府；又嘗爲光國公，以光州爲光山軍；哲宗嘗爲東平軍節度使，以鄆州爲東平府；嘗爲均國公，以均州爲武當軍；徽宗嘗爲寧國公，以寧州爲興寧軍；又嘗爲平江、鎮江軍節度使，並升爲府；又以太宗嘗爲睦州防禦使，升睦州爲遂昌軍。今上即位之初，升隆興、寧國、常德諸府。皆以潛藩擁麾之地也。」〔原注〕隋煬帝大業九年詔曰：「博陵昔爲定州，地居衝要。先皇歷試所基，王化斯遠，故以道冠豳風，義高姚邑。朕巡撫氓庶，爰届兹邦，瞻望郊壥，懷德思止。可改博陵爲高陽郡，赦境内死罪已下，給復一年。」於是召高祖時故吏，皆量才授職。此前代升郡故事。然以先皇涖任之邦，追思舊德，有此特詔。至宋，則但列空銜，便加恩數矣。《玉照新志》曰：「徽宗嘗封遂寧郡王，升遂州爲遂寧府；嘗封蜀國公，升蜀州爲崇慶府。」沿至於今，無郡不府。而陋小之處，如滁、和、澤、沁、郴、靖、邛、眉之類，猶以州名。又有隸府之州，特異其名，而親理民事與縣尹無別。〔原注〕凡唐、宋舊設之州，竝有附郭縣，而州不親民事。元初省冗官，令州官兼領。洪武初，并附郭縣入州。浦士衡曰：國朝建立府州，多踵勝國。其最異者，則以州統縣，而省縣入州，刺史而下行縣令之事。所謂名存實異，與宋以前不同者也。〔錢氏曰〕攷宋時州升府名，濟南，本齊州，政和六年。襲慶，本兖州，政和八年。興仁，本曹州，崇寧三年。潁昌，本許州，元豐三年。淮寧，本陳州，宣和元年。開德，本澶州，崇寧五年。河間，本瀛州，大觀二年，紀在元年。慶源，本趙州，宣和元年。隆德，本潞州，崇寧三年。平陽，本晋州，政和六年。京兆，本永興軍，宣和二年。臨安，本杭州，建炎三年。紹興，本越州，紹興元年。平江，本蘇州，政和三年。鎮江，本潤州，政和五年。慶元，本明州，紹熙五年。瑞安，本温州，咸淳元年。建德，本嚴州，咸淳元年。嘉興，本秀州，慶元元年。安慶，本舒州，慶元元年。江寧，本昇州，建炎三年改建康府。寧國，本宣州，乾道二年。隆興，本洪州，隆興元年。江陵，建炎四年置荆南府，淳熙元年復。常德，本鼎州，乾道元年。寶慶，本邵州，寶慶元年。建寧，本建州，紹興三十二年。崇慶，本蜀州，淳熙四年。嘉定，本嘉州，慶元元年。潼川，本梓州，重和元年。遂寧，本遂州，政和五年。順慶，本果州，寶慶三年。隆慶，本劍州，紹熙元年。同慶，本成州，寶慶元年。紹慶，本黔州，紹定元年。咸淳，本忠州，咸淳元年。重慶，本恭州，淳熙十六年。英德，本英州，慶元元年，志失年。德慶，本康州，紹興元年。静江，本桂州，紹興二年。慶遠，本宜州，咸淳元年。燕山，本幽州，宣和四年改。雲中，本雲州，宣和三年。成都，本益州，嘉祐四年復。太原，降并州，嘉祐五年復。〔楊氏曰〕後尚有真定、鳳翔二府。〔汝成案〕《宋史·地理志》：「真定府，次府，常山郡，唐成德軍節度。本鎮州，慶曆八年初置真定府路安撫使，統真定府。」攷唐元和十五年，始改曰鎮州，漢仍之，尋復爲府，周又改爲鎮州。今云慶曆八年初置真定府路，統真定府，雖不紀何年始復，度已在宋初矣。鳳翔府則唐至德初升，宋仍之，非由州而升，故顧氏、錢氏皆不數。楊氏云後尚有此二府者，誤也。志云：「江寧府，開寶八年平江南，復爲昇州節度。天禧元年，升爲建康軍節度。」錢氏《考異》云：「按南唐建都金陵，以昇州爲江寧府。宋平江南，復爲昇州，置江寧節度。天禧元年，升江寧府，改江寧軍額曰建康。此志殊未分曉。」是江寧升府在天禧元年，今云建炎三年改建康府，蓋數宋高宗時也。又志云：「太原府，河東節度。太平興國四年平劉繼元，降爲緊州軍事。」《攷異》云：「當云降爲并州。嘉祐五年，復爲太原府。」與此所疏合。第嘉祐五年上距太宗元年且八十五年，則與王明清所云「太宗以晉王即位，升并州爲太原府」者異矣。錢氏此條下注云大觀元年，既與後所疏異，攷志云元豐爲次府，大觀元年升大都督府，亦非由州而升，則注所云益誤矣。縣之隸於州者，則既帶府名，又帶州名，而其實未嘗管攝於州。〔原注〕惟到任繳憑必由州轉府，尚有餼羊之意。體統乖而名實殽矣。竊以爲宜仍唐制，凡郡之連城數十者，析而二之三之，而以州統縣，惟京都乃稱府焉，豈不畫一而易遵乎？〔楊氏曰〕此即唐制也。

## 鄉亭之職

《漢書·百官表》：「縣令、長，皆秦官，掌治其縣。萬户以上爲令，秩千石至六百石。減萬户爲長，秩五百石至三百石。皆有丞、尉，秩四百石至二百石。〔原注〕《宋書·百官志》：「漢制：丞一人。尉，大縣二人，小縣一人。」是爲長吏。百石以下，有斗食、佐史之秩，是爲少吏。〔原注〕《武帝紀》元光六年詔曰：「少吏犯禁。」《甯成傳》：「爲少吏，必陵其長吏。」大率十里一亭，亭有長。〔原注〕《宋書》：「五家爲伍，伍長主之。二伍爲什，什長主之。十什爲里，里魁主之。十里爲亭，亭長主之。」《史記・建元以來侯者年表》：「張章，父爲長安亭長，失官。」是亭長亦稱官也。十亭一鄉，鄉有三老、有秩、〔原注〕《張敞傳》注，師古曰：「鄉有秩者，嗇夫之類也。」嗇夫、游徼。〔原注〕《宋書》又有「鄉佐」。三老掌教化，嗇夫職聽訟、收賦税，游徼徼循禁賊盜。〔原注〕《宋書》：「鄉佐、有秩主賦税，三老主教化，嗇夫主爭訟，游徼主姦非。」縣大率方百里，其民稠則減，稀則曠，鄉亭亦如之。皆秦制也。」《高帝紀》：「二年二月，令舉民年五十以上，有修行能帥衆爲善，置以爲三老，鄉一人。擇鄉三老一人爲縣三老，與縣令、丞、尉以事相教，復勿繇戍。」〔原注〕三老爲鄉官，故壺關三老茂得上書言太子。《黄霸傳》：「使郵亭鄉官皆畜雞豚。」此其制不始於秦、漢也，自諸侯兼并之始，而管仲、蔿敖、子産之倫所以治其國者，莫不皆然。〔原注〕《管子》書曰：「擇其賢民，使爲里君。」而《周禮・地官》自州長以下有黨正、族師、閭胥、比長，自縣正以下有鄙師、酇長、里宰、鄰長。則三代明王之治亦不越乎此也。夫惟於一鄉之中，官之備而法之詳，然後天下之治若網之在綱，有條而不紊。至於今日，一切蕩然，無有存者。且守令之不足任也，而多設之監司；監司之又不足任也，而重立之牧伯。積尊累重，以居乎其上，而下無與分其職者。雖得公廉勤幹之吏，猶不能以爲治，而況託之非人者乎！後魏太和中，給事中李沖上言：「宜準古五家立一鄰長，五鄰立一里長，五里立一黨長，長取鄉人强謹者。鄰長復一夫，里長二，黨長三，所復復征戍，餘若民。三載無愆則陟用，陟之一等。」孝文從之，詔曰：「鄰里鄉黨之制，所由來久。欲使風教易周，家至日見，以大督小，從近及遠，如身之使手，幹之總條，然後口算平均，義興訟息。」史言立法之初，多稱不便，及事既施行，計省昔十有餘倍，於是海内安之。後周蘇綽作六條，詔書曰：「非直州郡之官，皆須善人，爰至黨族閭里正長之職，皆當審擇，各得一鄉之選，以相監統。」隋文帝師心變古，開皇十五年，始盡罷州郡鄉官。而唐柳宗元之言曰：「有里胥而後有縣大夫，有縣大夫而後有諸侯，有諸侯而後有方伯、連帥，有方伯、連帥而後有天子。」由此論之，則天下之治，始於里胥，終於天子，其灼然者矣。故自古及今，小官多者其世盛，大官多者其世衰，〔原注〕《文獻通考》言「唐之初止有上、中、下都督府，其後則有節度、觀察、團練諸使。宋之初止有轉運使，其後則有安撫、提刑等官」。《唐書·代宗紀》：「大曆八年九月癸未，晉州男子郇模以麻辮髮，持竹筐葦席，哭於東市，請獻三十字，一字爲一事。其言『練』者，請罷諸州團練使也。其言『監』者，請罷諸道監軍使也。」〔沈氏曰〕《通志》載《唐六典·開元十道圖》曰：「百户爲里，五里爲鄉，兩京及州縣之郭内分爲坊，郊外爲村里及村坊，皆有正，以司督察。四家爲鄰，五鄰爲保，有長以相禁約。」注曰：「里正兼課植農桑，催調賦役。」興亡之塗，罔不由此。〔楊氏曰〕此論爲得，但恐不得其人耳。

漢時嗇夫之卑，猶得以自舉其職。故爰延爲外黄鄉嗇夫，仁化大行，民但聞嗇夫，不知郡縣。〔原注〕《後漢書》本傳。而朱邑自舒桐鄉嗇夫，〔原注〕舒縣之鄉。官至大司農，病且死，屬其子曰：「我故爲桐鄉吏，其民愛我。必葬我桐鄉，後世子孫奉嘗我不如桐鄉民。」〔原注〕師古曰：「嘗謂烝嘗之祭。」及死，其子葬之桐鄉西郭外，民共爲起冢立祠，歲時祠祭，至今不絶。〔原注〕《漢書·循吏傳》。二君者，皆其縣人也。必易地而官，易民而治，豈其然哉！〔錢氏曰〕漢之三老、嗇夫，治行尤著者，可累擢至大官，故賢才恒出其中。郡縣掾吏亦然。今雖欲重其選，而若輩本無出身之路，地方官又數凌辱之，其願充者不過姦猾無恥之徒而已，安能佐縣令之治哉！

今代縣門之前多有牓曰：「誣告加三等，越訴笞五十。」此先朝之舊制，亦古者「懸法象魏」之遺意也。今人謂不經縣官而上訴司府，謂之「越訴」，是不然。《太祖實録》：「洪武二十七年四月壬午，命有司擇民間高年老人公正可任事者，理其鄉之詞訟。若户婚、田宅、鬭毆者，則會里胥決之。事涉重者，始白於官。」若不由里老處分而徑訴縣官，此之謂越訴也。〔原注〕宣德七年正月乙酉，陝西按察僉事林時言：「洪武中，天下邑里皆置申明、旌善二亭，民有善惡則書之，以示勸懲。凡户婚、田土、鬭毆常事，里老於此剖決。今亭宇多廢，善惡不書，小事不由里老，輒赴上司，獄訟之繁皆由於此。」景泰四年，詔書猶曰：「民有怠惰不務生理者，許里老依教民牓例懲治。」天順八年三月詔：「軍民之家，有爲盜賊，曾經問斷不改者，有司即大書『盜賊之家』四字於其門。能改過者，許里老、親鄰人相保管，方與除之。」此亦古者畫衣冠、異章服之遺意。惟其大小之相維，詳要之各執，然後上不煩而下不擾。唐至大曆以後，干戈興，賦税煩矣。而劉長卿之《題雲溪李明府》曰：「落日無王事，青山在縣門。」蓋縣令之職猶不下侵，而小民得以安其業，是以能延國命百有餘年，迄於僖、昭而後大壞。然則鳴琴戴星，有天下者宜有以處之矣。

洪熙元年七月丙申，「巡按四川監察御史何文淵言：『太祖高皇帝令天下州縣設立「老人」，必選年高有德、衆所信服者，使勸民爲善，鄉閭争訟亦使理斷。下有益於民事，上有助於官司。比年所用，多非其人。或出自隸僕，規避差科。縣官不究年德如何，輒令充應，使得憑藉官府，妄張威福，肆虐閭閻。或遇上司官按臨，巧進讒言，變亂黑白，挾制官吏。比有犯者，謹已按問如律。竊慮天下州縣類有此等，請加禁約。』上命申明洪武舊制，有濫用匪人者，并州縣官皆寘諸法」。然自是里老之選輕而權亦替矣。〔原注〕《英宗實録》言：「松江知府趙豫和易近民，凡有詞訟，屬老人之公正者剖斷，有忿争不已者則己爲之和解，故民以老人目之。當時稱爲良吏。」正統以後，里老往往保留令丞，朝廷因而許之，尤爲弊政。見於景泰三年十月庚戌太僕寺少卿黄仕攜所奏。

漢世之於三老，命之以秩，頒之以禄。而文帝之詔，俾之各率其意以道民。當日爲三老者，多忠信老成之士也，上之人所以禮之者甚優，是以人知自好，而賢才亦往往出於其間。新城三老董公，遮説漢王爲義帝發喪，而遂以收天下。壺關三老茂，上書明戾太子之寃，史册炳然，爲萬世所稱道。近世之「老人」，❶則聽役於官，而靡事不爲，故稍知廉恥之人不肯爲此，而願爲之者大抵皆姦猾之徒，欲倚勢以陵百姓者也。其與太祖設立老人之初意悖矣。

明初以大户爲糧長，❷掌其鄉之賦税，多或至十餘萬石。運糧至京，得朝見天子。洪武中，或以人材授官。至宣德五年閏十二月，南京監察御史李安及江西廬陵、吉水二縣耆民，六年四月監察御史張政，各言糧長之害，謂其倍收糧石，準折子女，包攬詞訟，把持官府。累經禁飭，而其患少息，

❶「近世」，據《校記》，鈔本作「本朝」。

❷「明」，據《校記》，鈔本作「國」。

然未嘗以是而罷糧長也，惟老人則名存而實亡矣。〔原注〕今州縣或謂之「耆民」，或謂之「公正」，或謂之「約長」，與庶人在官者無異。

巡檢，即古之游徼也。〔原注〕《元史》：「成宗大德十年正月，升巡檢爲九品。」洪武中尤重之，而特賜之敕，〔原注〕洪武十三年二月丁卯。見《御製文集》第七卷。又定爲考課之法。〔原注〕二十五年閏十二月辛卯。及江夏侯周德興巡視福建，增置巡檢司四十有五。〔原注〕二十年四月。自弘治以來，多行裁革，所存不及曩時之半。巡檢裁則總督添矣。〔原注〕崇禎年至薊州、保定各設總督。唐自乾元以後，節度、觀察、防禦使之設，正與明代累添總督、巡撫、兵備相類。何者？巡檢遏之於未萌，總督治之於已亂。〔楊氏曰〕「巡檢裁而總督添」，此一大升降也。

## 里甲

常熟陳梅曰：「《周禮》：『五家爲比，比有長。五比爲閭，閭有胥。四閭爲族，族有師。五族爲黨，黨有正。五黨爲州，州有長。五州爲鄉，鄉有大夫。』其間大小相維，輕重相制，綱舉目張，周詳細密，無以加矣。而要之自上而下，所治皆不過五人，蓋於詳密之中而得易簡之意，此周家一代良法美意也。後世人才遠不如古，乃欲以縣令一人之身，坐理數萬户口，賦税色目繁猥，又倍於昔時，雖欲不叢脞，其可得乎！愚故爲之説曰：以縣治鄉，以鄉治保，〔原注〕或謂之都。以保治甲，視所謂不過五人者而加倍焉，亦自詳密，亦自易簡，此斟酌古今之一端也。」又曰：「一鄉幾保，不妨多少。

何也？因民居也，法用圓。十甲千户，不得增損，何也？稽成數也，法用方。」〔沈氏曰〕保甲之設，所以使天下之州縣復分其治也。州縣之地廣，廣則吏之耳目有不及；其民衆，衆則行之善惡有未詳。保長、甲長之所統近而人寡，其耳目無不照，善惡無所匿，從而聞于州縣，平其是非，則里黨得其治，而州縣亦無不得其治。今之州縣官奉大吏之令，舉行保甲，而卒無其效，非保甲之法之不善，爲保長、甲長之人之未善也。故舉行保甲，必先擇其長保甲之人而後可。保長長十甲，甲長長百户，分百户而十人長之，謂之牌頭。牌頭則庶民之樸直者爲之，保長、甲長則必擇士之賢者能者爲之。使慮士之賢能者爲今之保長、甲長而有所不屑，則惟爲州縣者重其事，慎其人，求之以誠，聘之以禮幣，告之以欲分治之義，而使之整其所屬，糾其邪僻兇惡，達之州縣，亦得展其心思才力，自無不屑之患。統乎保者爲鄉，鄉則就搢紳聘焉。其遇之隆，任之專，較之保長、甲長而更倍焉。及功過已著，則權其大小輕重而賞罰進退，以爲勸懲，必且感德畏威而職無不盡已。雖然，欲如是，非州縣之所得擅爲也，責在大吏。而大吏亦不得自專，必也奏其事於朝廷，得額定其員，次第其禄位，立考績黜陟之法，而後可行也。夫《周官》鄉遂之制，自兩漢、後魏以迄唐之盛、明之初，略倣而行之，皆得以善治而宜民。而大儒若朱子，名臣若蘇綽，近世名儒若魏子才、顧寧人，又莫不稱爲治教之基，則非迂遠而闊于事情可知。在更化之初，必共議其不便者，行之久而利，則相與安之矣。〔姚大令曰〕漳、泉素稱多盜，頻年誅捕，不爲少矣，而攘劫之風不息，則捕之可勝捕哉！今功令以保甲爲弭盜首務，此在西北行之，或有效者。然行之不善，民間已多病之。東南非阻江湖，則濱大海，閩、廣之間，山深林密，往往兵役所不能至，惟羣兇亡命者匿焉。驅之急，則奔聚日衆，其爲隱憂甚大，又不僅攘劫之患而已。漳、泉、惠、潮各郡人民，聚族而居，强悍素著，藏匿兇慝，常臨以兵役數千，不能得一罪人。今欲比次其户，著籍察之，又日更月易，使注其出入、生死、遷徙，具報于官，恐愚頑之民未能若是紛紛不憚煩也。瑩常以爲，保甲之法宜審時度地，變通而行之，但師其意可矣。

## 掾屬

《古文苑》注王延壽《桐柏廟碑》人名，謂「掾屬皆郡人，可攷漢世用人之法」。今攷之漢碑皆然，不獨此廟。蓋其時惟守相命於朝廷，而自曹掾以下，無非本郡之人，故能知一方之人情，而爲之興利除害。其辟用之者即出於守相，而不似後代之官，一命以上皆由於吏部。故廣漢太守陳寵入爲大司農，和帝問在郡何以爲理，寵頓首謝曰：「臣任功曹王涣以簡賢選能，主簿鐔顯拾遺補闕。臣奉宣詔書而已。」帝乃大悦。至於汝南太守宗資任功曹范滂，南陽太守成瑨委功曹岑晊，並謡達京師，名標史傳。而鮑宣爲豫州牧，郭欽奏其「舉錯煩苛，代二千石署吏」。是知署吏乃二千石之職，州牧代之，尚爲煩苛，今以天子而代之，宜乎事煩而日不給。〔原注〕隋文帝開皇二年，罷辟署，令吏部除授品官爲州郡佐官。其時劉炫對牛弘，以爲「往者州惟置綱紀，郡置守、丞，縣置令而已，其餘具僚則長官自辟」。是知自辟掾屬，即齊、魏之世猶然。《宋史・選舉志》：「宋初，内外小職任，長吏得自奏辟。熙寧間，悉罷歸選部。然要處職任，如沿邊兵官、防河捕盜、重課額務場之類，尋又立專法聽舉，於是辟置不能全廢也。」又其變也，銓注之法改爲掣籤，而吏治因之大壞矣。

《京房傳》：「房爲魏郡太守，自請得除用他郡人。」因此知漢時掾屬無不用本郡人者，房之此請乃是破格。杜氏《通典》言：「漢縣有丞、尉及諸曹掾，多以本郡人爲之，三輔縣則兼用他郡。〔原注〕

《黄霸傳》『補左馮翊二百石卒史』，如淳曰：『三輔郡得任用他郡人，而卒史獨二百石，所謂尤異者也。』及隋氏革選，盡用他郡人。」〔沈氏曰〕陳諒直云：「隋氏罷鄉官，革自辟，調選人，改薦舉，紛紛更易，盡以私弊防天下之人。三代之法未盡泯于秦者，至此而無餘，卒等于秦之速亡。信乎，治天下者在彼不在此也。」

唐高宗時，魏玄同爲吏部侍郎，上疏言：「臣聞傅説曰：『明王奉若天道，建邦設都，樹后王君公，承以大夫師長，不惟逸豫，惟以理人。』昔之邦國，今之州縣，土有常君，人有定主，自求臣佐，各選英賢，其大臣乃命於王朝耳。秦并天下，罷侯置守。漢氏因之，有沿有革，諸侯得自置吏四百石已下，其傅相大官則漢爲置之。州郡掾史、督郵、從事，悉任之於牧守。爰自魏、晉，始歸吏部，遞相祖襲，以迄於今。用刀筆以量才，按簿書而察行，法令之弊，其來已久。蓋君子重因循而憚改作，有不得已者，亦當運獨見之明，定卓然之議。如今選司所行者，非上皇之令典，乃近代之權道，所宜遷革，實爲至要。何以言之？夫丈尺之量，所及者蓋短；鍾庾之器，所積者寧多！況天下之大，士人之衆，而可委之數人之手乎？假使平如權衡，明如水鏡，力有所極，照有所窮，銓綜既多，紊失斯廣。又以比居此任，時有非人，豈直愧彼清通，亦將竭其庸妄。情故既行，何所不至？贓私一啟，以及萬端。至乃爲人擇官，爲身擇利，顧親疏而舉筆，看勢要而措情。加以厚貌深衷，險如谿壑，擇言觀行，猶懼不周。今使百行九能析之於一面，具僚庶品專斷於一司，其亦難矣。天祚大聖，比屋可封，咸以爲有道恥賤，得時無怠。諸色入流，歲以千計，羣司列位，無復增多。官有常員，人無定限。選集之始，霧積雲屯，擢敘於終，十不收一。淄澠雜混，玉石難分，用舍去留，得失相半。撫即事之爲弊，知及後之滋失。夏、殷以前，制度多闕。周監二代，焕乎可觀。諸侯之臣，不皆命於天子；王朝庶官，亦不專於一職。故穆王以伯冏爲太僕正，命之曰『慎簡乃僚，無以巧言令色，便辟側媚，其惟吉士』。此則令其自擇下吏之文也。太僕正，中大夫耳，尚以僚屬委之，則三公九卿亦必然矣。《周禮》太宰、内史竝掌爵禄廢置，司徒、司馬別掌興賢詔事，當是分任於羣司，而統之以數職，各自求其小者，而王命其大者焉。夫委任責成，君之體也。所委者當，則所用者精。裴子野有言曰：『官人之難，先王言之尚矣。居家視其孝友，鄉黨服其誠信；出入觀其志義，憂歡取其智謀。煩之以事，以觀其能；臨之以利，以察其廉。《周禮》始於學校，論之州里，告諸六事，而後貢之王庭。其在漢家，尚猶然矣。州郡積其功能，然後爲五府所辟，五府舉其掾屬而升於朝，三公參得除署，尚書奏之天子，一人之身，所關者衆，一士之進，其謀也詳，故官得其人，鮮有敗事。魏、晋反是，所失弘多。』子野所論，蓋區區之宋朝耳，猶謂不勝其弊，而況於當今乎？臣竊見制書，每令三品、五品薦士，下至九品，亦令舉人，此聖朝側席旁求之意也。而褒貶未明，莫慎所舉。且惟賢知賢，聖人篤論。身且濫進，鑒豈知人？今欲務得實才，兼宜擇其舉主，流清以源潔，影端由表正。不詳舉主之行能，而責舉人之庸濫，不可得已。《漢書》云：『張耳、陳餘之賓客厮役，皆天下俊傑。』彼之蕞爾，猶能若斯，況以神皇之聖明，國家之德業，而不建久長之策，爲無窮之基，盡得賢取士之術，而但顧望魏、晋之遺風，留意周、隋之敝事，臣竊惑之。伏願稍回聖慮，特采芻言，略依周、漢之規，以分吏部之選。即望所用精詳，鮮於差失。」疏奏不納。

玄宗時，張九齡爲左拾遺，上言：「夫吏部尚書、侍郎，以賢而授者也。雖知人之難，豈不能拔十得五？今膠以格條，據資配職，無得賢之實。若刺史、縣令，必得其人於管内。歲當選者，使考才行，可入流品，然後送臺，又加擇焉。以所用多寡爲州縣殿最，則州縣慎所舉，可官之才多，吏部因其成，無今日之繁矣。」〔原注〕《柳渾傳》：「德宗嘗親擇吏宰畿邑，有效。召宰相語，皆賀帝得人。渾獨不賀，曰：『此特京兆尹職耳。陛下當擇臣輩以輔聖德，臣當選京兆尹承大化，尹當求令長聽細事。代尹擇令，非陛下所宜。』帝然之。」

## 都令史

《通典》：「晉有尚書都令史八人，秩二百石，與左右丞總知都臺事。宋、齊八人，梁五人，謂之五都令史。舊用人常輕，〔原注〕《續漢·百官志》：「尚書令史十八人，二百石。」然《梁冀傳》曰：「學生桂陽劉常，當世名儒，冀召補令史以辱之。」則知此職非士流之所爲也。武帝詔曰：『尚書五都，職參政要，非但總理衆局，亦乃方軌二丞。頃雖求才，未臻妙簡。可革用士流，以盡時彦。』乃以都令史視奉朝請。」其重之如此。彼其所謂「都令史」者，猶爲二百石之秩，而間用士流爲之。然南齊陸慧曉爲吏部郎，吏部都令史歷政以來，咨執選事，慧曉任己獨行，未嘗與語。帝遣人語慧曉曰：「都令史諳悉舊貫，可共參懷。」慧曉曰：「六十之年，不復能咨都令史爲吏部郎也。」故當日之爲吏部者，多克舉用人之職。自隋以來，令史之任，文案煩屑，漸爲卑冗，不參官品。〔原注〕《金史》：「皇統八年，用進士爲尚書省令史。正隆二年罷。」❶《世宗紀》：「大定二年二月甲寅，復用進士爲尚書省令史。二十三年閏月戊午，上謂宰臣曰：『女直進士，可依漢兒進士，補省令史。夫儒者操行清潔，非禮不行。以吏出身者自幼爲吏，習其貪墨，至於爲官，性不能改。政道興廢，實由於此。』」《章宗紀》：「明昌二年五月戊辰，詔御史臺令史竝以終場舉人充。」《李完傳》言：「尚書省令史，正隆間用雜流。大定初，以太師張浩奏請，始統取進士，天下以爲當。今乞以三品官子孫及終場舉人委臺官辟用。」上納其言。《選舉志》言：「終金之代，科目得人爲盛。諸宮護衛及省臺部譯史、令史、通事，仕進皆列於正班。」斯則唐、宋以來之所無者，豈非因時制宜，而以漢法爲依據者乎？以令史官至宰執者，移剌道、魏子平、孟浩、梁肅、張萬公、粘割斡特勒、董師中、王蔚、馬惠迪、馬謀、楊伯通、賈鉉、孫鐸、孫即康、賈益謙，皆有傳。至於今世，則品彌卑，權彌重，八柄詔王，乃不在官而在吏矣。

《舊唐書》：「許子儒居選部，不以藻鑑爲意。有令史緱直，〔原注〕新、舊《書》竝作「句直」。句，音勾，是宋人減筆字，今據《册府元龜》正之。是其腹心，每注官，多委令下筆，子儒但高枕而卧，語緱直云『平配』。由是補授失序，傳爲口實。」嗟乎，未若今日之以緱直爲當官，以平配爲著令也。

胥史之權所以日重而不可拔者，任法之弊使之然也。開誠布公以任大臣，疏節闊目以埋庶事，則文法省而徑竇清，人材庸而狐鼠退矣。

❶「二年」，《金史·選舉志》作「元年」。

## 吏胥

天子之所恃以平治天下者，百官也。故曰「臣作朕股肱耳目」，又曰「天工人其代之」。今奪百官之權而一切歸之吏胥，是所謂百官者虚名，而柄國者吏胥而已。郭隗之告燕昭王曰：「亡國與役處。」吁，其可懼乎！秦以任刀筆之吏而亡天下，此固已事之明驗也。

唐鄭餘慶爲相，有主書滑涣，久司中書簿籍，與内官典樞密劉光琦相倚爲姦，每宰相議事，與光琦異同者，令涣往請，必得。四方書幣資貨充集其門，弟泳官至刺史。及餘慶再入中書，與同僚集議，涣指陳是非，餘慶怒叱之。未幾，罷爲太子賓客。其年八月，涣贓污發，賜死。憲宗聞餘慶叱涣事，甚重之。久之，復拜尚書左僕射。〔原注〕《唐書》本傳。韋處厚爲相，有湯銖者爲中書小胥，其所掌謂之孔目房。宰相遇休假，有内狀出，即召銖至延英門付之，送知印宰相。由是稍以機權自張，廣納財賄。處厚惡之，謂曰：「此是半裝滑涣矣。」乃以事逐之。〔原注〕《册府元龜》。夫身爲大臣，而有「甘臨」之憂，「係遯」之疾，則今之君子有媿於唐賢多矣。

謝肇淛曰：「從來仕宦法罔之密，無如今日者。❶上自宰輔，下至驛遞倉巡，莫不以虚文相酬應。而京官猶可，外吏則愈甚矣。大抵官不留意政事，一切付之胥曹，而胥曹之所奉行者，不過已

---

❶ 「今日」，據《校記》，鈔本作「本朝」。

往之舊牘，歷年之成規，不敢分毫踰越。而上之人既以是責下，則下之人亦不得不以故事虚文應之；一有不應，則上之胥曹又乘隙而繩以法矣。故郡縣之吏宵旦竭蹷，惟日不足，而吏治卒以不振者，職此之由也。」

又曰：「國朝立法太嚴，如户部官不許蘇、松、浙江人爲之，以其地多賦稅，恐飛詭爲姦也。然弊孔蠹竇，皆由吏胥，堂司官遷轉不常，何知之有？今户部十三司胥算皆紹興人，可謂目察秋毫而不見其睫者矣。」

先生《郡縣論八》曰：善乎葉正則之言曰：「今天下官無封建，而吏有封建。」州縣之敝，吏胥窟穴其中，父以是傳子，兄以是傳弟。而其尤桀黠者，則進而爲院司之書吏，以掣州縣之權。上之人明知其爲天下之大害，而不能去也。使官皆千里以内之人，習其民事，而又終其身任之，則上下辨而民志定矣，文法除而吏事簡矣。官之力足以御吏而有餘，吏無所以把持其官而自循其法。昔人所謂養百萬虎狼于民間者，將一旦而盡去，治天下之愉快孰過于此！

又《隨筆》曰：一邑之中，食利于官者亡慮數千人。恃訟煩刑苛，則得以嚇射人錢。故一役而恒六七人共之，若不生事端，何以自活？宜每役止留一正副供使，餘竝罷遣，令自便營業。而大要又在省事，省事則無所售其嚇射，即勒之應役，將有不願而逃去者。尤安民之急務也。

## 法　制

法制禁令，王者之所不廢，而非所以爲治也。其本在正人心、厚風俗而已。故曰：「居敬而行簡，以臨其民。」周公作《立政》之書曰：「文王罔攸兼于庶言，庶獄庶慎。」又曰：「庶獄庶慎，文王罔敢知于兹。」其丁寧後人之意可謂至矣。秦始皇之治，「天下之事無大小，皆決於上，上至於衡石量書，日夜有呈，不中呈不得休息」，而秦遂以亡。太史公曰：「昔天下之網嘗密矣，然姦僞萌起，其極也，上下相遁，至於不振。」然則法禁之多，乃所以爲趣亡之具，而愚闇之君猶以爲未至也。杜子美詩曰：「舜舉十六相，身尊道何高。秦時任商鞅，法令如牛毛。」又曰：「君看燈燭張，轉使飛蛾密。」其切中近朝之事乎？

漢文帝詔「置三老、孝弟、力田常員，令各率其意，以道民焉」。夫三老之卑而使之得率其意，此文景之治所以至於移風易俗，黎民醇厚，而上擬於成康之盛也。〔楊氏曰〕與任吏胥同病别發，歸于不振而已。

諸葛孔明開誠心，布公道，而上下之交，人無間言，以蕞爾之蜀，猶得小康。魏操、吴權任法術以御其臣，而篡逆相仍，略無寧歲。天下之事，固非法之所能防也。

叔向與子産書曰：「國將亡，必多制。」夫法制繁，則巧滑之徒皆得以法爲市，而雖有賢者，不能自用，此國事之所以日非也。善乎杜元凱之解《左氏》也，曰：「法行則人從法，法敗則法從人。」〔原

注〕宣公十二年《傳》解。

前人立法之初，不能詳究事勢，豫爲變通之地。後人承其已弊，拘於舊章，不能更革，而復立一法以救之。於是法愈繁而弊愈多，天下之事日至於叢脞，其究也「眊而不行」，〔原注〕語出《漢書·董仲舒傳》。師古曰：「眊，不明也。」上下相蒙，以爲無失祖制而已。此莫甚於有明之世，如勾軍、行鈔二事，立法以救法，而終不善者也。

宋葉適言：「國家因唐、五代之極弊，收斂藩鎮之權，盡歸於上，一兵之籍，一財之源，一地之守，皆人主自爲之也。欲專大利而無受其大害，遂廢人而用法，廢官而用吏，禁防纖悉，特與古異，而威柄最爲不分。雖然，豈有是哉！故人才衰乏，外削中弱，以天下之大而畏人，是一代之法度又有以使之矣。」又曰：「今內外上下，一事之小，一罪之微，皆先有法以待之。極一世之人志慮之所周浹，忽得一智，自以爲甚奇，而法固已備之矣，是法之密也。然而人之才不獲盡，人之志不獲伸，昏然俛首，一聽於法度，而事功日墮，風俗日壞，貧民愈無告，姦人愈得志，此上下之所同患，而臣不敢誣也。」又曰：「萬里之遠，嚬呻動息，上皆知之。雖然，無所寄任，天下泛泛焉而已。百年之憂，一朝之患，皆上所獨當，而羣臣不與也。夫萬里之遠，皆上所制命，則上誠利矣。百年之憂，一朝之患，皆上所獨當，而其害如之何？此外寇所以憑陵而莫禦，❶讎恥所以最甚而莫報也。」

---

❶「外寇」，據《校記》，鈔本作「夷狄」。

陳亮上孝宗書曰：「五代之際，兵財之柄倒持於下，藝祖皇帝束之於上，以定禍亂。後世不原其意，束之不已，故郡縣空虚，而本末俱弱。」

洪武六年九月丁未，命有司庶務更月報爲季報，以季報之數類爲歲報。凡府、州、縣輕重獄囚即依律斷決，不須轉發。果有違枉，從御史按察司糾劾。令出，天下便之。〔管氏曰〕明之時大臣專權，今則閣部、督撫率不過奉宣職業。明之時言官争競，今則給事、御史皆不得大有論列。明之時士多講學，今則聚徒結社者渺焉無聞。明之時士持清議，今則一使事科舉，而場屋策士之文及時政者皆不録。明俗弊矣，其初意則主於養士氣，蓄人材；力舉而盡變之，則於理不得其平，而更起他弊。何者？患常出於所防，而敝每生於所矯。

## 省官

光武中興，海内人民可得而數，裁十二三。郭塞破壞，亭燧絶滅，或空置太守、令長，招還流民。帝笑曰：「今邊無人，而設長吏治之，如春秋素王矣。」以故省并郡國及官僚，屢見於史，而總之曰：「兵革既息，天下少事，文書調役，務從簡寡，至乃十存一焉。」以此知省官之故，緣於少事。今也文書日以繁，獄訟日以多，而爲之上者主於裁省，則天下之事必將叢脞而不勝，不勝之極，必復增官，而事不可爲矣。〔沈氏曰〕嘉靖元年十二月甲午，詔革冗官。各司府州縣添設添注署職之員，除錢糧重繁者照舊存留外，其餘参政、参議、同知、通判、縣丞不係額設者，悉令回籍待缺取補。〔汝成案〕宋太祖詔曰：「吏員猥雜，難以求治。俸禄鮮薄，難以責廉。與其冗員而重費，不若省官而益俸。」此言真達治體。

晋荀勗之論，以爲「省官不如省事，省事不如清心。昔蕭、曹相漢，載其清静，民以寧一，所謂清心也。抑浮説，簡文案，略細苛，宥小失，有好變常以徼利者，必行其誅，所謂省事也」。此探本之言，爲治者識此，可無紛紛於職官多寡之間矣。

## 選補

漢宣帝時，盜賊竝起，徵張敞，拜膠東相。請吏追捕有功效者，得壹切比三輔尤異，〔原注〕如淳曰：「壹切，權時也。」趙廣漢奏請令長安游徼、獄吏秩百石，又《循吏傳》左馮翊有二百石卒史，此之謂尤異也。天子許之。上名尚書，調補縣令者數十人。是漢時縣令多取郡吏之尤異者，是以習其事而無不勝之患。今則一以畀之初釋褐之書生，其通曉吏事者十不一二，而耎弱無能者且居其八九矣。又不擇其人之材，而以探籌投鉤爲選用之法，是以百里之命付之闒茸不材之人，既以害民，而卒至於自害。於是煩劇之區遂爲官人之陷穽，而年年更代，其弊益深而不可振矣。然漢時之吏多通經術，故張敞得而舉之，宣帝得而用之。今天下儒非儒，吏非吏，則吾又不識用之何從也。

于慎行《筆麈》言：「太宰富平孫公丕揚，患中人請託，難於從違，大選外官，立爲掣籤之法，一時宫中相傳，以爲至公，下逮閭巷，翕然稱誦，而不知其非體也。〔楊氏曰〕富平之爲此，時之權宜也。如崔亮之停年，或且以爲聖人矣。非深識之士，烏知其極哉。古人見除吏條格，卻而不視，以爲一吏足矣。柰何衡鑑之地，自處於一吏之職而無所秉成，亦已陋矣。至於人才長短，各有所宜；資格高下，各有所便；地方繁簡，各有所合；道里遠近，各有所準。乃一付之於籤，是掩鏡可以索照，而折衡可以坐揣也。從古以來，不聞此法。」〔汝成案〕陳鼎《東林列傳·孫丕揚傳》：「先是，大選外官，競爲請託。丕揚創爲掣籤法，分籤爲四隅。東北則北京、山東爲主，而以河南之汝、彰、歸，南京之廬、鳳、淮、陽附之。東南則南京、浙江、福建、江西、廣東爲主，而以廣西之梧州、平樂、桂林附之。西北則陝西、山西爲主，而以河南之懷慶、開封、河南、南陽，湖廣之鄖陽附之。西南則以湖廣、四川、雲南、貴州爲主，而廣西之柳州、南寧、慶遠、潯州、太平附之。至於起復調簡，地僻缺孤，或人浮於缺，又借附近之地，以通籤法之窮。吏部之有掣籤，自丕揚始也。」攷《明史·選舉志》，「其初用拈鬮法，至萬曆間，文選員外郎倪斯蕙條上銓政十八事，其一曰議掣籤。尚書李戴擬行報可，孫丕揚踵而行之」。然則掣籤不始於富平也，特分地至富平始詳云。

南人選南，北人選北，此昔年舊例。宋政和六年，詔知縣注選，雖甚遠無過三十驛。三十驛者，九百里也。今之選人，動涉數千里，風土不諳，語音不曉，而赴任寧家之費復不可量，是率天下而路也。欲除銓政之弊，豈必如此而後爲至公邪？夫人主苟能開誠布公，則自大臣以下至於京朝官，無不可信之人，而銓選之處，有不必在京師者。唐貞觀元年，京師穀貴，始分人於雒州置選。至開耀元年，以關外道途迢遞，河雒之邑，天下之中，始詔東西二曹兩都分簡。留放既畢，同赴京師，謂之東選。是東都一掌選也。黔中、嶺南、閩中官不由吏部，委都督選擇土人補授。上元〔原注〕高宗。

三年八月壬寅，敕自今每年遣五品已上彊明清正官充南選使，❶仍令御史同往注擬。〔原注〕杜子美有《送魏司直充嶺南掌選崔郎中判官》詩，曰：「選曹分五嶺，使者歷三湘。」《儒學傳》：「仲子陵，蜀人，典黔中選補。乘傳過家，西人以爲榮。」大曆十四年十二月己亥，詔專委南選使，停遣御史。是黔中、嶺南、閩下各一掌選也。〔原注〕《新書》：「張九齡爲桂州都督兼嶺南按察選補使。」而九齡又即嶺南之人。《李峴傳》曰：「代宗即位，徵峴爲荆南節度江陵尹、知江淮選補使。」又曰：「罷相，爲吏部尚書，知江淮選舉，置銓於洪州。」《劉滋傳》曰：「興元元年，改吏部侍郎，往洪州知選事。時京師寇盜之後，天下旱蝗，穀價翔貴，選人不能赴調，乃命滋江南典選，以便江、嶺之人。」是江南又一掌選也。宋神宗詔：「川陝、福建、廣南八路之官罷任，迎送勞苦，令轉運司立格就注，免其赴選。」是亦參用唐人之法。〔原注〕建炎南渡，始詔福建、二廣闕竝歸吏部，唯四川仍舊。今之議者必曰：如此，多請託之門，而啟受賕之徑。豈唐人盡清廉，而今人皆貪濁邪！夫子之告仲弓曰：「舉爾所知。」今之取士，禮部以糊名取之，是舉其所不知也；吏部以掣籤注之，是用其所不知也。是使其臣拙於知人，而巧於避事，及乎赴任之後，人與地不相宜則吏治墮，吏治墮則百姓畔，百姓畔則干戈興。於是乎軍前除吏，而并其所爲尺寸之法亦不能守。豈若廓然大公，使人得舉其所知而明試以功，責其成效於服官之日乎？唐太宗謂侍臣曰：「刺史，朕當自選。縣令，宜詔五品已上各舉一人。」〔原注〕玄宗開元九年敕：「京官

---

❶「年」上，中華書局校點本《資治通鑑》卷二〇二有「四」字。

五品已上，外官刺史、四府上佐各舉縣令一人，視其政善惡，爲舉者賞罰。」〔沈氏曰〕開元十三年，上自選諸司長官有聲望者十一人爲刺史，命宰相、諸王及諸司長官、臺郎、御史餞于雒濱，供張甚盛，賜以御膳，太常具樂，内坊歌妓，上自書十韻詩賜之。有明正統元年十一月乙卯，❶敕：「在京三品以上官，各舉廉潔公正、明達事體堪任御史者一人，在京四品官及國子監、翰林院堂上官、各部郎中員外郎、六科掌科給事中、各道掌道御史，各舉廉慎明敏、寬厚愛民堪任知縣者一人，吏部更加詳察而擢用之。」夫欲救今時之獘，必如此而後賢才可得，政理可興也。

自南北互選之後，赴任之人動數千里，必須舉債方得到官。而土風不諳，語言難曉，政權所寄，多在猾胥。〔汝成案〕曾子固曰：「均之爲吏，或中州之人用于荒邊側境、山區海聚之間，蠻夷異域之處，或燕荆越蜀、海外萬里之人用于中州，以至四遐之鄉，相易而往。其山行水涉，沙莽之馳，往往則風霜冰雪瘴霧之毒之所侵加，蛟龍虺蜴虎豹之羣之所抵觸，衝波急洑、隤崖落石之所覆壓，其進也莫不篚糧舉藥，選舟易馬，力兵曹伍而後動，戒朝奔夜，變更寒暑而後至。至則宫廬器械、被服飲食之具，土風氣候之宜，與夫人民謡俗語言習尚之務，其變難遵，而其情難得也，則多愁居惕處，歎息而思歸。及其久也，所習已安，所蔽已解，則歲月有期，可引而去矣。故不得專一精思，修治具以宣布天子及下之仁，而爲後世可守之法也。或九州之人各用于其土，不在西封，在東境，士不必勤，舟車輿馬不必力，而已傳其邑都，坐其堂奥。道途所次，升降之倦，凌冒之虞，無有接于其

---

❶「有明」，據張京華《日知録校釋》，雍正鈔本、北大鈔本作「本朝」。

形，動于其慮。至則耳目口鼻百體之所養，如不出乎其家，父兄六親故舊之人朝夕相見，如不出乎其里。山川之形，土田市井風謠習俗辭説之變，利害得失善惡之條貫，非其童子之所聞，則其少長之所遊覽，非其自得，則其鄉之先生老者之所告也。所居已安，所有事之宜，皆已習熟，如此故能專慮致勤職事，以宣上恩，而修百姓之急。其施爲先後不待旁諮久察，而與奪損益之幾已斷于胷中矣，豈累夫孤客遠寓之憂，而以苟且決事哉。」曾氏所云，蓋在政和未定制以前，與先生論明代互選之得失正合。後人論議，大率祖此。其他弊端，亦可類推。第淳樸既漓，嫌怨易積。易除近郡，則骩法重輕，害亦匪細。今定令教授等官不選本郡，典史以上不選同省，任滿定以六年，親老可乞近地。銓政既詳，私恩亦遂。鄰省則風土人情不甚殊異，固易設施。遠省則歲月既遥，揣量委曲，興利除害，奚慮艱鉅。廉明惠愛者盡心民事，遐邇何殊？若昏庸貪黷者，即除本郡，亦何益之有哉？昔唐之季世，嘗暫一行之於嶺南矣。文宗開成五年十一月，嶺南節度使盧鈞奏：「伏以海嶠擇吏，與江淮不同。若非諳熟土風，即難搜求人瘼。且嶺中往日之弊是南選，今時之弊是北資。臣當管二十二州，惟韶、廣二州官僚，每年吏部選授，若非下司貧弱令史，即是遠處無能之流，比及到官，皆有積債，十中無一肯識廉恥。臣到任四年，備知情狀。其潮州官吏伏望特循往例，不令吏部注擬，且委本道求才。若攝官廉慎有聞，依前許觀察使奏正。事堪經久，法可施行。」敕旨依奏。〔原注〕《册府元龜》。《唐書》：「韓佽，元和中爲桂管觀察使，部二十餘州。自參軍至縣令，無慮三百員，吏部所補纔十一，餘皆觀察使商才補職。」「歐陽詹，泉州晋江人，其先皆爲本州州佐、縣令。閩越地肥衍，有山泉禽魚。雖能通文書吏事，不肯北宦。」此固昔人以爲敝法而改絃者矣。處台衡者，其可不用讀書人哉！〔楊氏曰〕今所以無言及者，避嫌之法勝也。

掣籤之法未行，選司猶得意爲注闕，雖多有爲人擇地，亦尚能爲地擇人。自新法既行，竝以聽之不可知之數，而繁劇之區有累任不得賢令，相繼褫斥者。夫君子之道，在乎至公，存一避嫌之心，遂至以人牧爲嘗試。昔唐皎爲吏部侍郎，當引入銓，「或云其家在蜀，乃注與吴；復有言親老先任江南，即唱之隴右」。史書以爲譏笑。以此用人，豈能致太平之理哉！《實録》言：「洪武四年正月壬辰，河南府知府徐麟以母老，居蘄之廣濟，請終養。詔改麟爲蘄州府知府，俾就養其母。」聖主之興，坦懷待物，其所以勸羣臣者至矣。〔錢氏曰〕今州縣既分選調爲二等，而督撫又請揀發人員到省試用，于是部選之缺扣留者十之八九，銓選之權盡移於督撫，而墨吏日甚一日，此不信銓部而信督撫之弊也。督撫之權愈重，而州縣之包苴愈不可禁。每一缺出，鑽營得之者輒不惜盈千累萬之賄，安望其中有良吏哉！顧氏但知掣籤之不得人，而不知外有鬻缺之病國殃民，其弊更深且毒也。然則孫丕揚籤掣之法未可厚非，督撫既有舉劾之權，不宜更假以銓選之法，内輕而外重，恐非杜漸防微之計也。

萬曆末，常熟顧大韶作《竹籤傳》，其文倣《毛穎傳》爲之。謂籤對主上言：「上而庶吉士、科道之選，下而鄉、會試取士，壹皆用臣，臣乃得展其材。」此憤世滑稽之言，然以之曉人，可謂罕譬而喻矣。夫楚王之厭紐，盆子之探符，古之人用以立帝立王，而今日塵塵施之選人乎？

唐時所謂銓者，有留有放。〔原注〕《唐書·選舉志》：「凡取人之法有四，一曰身，體貌豐偉；二曰言，言辭辨正；三曰書，楷法遒美；四曰判，文理優長。四事皆可取，則先德行，德均以才，才均以勞。得者爲留，不得者爲放。」總章二年，司列少常伯裴行儉始設「長名牓」，宋白曰：「長名牓定留放，留者入選，放者不得入選。〔原注〕《長安志》曰：「尚書省之南別有吏部選院，謂之吏部南院，選人引集之所，其牓列於院外。」《楊國忠傳》「故事，歲揭版南院爲選式」是也。已定注，則過門下、侍中、給事中按閲，有不可，黜之，故放者多而留者少。」景雲中，以宋璟爲吏部尚書，李乂、盧從愿爲侍郎，皆不畏强禦，請謁路絶，集者萬餘人，留者三銓不過二千，人服其公。宋時此法猶存，孝宗乾道元年五月乙亥，詔「未銓試人毋得堂除」。未有若近代之一登科而受禄如持券者也。❶

## 停年格

今之言「停年格」者，皆言起於後魏崔亮。今讀亮本傳，而知其亦有不得已也。傳曰：「遷吏部尚書。時羽林新害張彝之後，靈太后令武官得依資入選。官員既少，應選者多，前尚書李韶循常擢人，衆情嗟怨。亮乃奏爲格制，不問賢愚，專以停解日月爲斷。雖復官須此人，停日後者終於不得。庸才下品，年月久者則先擢用。沈滯者皆稱其能。亮外甥司空諮議劉景安以書規亮曰：『殷、周以鄉塾貢士，兩漢由州郡薦才，魏、晉因循，又置中正。諦觀在昔，莫不審舉，雖未盡美，足應十收六七。而朝廷貢秀才，止求其文，不取其理；察孝廉，惟論章句，不及治道；立中正，惟辨氏族，不考

❶「近」，據《校記》，鈔本作「今」。

人才。至於取士之途不博，沙汰之理未精，而舅屬當銓衡，宜改張易調，如之何反爲停年格以限之？天下之士誰復修厲名行哉！』亮荅書曰：『汝所言乃有深致，吾乘時徼幸，得爲吏部尚書，常思同升舉直，以報明主之恩，乃其本願。昨爲此格，有由而然。今已爲汝所怪，千載之後，誰知我哉！古今不同，時宜須異。何者？昔有中正，品其才第，上之尚書，尚書據狀，量人授職。此乃與天下羣賢共爵人也。吾謂當爾之時，無遺才，無濫舉矣，而汝猶云十收六七。況今日之選專歸尚書，以一人之鑑照察天下，劉毅所云「一吏部，兩郎中，而欲究竟人物，何異以管窺天而求其博哉！」今勳人甚多，又羽林入選，武夫崛起，不解書計，惟可彍弩前驅，指蹤捕噬而已。忽令垂組乘軒，責以治效，是所謂未曾操刀而使專割。又武人至多，官員至少，設令十人共一官，❶猶無官可授，況一人望一官，何由不怨哉！吾近面執，不宜使武人入選，請賜其爵，厚其禄。既不見從，是以權立此格，限以停年耳。昔子産鑄刑書以救敝，叔向譏之以正法，何異汝以古禮難權宜哉。仲尼有言：「知我者《春秋》，罪我者亦《春秋》。」吾之此指，其猶是也，但令將來君子知吾意焉。』後甄琛、元修義、城陽王徽相繼爲吏部尚書，利其便己，踵而行之。自是賢愚同貫，涇渭無别，魏之失才，自亮始也。」〔原注〕薛琡爲吏部尚書，❷上言：「黎元之命，繫於長吏，若使惟取年勞，不簡賢否，義均行雁，次若貫魚，執

❶「十」，原作「千」，今據《魏書·崔亮傳》改。

❷「薛琡」，原作「辛琡」，今據《北齊書·薛琡傳》改。又據本傳，薛琡官至吏部郎中，未作尚書。

簿呼名，一吏足矣。數人而用，何謂銓衡？」書奏，不報。然觀其荅書之指，攷其時事，由羽林之變既姑息於前，武人之除復濫開於後，不得已而爲此例。今也上無陵壓之勳人，下無譟呼之叛黨，何疑何憚，而不復前王之制，乃以停年爲斷乎！

《魏書·辛雄傳》：上疏言：「自神龜末來，專以停年爲選。士無善惡，歲久先敘；職無劇易，名到授官。執案之吏，以差次日月爲功能；銓衡之人，以簡用老舊爲平直。且庸劣之人莫不貪鄙，委斗筲以共治之重，託碩鼠以百里之命，皆貨賄是求，肆心縱意，禁制雖煩，不勝其欲。致令徭役不均，發調違謬，箕斂盈門，囚執滿道。二聖明詔，寢而不遵；畫一之法，懸而不用。自此中外之民相將爲亂，❶蓋由官授不得其人，百姓不堪其命故也。」嗚呼，此魏之所以未久而亡也歟！

《北齊書·文襄帝紀》：「攝吏部尚書。魏自崔亮以後，選人常以年勞爲制，文襄乃釐改前式，銓擢惟在得人。又沙汰尚書郎，妙選人地以充之。至於才名之士，咸被薦擢。」

《通典》：「唐自高宗麟德以後，承平既久，人康俗阜，求進者衆，選人漸多。總章二年，裴行儉爲司列少常伯，始設長名姓歷牓，引銓注之法，又定州縣官資高下升降，以爲故事，其後莫能革焉。至玄宗開元十八年，行儉子光庭爲侍中兼吏部尚書。先是，選司注官惟視其人之能否，或不次超遷，或老於下位，有出身二十餘年不得禄者。又州縣亦無等級，或自大入小，或初近後遠，皆無定

❶「中外」，據《校記》，鈔本作「夷夏」。

制。光庭始奏用循資格，〔原注〕《新唐書》本傳：「初，吏部求人，不以資考爲限，所奬拔惟其才，往往得俊乂任之，士亦自奮。其後士人猥衆，專務趨競，銓品枉撓。光庭懲之，因行僉長名牓，乃爲循資格。」凡官罷滿，以若干選而集，各有差等，官高者選少，卑者選多，無問能否，選滿則注。限年躡級，不得踰越，非負譴者皆有升無降，庸愚沈滯者皆喜，謂之聖書。雖小有常規，而掄才之方失矣。其有異才高行，聽擢不次，然有其制而無其事，有司但守文奉式，循資例而已。」自宋以下，年資之制，大抵皆本於光庭也。

宋孫洙《資格論》曰：「三代以下，選舉之法，其始終一切皆失者，其國家資格之制乎！今賢材之伏於下者，資格閡之也。職業之廢於官者，資格牽之也。士之寡廉鮮恥者，爭於資格也。民之困於虐政暴吏，資格之人衆也。萬事之所以抗弊，百吏之所以廢弛，法制之所以頽爛決潰而不之救者，皆資格之失也。惟天之生大賢大德也，非以私厚其人，將使之輔生民之治者也。惟人之有大材大智者，非以獨樂其身，將以振生民之窮者也。今小人累日而取貴仕，君子側身而困卑位，賢者戴不肖於上，而愚者役智者於下，爵不考德，禄不授能。故曰：賢材之伏於下者，資格閡之也。才足以堪其任，小拘歲月而防之矣。力不足以稱其位，增累考級而得之矣。所得非所求也，所求非所任也。位不度才，功不索實。故曰：職業之廢於官者，資格牽之也。今夫計歲閱而爭年勞者，日夜相鬭也。有司躐一名，差一級，則攝衣而羣爭愬矣。其甚者或懷黄敕而置於丞相之前也，其行義去市賈者亡幾耳。故曰：士之寡廉鮮恥者，爭於資格也。來而暴一邑，既歲滿矣，又去而虐一州也，非以贓敗，至死不黜。虎吏齲牙而食於民，賢者鬱死於巖穴，而赤子不得愛其父母也。故曰：民之困於虐政暴吏者，資格之人衆也。夫資格之法起於後魏崔亮，而復行之於唐之裴光庭，是二子者，其當世固已罪之，不待後人之譏矣。然而行之前世，不過數十年者也，後得稱職者矯而更之，故其患不大。今資格之弊，流漫根結，踵爲常法，方且世世而遵行之矣。往者不知非，來者不知矯。故曰：萬事抏弊，百吏廢弛，法制頽爛決潰而不之救也。雖然，不無小利也，小便也。利之者惷愚而廢滯者也，便之者耋老而庸昏者也。而於天下國家焉，則大失也，大害也。然而提選部者亦以是法爲簡而易守也，百品千羣，不復銓敘人物而綜覈功實，一吏在前，勘簿呼名而授之矣。坐廟堂者亦以是法爲要而易行也，大官大職，列籍按氏，差第日月，還然而登之矣。上下相冒，而賢材去愈遠，可爲太息也。爲今之急，誠宜大蠲弊法，簡拔異能，爵以功爲先後，用以才爲序次，無以積勤累勞者爲高敘，無以深資久考者爲優選。智愚以別，善否陳前，而萬事不治、庶功不熙者，臣愚未嘗聞也。」

金章宗謂宰臣曰：「今之用人，太拘資歷。循資之法，起於唐代，如此何以得人？」平章政事張汝霖對曰：「不拘資格，所以待非常之材。」上曰：「崔祐甫爲相，未踰年薦八百人，豈皆非常之材與？」

## 銓選之害

宋葉適論銓選之害，曰：「夫甄别有序、黜陟不失者，朝廷之要務也。故自一命以上，皆欲用天下之所賢者，而不以便其不肖者之人。竊怪人主之立法，常爲不肖者之地，而消靡其賢才，以俱入於不肖而已。而其官最要，其害最甚者，銓選也。吏部者，朝廷喉舌之處也；尚書、侍郎者，天子貴近之臣也。處之以其地，任之以其官，與之以甄別黜陟天下士大夫之柄，而乃立法以付之，曰：『吾一毫不信汝也，汝一毫不自信也。』其人之賢否，其事之罪功，其地之遠近，其資之先後，其禄之厚薄，其闕之多少，則曰：『是一切有法矣。』天下法度之至詳，曲折詰難之至多，士大夫不能一舉措手足者，顧無甚於銓選之法也。嗚呼，與人以官，賦人以禄，生民之命，致治之本，由此而出矣，柰何舉天下之大柄，而自束縛蔽蒙之，乃爲天下大弊之源乎？雖然，是幾百年於是矣，其相承者非一人之故。學士大夫勤身苦力，誦説孔孟，傳道先王，未嘗不知所謂治道者非若今日之法度也。及其一旦之爲是官，噤舌拱手，四顧吏胥，以問其所當知之法令，吏胥上下其手以視之，其人亦抗然自辨曰：『吾有司也，固當守此法而已。』嗟夫，豈其人之本若是陋哉！陛下有是名器，爲鼓舞羣動之具，與奪進退，以敘天下，何忍襲數百年之弊端，汩没於區區壞爛之法，以消靡天下之人才，而甘心以便其不肖！如此則治道安從出，而治功安從見哉！況自唐中世以前，吏部用人之意猶有可攷，今之所循者，乃其衰亂之餘弊耳。百王之常道，不容於陛下而不復也。」

楊萬里作《選法論》，其上篇曰：「臣聞選法之弊，在於信吏而不信官。信吏而不信官，故吏部之權不在官而在吏，三尺之法，適足以爲吏取富之源，而不足以爲朝廷爲官擇人之具。所謂尚書、侍郎二官者，據案執筆，閉目以書紙尾而已。且夫吏之犯法者必治，而受賕者必不赦，朝廷之意豈真信吏而不信官者邪？非朝廷之意也，法也。意則信官也，法則未嘗信官也，朝廷亦不自信也。

天子不自信，則法之可否孰決之？決之吏而已矣。夫朝廷之立法，本以防吏之爲姦，而其用法也，則取於吏而爲決，則是吏之言勝於法，而朝廷之權輕於吏也。其言至於勝法，而其權至重於朝廷，則吏部長貳安得而不吏之奉哉！長貳非曰奉吏也，曰吾奉法也。然而法不決之於官而決於吏，非奉吏而何？夫是之謂信吏而不信官。今有一事於此，法曰如是可，如是而不可。士大夫之有求於吏部，有持牒而請曰：我應夫法之所可行。而吏部之長貳亦曰可，宜其爲可無疑也。退而吏出寸紙以告之曰不可，既曰不可矣，宜其爲不可無改也，未幾而又出寸紙以告之曰可。且夫可不可者，有一定之法，而用可不可之法者，無一定之論。何爲其然也？吏也。士大夫之始至也，恃法之所可，亦恃吏部長貳之賢，而不謁之吏，故與長貳面可之。退而問之吏，吏曰：法不可也。長貳無以詰，則亦曰然。士大夫於是不決之法，不請之長貳，而以市於吏。吏曰：可也，而勿亟也。伺長貳之遺忘，而晝取其諾，昨奪而今與，朝然而夕不然，長貳不知也，朝廷不訶也，吏部之權不歸之吏而誰歸！夫其所以至此，其始也有端，其積也有漸，而其成也植根甚固而不可動摇矣。然則曷爲不端？其病在於忽大體、謹小法而已矣。吏者從其所謹者而中之，并與其所忽者而竊之，此其爲不可破也。且朝廷何不思之曰：吾之銓選，果止於謹小法而已，則一吏執筆而有餘也，又焉用擇天下之賢者以爲尚書、侍郎也哉？則吾之所以任尚書、侍郎者，殆不止於謹小法而已。是故莫若略小法而責大體，使知小法之有所可否，初無繫於大體之利害，則吏部長貳得以出意而自決之，要以不失夫銓選之大體，而不害夫立法之大意而已。責大體而略小法，則不決於吏，而吏之權漸輕。吏權漸輕，然後長貳之賢者得以有爲，而選法可以漸革也。」其下篇曰：「臣聞吏部之權不異於宰相，亦不異於一吏。夫宰相之與一吏，不待智者而知其懸絶也。既曰吏部之權不異於宰相，又曰亦不異於一吏者，何也？今夫進退朝廷之百官，賢者得以用，而不肖者得以黜，此宰相之權也。注擬州縣之百官，下至於簿尉，而上至於守貳，此吏部之權也。朝廷之百官自大科異等，與夫進士甲科之首者，未有不由於吏部也，未有不由於吏部而官者。今日之簿尉，未必非他日之宰相，而況今日宰相之所進退者，臺閣之所布列者，皆前日之升階揖侍郎者也。故曰吏部之權不異於宰相。雖然，吏部之所謂注擬，何也？始入官者則得簿尉，自簿尉來者則得令丞，推而上之，至於幕職，由是法也。又上之至於守貳，由是法也。其宜得者則曰應格，其不宜得者則曰不應格。曰應格矣，雖貪者、疲懦者、老耄者、乳臭者、愚無知者、庸無能者皆得之，得者不之媿，與者不之難也。曰不應格矣，雖真賢實能、廉潔守志之士，皆不得也，不得者莫之怨，不與者莫之恤也。吏部者曰：彼不媿不怨，吾事畢矣。如募焉，書其役之高下而甲乙之，按其役之遠近而勞逸之，呼一吏而閲之簿，盡矣，此縣令之以止小民之争也。吏部注擬百官，而寄之以天下之民命，乃亦止於止争而已矣，故曰亦不異於一吏。今吏部亦有所謂銓量者矣，揖之使書，以觀其能書乎否也；召醫而視之，以探其有疾與否也；贊之使拜，以試其視聽之明暗、筋力之老壯也。曰銓量者，如是而已矣。而賢不肖愚智何别焉？昔晋用山濤爲吏部尚書，而中外品員多所啟拔。宋以蔡廓爲吏部尚書，廓先使人告宰相徐羨之曰：『若得行吏部之職則拜，不然則否。』羨之荅云：『黄、散以下皆委。』廓猶以爲失職，遂不拜。蓋古之吏部雖黄門、散騎皆由吏部之較選，是當時之爲吏部者，豈亦止取若今所謂應格者而爲黄、散哉，抑將止取今所謂銓量者而爲黄、散邪？〔原注〕《宋史·蘇紳傳》：上言：「古者自黄、散而下，及隋之六品，唐之五品，皆吏部得專去留。今審官院流内銓，則古之吏部；三班院，古之兵部。不問官職之閒劇，才能之長短，惟以資歷深淺爲先後，有司但主簿籍而已，欲賢不肖有别，不可得也。」臣願朝廷稍增重尚書之權，使之得以察百官之能否而與奪之。如丞簿以下，官小而任輕者，固未能人人而察之也，至於縣宰之寄以百里之民者，守貳之寄以一郡之民者，豈不重哉！且天下幾州，一州幾縣，一歲之中居者待者之外，到部而注擬縣宰者幾人，守貳又幾人，則亦不過三數百而已。以一歲三數百之守貳、縣宰，而散之於三百六旬之日月，則一日之注擬者，絶多補寡，亦無幾爾。一歲之間，而不能察三數百人之能否，則其爲尚書者亦偶人而已矣。月計之而不粗，歲計之而不精，則其州縣之得人，豈不十而五六哉。雖不五六，豈不十而三四哉。以此較彼，不猶愈乎？或曰：尚書之權重，則將得以行其私，柰何？是不然。昔陸贄請令臺省長官各舉其屬，而德宗疑諸司所舉皆有情故，或受賂者。贄諫之曰：『陛下擇相亦不出臺省長官之中，豈有爲長官則不能舉一二屬吏，居宰相則可擇千百具僚？』其要在於精擇長吏，贄之説盡矣。今朝廷百官，孰非宰相進擬者而不疑也，至於吏部長貳之注擬，而獨疑其私乎？精擇尚書而假之以與奪之權，使得精擇守貳、縣宰，而無專拘之以文法，庶乎天下不才之吏可以汰，而天下之治猶可以復起也與！」〔陸清獻曰〕人才不患其壅滯也。天下之才無窮，而朝廷之官有限，以有限之官給無窮之才，前後相守，歷歲月而不能即登庸者，勢也。是惟上之人有以鼓舞之，鼓舞之道得則壅滯之端泯。善用才者，患無以鼓舞之，不患無以疏通之也。自古人才之多者莫如三代，建官之少者又莫如三代。然三代之時，不聞有壅滯之患，無他，鼓舞之道得焉耳。鼓舞之道，莫若于循格之中行破格之典，使中才不得越次而進，以守選法之常，而英流間得超擢以登，以通選法之變。凡今在籍候選者，宜令所在督撫每歲各以其職業考之，舉其最者一人，上送吏部，得越次而選。而郡縣有司亦令督撫歲舉其最者一人，使得越次而升。越次而選者，一省不過歲一人，無礙于選法之常，而英流之士得以及鋒而用，中才者亦將勉自滌勵，而不至于委靡自棄。選授之期雖遥，而皆有旦夕可選之望，則不見其遥；升轉之途雖難，而皆有旦夕可升之望，則不見其難。如此尚何壅滯之慮？此所謂以鼓舞爲疏通也。今仕途之所以壅者，以流品之太雜也。自科目而外，有任子，又有例監，有投誠，有府史雜流，此朝廷所以廣用人之途，雖不可偏廢，然其中豈無冒濫當核者？宜嚴其例，使一才一藝皆得踊躍于功名，而不至開僥倖之門。有貪污者，不時糾參，而考課之時尤宜嚴核也。漢法，長官得自辟曹掾，一時文學才俊之士皆出其中。宜倣其制，令天下長官得辟有出身士人爲掾吏，既可息奸猾之風，而士之未就職者亦得少展其才，皆今日疏通選政之道也。〔姚大令曰〕後世取士之途廣矣，科第取之，鴻博取之，館職吏員取之，乃至入貲者取之。登進甚多，而常有無人之歎，豈執事者之咎？吾謂不然。登進之法，宜有常格，以絶奔競之門；甄拔之途，必有殊科，以收非常之用。向之數端者，可以得尋常之士矣。若夫奇才智勇、抱非常之略者，豈屑屑從事於此哉！就使數者之中有其人矣，責之以科條，核之以名實，尺寸之法足以短人，彼其所挾持者大，區區不足以自見，有逃而去耳。況其窮愁失職，放浪於風塵湖海之中，鬱鬱無所遇，又安知其幾輩耶！夫有雄材絶智、抱濟時之具者，此其人類不能斤斤於言行稱譽之閒矣，有不爲乃可以有爲，釋其小乃可以見其大。舉世不覺而獨言之者，必有觀時之識；舉世共趨而獨不顧者，必有經遠之謀。接其人，察其議論，毋以資格相拘，毋以毁譽惑聽，是在執事者之鑒擇矣。

紹興三十二年，吏部侍郎淩景夏言：「國家設銓選，以聽羣吏之治。其掌於七司，著在令甲，所守者法也。今升降於胥吏之手，有所謂例焉。長貳有遷改，郎曹有替移，來者不可復知，去者不能盡告，索例而不獲，雖有强明健敏之才，不復致議；引例而不當，雖有至公盡理之事，不復可伸。貨賂公行，姦弊滋甚。嘗觀漢之公府有《辭訟比》，尚書有《決事比》。比之爲言，猶今之例。今吏部七司宜置例册，凡經申請，或堂白，或取旨者，每一事已，命郎官以次擬定，而長貳書之於册，永以爲例。每半歲上於尚書省，仍關御史臺。如此則巧吏無所施，而銓敘平允矣。」淳熙元年，參知政事龔茂良言：「法者，公天下而爲之者也。例者，因人而立以壞天下之公者也。昔之患在於用例破法，今之患在於因例立法，自例行而法廢矣。故諺稱吏部爲『例部』。」是則銓政之害，在宋時即已患之，而今日尤甚。所以然者，法可知而例不可知。吏胥得操其兩可之權，以市於下。世世相傳，而雖以朝廷之力不能拔而去之。甚哉，例之爲害也，又豈獨吏部然哉！〔原注〕古無「例」字，只作「列」。《禮記·服問》：「罪多而刑五，喪多而服五，上附下附列也。」注：「列，等比也。」《釋文》：「徐邈音例。即後人『例』字。」至《漢書·何武傳》曰：「欲除吏，先爲科例，以防請託。」《杜欽傳》曰：「不爲陛下廣持平例。」《王莽傳》曰：「太傅平晏從吏過例。」始加「人」作「例」。

寇萊公爲相，章聖嘗語兩府，欲擇一人爲馬步軍指揮使。公方議其事，吏有以文籍進者。公問何書，對曰：「例簿也。」公曰：「朝廷欲用一衙官，尚須檢例邪？安用我輩！壞國政者，止由此爾。」司馬温公與吕惠卿論新法於上前。温公曰：「三司使掌天下財，不才而黜之可也，不可使兩府侵其事，今爲制置三司條例司何也？ 宰相以道佐人主，安用例！ 苟用例，則胥吏足矣，今爲看詳中書條例司何也？」惠卿不能對。

## 員缺

「員缺」之名，自晋時已有之。《晋書・王藴傳》：「遷尚書吏部郎。每一官缺，求者十輩。」〔原注〕《世説》注引《山濤啟事》曰：「吏部郎史曜出缺處當選。」〔沈氏曰〕《史記・儒林傳》：「能通一藝以上，補文學掌故缺。」是漢時已有「缺」名。〔錢氏曰〕《韓安國傳》：「梁内史缺。」《漢書》：「杜業言方進翟方進爲京兆尹時，陳咸爲少府，在九卿高第，陛下所自知也。方進素與司直師丹相善，臨御史大夫缺，使丹奏，咸爲姦利，請案驗。卒不能有所得，而方進果自得御史大夫。」《循吏傳》：「公卿缺則選諸所表，以次用之。」《酷吏傳》：「後左馮翊缺。」《佞幸傳》：「其後御史大夫缺。」《薛宣傳》：「御史大夫任重職大，非庸材所能堪，今當選於羣卿，以充其缺。」又云：「會司隸缺，況恐咸爲之。」則西漢已有缺稱，不始于晋也。《魏書・元修義傳》：「遷吏部尚書。時上黨郡缺，中散大夫高居求之。」至唐趙憬《審官六議》，遂有「人少闕〔原注〕「缺」字同。多」「人多闕少」之語。而崔湜以中書侍郎知吏部選事，至「逆用三年員闕」。令狐峘在吏部，楊炎爲侍郎，「至分闕，以惡闕與炎」。其名相傳，至今不改矣。

《舊唐書・德宗紀》：御史大夫崔從奏：「兵戎未息，仕進頗多。比來每至選集，不免據闕留人。嘗歎遺才，仍招怨望。」此亦似今之「截留候選」也。

《大唐新語》：「劉思立爲考功員外，子憲爲河南尉。思立今日亡，明日選人有索憲闕者。載深咨嗟，❶以爲名教所不容，乃書其無行，注名籍。其人比出選門，爲衆目所視，衆口所訾，亦趦趄而失步矣。朝廷咸謂載能振理風俗。」自今言之，不過索一丁憂之闕，亦何至見擯於清議邪？不知由是心推之，則有其親未死而設爲機阱以謀奪其處，亦人情之所必至者矣。《孟子》曰：「人能充無欲害人之心，而仁不可勝用也。人能充無穿窬之心，而義不可勝用也。」苟反是而充之，其亦何所不至邪！願後之持銓衡者常以正風俗爲心，則國家必有得人之慶矣。

❶「載」上，中華書局校點本《大唐新語》有「馬」字。

# 日知録集釋卷九

崑山顧炎武著　嘉定後學黄汝成集釋

## 人材

宋葉適言：「法令日繁，治具日密，禁防束縛至不可動，而人之智慮自不能出於繩約之内，故人材亦以不振。」今與人稍談及度外之事，輒摇手而不敢爲。夫以漢之能盡人材，陳湯猶扼腕於文墨吏，而况於今日乎？宜乎豪傑之士無以自奮，而同歸於庸懦也。

使枚乘、相如而習今日之經義，則必不能發其文章。使管仲、孫武而讀今日之科條，則必不能運其權略。故法令者，敗壞人材之具：以防姦宄而得之者什三，以沮豪傑而失之者常什七矣。

自萬曆以上，法令繁而輔之以教化，故其治猶爲小康。萬曆以後，法令存而教化亡，於是機變日增，而材能日減。其君子工於絶纓而不能獲敵之首，其小人善於盜馬而不肯救君之患。誠有如《墨子》所云「使治官府則盜竊，守城則倍畔，使斷獄則不中，分財則不均」，《吕氏春秋》所云「處官則荒亂，臨財則貪得，列近則持諫，將衆則罷怯」，又如劉蕡所云「謀不足以翦除姦兇，而詐足以抑揚威福。勇不足以鎮衛社稷，而暴足以侵害閭里」者。嗚呼，吾有以見徒法之無用矣。

《實録》言：「宣德五年八月丙戌，上罷朝，御文華殿，學士楊溥等侍。上問：『庶官之選，何術而可以盡得其人？』溥對曰：『嚴薦舉，精考課，何患不得？』上曰：『近代有罪舉主之法，夫以一言之薦而欲保其終身，不亦難乎？朕以爲教養有道，人材自出。漢董仲舒言：「素不養士而欲求賢，猶不琢玉而求文采。」此知本之論也。』」徒循三載考績之文，而不行「三物教民」之典，雖堯、舜亦不能以成允釐之治矣。

## 保舉

《宋史》：元祐初，司馬光爲相，奏曰：「爲政得人則治，然人之才或長於此而短於彼，雖皋、夔、稷、契，各守一官，中人安可求備？故孔門以四科取士，漢室以數路得人。若指瑕掩善，則朝無可用之人；苟隨器授任，則世無可棄之士。臣備位宰相，職當選官，而識短見狹。士有恬退滯淹，或孤寒遺逸，豈能周知？若專引知識則嫌於私，若止循資序未必皆才。莫若使有位達官各舉所知，然後克叶至公，野無遺賢矣。欲乞朝廷設十科舉士：一曰行義純固，可爲師表科，〔原注〕有官無官人皆可舉。二曰節操方正，可備獻納科，〔原注〕舉有官人。三曰智勇過人，可備將帥科，〔原注〕舉文武有官人。四曰公正聰明，可備監司科，〔原注〕舉知州以上資序。五曰經術精通，可備講讀科，〔原注〕有官無官人皆可舉。六曰學問該博，可備顧問科，〔原注〕同上。七曰文章典麗，可備著述科，〔原注〕同上。八曰善聽獄訟，盡公得實科，〔原注〕舉有官人。九曰善治財賦，公私俱便科，〔原注〕同上。十曰練習法令、能斷請讞科。〔原注〕同上。應職事官自尚書至給、舍、諫議，寄禄官自開府儀同三司至大中大夫，職自觀文殿學士至待制，每歲須於十科内舉三人，仍具狀保任，中書置籍記之。異時有事須材，即執政案籍，視其所嘗被舉科格，隨事試之，有勞又著之籍；内外官闕，取嘗試有效者隨科授職。所賜誥命，仍備所舉官姓名，其人任官無狀，坐以謬舉之罪。所貴人人重慎，所舉得才。」光又言：「朝廷執政惟八九人，若非交舊，無以知其行能，不惟涉循私之嫌，兼所取至狹，豈足以盡天下之賢才？若採訪毁譽，則情僞萬端。與其聽游談之言，曷若使之結罪保舉？故臣奏設十科以舉士，其公正聰明可備監司。誠知請屬挾私所不能無，但有不如所舉，譴責無所寬宥，則不敢妄舉矣。」〔沈氏曰〕前明萬曆二十七年十月癸未，南京國子監祭酒郭正域條議申飭監規，内一條云：「時文不足以盡才，科目不足以得士。請下禮官，訪求州縣九流異學之士，稍如宋司馬光十科例，或善推步，或諳鍾律，或通陳法，或工六書，各爲一科。府州縣貢入，禮部校考，分别等第，選入兩京國子監，得照選貢事例，次者與之全廩，一體撥選。如異日太常諸屬之選，則取諸樂律科；欽天諸屬之選，則取之曆象科；殿閣中書之選，則取之六書科；幕府參贊之選，則取之兵法科。則平日養之有素，而一旦求之，如探囊取物矣。」

明主勞於求賢，而逸於任人。《韓非子》云：「王登爲中牟令，〔原注〕《吕氏春秋》作任登。言中牟士中章胥已。襄主曰：『子見之，我將以爲中大夫。』其相室曰：『中大夫，晋重列也。今無功而受，君其耳而未之目邪？』襄主曰：『我取登既耳而目之矣，登之所取又耳而目之，是耳目人終無已也。』」此執要之論也。善乎子夏之告樊遲也，曰：「舜有天下，選於衆，舉皋陶，不仁者遠矣。湯有天下，選於衆，舉伊尹，不仁者遠矣。」

《唐書》：崔祐甫爲相，薦舉惟其人，不自疑畏，推至公以行，日除十數人。未逾年，除吏幾八百員，多稱允當。帝嘗謂曰：「人言卿擬官多親舊，何邪？」對曰：「陛下令臣進擬庶官，夫進擬者必悉其才行，若素不知聞，何繇得其實？」帝以爲然。以德宗之猜忌，而猶能聽之，愈乎近代之人主也。〔原注〕《李絳傳》：德宗問：「多公親舊，何邪？」祐甫對曰：「所問當與不當耳，非臣親舊，孰知其才？其不知者，安敢與官？」時以爲名言。

正統三年十一月乙未，行在通政司左通政陳恭言：「古者擇任庶官，悉由選部，是以職任專而事體一。頃者令朝臣各薦所知，恐開私謁之門，而長奔競之風，乞令杜絶，一歸銓部。」事下，行在吏部尚書郭璡等覆奏曰：「往時朝廷慮典銓者未盡知人，故勑廷臣各舉所知，其法良矣。脱有徇私，邦憲昭然，誰肯同蹈？今恭聽流言而尼良法，未見其當也。」乞令仍舊，從之。

先生《郡縣論九》曰：取士之制，其薦之也，略用古人鄉舉里選之意；其試之也，略用唐人身言書判之法。縣舉賢能之士，間歲一人，試于部。上者爲郎，無定員。郎之高第得出而補令，次者爲丞，于其近郡用之。又次者歸其本縣，署爲簿、尉之屬。而學校之設，聽令與其邑之士自聘之，謂之師，不謂之官，不隸名于吏部。而在京，則公卿以上，仿漢人三府辟召之法，參而用之。夫天下之士，有道德而不願仕者則爲人師，有學術才能而思自見于世者，其縣令得而舉之，三府得而辟之，其亦可以無失士矣。或曰：間歲一人，功名之路無乃狹乎？化天下之士，使之不競于功名，王治之大者也。且顔淵不仕，閔子辭官，漆雕未能，曾皙異撰，亦何必于功名哉！〔姜氏曰〕後世師儒之教不明，雖行聞族黨，不學面牆者往往而是，以如是之人，一旦舉以臨民，授之以政，即欲不以文墨試之，得乎？蓋自選舉與學校不復相爲首尾，而一切關防刻薄之事起。雖明知法益繁，弊益生，士風亦日益壞，然其勢顧有不得不極于此者。魏黄初中，三輔議舉孝廉，不復限以試經，司徒華歆憂其學業從此而廢。至唐貞觀時，汴、鄜諸州所舉孝廉，問以皇王政術，曾參《孝經》，竝不能答。宋太祖開寶九年，濮州薦孝悌者二百七十人，召問于講武殿，率不如詔。猶稱素能習武，試以騎射，則顛仆失次。太祖欲使隸兵籍，皆號告求免。不試而舉，弊遂至此！故後世無論賢良、文學、孝弟、力田諸科，一槩試之以文墨之事，亦其勢然也。及其甚也，則巍科厚秩，皆取決于方寸之紙，而竟不復問其立身之本末矣。是其末流之弊，愈趨而愈遠，以至于無可如何者也。

## 關防

《隋書·酷吏傳》：「厙狄士文爲貝州刺史，凡有出入，皆封署其門，僮僕無敢出外。」此今日居官通例，而史以爲異事，豈非當日法制雖嚴，而關防未若今之密乎？末世人習澆訛，防閑日甚，少不禁飭，則奸宄之徒投間抵隙，無所不至。長吏到官，以關防爲第一義。然愚以爲，但無至公之心以御之爾。《世説》：「晋文王親愛阮嗣宗。阮從容言：『嘗游東平，樂其土風，願得爲東平太守。』文王從其意。阮騎驢徑到郡，至則壞府舍諸壁障，使内外相望，然後教令，一郡清肅。十餘日，復騎驢去。」唐姚合爲武功尉，其《縣居》詩曰：「朝朝門不閉，長似在山時。」在曠達之士猶且爲之，而況於大賢也。

《大唐新語》：「姜晦爲吏部侍郎，性聰悟，識理體。舊制，吏曹舍宇悉布棘，以防令史與選人交通。及晦領選事，盡除之，大開銓門，示無所禁。有私引置者，晦輒知之，召問，莫不首伏。初，朝廷以晦改革前規，咸以爲不可。竟銓綜得所，賄賂不行，舉朝歎服。」

《太祖實録》：洪武二十年八月壬申，上謂刑部尚書唐鐸、工部侍郎秦逵、都察院左都御史詹徽等曰：「朕初於文籍設關防印記者，本以絶欺蔽，防奸僞，特一時權宜爾。果正人君子，焉用是爲？自今六科有關防印記俱銷之，仍移文諸司，使知朕意。」

## 封駮

人主之所患，莫大乎「唯言而莫予違」。齊景公燕賞於國内，萬鍾者三，千鍾者五，令三出，而職計莫之從。公怒，令免職計。令三出，而士師莫之從。〔原注〕《晏子春秋》。此「畜君」之詩所爲作也。漢哀帝封董賢，而丞相王嘉封還詔書。〔原注〕胡三省曰：「後世給舍封駮本此。」後漢鍾離意爲尚書僕射，數封還詔書。自是封駮之事多見於史，而未以爲專職也。唐制：凡詔勑皆經門下省，事有不便，得以封還。而給事中有駮正違失之掌，著於《六典》。〔原注〕《唐書》：「給事中在漢爲加官，全唐屬之門下省，使之駮正奏抄，塗竄詔勑之不便。」如袁高、崔植、韋弘景、狄兼謩、鄭肅、韓佽、韋温、鄭公輿之輩，竝以封還勑書垂名史傳。亦有召對慰諭，如德宗之於許孟容，中使嘉勞，如憲宗之於薛存誠者。而元和中，給事中李藩在門下，制勑有不可者，即於黄紙後批之，吏請别連白紙，藩曰：「别以白紙，是文狀也，何名批勑？」宣宗以右金吾大將軍李燧爲嶺南節度使，已命中使賜之節，給事中蕭倣封還制書。上方奏樂，不暇别召中使，使優人追之，節及燧門而返。人臣執法之正，人主聽言之明，可以竝見。〔原注〕德宗時，盧杞量移饒州刺史。制出，給事中袁高執之不下。擢浙東觀察判官齊總爲衡州刺史，❶給事中許孟容封還詔書。憲宗末，皇甫鎛奏減内外官俸以助國用，給事中崔植封還勑書。穆宗時，授李訓四門助教，給事中鄭肅、韓佽封還制書。劉士涇擢太僕卿，給事中韋弘景封還詔書。文宗時，赦官典犯贓者，給事中狄兼謩封還勑書。宣宗時，赦康季榮擅用官錢，給事中封還勑書。懿宗時，貶右補闕王譜，給事中鄭公輿封還勑書。五代廢弛。宋太宗淳化四年六月戊寅，始復給事中封駮，而司馬池猶謂「門下雖有封駮之名，而詔書一切自中書以下，非所以防過舉也」。〔胡氏曰〕攷唐之政事堂，宰執議事之所，舊在門下省，後移入中書省。蓋門下省，給事中所居也。中書省，閣臣所居也。唐之給事有封還詔書之例，其於宰相建白，例得駮正。不於門下議事，而於中書議事，乃閣臣志在自專，不使門下與聞，因而無從駮正。待取中旨，然後封還，則其勢已難，甘塞默者多矣。此宰執巧於持權之法，必宗楚客、李林甫輩所爲。明代雖罷門下省長官，❷而獨

❶「擢浙東觀察」至「刺史」十四字，《舊唐書·德宗紀》作「以浙東團練副使齊總爲衢州刺史」。
❷「明代」，據《校記》，鈔本作「本朝」。

存六科給事中，以掌封駁之任。旨必下科，其有不便，給事中駁正到部，謂之「科參」。〔原注〕若曰「抄出駁之」「抄出寢之」是也。六部之官無敢抗科參而自行者，故給事中之品卑而權特重。萬曆之時九重淵默，泰昌以後國論紛紜，而維持禁止，往往賴抄參之力，〔原注〕天啓六年，大理寺正許志吉以請旌母節事，爲禮科右給事中張惟一抄參。具疏申辯。奉旨：「參駁係科臣執掌，許志吉險辭飾辯，著罰俸三箇月。」今人所不知矣。

《元城語録》曰：「王安石薦李定，時陳襄彈之，未行。已擢監察御史裏行，宋次道封還詞頭，辭職。〔原注〕《清波雜志》：「唐制，唯給事得封還詔書。富鄭公知制誥日，封劉從愿妻遂國夫人，公乃繳還詞頭。後人遂踵而行之。中書舍人繳還詞頭自此始。」罷之。次直呂大臨，再封還之。最後付蘇子容，又封還之。更奏，復下，至於七八。子容與大臨俱落職奉朝請，名譽赫然。此乃祖宗德澤百餘年養成風俗，與齊太史見殺三人而執筆如初者何異！」

## 部刺史

「漢武帝遣刺史周行郡國，省察治狀，黜陟能否，斷治冤獄，以六條問事：一條，强宗豪右田宅踰制，以强陵弱，以衆暴寡。二條，二千石不奉詔書，倍公向私，旁詔牟利，侵漁百姓，聚斂爲姦。三條，二千石不恤疑獄，風厲殺人，怒則任刑，喜則任賞，煩擾刻暴，剥削黎元，爲百姓所疾，山崩石裂，妖祥訛言。四條，二千石選署不平，苟阿所愛，蔽賢寵頑。五條，二千石子弟怙倚榮勢，請託所監。

六條，二千石違公下比，阿附豪强，通行貨賂，割損政令。」又令歲終得乘傳奏事。夫秩卑而命之尊，官小而權之重，此小大相制、内外相維之意也。〔原注〕《元城語録》：「漢元封五年，初置刺史，部十三州，秋分行郡國。秩六百石，而得按二千石不法，其權最重。秩卑則其人激昂，權重則能行志。」〔王氏曰〕刺史權重而内隸于御史中丞。陳咸爲御史中丞，總領州郡奏事，課第諸刺史。薛宣爲御史中丞，執法殿中，外總部刺史。宣數言政事便宜，舉奏部刺史、郡國二千石，所貶退稱進，白黑分明是也。本自秦時遣御史出監諸郡。《史記》言：「秦始皇分天下以爲三十六郡，郡置守、尉、監。」蓋罷侯置守之初，而已設此制矣。〔原注〕《漢書·百官表》：「監御史，秦官，掌監郡。漢省，丞相遣史分刺州，不常置。武帝元封五年，初置部刺史，掌奉詔條察州。秩六百石，員十三人。」成帝末，翟方進、何武乃言：「《春秋》之義，用貴治賤，不以卑臨尊。刺史位下大夫，而臨二千石，輕重不相準，請罷刺史，更置州牧，秩二千石。」而朱博以漢家故事，置部刺史，「秩卑而賞厚，咸勸功樂進。州牧秩真二千石，位次九卿。九卿缺以高第補，其中材則苟自守而已，恐功效陵夷，姦軌不勝」。於是罷州牧，復置刺史。〔原注〕《後漢書·劉焉傳》：「靈帝政化衰缺，四方兵寇。焉以刺史威輕，建議改爲牧伯，請選重臣以居其任。從之。」州任之重，自此而始。劉昭之論，以爲「刺史監糾非法，不過六條，傳車周流，匪有定鎮，秩裁六百，未生陵犯之釁。成帝改牧，其萌始大」。〔原注〕唐戴叔倫《撫州刺史廳壁記》云：「漢置十三部刺史，以察舉天下非法，通籍殿中，乘傳奏事，居靡定處，權不牧人。」合二者之言觀之，則州牧之設，中材僅循資自全，强者至專權裂土。〔原注〕《新唐書》：「李景伯爲太子右庶子，與太子舍人盧俌議：『今天下諸州分隸都督，專生殺刑賞，使授非其人，則權重釁生，非强幹弱枝之誼。願罷都督，留御史，以時按察。秩卑任重，以制姦宄便。』繇是停都督。」然後知刺史六條爲百代不易之良法，而今之監察御史巡按地方，爲得古人之意矣。〔原注〕《唐書》：「監察御史掌分察百寮，巡按州縣。」又其善者，在於一年一代。夫守令之官不可以不久也，監臨之任不可以久也，久則情親而弊生，望輕而法玩，故一年一代之制，又漢法之所不如，而察吏安民之效已見於二三百年者也。〔原注〕唐李嶠請「十州置御史一人，以周年爲限，使其親至屬縣，或入閭里，督察姦訛，觀採風俗」。此法正明代所行。❶若夫倚勢作威，受賕不法，此特其人之不稱職耳。不以守令之貪殘而廢郡縣，豈以巡方之濁亂而停御史乎？至於秩止七品，與漢六百石制同。《王制》：「天子使其大夫爲三監，監於方伯之國，國三人。」金華應氏曰：「方伯者，天子所任以總乎外者也，又有監以臨之。蓋方伯權重則易專，大夫位卑則不敢肆。此大小相維、内外相統之微意也。」何病其輕重不相準乎？夫不達前人立法之意，而輕議變更，未有不召亂而生事者。吾於成、哀之際，見漢治之無具矣。

唐自太宗貞觀二十年，遣大理卿孫伏伽、黄門侍郎褚遂良等二十二人，以六條巡察四方，黜陟官吏。帝親自臨決，牧守已下以賢能進擢者二十人，以罪死者七人，其流罪已下及免黜者數百人。已後頻遣使者，或名按察，或名巡撫。至玄宗天寶五載正月，命禮部尚書席豫等，分道巡按天下風俗及黜陟官吏。此則「巡按」之名所繇始也。

---

❶「明代」，據《校記》，鈔本作「本朝」。

玄宗開元二十二年二月辛亥，置十道採訪處置使。詔曰：「言念蒼生，心必偏於天下；自古良牧，福猶潤於京師。所以歷選列城，聿求連率，豈徒刺察，將委輯寧。朝散大夫、檢校御史中丞、關内宣諭賑給使、上柱國盧絢等，任寄已深，聲實兼茂。咸貫通於理道，益純固於公心。或華髮不衰，或白圭無玷。可以軌儀郡國，康濟黎元。間歲已來，數州失稔，頗致流冗，能勿軫懷？而吏或不畏不仁，不安不便。誠須矯過，必在任賢，庶蠲疾苦之源，以協大中之義。若令行一道，利乃萬人。朕所設官，以俟能者。」〔原注〕唐開元中，或請選擇守令，停採訪使。姚崇奏：「十道採訪猶未盡得人，天下三百餘州縣，多數倍，安得守令皆稱其職？」

于文定《筆塵》曰：「元時風憲之制，在内諸司有不法者監察御史劾之，在外諸司有不法者行臺御史劾之，即今在内道長、在外按臺之法也。惟所謂行臺御史者，竟屬行臺，歲以八月出巡，四月還治，乃長官差遣，非繇朝命，其體輕矣。本朝御史總屬内臺，奉命出按，一歲而更，與漢遣刺史法同，唐、宋以來皆不及也。」〔原注〕唐中宗神龍二年，遣十道巡察使，詔二周年一替。韋思謙言：❶「御史一出，當動摇山嶽，震慴州縣。」本朝多有其人。

《金史・宗雄傳》：「自熙宗時，遣使廉問吏治得失。世宗即位，凡數歲輒一遣黜陟之。故大定之間，郡縣吏皆奉法，百姓滋殖，號爲小康。章宗即位，置九路提刑使。」〔原注〕此即今按察使。

---

❶「思」，原作「忠」，今據《新唐書・韋思謙傳》改。

## 六條之外不察

漢時，部刺史之職，不過以六條察郡國而已，不當與守令事。〔原注〕《三國志》：司馬宣王報夏侯太初書曰：「秦時無刺史，但有郡守長吏。漢家雖有刺史，奉六條而已。故刺史稱傳車，其吏言從事，居無常治，吏不成臣，其後轉更爲官司耳。」故朱博爲冀州刺史，敕告吏民：「欲言縣丞、尉者，刺史不察黄綬，各自詣郡。」鮑宣爲豫州牧，以「聽訟，所察過詔條」被劾。而薛宣上疏言：「吏多苛政，政教煩碎，大率咎在部刺史。或不循守條職，舉錯各以其意，多與郡縣事。」《翟方進傳》言：「遷朔方刺史，居官不煩苛，所察應條輒舉。」自刺史之職下侵，而守令始不可爲，天下之事猶治絲而棼之矣。

《太祖實録》：洪武二十一年四月，諭按治江西監察御史花綸等：「自今惟官吏貪墨鬻法及事重者如律逮問，其細事毋得苛求。」

## 隋以後刺史

秦置御史以監諸郡。漢省，丞相遣史分刺州，不常置。武帝元封五年，初置十三州刺史，各一人。魏、晋以下，爲刺史持節都督。〔原注〕《魏志》言：「自漢季以來，刺史總統諸郡賦政於外，非若曩時司察之任而已。」漢時止十三州，至梁時，南方一偏之地，遂置一百七州。隋文帝開皇三年，罷郡，以州統縣，〔原注〕杜氏《通典》曰：「以州治民，職同郡守，無復刺舉之任。」自是刺史之名存而職廢。後雖有刺史，皆太守之互名，〔原注〕有時改郡爲州則謂之刺史，有時改州爲郡則謂之太守，一也。非舊刺史之職，理一郡而已。由此言之，漢之刺史猶今之巡按御史，魏、晉以下之刺史猶今之總督，隋以後之刺史猶今之知府及直隸知州也。〔原注〕《新唐書·地理志》曰：「唐興，高祖改郡爲州，太守爲刺史。」

宋真宗咸平四年，左司諫知制誥楊億疏言：「昔自秦開郡置守。漢以天下爲十三部，命刺史以領之。自後因郡爲州，以太守爲刺史。降及唐氏，亦嘗變更，曾未數年，又仍舊貫。今多命省署之職出爲知州，又設通判之官以爲副貳，此權宜之制耳，豈可爲經久之訓哉？臣欲乞諸州並置刺史，以户口多少置其俸禄，分下、中、上、緊、望、雄之等級，品秩之制率如舊章，與常參官比視階資，出入更踐。省去通判之目，但置從事之員。建廉察之府以統臨，按輿地之圖而區處。昔太平興國初，詔廢支郡，出於一時。十國爲連，周法斯在；一道置使，唐制可尋。至若號令之行，風教之出，先及於府，府以及州，州以及縣，縣及鄉里，自上而下，由近及遠，譬如身之使臂，臂之使指，提綱而衆目張，振領而羣毛理。由是言之，支郡之不可廢也明矣。臣欲乞復置支郡，隸於大府，量地里而分割，如漕運之統臨，名分有倫，官業自舉。又覩唐制，内外官奉錢之外，有禄米職田，又給防閤、庶僕、親事、帳内、執衣、白直、門夫，各以官品差定其數，歲收其課以資於家。本司又有公廨田、食本錢，以給公用。自唐末離亂，國用不充，百官奉錢竝減其半，自餘别給，一切權停。今郡官於半奉之中已是除陌，又於半奉三分之内其二以他物給之，鬻於市廛，十裁得其一二，曾餬口之不及，豈代耕之足云？昔漢宣帝下詔云：『吏能勤事而奉禄薄，欲其無侵漁百姓，難矣。』遂加吏奉，著於策書。竊見今之結髮登朝，陳力就列，其奉也，不能致九人之飽，不及周之上農；其禄也，未嘗有百石之入，不及漢之小吏。若乃左右僕射，百僚之師長，位莫崇焉，月奉所入不及軍中千夫之帥，豈稽古之意哉！欲乞今後百官奉禄雜給，竝循舊制，既豐其稍入，可責以廉隅。官且限以常員，理當減於舊費。」觀此，則今代所循，大抵皆宋之餘弊矣。〔楊氏曰〕俸之薄，自宋已然，天下所以少循吏也。

## 知縣

知縣者，非縣令，而使之知縣中之事，〔原注〕知，猶管也。杜氏《通典》所謂「檢校、試攝、判知之官」是也。唐姚合爲武功尉，作詩曰：「今朝知縣印，夢裏百憂生。」唐人亦謂之「知印」，其名始於貞元已後。其初尚帶一「權」字。《白居易集》有《裴克諒權知華陰縣令制》，曰：「華陰令卒，非選補時。〔原注〕唐制：凡選始於孟冬，終於季春。《唐皎傳》：「貞觀中，官吏部侍郎。先是，選集四時補擬，不爲限。皎請以冬初集，盡季春止。後遂爲法。」調租勉農，政不可缺。前鎮國軍判官、試大理評事裴克諒，久佐本府，頗有勤績，屬邑利病，爾必周知。宜假銅墨，試其才理，待有所立，方議正名。」是「權知」者，不正之名也。至於普設知縣，則起自宋初。《本朝事實》云：「五代任官，凡曹掾簿尉之齷齪無能，以至昏老不任驅策者，始注縣令。故天下之邑，率皆不治。誅求刻剥，猥迹萬狀，至優諢之言，多以令長爲笑。」〔原注〕魏泰《東軒筆録》同。建隆三年，始以朝官爲知縣。其閒復參用京官或幕職爲之。《宋史》言：「宋初，内外所授官多非本職，惟以差遣爲資歷。建隆三年，詔選朝士，分治劇邑。大理正奚嶼知館陶，監察御史王祐知魏，楊應夢知永濟，屯田員外郎于繼徽知臨清。常參官宰縣自此始。」又曰：「初，州郡多闕官，縣令選尤猥下，多爲清流所鄙薄，每不得調，乃詔吏部選幕職官爲知縣。」

自此以後，遂罷令而設知縣，沿其名至今。

《雲麓漫鈔》曰：「唐制，縣令闕，佐官攝令，曰『知縣事』。李翺任工部誌文云『攝富平尉知縣事』是也。今差京官曰『知縣』，差選人曰『令』，與唐異矣。」

宋時結銜，曰「以某官知某府事」，「以某官知某州事」，「以某官知某縣事」。以其本非此府、此州、此縣之正官而任其事，故云然。〔原注〕《山堂考索》：「藝祖開基，召諸鎮會于京師，賜第以留之。分命朝臣，出守列郡，號權知軍州事。軍謂兵，州謂民也。」于慎行《筆塵》曰：「宋時，大縣四千户以上選朝官知，小縣三千户以下選京官知，故知縣與縣令不同，以京、朝官之銜知某縣事，非外吏也。」如建隆三年，寃句令侯陟以清幹聞，擢左拾遺知縣事是也。今則直云「某府知府」「某州知州」「某縣知縣」，文複而義舛矣。

北齊宰縣，多用廝濫，至於士流恥居百里。〔原注〕《北史·元文遥傳》。五代選令，必皆鄙猥之人。自古以來，以社稷民人寄之庸瑣者，有此二敗。以今準古，得無同之。〔汝成案〕五代任官，凡齷齪無能者，始注爲縣令，其爲庸瑣宜矣。宋則掌總治民政，勸課農桑，有戍兵則兼兵馬都監或監押，始以朝臣爲知縣，其間復參用京官或幕職爲之。天聖間，天下多缺官，而令選尤猥下，貪庸耄懦，久不得調，乃爲縣令。人數言其病民，乃詔爲舉法，以重令選。然自政和以後，士大夫皆輕縣令之選，吏部兩選不注者甚多，則欲其得人難也。章俊卿云：「弄權于鴈鶩之行，倚法爲鷹虎之暴。谿壑其誅求，星火以督促。銜帶勸農而實不副，職寄營田而事不講。科罰之賦，私入以爲己物；沾籍之法，輕用以爲己威。」又曰：「一握州麾，便肆貪欲。訟牒則不問其曲直，獄市則不究其是非。窮晝徹夜，惟財是求。縣道既極煎熬，民間又難催索。於是行一切之政，據不根之詞。開告訐之門，以網無罪；設羅織之獄，以穽富民。」守令之失，略見此矣。厥後金、元亦踵其弊。然自宋至元，其間非無廉威慈愛、局幹可稱，特皆重内輕外，遂至賢者鄙夷，職多昏黷。前明尤重進士，鄉舉以下，不得嘉除，而天下吏治視出身爲重輕，敗壞尤甚。先生《郡縣論》因多憤激之談，蓋發于是矣。

## 知州

宋葉適言：「五代之患，專在藩鎮。藝祖思靖天下，以爲不削節度則其禍不息，於是始置通判，以監統刺史而分其柄；命文臣權知州事，使名若不正、任若不久者以輕其權。〔原注〕宋敏求曰：「凡節度州爲三品，刺史州爲五品。國初，曹翰以觀察使判潁州，是以四品臨五品州也。同品爲知，隔品爲判。自後唯輔臣、宣徽使、太子太保、僕射爲判，餘竝爲知州。」監當知榷税，都監總兵戎，而太守者〔原注〕即刺史。塊然徒管空城、受詞訴而已。諸鎮皆束手請命，歸老宿衛，昔日節度之害盡去。而四方萬里之遠，奉尊京城，文符朝下，期會夕報，伸縮緩急，皆在朝廷矣。」是宋初本有刺史，而别設知州以代其權。後則罷刺史而專用知州，以權設之名爲經常之任矣。

《新唐書》：「元和初，李吉甫爲相。病方鎮彊恣，爲帝從容言，使屬郡刺史得自爲政，則風化可成。帝然之，出郎吏十餘人爲刺史。」宋祖之以京官臨制州縣，蓋趙公開其端矣。

## 知府

唐制，京郡乃稱府。至宋，則潛藩之地皆升爲府。宋初太宗、真宗皆嘗爲開封府尹，後無繼者，乃設權知府一人，以待制以上充。〔原注〕《皇朝政略》：「凡命知府，必帶『權』字，以翰林爲之。翰林學士及雜學士若待制，則權發遣而已。」陸游《渭南集》：「權知府自李符始。」崇寧三年，蔡京「乞罷權知府，置牧、尹各一員。牧以皇子領，尹以文臣充」。是權知府者，所以避京尹之名也。今則直命之爲知府，非也。〔楊氏曰〕朝廷之制，代不相襲，即謂之知府何害？

## 守令

所謂天子者，執天下之大權者也。其執大權奈何？以天下之權寄之天下之人，而權乃歸之天子。自公卿大夫至於百里之宰，一命之官，莫不分天子之權，以各治其事，而天子之權乃益尊。後世有不善治者出焉，盡天下一切之權而收之在上，而萬幾之廣，固非一人之所能操也，〔原注〕沈約《宋書》論曰：「孝建泰始，主威獨運，空置百司，權不外假，而刑政糾雜，理難徧通。」而權乃移於法。於是多爲之法以禁防之，雖大姦有所不能踰，而賢智之臣亦無能效尺寸於法之外，相與兢兢奉法，以求無過而已。於是天子之權不寄之人臣，而寄之吏胥。是故天下之尤急者，守令親民之官，而今日之尤無權者，莫過於守令。守令無權，而民之疾苦不聞於上，安望其致太平而延國命乎？《書》曰：「元首叢脞哉，股肱惰哉，萬事墮哉。」蓋至於守令日輕，而胥史日重，則天子之權已奪，而國非其國矣，尚何政令之可言耶！ 削考功之繁科，循久任之成效，必得其人而與之以權，庶乎守令賢而民事理，此今日之急務也。〔汝成案〕法令不修，德教奚附？ 自古循良，莫盛兩漢，宣仁布化，除害興利，摧擊豪强，追逋盜賊，惠威胥達，邊徼皆安。 此誠法簡權專，得自措施效也。 然其閒貪黷殘酷，忮險卑污，依倚中涓，結納外戚，隱恃重援，恣行不法，賓客子弟，廣納賄賂，黜陟死生，任己恩怨，前史所傳，幾半良吏，抑何嘗不由權勢重乎？ 特漢時騎士隸于太守，得自徵發，不失機宜，姦宄殄除，郡國綏謐，此爲高出唐、宋耳。 攷前明初無攷察，弘治後始定條目：曰貪、曰酷，爲民；曰不謹、曰罷軟，冠帶閒住；曰老、曰疾，致仕；曰才力不及、曰浮躁淺露，降調外任。 其初非不綜覈以興治理，厥後法存弊出，亦其勢然也。 至于吏胥執苛細之條，爲出入之資，伺吏短長，何代蔑有？ 此在仁明，因事決舍，必盡削考功繁科，轉恐行法未通，法外或畸意輕重也。

元吴淵穎《歐陽氏急就章解後序》曰：「今之世，每以三歲爲守令滿秩，曾未足以一新郡縣之耳目而已去。 又況用人不得專辟，臨事不得專議，錢糧悉拘於官而不得專用，軍卒弗出於民而不得與聞。 蓋古之治郡者自辟令丞，唐世之大藩亦多自辟幕府僚屬。 是故守主一郡之事，或司金穀，或按刑獄，各有分職，守不煩而政自治。 雖令之主一邑，丞則贊治而掌農田水利，主簿掌簿書，尉督盜賊，令亦不勞，獨議其政之當否而已。 今自一命而上，皆出於吏部。 遇一事，公堂完署，甲是乙否，吏或因以爲奸，勾稽文墨，補苴罅漏，塗擦歲月，填塞辭款，而益不能以盡民之情狀。〔汝成案〕守令胥吏與六部長官之胥吏相緣爲奸，而治以大壞。 猶之交易之家不自理，而託其事於奴隸之手，有權之家不自綰，而任其職於左右之人。至於唐世之賦，上供送使留州，自有定額。兵則郡有都試，而惟守之所調遣。宋之盛時，歲有常貢，官府所在，用度贏餘，過客往來，廩賜豐厚，故士皆樂於其職而疾於赴功。兵雖不及於唐，義勇民丁，團結什伍，衣裝弓弩，坐作擊刺，各保鄉里，敵至即發，而郡縣固自兼領者也。今則官以錢糧爲重，不留贏餘，常俸至不能自給，故多贓吏。兵則自近戍遠，既爲客軍，尺籍伍符，各有統帥，但知坐食郡縣之租税，然已不復繫守令事矣。夫辟官、涖政、理財、治軍，郡縣之四權也，而今皆不得以專之，是故上下之體統雖若相維而令不一，法令雖若可守而議不一。爲守令者既不得其職，將欲議其法外之意，必且玩常習故，辟嫌礙例，而皆不足以有爲。又況三時耕稼，一時講武，不復古法之便易，而兵農益分。遇歲一儉，郡縣之租税悉不及額，軍無見食，東那西挾，倉廥空虚，而郡縣無復贏蓄以待用。或者水旱洊至，閭里蕭然，農民菜色，而郡縣且不能以振救，而坐至流亡。是以言涖事而事權不在於郡縣，言興利而利權不在於郡縣，言治兵而兵權不在於郡縣，尚何以復論其富國裕民之道哉！必也復四者之權一歸於郡縣，則守令必稱其職，國可富，民可裕，而兵農各得其業矣。」

宋理宗淳祐八年，監察御史兼崇政殿説書陳求魯奏：「今日救弊之策，大端有四：宜採夏侯太初併省州郡之議，俾縣令得以直達於朝廷；用宋元嘉『六年爲斷』之法，俾縣令得以究心於撫字；法藝祖出朝紳爲令之典，以重其權；遵光武擢卓茂爲三公之意，以激其氣。然後爲之正其經界，明其版籍，約其妄費，裁其横斂。」此數言者，在今日亦可采而行之。

《舊唐書・烏重胤傳》：「元和十三年，爲横海節度使。上言曰：『臣以河朔能拒朝命者，其大略可見。蓋刺史失其職，反使鎮將領兵事。若刺史各得職分，又有鎮兵，則節將雖有禄山、思明之姦，豈能據一州爲畔哉！所以河朔六十年能拒朝命者，秖以奪刺史、縣令之職，自作威福故也。臣所管德、棣、景三州，已舉公牒，各還刺史職事訖，應在州兵，竝令刺史收管。』從之。繇是法制修立，各歸名分。」是後雖幽、鎮、魏三州以河北舊風自相更襲，在滄州一道，獨稟命受代，自重胤制置使然也。

祖宗朝，凡大府知府之任，多有「賜勑」，然無常例。成化四年七月，廉州府知府邢正將之任，以廉州密邇珠池，喉襟交阯，近爲廣西流賊攻陷城邑，生民凋弊，特請賜勑。從之。〔沈氏曰〕況鍾知蘇州府，亦賜勑。吉安府知府許聰將之任，以吉安多强宗豪右，詞訟繁興，亦請賜勑，俾得權宜處置。從之。

## 刺史守相得召見

兩漢之隆，尤重太守。史言孝宣「拜刺史、守相，輒親見問，觀其所繇，退而考察所行，以質其言。有名實不相應，必知其所以然。常稱曰：『庶民所以安其田里，而亡歎息愁恨之心者，政平訟理也。與我共此者，其惟良二千石乎！』」當日太守常得召見，或賜璽書，堂陛之閒，不甚闊絶。文帝謂季布曰：「河東，吾股肱郡，故特召君耳。」武帝賜嚴助書：「久不聞問，具以《春秋》對，毋以蘇秦縱横。」賜吾丘壽王書：「子在朕前之時，知略輻湊。及至連十餘城之守，任四千石之重，〔原注〕師古曰：「太守、都尉皆二千石，今壽王爲都尉，不置太守，故云四千石也。」職事竝廢，盜賊縱横，甚不稱在前時，何也？」光武勞郭伋曰：「賢能太守，去帝城不遠，〔原注〕伋爲潁川太守。河潤九里，冀京師竝蒙福也。」天下之大，不過數十郡國，而二千石之行能皆獲簡於帝心，是以吏職修而民情達。以視後世之寄耳目於監司，飾功狀於文簿者，有親疏繁簡之不同矣。其在唐時，猶存此意。玄宗開元十三年，上自選諸司長官有聲望者十一人爲刺史，命宰相諸王餞於雒濱，御書十韻詩賜之。宣宗時，李行言自涇陽縣令除海州刺史，李君奭自醴泉令除懷州刺史，皆采之民言，擢以御筆。入謝之日，處分州事，萬里之遠，如在階前。夫人主而欲親民，必自其親大吏始矣。

《册府元龜》：「憲宗元和三年二月勑：『許新除官及刺史等，假日於宣政門外謝，便進狀辭。其授官於朝堂禮謝，竝不須候假開。國朝舊制，凡命都督、刺史，皆臨軒册拜，特示恩禮。近歲雖不册拜，而牧守受命之後，皆便殿口對賜衣，蓋以親人〔原注〕唐諱民字，改曰人。之官，恩禮不可廢也。』時宰相李吉甫之舅裴復新除河南少尹，求速之任。適遇寒食假，吉甫特奏，請遂兼刺史。同有是命，非舊典也。」今日則名爲陛辭，而不得一見天顔，堂廉内外之分，益爲邈絶。

## 漢令長

漢時令長，於太守雖稱屬吏，然往往能自行其意，不爲上官所奪。如蕭育爲茂陵令，會課，育第六，而漆令郭舜殿，見責問。育爲之請。扶風怒曰：「君課第六，裁自脱，何暇欲爲左右言！」及罷出，傳召茂陵令詣後曹，當以職事對。育徑出曹，書佐隨牽育，育案佩刀曰：「蕭育杜陵男子，何詣曹也！」遂趨出，欲去官。明旦詔召入，拜爲司隸校尉。育過扶風府，門官屬掾吏數百人拜謁車下。陶謙爲舒令，太守張磐同郡先輩，與謙父友，意殊親之，而謙恥爲之屈。嘗舞屬謙，謙不爲起。固强之，乃舞，舞又不轉。磐曰：「不當轉邪？」謙曰：「不可轉，轉則勝人。」如此事在今日，即同列所難堪，而昔人以行之上官。漢時長吏之能自樹立，可見於此矣。

《宋史・司馬池傳》：「授永寧主簿。與令相惡。池以公事謁令，令南向倨坐不起。池挽令西向偶坐論事，不爲少屈。」

## 京官必用守令

《通典》言：「晋制，不經宰縣，不得入爲臺郎。」魏肅宗時，吏部郎中辛雄上疏，以爲「郡縣選舉，繇來共輕。宜改其弊，分郡縣爲三等，三載黜陟，有稱職者方補京官。如不歷守令，不得爲内職，則人思自勉」。唐張九齡言於玄宗曰：「古者刺史〔楊氏曰〕「刺史」當云「太守」。入爲三公，郎官出宰百里。致理之本，莫若重守令。凡不歷都督、刺史，雖有高第，不得任侍郎、列卿。不歷縣令，雖有善政，不得任臺郎、給、舍。都督、守令，雖遠者使無十年任外。」從之。詔三省侍郎缺擇嘗任刺史者，郎官缺擇嘗任縣令者。宣宗大中改元，制曰：「古者郎官出宰，郡守入相，所以重親人之官，急爲政之本。自澆風久扇，此道寖消，頡頏清塗，便臻顯貴。治人之術未嘗經心，欲使究百姓艱危，通天下利病，不可得也。軒墀近臣，蓋備顧問，如不知人疾苦，何以膺朕眷求？今後諫議大夫、給事中、中書舍人，未曾任刺史、縣令者，宰臣不得擬議。」宋孝宗時，臣僚言：「吏事必歷而後知，人才必試而後見。爲縣令者必爲丞簿，爲郡守者必爲通判，爲監司者必爲郡守，皆有差等。未歷親民，不宜驟擢。」因定知縣以三年爲任，非經兩任，不除監察御史。此開元、乾道之吏治所以獨高於近代也。明代綸扉之地，❶必取詞林，名在丙科，始分銅墨。於是字人之職輕，而簿書錢穀之司一歸之俗吏矣。漢諺有云：「取官漫漫，怨死者半。」〔原注〕《風俗通》。而宋神宗嘗謂宰臣曰：「朕思祖宗以百戰得天下，今以州郡付之庸人，常切痛心。」後之人君，其以斯言書之坐右乎？

貞觀初，馬周上言：「古者郡守、縣令，皆妙選賢德，欲有所用，必先試以臨人，或繇二千石高第入爲宰相。今獨重內官，縣令、刺史頗輕其選。又刺史多武夫勳臣，或京官不稱職，始出補外。折衝果毅身力彊者，入爲中郎將，其次乃補邊州。而以德行才術擢者，十不能一。所以百姓未安，殆繇於此。」夫以太宗之政，而馬周猶有此言，則知重內輕外，自古之所同患。人主苟欲親民，必先親牧民之官，而後太平之功可冀矣。

---

❶「明代」，據張京華《日知録集釋》，雍正鈔本、北大鈔本作「本朝」。

## 宗室

漢、唐之制，皆以宗親與庶姓參用，入爲宰輔、出居牧伯者，無代不有。〔楊氏曰〕漢宗室爲宰相者，西京只屈釐而已，東都亦不數數見也。漢孝昭始元二年，「以宗室無在位者，舉茂才劉辟彊、劉長樂，皆爲光禄大夫，辟彊守長樂衛尉」。孝平元始元年，詔宗室「爲吏，舉廉佐史，補四百石」。〔原注〕師古曰：「言宗室爲吏者，皆令舉廉，各從本秩。而依廉吏遷之爲佐史者，例補四百石。」唐玄宗開元二十五年五月辛丑，命有司選宗子有才者。宗正薦四從叔前奉天令知正、四從叔前祁縣令志遠、五從弟雒陽尉遇、六從弟酸棗丞良、五從弟武進尉朏、五從姪鄭縣尉瞻、五從姪前宋州參軍承嗣，皆授臺省官及法官、京縣官。詔曰：「至公之用，本無偏黨；惟善所在，豈隔親疏。四從叔知正等，咸有才名，見推公族，秉惟清之操，兼致遠之資。朕每慮同盟，不勤于德，常縣右職，以勸其從。先委宗卿，精爲内舉，量能考行，歷任踰時。名數則多，升聞蓋寡，❶光膺是選，諒在得人。固可擢以清要，遷于臺閣，將觀志於七子，冀藉名於八人。《書》不云乎：『九族既睦，平章百姓。』凡今懿戚，可不慎與！違道漫常，義無私於王法；修身效節，恩豈薄於他人。期於帥先，勵我風俗，深宜自勉，以副明言。」天寶三年正月，詔皇五等以下親及九廟子孫，有材學政理，委宗正寺揀擇聞薦。〔原注〕憲宗元和二年詔略

❶「蓋」，原作「益」，今據中華書局影印本《册府元龜》卷三九改。

同。德宗貞元二年八月，以睦王府長史嗣虢王則之爲左金吾大將軍，謂宰臣曰：「朕不欲獨用外戚，故選宗室子有才行者獎拔之。」昭宗乾寧二年六月丁亥朔，以京兆尹嗣薛王知柔，兼户部尚書判度支，兼諸道鹽鐵轉運等使。制曰：「支度牢籠之務，弛張經制之宜，當擇通才，俾繼成績。僉曰叔父，膺予簡求，匪私吾宗，示張王室。」故終唐之世有宰相十一人，〔原注〕鄖王房有林甫、回，鄭王房有程、石、福，小鄭王房有勉、夷簡、宗閔，恒山王房有適之，吴王房有峴，惠宣太子房有知柔。而《舊史》贊之曰：「我宗之英，曰臯〔原注〕嗣曹王。與勉。」宋子京以爲，「周、唐任人不疑，得親親用賢之道」。惟本朝不立此格，於是爲宗屬者大抵皆溺於富貴，妄自驕矜，不知禮義。至其貧者，則游手逐食，靡事不爲。名曰天枝，實爲棄物。〔原注〕宋時凡宗室之不肖者，俗呼爲「潑撒太尉」。曹冏所謂「今之州牧、郡守，古之方伯、諸侯，或比國數人，或兄弟竝據，而宗室子弟曾無一人間廁其間」，〔原注〕《六代論》。正有明當日之事也。❶崇禎時，始行换授之法，而教之無素，舉之無術，未見有卓然樹一官之績者。三百年來，當國大臣皆畏避而不敢言，至天子獨斷行之，❷而已晚矣。然則親賢竝用，古人之所以有國長世者，後王其可不鑒乎！〔原注〕正統十四年，也先犯京師，詔諸王率兵勤王。已而寇退，❸詔止之。大理寺

❶「有明」，據《校記》，鈔本作「本朝」。
❷「天子」，據《校記》，鈔本作「先帝」。
❸「寇」，據《校記》，鈔本作「虜」。

丞薛瑄奏：「宜擇諸王最賢者二三人，召來參預大議，匡輔聖明。」帝曰：「不必召。」

光武中興，實賴諸劉之力，乃即位已後，但有續封之典，而無舉賢之詔。明、章已下，恩澤教訓，徒先於四姓小侯，〔原注〕《明帝紀》：「永平九年，爲四姓小侯開立學校，置五經師。」注：「四姓，樊氏、郭氏、陰氏、馬氏。其子弟號曰小侯。」而不聞加意於宗屬者。然而親疏竝用，猶法西京，故靈、獻之世，荆表、益焉，各專方鎮，而昭烈乘之以稱帝于蜀，若顛木之有由蘖。其與宋之二王航海奔亡，一敗而不振者，不可同年而語矣。

唐末屯田郎中李衢作《皇室維城録》，其有感于宗枝之不振乎？〔原注〕史言自玄宗以後諸王不出閤，不分房，蓋自永王璘舉兵，而人主疏忌其兄弟矣。使得自樹功名，如曹王皐者三五人，參錯天下爲牧師，亦何至大盜覆都，彊臣問鼎，而十六宅諸王竝殲於逆豎之手也！

明宗室自天啟二年開科，❶得進士一人朱慎鍙，列名奄案，爲宗人羞。此不教不學之所致也。崇禎中得進士十二人，惟朱統鉓起家庶吉士，官至南京國子監祭酒。而其始館選時，尚有以宗生爲疑。吏部尚書王永光曰：「既可以中翰，即可以庶常。」遂取之。其他換授甚多，然當板蕩之際，才略無聞。

張邦基《墨莊漫録》言：「國朝宗室，例除環衛。裕陵始以非祖免補外官，繼有登科者，〔原注〕

---

❶「明」，據《校記》，鈔本無此字。

《五雜俎》：「宋時宗室散處各郡縣，入籍應試。在京師者别爲玉牒所籍。至紹興十一年，從程克俊言，以所考合格宗室，附正奏名殿試。其後雜進諸科，與寒素等，而宦績相業亦相望不絶書。」〔楊氏曰〕相止有汝愚一人。然未有爲侍從。宣和五年，始除子崧徽猷閣待制，繼而子湜亦除。八年，又除子櫟。」乃靖康之變，已不旋踵。有明之事，❶與宋一轍。

昔後魏元志爲雒陽令，不避彊禦。孝文帝謂邢巒曰：「此兒竟可。所謂王孫公子，不鏤自雕。」巒曰：「露竹霜條，故多勁節。非鸞則鳳，其在本枝也。」人主之宗屬，豈必無才能優於庶姓者哉！〔楊氏曰〕能用宗室者，莫如元魏。儀、虔、澄、勰，自是至親，其匡順、羅叉，皆有權力聞望。屈指其餘，不可盡也。閔管、蔡之失道，而作《常棣》之詩，以親其兄弟，此周之所以興。懲吴、楚七國之變，而抑損諸侯，至於中外殫微，本末俱弱，此西漢之所以亡也。〔原注〕宋沈懷文諫孝武曰：「陛下既明管、蔡之誅，願崇唐、衛之寄。」深得富辰諫王之指。夫惟聖人以至公之心，處親疏之際，故有國長久，而天下蒙其福矣。

《金史》：「密國公璹，世宗子越王永功之子也。天興初，國事危急，曹王出質，璹已卧疾，求入見哀宗於隆德殿。上問：『叔父欲何言？』璹奏曰：『聞訛可〔原注〕曹王名。欲出議和。訛可年幼，恐不能辦大事，臣請副之，或代其行。』上慰之曰：『南渡後，〔原注〕宣宗遷汴。國家比承平時有何奉

---

❶「有明」，據《校記》，鈔本作「本朝」。

養，然叔父亦未嘗沾溉。無事則置之冷地，無所顧藉，有急則投之不測。叔父盡忠固可，天下其謂朕何？叔父休矣。』於是君臣相顧泣下。」哀宗雖亡國之君，❶而其言有足悲者。章宗防制刻削兄弟，而其禍卒至於此，豈非後王之永鑒哉！

自古帝王爲治之道，莫先於親親。而有明之待親王及其宗屬也，❷則位重而愈疏，禄多而愈貧，誠有如漢哀帝時杜業上言，「宗室諸侯微弱，與繫囚無異」者。《英宗實録》載：「景泰三年七月甲辰，陝西布政司言：『秦愍王子故庶人尚炌，男女十人，皆未有室家，請如詔于軍民之家自擇昬配。』從之。時其長女年四十，長子年三十六矣。」此去開國八九十年，太祖之曾孫，而怨曠之感不得上聞已如此，又況數傳而下者乎！於其請名請昬，無不有費，而不副其意，即部中爲之沈閣。《宋史·趙希躍傳》：「宗姓多貧，而始生有訓名，爲人後有過禮，吏受賕無藝，莫敢自陳。」《雲麓漫鈔》言：「宗籍凡袒免親以上，皆賜名。乃有寓不典之言，及取怪僻字樣，以爲戲笑。」明代之弊同此。❸

宗室之子固鮮修飭，而朝臣視之若非其同類者。《唐書》言：德宗初政，「諸王有官者皆令出閤

---

❶ 「哀宗雖亡國之君」，據《校記》，鈔本作「金雖夷狄之邦」。
❷ 「有明」，據《校記》，鈔本作「本朝」。
❸ 「明代之弊」，據《校記》，鈔本作「本朝之病」。

就班，岳陽等一十縣主，在諸王院久而未適人者，悉命以禮出降」。二百年來，無有以建中故事爲朝廷告者。崇禎中，唐王作書，❶述閣老于文定之言曰：「唐玄宗十王宅、百孫院，皆在京師。凡有所請，皆賂韓、虢而後得。憲宗時，諸王久不出閣，亦必厚賂宦官始得所請。彼以宗室近屬，且聚居都邑，猶不免於夤緣，況以千里外之藩封，二百年之支屬，有不結納左右以爲倚託哉？」嗚呼，文定之言「結納左右而得請」，猶未褻也。今之懇乞下僚，卑哀吏胥，不如是則終不得請，不愈甚乎！又曰：「漢臣之言曰『有白頭老人教臣言』。嗚呼，余繼之矣。」夫一夫吁嗟，王道爲虧。今且窮閻蔀屋，猶得被雲雨之施，而耳目之所不及，恩澤之所不周，未有甚於皇族者。《杕杜》作而晉微，《角弓》刺而周替，可以爲後王之殷鑒矣。〔汝成案〕王司農《明史藁》云：「日剥月削，雖支子代有封立，而恩澤遞降，規制無加。其舊封遠者，宗派蕃昌，禄秩難給，末胄疏庸，不免飢寒。即號稱雄藩，而牽于文法，長吏得以束縛之，所謂維城之寄，無有也。」又曰：「明太祖建藩，東宫、親王各錫嘉名，以示傳世久遠。當萬曆中葉，僅及祖訓之半，而不億之麗，宗禄虧乏，議者遂有減歲禄、限宫媵，且限支子之請。由是支屬承祧者，親王無旁推之恩；羣從繼世者，郡封絶再襲之例。以及名婚不時有厲禁，本折互支無常期。啟、禎時，軍餉告絀，大農蒿目，日憂難支，安能顧瞻藩維？親王或可自存，郡王以至中尉仰給不賙。一旦盜起，無力禦侮，徒手就戮，宗社爲墟。」惜哉其言，前明藩封窮蹙之狀，正與先生所述唐王之言無殊。然明之諸王，在位勤恪、行誼孝友、才藝通美者，固不乏

❶「唐王」下，據《校記》，鈔本有小字注「後爲隆武皇帝」六字。

人，其他覬覦非分、自取誅戮者無論，而淫昏殘酷、瀆亂縱恣尤衆，豈皆恩澤之不逮歟？ 則封禄之厚，適爲驕横之資，此困辱之所由及，而法網之所由密矣。

## 藩鎮

明代之患，❶大略與宋同。岳飛説張所曰：「國家都汴，恃河北以爲固。苟馮據要衝，峙列重鎮，一城受圍，則諸城或撓或救，金人不敢窺河南，而京師根本之地固矣。」文天祥言：「本朝懲五季之亂，削除藩鎮，一時雖足以矯尾大之弊，然國以寖弱，故敵至一州則一州破，至一縣則一縣殘。今宜分境内爲四鎮，使其地大力衆，足以抗敵，約日齊奮，有進無退。彼備多力分，疲於奔命，而吾民之豪傑者又伺間出於其中，則敵不難卻也。」嗚呼，世言唐亡於藩鎮，而中葉以降，其不遂并於吐蕃、回紇，滅於黄巢者，未必非藩鎮之力。宋至靖康而始立四道，金至興元而始建九公，不已晚乎！〔楊氏曰〕九公唯武仙庶幾，餘都無足言。

尹源《唐説》曰：「世言唐所以亡，由諸侯之彊，此未極於理。夫弱唐者，諸侯也。唐既弱矣，而久不亡者，諸侯維之也。燕、趙、魏首亂唐制，專地而治，若古之建國，此諸侯之雄者，然皆恃唐爲輕重。何則？ 假王命以相制，則易而順，唐雖病之，亦不得而外焉。故河北順而聽命，則天下爲亂者

---

❶「明代」，據《校記》，鈔本作「國朝」。

不能遂其亂，河北不順而變，則姦雄或附而起。德宗世，朱泚、李希烈始遂其僭，而終敗亡，田悦叛於前，武俊順於後也。憲宗討蜀平夏，誅蔡夷鄆，兵連四方而亂不生，卒成中興之功者，田氏稟命，王承宗歸國也。武宗將討劉稹之叛，先正三鎮，絶其連衡之計，而王誅以成。如是二百年，姦臣逆子專國命者有之，夷將相者有之，而不敢窺神器，非力不足，畏諸侯之勢也。及廣明之後，關東無復唐有，方鎮相侵伐者猶以王室爲名。及梁祖舉河南，劉仁恭輕戰而敗，羅氏内附，王鎔請盟，於是河北之事去矣。梁人一舉而代唐有國，諸侯莫能與之争，其勢然也。向使以僖、昭之弱，乘巢、蔡之亂，而田承嗣守魏，王武俊、朱滔據趙、燕，彊相均，地相屬，其勢宜莫敢先動，況非義舉乎？如此，雖梁祖之暴，不過取霸於一方爾，安能彊禪天下？故唐之弱者，以河北之彊也；唐之亡者，以河北之弱也。或曰：諸侯彊則分天子之勢，子何議之過乎？曰：秦、隋之勢無分於諸侯，而亡速於唐，何如哉！」

不獨此也，契丹入大梁而不能有者，亦以藩鎮之勢重也。王應麟曰：「郡縣削弱，則戎翟之禍烈矣。」❶

《宋史》：「劉平爲鄜延路副總管。上言：『五代之末，中國多事，惟制西戎爲得之。中國未嘗遣一騎一卒遠屯塞上，但任土豪爲衆所服者，封以州邑，征賦所入，足以贍兵養士，由是無邊鄙之

❶「戎翟」，據《校記》，鈔本作「夷狄」。

虜。太祖定天下，懲唐末藩鎮之盛，削其兵柄，收其賦入，自節度以下，第坐給俸禄。或方面有警，則總師出討。事已，則兵歸宿衛，將還本鎮。彼邊方世襲，宜異於此，而誤以朔方李彝興、靈武馮繼業，一切亦徙内地。自此靈、夏仰中國戍守，千里饋糧，兵民竝困矣。』」宋初之事，折氏襲而府州存，繼捧朝而夏州失。一得一失，足以爲後人之鑑也。

賈昌朝爲御史中丞，請「陝西緣邊諸路守臣皆帶『安撫蕃部』之名，擇其族大有勞者爲首帥，如河東折氏之比，庶可以爲藩籬之固」。

《路史・封建後論》曰：「天下之枉，未足以害理，而矯枉之枉常深；天下之弊，未足以害事，而救弊之弊常大。方至和之二年，范蜀公爲諫院，建言：『恩州自皇祐五年秋至去年冬，知州者凡七換，河北諸州大率如是。欲望兵馬練習，安可得也。伏見雄州馬懷德、恩州劉涣、冀州王德恭，皆材勇智慮，可責辦治，乞令久任。』然事勢非昔，今不從其大而徒舉三二州爲之，以一簣障江河，猶無益也。請以昔者河東之折、靈武之李，與夫馮暉、楊重勛之事言之。馮暉節度靈武，而重勛世有新秦，藩屏西北。他日暉卒，太祖乃徙其子馮翊，而以近鎮付重勛。於是二方始費朝廷經略。折、李二姓，自五代來世有其地，二寇畏之。❶太祖於是俾其世襲，每謂邊寇内入，❷非世襲不克守。世襲則

❶「寇」，據《校記》，鈔本作「虜」。
❷「邊」，據《校記》，鈔本作「虜」。

其子孫久遠，家物勢必愛吝，分外爲防。設或叛涣，自可理討，縱其反噬，原、陝一帥禦之足矣。況復朝廷恩信不爽，奚自而他？斯則聖人之深謀，有國之極算，固非流俗淺近者之所知也。厥後議臣遽以世襲不便，折氏則以河東之功姑令仍世，而李氏遂移陝西，因兹遂失靈、夏。國之與郡，其事固相懸矣。議者以太祖之懲五季，而解諸將兵權，爲封建之不可復。愚竊以爲不然。夫太祖之不封建，特不隆封建之名，而封建之實固已默圖而陰用之矣。李漢超，齊州防禦監關南兵馬，凡十七年，敵人不敢窺邊。❶郭進，以洺州防禦守西山巡檢，累二十年。賀惟忠守易，李謙溥刺隰，姚内斌知慶，皆十餘載。韓令坤鎮常山，馬仁瑀守瀛，王彦昇居原，趙贊處延，董遵誨屯環，武守琪戍晉，何繼筠牧棣，若張美之守滄、景，咸累其任。管榷之利，賈易之權，悉以畀之。又使得自誘募驍勇，以爲爪牙，軍中之政，俱以便宜從事，是以二十年間，無西北之虞。深機密策，蓋使人繇之而不知爾。胡爲議者不原其故，遂以兵爲天子之兵，郡不得而有之？故自寶元、康定，以中國勢力而不能亢一偏方之元昊，靖康寇難長驅百舍，❷直擣梁師，蕩然無有藩籬之限，卒之横潰，莫或支持。繇今日言之，奚啻冬水之冰齒。嗚呼，欲治之君不世出，而大臣者每病本務之不知，此予所以每咎徵、普，以爲唐室、我朝之不封建，皆鄭公、韓王之不知以帝王之道責難其主，而爲是尋常苟且之治也。」

❶「敵」，據《校記》，鈔本作「胡」。
❷「寇難」，據《校記》，鈔本作「醜虜」。

《黄氏日抄》曰：「太祖時，不過用李漢超輩，使自爲之守，而邊烽之警不接於廟堂。三代以來，待戎翟之得未有如我太祖者也。❶不使守封疆者久任世襲，而欲身制萬里，如在目睫，天下無是理也。」

藩鎮既罷，而州縣之任，處之又不得其方。真宗咸平三年，濮州盜夜入城，略知州王守信、監軍王昭度。於是知黄州王禹偁上言：「《易》曰『王公設險，以守其國』。自五季亂離，各據城壘，豆分瓜剖，七十餘年。太祖、太宗削平僭僞，天下一家。當時議者乃令江淮諸郡，毁城隍，收兵甲，撤武備。書生領州，大郡給二十人，小郡十五人，以充常從。號曰長吏，實同旅人；名爲郡城，蕩若平地。雖則尊京師而抑郡縣，爲彊榦弱枝之計，亦匪得其中道也。〔楊氏曰〕天下本無百年不敝之法，而貴有扶危救敝之人。方正學《深慮論》略盡之矣。蓋太祖削諸侯跋扈之勢，太宗杜僭僞覬望之心，不得不爾。其如設法救世，久則弊生，救弊之道，在乎從宜，疾若轉規，不可膠柱。今江淮諸州大患有三：城池墮圮，一也；兵仗不完，二也；軍不服習，三也。望陛下特紆宸斷，許江淮諸郡酌民户衆寡，城池大小，竝置守捉軍士，多不過五百人，閲習弓劒，然後漸葺城壁，繕完甲冑。則郡國有禦侮之備，長吏免剽掠之虞矣。」嗚呼！人徒見藝祖罷節度爲宋百年之利，而不知奪州縣之兵與財，其害至於數百年而未已也。陸士衡所謂「一夫從横，而城池自夷」，豈非崇禎末年之事乎！

❶「戎翟」，據《校記》，鈔本作「夷狄」。

## 輔郡

崇禎二年三月，兵部侍郎申用懋上疏，請以昌平、通、易、霸四州爲四輔，宿重兵以衛京師。奉旨嘉納。下部議覆，事不果行。《魏書》言：「靈太后時，四中郎將兵寡弱，任城王澄奏：『宜以東中帶滎陽郡，南中帶魯陽郡，西中帶恒農郡，北中帶河内郡，選二品三品親賢居之，配以强兵，則深根固本之計也。』靈太后將從之，以議者不同而止。」及爾朱榮至河陰，遂無一兵拒敵，亦已事之明驗矣。

金都大梁，貞祐四年，元兵取潼關，次嵩、汝閒。御史臺言：「兵踰崤澠，深入重地，近抵西郊。彼知京師屯宿重兵，不復叩城索戰，但以游騎遮絶道路，而分兵攻擊州縣，是亦圍京師之漸也。若專以城守爲事，中都之危又將見於今日。〔原注〕《元史》：「太祖八年，分兵三道伐金，河北郡縣盡拔，唯中都、通、順、真定、清、沃、大名、東平、德、邳、海州十一城不下。」此臣等所爲寒心也。不攻京師，而縱其別攻州縣，是猶火在腹心，撥置於手足之上，均一身也。願陛下察之。」契丹〔原注〕後改爲遼。太祖將攻幽州，其后述律氏指帳前樹曰：「此樹無皮，可以生乎？」曰：「不可。」后曰：「幽州之有土有民，亦猶是爾。吾以三千騎掠其四野，不過數年，困而歸我矣。」〔原注〕赫連勃勃稱帝，諸將勸先取關中。勃勃曰：「吾大業草創，士衆未多，姚興亦一時之雄，諸將用命關中，未可圖也。我今專固一城，彼必并力於我，衆非其敵，亡可立待。不如以驍騎風馳，出其不意，救前則擊後，救後則擊前，使彼疲於奔命，我則游食自若。不及十年，嶺北、河東盡爲我有。待興既死，嗣子闇弱，徐取長安，在吾計中矣。」古人用兵之智，多有出此。夫踰山絶河，深入二三千里，至於淮、岱之間，此不啻幽州之四野，大梁之西郊也。而謀國之臣竟無一策以禦其來而擊其去，此則郡縣之守不足恃，而調援之兵不足用也明矣。《詩》曰：「無俾城壞，無獨斯畏。」後之爲國者盍鑒於斯！

## 邊縣

宋元祐八年，知定州蘇軾言：「漢鼂錯與文帝畫備邊策，不過二事，其一曰徙遠方以實廣虚，其二曰制邊縣以備敵國。今河朔西路被邊州軍，自澶淵講和以來，百姓自相團結，爲弓箭社，不論家業高下，户出一人。又自相推擇家資武藝衆所服者爲社頭、社副、録事，謂之頭目。帶弓而鋤，佩劍而樵，出入山坂，飲食長技與北敵同。❶私立賞罰，嚴於官府。分番巡邏，鋪屋相望。若透漏北賊及本土强盜不獲，其當番人皆有重罰。遇有警急，擊鼓集衆，頃刻可致千人。器甲鞍馬，常若寇至。蓋親戚墳墓所在，人自爲戰，敵甚畏之。❷先朝名臣帥定州者，如韓琦、龐籍，皆加意拊循其人，以爲爪牙耳目之用，而籍又增損其約束賞罰。今雖名目具存，責其實用，不逮往日。欲乞朝廷立法，

❶「敵」，據《校記》，鈔本作「虜」。
❷「敵」，據《校記》，鈔本作「虜」。

少賜優異，明設賞罰，以示懲勸。」奏凡兩上，皆不報。此宋時弓箭社之法，雖承平廢弛，而靖康之變，河北忠義多出於此。有國家者，能於閒暇之時而爲此寓兵於農之計，可不至如崇禎之末課責有司以修練儲備之紛紛矣。❶〔楊氏曰〕昌黎客兵、土兵之策，可於此得之。〔陳鴻博曰〕今塞外大寧、開平、興和、東勝舊地，皆吾牧廠之區，與諸部多犬牙相錯。熱河、八溝營、鄭家莊，雖分列副都統，總管駐防，而由河屯營以西開平舊衛，其街陌遺跡尚存。興和見有屯田客户，獨石口外則有紅城、歸化城爲東勝舊地。彼處率土泉深厚，水草豐美，宜於屯牧。使於開平故地設屯牧，使一人總領其事，復分設口外四路滿漢同知隸之，畫疆分駐，聯爲應援。見今内務府上三旂及會稽司諸衙門閒散之丁，約數萬有餘。漢軍披甲外，閒散者亦有二萬餘人。此等與其使聚食京師，貧窘無聊，不若徙之塞下，使各食其力。每歲撥發三萬人，復募邊民願往者，各給以種糧牲畜，令其分地屯牧。擇其中之驍捷者教練爲兵，耕牧之餘，復習騎射擊刺之法，名爲屯軍，使世守其業。五年以後，始差收耕牧之税，即以供給屯軍饗勞之需。復以其餘力繕完牆堡，修整戎器。第使人自爲守，經費所出，取之屯牧有餘。

## 宦官

漢和熹鄧后，詔中官近臣於東觀受讀經傳，以教授宫人。秦苻堅選奄人及女隸有聰識者，置博

---

❶「崇禎」，據《校記》，鈔本作「先帝」。

士授經。若夫巷伯能詩，列于《小雅》；史游《急就》，著在《藝文》。古固有之，而不限其人也。我太祖深懲前代宦寺之弊，命内宫不許識字。永樂以後，此令不行。宣德中，乃有内書堂之設。〔原注〕《實録》：「宣德元年七月，以劉翀爲行在翰林院修撰，專授小内使書。四年十月，命行在禮部尚書兼謹身殿大學士陳山，專授小内使書。」《實録》言「山爲人寡學，急利而昧大體，上薄之。其致仕歸，恩禮一無所及」。則其授小内使書亦賤者之事也。昔隋蔡允恭爲起居舍人，帝遣教宫人，允恭耻之，數稱疾。宋賈昌朝爲侍講，以編修資善堂書籍爲名，而實教授内侍，諫官吴育奏罷之。以宣廟之納諫求言，而廷臣未有論及此者，馴致秉筆之奄，其尊侔於内閣，而大權旁落，不可復收，得非内書堂階之厲乎？〔原注〕英廟升遐，典璽局局丞王綸以老事東宫，希圖柄用。而翰林侍讀學士錢溥以嘗奉命教内書館，綸受學焉，遂内外交錯，以謀入閣。已而敗露，得罪。綸造溥家，執弟子禮，坐溥上坐，飲至晡而去。《周禮·寺人》：「王之正内五人。」内豎，倍寺人之數。」當時簪御之臣皆是士人，而婦寺之權衰矣。唐太宗詔内侍省不立三品官，以内侍爲之長，階第四，不任以事，惟門閤守禦、廷内埽除、稟食而已。武后時，稍增其人。至中宗，黄衣乃二千員。玄宗時，宫嬪大率至四萬，宦官黄衣以上三千員。〔原注〕玄宗始置内侍省，監二員，秩三品，以高力士、袁思藝爲之。是知宦官之盛，繇於宫嬪之多。而人主欲不近刑人，則當以遠色爲本。〔唐氏曰〕凡閹人導君以酒色；導君以荒游；導君以侈御；導君以惡見正人；權臣因之，上隱無不聞，下巧無不達，國之大柄下移矣；明示以便進之門，邪曲進，賢正沮矣；金入則死罪生，求拂則有功死，刑不中，罰不中矣。此七患者，其患小，然剛明之君或中其一二，法制無可加，誡訓無所益，雖神聖蓋亦莫之如何也已矣。兒蓄公卿，天子孤矣；逐屠忠良，朝廷空矣；挾制天子，干戈起矣。是三患者，其患大，必滅宗社而後已。然絶之甚易也，請著爲典，曰：凡閹人不授官，不任事，不衣命服。後世人臣有言立閹人之職司及使視戎事者，殺無赦。凡閹人傳命于朝，見宰相跪而致言，跪而受言，不得立焉。傳命於堂，見九卿立而致言，立而受言，不得坐焉。遇百官于道，見而下馬，過而上馬，不得乘焉，抗公卿者斬，抗百官者流。大臣不言者死，小臣不言者黜。

王元美《筆記》曰：「高帝時，中人不得預外事，見公侯大臣叩首惟謹。〔原注〕宋濂《大明日曆序》言：「后妃居中，不預一髮之政。外戚亦循理畏法，無敢恃寵以病民。寺人之徒，惟給事掃除之役。其家法之嚴，五也。」至永樂初，狗兒諸奄稍稍見馬上之績，後以倦勤朝事，漸寄筆札，久乃稱肺腑矣。太監鄭和等以奉命率舟師下海中諸夷，而中人有出使者矣。西北大將多洪武舊人，意不能無疑，思以腹心參之，而中人有鎮守者矣。王振時，上春秋少，不日接大臣，而中人有票旨徑行者矣。」

國史所載，永樂五年六月，内使李進往山西採天花，詐傳詔旨，擅役軍民，此即弄權之漸。仁宗即位，凡差出内臣，限十日内盡撤回京。其見於詔書者，有採寶石、採金珠香貨、採鐵黎木，而《太宗實録》多諱之不書。〔原注〕《實録》有十九年十一月辛酉遣内官楊賓，❶二十年十月癸巳遣内官韋喬同御史察勘兩京及天下庫藏出納二事。至洪熙元年六月，宣宗即位，而巡按浙江監察御史尹崇高奏：「朝廷近差内官内使，市買諸物，每物置局，有拘集之擾，有供應之煩。朝廷所需甚微，民閒所費甚大，宜皆

❶「寶」，「中研院」史語所整理本《明太宗實録》卷二四三作「實」。

取回，惟令有司買納。」詔從之。乃猶有如宣德六年十二月乙未所書，管事袁琦假公務爲名，擅差內官內使，陵虐官吏軍民，逼取金銀等物，以至磔死，而其黨十餘人皆斬者。嗚呼，「作法于涼，其敝猶貪！」至於萬曆中年，鑛稅之使旁午四出，而藉口於祖宗之成例，則外廷之臣交章争之，而無可如何矣。是以「武王不泄邇」。〔楊氏曰〕有明一代，如王、汪、劉、魏，其害固不容言矣。其餘諸帝，自太宗、仁宗而外，未有不任奄人者。端皇親見逆璫之禍，而卒以奄人監軍，可歎哉！

中官典兵，亦始於永樂。《仁宗實録》言：「甘肅總兵官都督費瓛，不能專斷軍政，悉聽中官指使。勑責其低眉俛首，受制於人。」《宣宗實録》言：「交阯左參政馮貴，善用人，嘗得土軍五百人，勁勇善戰。貴撫育甚厚，每率之討賊，所嚮成功。後爲中官馬騏奪去，貴與賊戰不利，遂死之。」「宣德元年三月己亥，勑責中官山壽曰：『叛賊黎利，本一窮蹙小寇，若早用心禽捕，如探雀雛。爾乃妄執己見，再三陳奏，惟事招撫，以致養禍遺患。及方政等進討，爾擁官軍一千餘人，坐守乂安，不往來策應，視其敗衂。』」是則交阯之失，實本於中官，而仁、宣二宗亦但加之譙責而已。王振之專，土木之難，此非其漸乎？

交阯一事，中官之惡，《實録》不盡書。景泰四年，吏科給事中盧祥言：「臣思永樂年間，克平交阯，設置郡縣，夷人服從。後因鎮守內臣貪虐，致失人心，竟亡其地，天下至今非議不已。」即此數言，可以想見《師》之「上六」曰：「小人勿用，必亂邦也。」豈不信夫！

成祖天威遠加，無思不服。遏密未幾，遂棄交阯。齊桓首霸，而寺人貂始漏師于多魚，《春秋》

已志之矣。故《姤》之「初六」，「一陰始生」，而周公戒之。

正統九年正月辛未，命成國公朱勇、興安伯徐亨、都督馬亮、陳懷等，統兵出境，勦兀良哈三衛。勇同太監僧保出喜峰口，亨同太監曹吉祥出界嶺口，亮同太監劉永誠出劉家口，懷同太監但信出古北口。是時王振擅權，乃有此遣，而後遂以爲例。至十四年陽和口之戰，太監郭敬監軍，諸將悉爲所制，師無紀律，而宋謙、朱冕全軍覆没矣。

景泰元年閏正月乙卯，工部辦事吏徐鎮言：「刑餘之人，不侍君側，太祖高皇帝懲漢、唐之弊，不令預政，不令典兵，但使之守門傳命而已。邇者姦監王振，乘機專政，依勢作威，王爵天憲，悉出其口，生殺予奪，任己愛憎。又多引同類如郭敬等，以爲心腹，出監邊事。皇上臨御之初，乞監前失，宦官有參預朝政及監軍鎮守者，悉令還内，各守本職。如此則宦官無召釁之端，國祚有過曆之兆矣。」事寢不行。

六月乙酉，陝西蘭縣舉人段堅，論宦寺監軍之失。

庚子，肅府儀衛司餘丁聊讓，請禁抑宦寺。

三年九月辛卯，南京錦衣衛鎮撫司軍匠餘丁蕭敏，❶陳内官苦害軍民十事。

天順八年十一月丙寅，兩京六科給事中王徽等言：「正統末年，王振專權，使先帝遠播，宗社幾

---

❶ 「蕭」，「中研院」史語所整理本《明英宗實録》卷二二〇作「華」。

危。天順年間，曹吉祥專權，舉兵焚闕，欲危宗社。今日牛玉專權，謀黜皇后，欺侮陛下。是皆貽笑於四方取議萬世者也。❶臣請自今以後，一不許内官與國政，二不許外官與内官私相交結，三不許内官弟姪在外管事并置立産業。自古内官賢良者萬無一人，無事之時似爲謹慎，一聞國政，便作姦欺。如聞陛下將用某人也，必先賣之以爲己功。聞陛下將行某事也，必先泄之以張己勢。人望日歸，威權日重，而内官之禍起矣。此臣等所以勸陛下不許内臣與聞國政者此也。内官侍奉陛下，朝夕在側。文武大臣不知廉恥者，多與之交結，有饋以金寶珠玉，加之婢媵奴顔者，内官便以爲賢，朝夕在陛下前稱美之。有正大不阿，不行私謁者，内官便以爲不賢，朝夕在陛下前非毁之。陛下天縱聖明，固不爲惑，日加浸潤，未免致疑。稱美者驟踰顯位，非毁者久屈下僚，怨歸朝廷，恩結宦寺，而内官之禍起矣。臣等所以勸陛下不許外官與内官交結者此也。内官弟姪人等，授職任事，倚勢爲非，聚姦養惡，家人百數，貲貨萬餘，田連千頃，馬繫千匹，内官因有此家産，所以貪婪無厭，姦弊多端。身雖在内，心實在外，内外相通，而禍亂所由起矣。此臣等所以勸陛下不許内官弟姪在外管事並置立家産者此也。陛下果能鑒彼三人於既往，行此三事於方今，則禍亂自然不作，災害自然不生。倘或不然，則禍起蕭牆，變生肘腋，異日之患有不可言者矣。然臣等今日之所言，乃舉朝廷之

❶「於四方」，據《校記》，鈔本作「四夷」。

所諱。❶臣等雖愚，亦知避禍，但受恩朝廷，無以爲報，官居言路，不可苟容。若陛下能行而不疑，即臣等雖死而無悔矣。」上責徽等妄言要譽，命吏部俱調州判官。〔原注〕疏草李鈞筆也。

中都之變，宦官僨事之前車也。不一年，而監守之遣四出，以外廷無人甚也。平陰之役，夙沙衛殿，殖綽曰：「子殿國師，齊之辱也。」天子以此恥天下之士大夫，❷而士大夫不以爲恥，且羣然攻之。廷論雖譁，上心弗信。及暫撤之，而士大夫又果不足用也，於是乎再任宦者，而國事已不可爲。昔者唐德宗即位，疏斥宦官，親任朝士，而張涉以儒學入侍，薛邕以文雅登朝，繼以贓敗。故宦官、武將得以藉口，曰：「南牙文臣贓動至巨萬，而謂我曹濁亂天下，豈非欺罔邪！」於是上心始疑，不知所倚仗矣。嗚呼，吾不知今日之攻宦官者，果愈於宦官乎！內廷既不可用，外廷亦遂無人，而國事又將誰屬乎？至於昭王歎息，思良將之已亡；武帝咨嗟，慮名臣之欲盡。而燎原靡撲，過涉終亡，可爲痛哭者矣。是以人材非一世之所能成，古先王於多難之時而得賢臣之助者，以其養之豫而儲之廣也。《傳》曰：「詒厥孫謀，以燕翼子，子桑有焉。」夫有天下而爲子孫之慮者，則必在於人才矣。

《金史·完顏訛可傳》：「劉祁曰：『金人南渡之後，近侍之權尤重。蓋宣宗喜用其人以爲耳

❶「廷」，據《續刊誤》卷上，原寫本無此字。

❷「天子」，據《校記》，鈔本作「先帝」。

目，伺察百官，故奉御輩採訪民間，號行路御史。或得一二事，即入奏之。上因責臺官漏泄，皆抵罪。又方面之柄雖委將帥，又差一奉御在軍中，號曰監戰。每臨機應變，多爲所牽制，遇敵輒先奔，故師多喪敗。哀宗因之不改，終至亡國。』論曰：夫以褻御治軍，既掣之肘，又信其讒以殺人，失政刑矣。唐之亡，坐以近侍監軍。金蹈其轍，哀哉！」〔原注〕金時近侍非宦豎也，以世胄或吏員爲之，見《斜卯愛實傳》。

崇禎十四年十二月戊午，上諭禮部并在内各監局等衙門：「官常典制，内外攸分，本職之外，豈宜侵越？我太祖高皇帝酌古式今，獨嚴近習之防，勑内官毋預外事。一時朝政清明，法紀整肅，拔本澄源，意甚深遠。朕鑒後追前，凜持祖訓。自今神宫等監及各司局庫等衙門，或典禮繕戎，或鳩工筦籥，或司膳服，或辦文書，都著勤慎小心，料理本等職業，不許違越祖制，干預在外政事，違者即以亂政參拏處斬。仍詳察舊典，開列職掌具奏。」禮部右侍郎蔣德璟疏言：「《周官》内職不滿百人，糾禁王宫，掌於小宰。古聖垂法，下戒將來，蓋其慎也。〔原注〕天啟元年四月，御史張捷疏言：「請令中官受考察於禮部，定爲五年一舉，如京察例。」太祖高皇帝實詳監於往代而取衷焉。其設内官也，監司局庫各有定員，秩不過四品，俸不過一石，而且糾劾有令，交通有戒，豫政典兵有禁，謹内外之防，杜假竊之漸。至尚論漢、唐已事，而三致意焉。淵哉天訓，亘古不易矣。雖二十五年曾遣太監聶慶童往諭陝西河州等衛所番族，令其輸馬，以茶給之。然往諭屬番，於軍民無與，且不假事柄，亦暫往即還。終洪武之世，無他特遣。此所以致清明整肅之治，而開萬世太平之基也。乃若列聖纘承，宫府之大防無改，而時事偶異，中外之任使間聞。永樂中，始有遣使外國及遣往甘肅巡視者。❶洪熙中，始有守備南京者。正統中，始有率兵討賊防邊及各省鎮守者。❷景泰初，始有分坐十營，或稱監鎗者，然仍聽尚書于謙等節制。至正德中，邊關始置内監，且令提督禁兵内操，分坐勇士四衛軍營，益非祖宗之舊矣。他如監工監器、會同審録、蘇杭織造、榷税開鑛之遺，皆利少害多，亦旋設旋止，操縱在握，一時暫託權宜，而事任遞遷，易世每多釐正。惟世宗肅皇帝毅然裁革，獨斷於先，我皇上翦除逆璫，媲美於後。總之稟成於高皇帝訓諭『内臣毋豫政事，外臣毋行交結』二語，足括千古治亂之源矣。臣等伏讀寶訓，深遡詒謀：不使有功，自無竊柄之患；嘗令畏法，實杜亂政之階。故委腹心則威福移，寄耳目則羅織啟，遵典章則職守自恪，嚴内外則侵越不生。此實鑒古酌今，可以無斁，而神孫聖祖於焉一揆者也。謹遵聖諭，備察舊章，將各監局職掌著爲令甲可考見者，臚列上呈，恭候聖明裁奪。」得旨申飭。

奄人之有祠堂，自英宗之賜王振始也。至魏忠賢則生而賜祠，且徧于天下矣。故聖人戒乎作俑。

❶「國」，據《校記》，鈔本作「夷」。
❷「防邊」，據《校記》，鈔本作「征虜」。

## 禁自宫

《實録》：「成化元年七月丁巳，直隸魏縣民李堂等十一名，自宫以求進。命執送錦衣衛獄罪之，發南海子種菜。祖宗以來，凡閹割火者，必俘獲之奴，❶或罪極當死者，出其死而生之，蓋重絶人之世，不忍以無罪之民受古肉刑也。景泰以來，乃有自宫以求進者，朝廷雖暫罪之，而終收以爲用。故近畿之民，畏避繇役，希覬富貴者，倣效成風，往往自戕其身及其子孫，日赴禮部投進。自是以後，日積月累，千百成羣，其爲國之蠹害甚矣。」〔原注〕史臣劉吉等之辭。〔唐氏曰〕不重奄人，則無自宫以幸進者，此除惡務本之道也。至奄人禍烈而後禁之，則無及矣。

《餘冬序録》曰：「永樂二十二年，令凡自宫者以不孝論，軍犯罪及本管頭目總小旗，民犯罪及有司里老。〔原注〕《實録》：「永樂十九年七月丁卯，嚴自宫之禁，犯者皆發充軍。」成化九年，令私自淨身者，本身處死，家發邊遠充軍。正統十二年、天順二年、成化九年，節經申明。弘治五年，自淨身者本身并下手人俱處死，全家充軍，兩鄰及歇家不舉、有司里老容隱者，一體治罪。其禁止乎未殘者，法甚嚴也。永樂二十三年，〔原注〕仁宗即位。興州左屯衛軍徐翼，有子自宫，入爲内豎。翼奏乞除軍籍，上曰：『爲父當教子，爲子當養親。爾有子不能教，自殘其體，背親恩，絶人道，敗壞風化，皆原

---

❶「獲」，據《校記》，鈔本作「虜」。

於爾，尚敢希除軍籍邪！』出其子使代軍役。宣德二年，令自淨身人軍民，各還元伍籍，不許投入王府及官勢家藏隱，躲避差役。若犯，本身及匿藏家處死，該管總小旗、里老鄰佑一體治罪。正統元年閏六月，時軍民多自宮希進，間有以赦而獲免罪者。刑部請依舊制，不論赦前赦後，俱論以不孝重罪，從之。成化十一年二月，順天府永清縣民徐義自宮其幼子以求進，詔發充廣西南丹衛軍，妻及幼子皆隨往。十五年，淨身人，令巡城御史、錦衣衛督逐回籍。弘治元年，令錦衣衛拘送順天府，遞發元管官司點閘知在，不許容縱。十三年，令先年淨身人曾經發遣，不候收取，私自來京，圖謀進用者，問發邊遠充軍。其戒約於已殘者，法亦非不至也。而貂璫滿朝，金玉塞塗，至今日而益盛，然則法果行乎？」

宋仁宗未有繼嗣，太常博士吴及上言：「古之明王，重絶人之世。今宦官之家，競求他子，剿絶人理，以希爵命。童幼何罪，陷於刀鋸，有因而夭死者。夫有疾而夭，治世所矜，況無疾乎？有罪而宫，前王不忍，況無罪乎？臣聞漢永平之際，中常侍四員，小黄門十人爾。唐太宗定制無得踰百員。今以祖宗時較之，當日宦官幾何人？今幾何人？臣愚以爲胎卵㓟傷，鳳凰不至，繼嗣未育，殆繇於此。伏願濬發德音，詳爲條禁，權罷宦官進獻；有擅宫童幼，寘以重法。若然，則天心必應，繼嗣必廣。召福祥、安宗廟之策，無先此者。」帝異其言，權罷内臣進養子。

# 日知録集釋卷十

崑山顧炎武著　嘉定後學黄汝成集釋

## 治地

古先王之治地也，無棄地，而亦不盡地。田間之涂九軌，有餘道矣。遺山澤之分，秋水多，得有所休息，有餘水矣。是以功易立而難壞，年計不足而世計有餘。後之人一以急迫之心爲之，商鞅決裂阡陌，而中原之疆理蕩然。宋政和以後圍湖占江，而東南之水利亦塞。〔原注〕《宋史·劉韐傳》：「鑑湖爲民侵耕，官田收其租歲二萬斛。政和間，涸以爲田，衍至六倍。」《文獻通考》：「圩田、湖田多起於政和以來。其在浙間者，隸應奉局。其在江東者，蔡京、秦檜相繼得之。大概今之田，昔之湖，徒知湖中之水可涸以墾田，而不知湖外之田將胥而爲水也。」於是十年之中，荒恒六七，而較其所得，反不及於前人。子曰：「無欲速，無見小利。」夫欲行井地之法，則必自此二言始矣。

## 斗斛丈尺

古帝王之於權量，其於天下，則五歲巡狩而一正之，《虞書》「同律、度、量、衡」是也。其於國中，則每歲而再正之，《禮記·月令》「日夜分，則同度量，鈞衡石，角斗甬，正權概」是也。〔原注〕洪武初，命三日一次，較勘斛、斗、稱、尺。故「關石和鈞」，大禹以之興夏；「謹權量，審法度」，而武王以之造周。今北方之量，鄉異而邑不同，至有以五斗爲一斗者，一鬨之市，兩斗竝行。至其土地，有以二百四十步爲畝者，有以三百六十步爲畝者，有以七百二十步爲畝者，〔原注〕《大名府志》有以一千二百步爲一畝者。其步弓有以五尺爲步，有以六尺、七尺、八尺爲步，此之謂「工不信度」者也。〔趙氏曰〕《晉書》：「摯虞論樂，謂今尺長于古尺幾及半寸，樂府用之，故律吕不合。將作大匠陳勰掘得古尺，尚書奏，今尺長于古尺，宜以古爲正。」是晉時尺度已長于古，亦尚不至三寸。程大昌《演繁露》謂唐尺一尺比六朝一尺二寸。沈存中《筆談》謂古尺二寸五分當今一寸八分。周祈《名義考》謂周尺才得今六寸六分。《稗史》謂宋司馬侑刻布尺，比周尺一尺三寸五分。邱瓊山謂周尺比今鈔尺六寸四分。王棠謂明鈔尺與今裁尺相近。夫法不一則民巧生，有王者起，同權量而正經界，其先務矣。《後漢書》：「建武十五年，詔下州郡，簡覈墾田頃畝及户口年紀。河南尹張伋及諸郡守十餘人，坐度田不實，下獄死。」而《隋書》「趙煚爲冀州刺史，爲銅斗鐵尺，置之於肆，百姓便之。上聞，令頒之天下，以爲常法」。儻亦可行於今日者乎？

## 地畝大小

以近郭爲上地，遠之爲中地、下地。蓋自金、元之末，城邑丘墟，人民稀少，先耕者近郭，近郭，洪武之册田也。後墾者遠郊，遠郊，繼代之新科也。故重輕殊也。

《廣平府志》曰：「地有大小之分者，以二百四十步爲畝，自古以來未之有改也。由國初有奉旨開墾，永不起科者，有因洿下鹻薄而無糧者，今一概量出作數，是以元額地少，而丈出之地反多。有司恐畝數增多，取駭於上而貽害於民，乃以大畝該小畝，取合元額之數。自是上行造報，則用大地以投黄册，下行徵派，則用小畝以取均平。是以各縣大地，有以小地一畝八分折一畝，遞增之至八畝以上折一畝。既因其地之高下而爲之差等，又皆合一縣之丈地，投一縣之元額，以敷一縣之糧科，而賦役由之以出。」此後人一時之權宜爾。考之他郡，如河南八府，而懷慶地獨小，糧獨重。開封三十四州縣，而杞地獨小，糧獨重。蓋由元末未甚殘破，故獨重於他郡邑。天下初定，口不暇給，度田之令、均丈之法有所不及詳，〔原注〕解縉《大庖西封事》言：「土田之高下不均，而起科之輕重無别，或膏腴而税反輕，瘠鹵而税反重。」是則洪武之時即已如此。而中原之地，彌望荆榛，亦無從按畝而圖之也。唐時陸贄有言：「創制之始，不務齊平。供應有煩簡之殊，牧守有能否之異。所在徭賦，輕重相懸。所遣使臣，意見各異。計奏一定，有加無除。」此則致敝之端，古今一轍，而井地不均，賦税不平，固三百年於此矣。故《東昌府志》言：「三州十五縣，步尺參差，大小畝規畫不一，人得以意長短廣狹其間。」而《大名府志》謂：「田賦必均而後可久，除沙茅之地别籍外，請檄諸州縣長吏，畫一而度之，以鈔準尺，以尺準步，以步準畝，以畝準賦，倣江南魚鱗册式而編次之。舊所籍不齊之額悉罷去，而括其見存者，均攤於諸州縣之間，一切糧税、馬草、驛傳、均徭、里甲之類，率例視之以差。數百里之間，風土人烟同條共貫矣。」則知均丈之議，前人已嘗著之，而今可通於天下者也。〔閻氏曰〕汀都之田一萬七千餘頃，額徵銀五萬餘兩。高郵田二萬五千餘頃，額徵銀四萬一千餘兩。泰州田九千餘頃，額徵銀四萬四千餘兩。非泰州之田僅高郵三分之一，賦重於高郵三倍也，蓋泰州大地而高郵小地也。又如興化田二萬四千餘頃，額徵銀二萬八千餘兩。寶應田二千餘頃，額徵銀二萬餘兩。非寶應僅興化十分之一，賦重十倍也，蓋寶應大地而興化小地也。小地則一畝爲一畝，而賦輕，大地則數畝折一畝，而賦重。《賦役全書》内皆未經注明也。錢糧款項不可不簡，而田畝大小尤不可不明。

《宋史》言：「宋時田制不立，甽畝轉易，丁口隱漏，兼并冒僞，未嘗考按。」〔原注〕《王洙傳》：「洙言天下田税不均，請用郭諮、孫琳千步開方法頒州縣，以均其税。」〔沈氏曰〕《宋・食貨志》：「重修定方田法，以東西南北各千步，當四十一頃六十六畝一百六十步爲一方。」又言：「宣和中，李彦置局汝州。凡民間美田，使他人投牒告陳，指爲天荒。魯山闔縣盡括爲公田，焚民故券，使田主輸租，訴者輒加威刑。公田既無二税，轉運使亦不爲奏除，悉均諸他州。」〔原注〕《宦者傳》。是則經界之不正，賦税之不均，有自宋已然者，又不獨金、元之季矣。

## 州縣界域

自古以來，畫疆分邑，必相比附，天下皆然。乃今則州縣所屬鄉村，有去治三四百里者，有城門之外即爲鄰屬者，則幅員不可不更也。下邽在渭北而併於渭南，美原在北山而併於富平，若此之類，俱宜復設。而大名縣距府七里，可以省入元城，則大小不可不均也。管轄之地，多有隔越，如南宫、〔原注〕屬真定。威縣〔原注〕屬廣平。之間，有新河縣〔原注〕屬真定。地。清河、〔原注〕屬廣平。威縣之間，有冠縣〔原注〕屬東昌。地。鄆城、〔原注〕屬兖州。范縣〔原注〕屬東昌。之間，有鄒縣〔原注〕屬兖州。地。青州之益都等縣，俱有高苑地。淮安之宿遷縣，有開封之祥符縣地。大同之靈丘、廣昌二縣中間，有順天之宛平縣地。或距縣一二百里，或隔三四州縣，藪奸誨逋，恒必繇之。而甚則有如沈丘〔原注〕屬開封。之縣署，地糧乃隸於汝陽〔原注〕屬汝寧。者，則錯互不可不正也。衛所之屯，有在三四百里之外，與民地相錯，浸久而迷其版籍，則軍民不可不清也。水濱之地，消長不常，如蒲州之西門外三里，即以補朝邑之坍，使陝西之人越河而佃，至於争鬬殺傷，則事變不可不通也。《周禮》：「形方氏掌制邦國之地域，而正其封疆，無有華離之地。」有王者作，謂宜遣使分按郡邑，圖寫地形，奠以山川，正以經界，地邑民居必參相得，庶乎獄訟衰而風俗淳矣。〔原注〕洪武十七年八月丙戌，以州之民户不及三千者皆改爲縣，改者凡三十七州。

## 後魏田制

後魏雖起朔漠，據有中原，然其墾田、均田之制有足爲後世法者。景穆太子監國，令曰：「《周書》言：『任農以耕事，貢九穀。任圃以樹事，貢草木。任工以餘材，貢器物。任商以市事，貢貨賄。任牧以畜事，貢鳥獸。任嬪以女事，貢布帛。任衡以山事，貢其材。任虞以澤事，貢其物。』〔汝成案〕《周禮·閭師》「任工以飭材事」，今作「餘材」。攷《魏書》同，恐誤脱。又「貢其材」，《周禮》作「貢其物」。乃令有司課畿内之民，使無牛者借人牛以耕種，而爲之芸田以償之。凡耕種二十二畝，而芸七畝，大略以是爲率。使民各標姓名於田首，以知其勤惰。禁飲酒游戲者。」於是墾田大增。高祖太和九年十月丁未詔曰：「朕承乾在位，十有五年，每覽先王之典，經綸百氏，儲蓄既積，黎元永安。爰暨季葉，斯道陵替。富强者并兼山澤，貧弱者望絶一廛。致令地有遺利，民無餘財。或争畝畔以亡軀，或因饑饉以棄業。而欲天下太平，百姓豐足，安可得哉！今遣使者循行州郡，與牧守均給天下之田，勸課農桑，興富民之本。」其制：「男夫十五以上，受露田四十畝，婦人二十畝。民年及課則受田，老免，及身没則還田。諸桑田不在還受之限。男夫人給田二十畝，課蒔餘，種桑五十樹，棗五株，榆三根。非桑之土，夫給一畝。依法課蒔榆棗，限三年種畢，不畢，奪其不畢之地。」於是有口分、世業之制，唐時猶沿之。嗟乎，人君欲留心民事，而創百世之規，其亦運之掌上也已。宋林勳作《本政》之書，而陳同父以爲「必有英雄特起之君，用於一變之後」，豈非知言之士哉！

## 開墾荒地

明初，❶承元末大亂之後，山東、河南多是無人之地。洪武中，詔有能開墾者，即爲己業，永不起科。〔原注〕是時方孝孺有因其曠土復古井田之議。至正統中，流民聚居，詔令佔籍。景泰六年六月丙

---

❶「明」，據《校記》，鈔本作「國」。

中，户部尚書張鳳等奏：「山東、河南、北直隸并順天府無額田地，甲方開荒耕種，乙即告其不納税糧。若不起科，争競之塗終難杜塞。今後但告争者，宜依本部所奏減輕起科則例，每畝科米三升三合，每糧一石科草二束。不惟永絶争競之端，抑且少助倉廩之積。」從之。户科都給事中成章等劾鳳等不守祖制，不恤民怨，帝不聽。然自古無永不起科之地。國初但以招徠墾民，立法之過，反以啟後日之争端，而彼此告訐，投獻王府勳戚及西天佛子，〔原注〕見《實録》成化四年三月。無怪乎經界之不正，賦税之不均也。〔楊侍郎曰〕勸民開墾，務使野無曠土。第或山深箐密，或係砂鹵，開闢既艱，旱澇賦缺，故民鮮盡力。竊思若令各州縣，除原報可墾地畝外，凡有磽瘠難墾之地，俱準照斥鹵，輕則起科，則民必鼓舞，地利可以廣收。民人承墾，即給執照爲業，照例十年起科。如其地本係沃土，則不在此例。〔胡御史曰〕陝省督臣，每年酌動官銀，借民開墾，令于秋收照時價還糧。先後動項發借銀六萬餘兩，共收過糧約十餘萬石。此已試之成效，以爲此法。凡西北近邊之地，如直隸之永平、宣化，山西之大同、朔平、寧武，甘肅之寧夏、西寧等府，隙地曠土，所在多有。而盛京之奉天、錦州二府，壤地沃衍，水泉豐溢，一經開墾，即爲膏腴。若令槩照陝省之法，領銀交糧，春借秋還，邊民之力能耕種者，必無不願。惟領銀交糧之時，不得勒措需索，則民情踴躍矣。〔曹給事曰〕開墾原以利民，然所在奉行不善，流弊有二。一曰以熟作荒。州縣承望上司意旨，並未勘奪，預報畝數，以邀急公之名。逮知不足，即責之見在熟田，以符所報之數。一曰以荒作熟。河壖坍漲不常，山麓難資灌溉，州縣不復履勘，悉入報墾之數，赤貧乏食之民，止貪目下官給牛種，官與草舍，以餬旦夕，而不顧其地之不可得而墾也。十年之後，民不得不報熟，官不得不升科。幸而薄收，完官不足；稍遇歉歲，卒歲無資，而逃亡失業矣。故凡經報過開墾地畝，無論已未升科，俱令州縣官按册踏勘。內有向係還糧熟田混報開墾者，即行舉首除額，免其處分。至新墾田，應行升科之日，亦必親勘。果係田禾成熟，可以持久者，始與升科。如其磽确瘠薄，不能成熟者，即與開除免賦。

## 蘇松二府田賦之重

丘濬《大學衍義補》曰：「韓愈謂『賦出天下，而江南居十九』。以今觀之，浙東西又居江南十九，而蘇、松、常、嘉、湖五府又居兩浙十九也。考洪武中，〔原注〕據諸司職掌。天下夏税秋糧以石計者總二千九百四十三萬餘，而浙江布政司二百七十五萬二千餘，蘇州府二百八十萬九千餘，松江府一百二十萬九千餘，常州府五十五萬二千餘。是此一藩三府之地，其田租比天下爲重，其糧額比天下爲多。今國家都燕，歲漕江南米四百餘萬石以實京師。而此五府者，幾居江西、湖廣、南直隸之半。臣竊以蘇州一府計之，以準其餘。蘇州一府七縣，〔原注〕時未立太倉州。其墾田九萬六千五百六頃，居天下八百四十九萬六千餘頃田數之中，而出二百八十萬九千石税糧於天下二千九百四十餘萬石歲額之內。其科徵之重，民力之竭，可知也已。」〔沈氏曰〕蘇州之田約居天下八十八分之一弱，而賦約居天下十分之一弱也。十分之一弱即八十八分之八强。

杜宗桓上巡撫侍郎周忱書曰：「五季錢氏税兩浙之田，每畝三斗。宋時均兩浙田，每畝一斗。〔原注〕宋淳祐元年，鮑廉作《琴川志》曰：「國初，盡削錢氏白配之目。遣右補闕王永、高象先各乘遞馬，均定税數，只作中、下二等。中田一畝，夏税錢四文四分，秋米八升。下田一畝，錢三文三分，米七升四合。取於民者，不過如此。自熙、豐更法，崇、觀多事，靖、炎軍興，隨時增益。」然則宋初之額尚未至一斗也。元入中國，❶定天下田税，上田每畝税三升，中田二升半，下田二升，水田五升。〔原注〕《元史·耶律楚材傳》。至於我太祖高皇帝受命之初，天下田税亦不過三升五升，而其最下有三合五合者。於是天下之民咸得其所，獨蘇、松二府之民則因賦重而流移失所者多矣。今之糧重去處，每里有逃去一半上下者。請言其故。國初籍没土豪田租，有因爲張氏義兵而籍没者，有因虐民得罪而籍没者。有司不體聖心，將没入田地，一依租額起糧，每畝四五斗，七八斗，至一石以上，民病自此而生。〔原注〕《宋史》言「建炎元年，籍没蔡京、王黼等莊以爲官田，減租三分」。洪武初未有以此故事上言者。何也？田未没入之時，小民於土豪處還租，朝往暮回而已。後變私租爲官糧，乃於各倉送納，運涉江湖，動經歲月，有二三石納一石者，有四五石納一石者，有遇風波盜賊者，以致累年拖欠不足。〔原注〕王叔英疏亦言：「輸之官倉，道路既遥，勞費不少。收納之際，其弊更多，有甚於輸富民之租者。」自洪武時已然矣。愚按宋華亭一縣，即今松江一府，當紹熙時，秋苗止十一萬二千三百餘石。景定中，賈似道買民田以爲公田，益糧一十五萬八千二百餘石。宋末，官民田地税糧共四十二萬二千八百餘石，量加圓斛。元初田税，比宋尤輕，然至大德間，没入朱清、張瑄田後，至元間又没入朱國珍、管明等田，一府税糧至有八十萬石。迨至季年，張士誠又併諸撥屬財賦府，與夫營圍、沙職、僧道、站役等田。至洪武以來，一府税糧共

❶「中」，據《校記》，鈔本無此字。

一百二十餘萬石，租既太重，民不能堪。於是皇上憐民重困，屢降德音，將天下係官田地糧額遞減三分、二分外，〔原注〕即宣德五年二月癸巳詔書。松江一府税糧尚不下一百二萬九千餘石。愚歷觀往古，自有田税以來，未有若是之重者也。以農夫蠶婦凍而織，餒而耕，供税不足，則賣兒鬻女；又不足，然後不得已而逃，以至田地荒蕪，錢糧年年拖欠。向蒙恩赦，自永樂十三年至十九年七年之間，所免税糧不下數百萬石。永樂二十年至宣德三年又復七年，拖欠折收輕齎亦不下數百萬石。折收之後，兩奉詔書敕諭，自宣德七年以前，拖欠糧草、鹽糧、屯種、子粒、税絲、門攤、課鈔，悉皆停徵。前後一十八年間，蠲免、折收、停徵至不可算。由此觀之，徒有重税之名，殊無徵税之實。願閣下轉達皇上，稽古税法，斟酌取舍，以宜於今者而税之，輕其重額，使民如期輸納。此則國家有輕税之名，又有徵税之實矣。」

今按宣廟《實録》：洪熙元年閏七月，廣西右布政使周幹自蘇、常、嘉、湖等府巡視還，言：「蘇州等處人民多有逃亡者，詢之耆老，皆云由官府弊政困民所致。如吴江、崑山民田畝舊税五升，小民佃種富室田畝，出私租一石。後因没入官，依私租減二斗，是十分而取八也。撥賜公侯、駙馬等項田，每畝舊輸租一石，後因事故還官，又如私租例盡取之。且十分而取其八，民猶不堪，況盡取之乎？盡取則無以給私家，而必至凍餒，欲不逃亡，不可得矣。乞命所司，將没官之田及公侯還官田租，俱照彼處官田起科，畝税六斗，則田地無拋荒之患，而小民得以安生。」下部議。宣德五年二月癸巳詔：「各處舊額官田起科不一，租糧既重，農民弗勝。自今年爲始，每田一畝舊額納糧自一斗至四斗者，各減十分之二。自四斗一升至一石以上者，各減十分之三。永爲定例。」六年三月，巡撫侍郎周忱言：「松江府華亭、上海二縣，舊有官田，税糧二萬七千九百餘石，俱是古額，科糧太重。乞依民田起科，庶徵收易完。」上命行在户部會官議，劾忱變亂成法，沽名要譽，請罪之。上不許。七年三月庚申朔詔：「但係官田塘地，税糧不分古額近額，悉依五年二月癸巳詔書減免，不許故違。」辛酉，上退朝，御左順門，謂尚書胡濙曰：「朕昨以官田賦重，百姓苦之，詔減什之三，以蘇民力。嘗聞外間有言，朝廷每下詔蠲除租賦，而户部皆不準，甚者文移戒約有司，有勿以詔書爲辭之語。若然，則是廢格詔令，壅遏恩澤，不使下流，其咎若何！今減租之令，務在必行。《書》曰：『民惟邦本，本固邦寧。』有子曰：『百姓不足，君孰與足？』卿等皆士人，豈不知此？朕昨有詩述此意，今以示卿，其念之毋忘。」濙等皆頓首謝。其詩曰：「官租頗繁重，在昔蓋有因。而此服田者，本皆貧下民。耕作既勞勤，輸納亦苦辛。遂令衣食微，曷以贍其身。殷念惻予懷，故迹安得循。下詔減什三，行之四方均。先王視萬姓，有若父子親。茲惟重邦本，豈曰矜吾仁。」英廟《實録》：正統元年閏六月丁卯，行在户部奏：「浙江、直隸、蘇、松等處減除税糧，請命各處巡撫、侍郎并同府縣官，用心覈實。其官田每畝秋糧四斗一升至二石以上者，減作二斗七升。二斗一升以上至四斗者，減作二斗一斗。一升至二斗者，減作一斗。明白具數，送部磨勘。」從之。〔原注〕按嘉靖十七年册，長洲縣田猶有七斗以上者，今與民田通均，而猶三斗七升。是此旨當日未盡奉行也。〔王上舍曰〕糧曷以「浮」名也？蘇州府見額二百五十萬石，松江府見額一百二十萬石。然在宋時，蘇州不過三十餘萬也，松江不過二十餘萬也。

即有元增賦，蘇州亦八十餘萬而止，松江亦七十餘萬而止。是今之賦額較宋浮至七倍，比元亦浮至三倍。不特此也，即如湖廣省額徵二百三萬，而蘇州一府之數浮之。福建省額徵一百萬有奇，而松江一府之數浮之。豈天下田皆生粟，而二郡獨雨金歟？建文詔免，而復于永樂。文襄請減，而增于萬曆。近世撫臣之請減浮糧者相繼，而事寢不行。大抵以蘇、松財賦重地，爲國家之根本，難議蠲卹耳。于是有爲變通之説者，或曰：明時雖曰重額，而漕運贈米即在正米之中。且平米一石，派本色五斗外，止徵折色銀二錢五分。周文襄巡撫江南，重糧田納銀一兩，準米四石，輸布一疋，準米一石。正額如此，加耗可知。今則每米一石，除去本色、折色，至五錢有奇，而加耗猶在外。既有五米、十銀，復有浮數不貲，或致一畝之租不能辦一畝之税，此加耗之害非淺也。浮糧難豁，耗贈不可減乎？或曰：故明折色，于次年二月分十限開徵，今則于本年正、二月間通行截票。其時宿土未翻，青苗未插，水旱未卜，豐歉未定，遂以監司督之有司，有司督之里役，里役督之編户。苟非操券于債家，入衣于質庫，其將何以應之？此早徵之患至深也。浮糧難豁，催科不可緩乎？或又曰：徵輸減一分，則小民受一分之惠。試以蘇、松田計，如極重科則，每畝三斗以至四斗外者，每平米一石，請減一斗。科則二斗以外者，每平米一石，請減七升。科則二斗以内者，每一石請減五升。其一斗五升以下地蕩山塗等，則不在議減之列。如是則于國計無虧，而三百年之痼疾有起色矣。全豁難議，遞減獨不可行乎？夫是三説者，皆變通之得其道者也。但減耗緩徵，可救一時，非所以垂萬世。科則遞減，可甦民困，非所以裕天儲。爲今計，莫若以蘇、松浮糧攤之天下輕額田，每畝以一合爲率，而二郡所浮便可減其大半。是天下無加徵之苦，而二郡有減賦之實。國用無毫釐之虧，而民生有再甦之樂也。〔沈氏曰〕雍正三年四月初九日，奉旨蠲免蘇州府額徵地丁銀三十萬兩，松江府十五萬兩，從管理户部事務怡親王等奏請也。時蘇州府條折兵餉徭里、人丁匠班、隨漕經費等項，歲徵銀一百六十二萬六千九百兩零，松江府八十三萬三千五百三十兩零；蘇州府正耗漕白等項歲徵米九十七萬五千二百三十石零，松江府四十五萬八千五百八十石零；其地丁銀，蘇州府一百二十九萬五千餘兩，松江府六十七萬四千餘兩。蘇州府地丁銀項，每至次年奏銷之期，民欠必至三十餘萬，松江府必至十五六萬。計蘇州田地、山蕩、灘漊等共九萬九千九百餘頃，松江共四萬零八百餘頃。是月，户部議覆光禄寺卿杭奕禄奏，請敕下江南督撫：于蘇、松二府州縣，「凡有田之人，于恩免額徵錢糧數内，十分中減免佃户三分。查二府恩免額徵係條折銀兩，租田之人交納皆係米石，所減三分應以米算。照條折米一斗折銀一錢之例，如有田之人恩免額徵銀一錢，則於此一錢銀之内納租人名下減免米三升。以此爲準。聖恩蠲免二府額徵四十五萬兩，業户得沾三十一萬五千兩之恩，佃户亦分沾十三萬五千石之恩矣」云云。奉旨依議速行。

官田自漢以來有之。《宋史》：「建炎元年，籍蔡京、王黼等莊以爲官田。開禧三年，誅韓侂胄，明年，置安邊所，凡侂胄與其他權倖没入之田及圍田、湖田之在官者皆隸焉，輸米七十二萬一千七百斛有奇，❶錢一百三十一萬五千緡有奇而已。景定四年，殿中侍御史陳堯道，右正言曹孝慶，監察御史虞慮、張晞顔等言：『乞依祖宗限田議，自兩浙、江東西官民户踰限之田，抽三分之一買充公田，得一千萬畝之田，則歲有六七百萬斛之入。』丞相賈似道主其議，行之。始於浙西六郡，凡田畝起租滿石者，予二百貫，以次遞減。有司以買田多爲功，皆謬以七八斗爲石。其後田少與磽瘠、虧

❶「一」，《宋史·食貨志上》作「二」。

租，與佃人負租而逃者，率取償田主，六郡之民多破家矣。」〔原注〕《理宗紀》言：「平江、江陰、安吉、嘉興、常州、鎮江六郡，已買公田三百五十餘萬畝。」而平江之田獨多。〔原注〕《似道傳》：「包恢知平江，督買田，至以肉刑從事。」元之有天下也，此田皆別領於官。《松江府志》言：「元時苗税，公田外復有江淮財賦都總管府領故宋后妃田，以供太后；江浙財賦府領籍没朱、〔原注〕清。張〔原注〕瑄。田，以供中宫；〔原注〕《元史》：「天曆二年十月，立平江等處田賦提舉司。」稻田提領所領籍没朱、〔原注〕國珍。管〔原注〕明。田，以賜丞相脱脱；撥賜莊〔原注〕在上海十九保。《元史》：「至正四年六月己巳，賜脱脱松江田，爲立松江等處稻田提領所。」〔錢氏曰〕撥賜莊似非賜脱脱者。領宋親王及新籍明慶、妙行二寺等田，〔原注〕又有汪關關、滿經歷田。以賜影堂寺院、諸王近臣。又有括入白雲宗僧田，〔原注〕《元史·成宗紀》：「大德七年七月，罷江南白雲宗總攝所，其田令依例輸租。」《仁宗紀》：「至大四年二月，御史臺言：『白雲宗總攝所統江南爲僧之有髮者，不養父母，避役損民，乞追收所受璽書銀印，勒還民籍。』從之。」皆不係州縣元額。」而《元史》所記賜田，大臣如拜住、燕帖木兒等，諸王如魯王琱阿不剌、郯王徹徹禿等，公主如魯國大長公主，寺院如集慶、萬壽二寺，無不以平江田。而平江之官田又多，至張士誠據吴之日，其所署平章、太尉等官，皆出於負販小人，無不志在良田美宅，一時買獻之産偏於平江。而一入版圖，亦按其租簿没入之。已而富民沈萬三等又多以事被籍，是故改平江曰蘇州，而蘇州之官田多而益多。故宣德七年六月戊子，知府況鍾所奏之數，長洲等七縣秋糧二百七十七萬九千餘石，其中民糧止一十五萬三千一百七十餘石，官糧二百六十二萬五千九百三十餘石。是一府之地土，無慮皆官田，而民田不過十五分之一也。且夫民田僅以五升起科，而官田之一石者，奉詔減其什之三，而猶爲七斗。是則民間之田一入於官，而一畝之糧化而爲十四畝矣。〔原注〕《實録》：「宣德七年七月己未，行在户部奏：『直隸、松江府没官田，宜準民田例起科。』上從之，命各處没官田糧俱準此例。」此固其極重難返之勢，始於景定，訖於洪武，而徵科之額十倍於紹熙以前者也。於是巡撫周忱有均耗之法，有改派金花官布之法，以寬官田，而租額之重則一定而不可改。若夫官田之農具、車牛，其始皆給於官而歲輸其税，浸久不可問，而其税復派之於田。然而官田，官之田也，國家之所有，而耕者猶人家之佃户也。民田，民自有之田也。各爲一册而徵之，猶夫《宋史》所謂「一曰官田之賦，二曰民田之賦」，《金史》所謂「官田曰租，私田曰税」者，而未嘗併也。相沿日久，版籍訛脱，疆界莫尋，村鄙之氓未嘗見册，買賣過割之際，往往以官作民。而里胥之飛灑移换者，又百出而不可究。所謂官田者，非昔之官田矣，乃至訟端無窮而賦不理。於是景泰二年，從浙江布政司右布政使楊瓚之言，將湖州府官田重租分派民田輕租之家承納及歸併則例。四年，詔巡撫直隸侍郎李敏均定應天等府州縣官民田。〔原注〕先是，正統中，户部會官議，令江南小户官田改爲民田起科，而量改大户民田爲官田，以備其數。既又因御史徐郁奏，令所司均配扣算，務使民田量帶官田辦糧，以甦貧困。俱行巡撫侍郎周忱清理。然民田多係官豪占據，莫能究竟，其弊仍舊。至是郁復以爲言，户部請從其議，命敏均定搭派，敢有恃强阻滯者，執治其罪。從之。嘉靖二十六年，嘉興知府趙瀛刱議，田不分官民，税不分等則，一切以三斗起徵。蘇、松、常三府從而效之，自官田之七斗、六斗下至民田之五升，通爲一則。而州縣之額，各視其所有官田之多少輕重爲準，多者長洲至畝科三斗七升，少者太倉畝科二斗九升矣。國家失累代之公田，而小民乃代官佃納無涯之租賦，事之不平，莫甚於此。然而爲此説者，亦窮於勢之無可奈何，而當日之士大夫亦皆帖然而無異論，亦以治如亂絲，不得守二三百年紙上之虚科，而使斯人之害如水益深而不可救也。〔原注〕惟唐太常鶴徵作《武進志》，極爲惋歎。抑嘗論之，自三代以下，田得買賣，而所謂業主者，即連陌跨阡，不過本其錙銖之直，而直之高下則又以時爲之。地力之盈虚，人事之贏絀，率數十年而一變，柰之何一入於官，而遂如山河界域之不可動也？且景定之君臣，其買此田者，不過予以告牒、會子虚名不售之物，逼而奪之，以至彗出民愁，而自亡其國。〔原注〕《宋史》：「買公田五千畝以上，以銀半分，官告五分，度牒二分，會子二分半。五千畝以下，以銀半分，官告三分，度牒三分，會子三分半。千畝以下，度牒、會子各半。五百畝至三百畝，全以會子。及田事成，每石官給止四十貫，而半是告牒，民持之而不得售，六郡騷然。」四百餘年之後，推本重賦之繇，則猶其遺禍也。〔原注〕《宋史》謂：「其弊極多，其租尤重。及宋亡，遺患猶不息。」亮哉斯言。而況於没入之田本無其直者乎！至於今日，佃非昔日之佃，而主亦非昔日之主。則夫官田者，亦將與册籍而俱銷，共車牛而皆盡矣。猶執官租之説以求之，固已不可行，〔原注〕《隋書·李德林傳》：「高祖以高阿那肱衛國縣市店八十區賜德林。車駕幸晋陽，店人上表，稱地是民物，高氏强奪，於内造舍。上命有司料還價直。」則是以當代之君而還前代所奪之地價，古人已有之矣。又考《後漢書》：「譙玄子瑛，奉家錢千萬於公孫述，以贖父死。及玄卒，天下平定，玄弟慶以狀詣闕自陳。光武敕所在還玄家錢。」則知人主以天下爲心，固當如此。而欲一切改從民田，以復五升之額，即又駭於衆而損於國。有王者作，咸則三壤，謂宜遣使案行吴中，逐縣清丈，定其肥瘠高下爲三等，上田科二斗，中田一斗五升，下田一斗，山塘塗蕩以升以合計者附於册後，而概謂之曰民田，惟學田、屯田乃謂之官田，則民樂業而賦易完，視之紹熙以前猶五六倍也。豈非去累代之横征，而立萬年之永利者乎？〔汝成案〕閻氏《潛邱札記》引作「捐不可得之虚計，而非損上；立百世之永利，而非變古也。使唐、宋兩太宗當此，朝聞而夕行之矣」。若璩謂：「何必兩太宗，明宣宗蓋嘗有意於此矣。《實録》載其五年詔減官田舊額糧，七年又申命減免，不許有司故違。但上壓於祖制之不違，下復有行在户部之戛戛焉，不克充其仁心，成其仁政，迄今誦其詩，百世而下猶令人感激涕零也。」閻氏所引當是亭林初刻之本，《宣宗實録》及詩今已引見前條。昔者唐末，中原宿兵所在，皆置營田，以耕曠土。其後又募高貲户，使輸課佃之。户部别置官司總領，不隸州縣。梁太祖擊淮南，掠得牛以千萬計，給東南諸州農民，使歲輸租。自是歷數十年，牛死而租不除，民甚苦之。周太祖素知其弊，用張凝、李穀之言，悉罷户部營田，務以其民隸州縣，其田廬牛農器竝賜見佃者爲永業，悉除租牛課。是歲，户部增三萬餘户。或言營田有肥饒者，不若鬻之，可得錢數十萬緡，以資國。帝曰：「利在於民，猶在國也。朕用此錢何爲？」嗚呼，以五代之君猶知此義，而況他日大有爲之主，必有朝聞而夕行之者矣。〔原注〕宋紹興二十三年，知池州黄子游言：「青陽縣苗七八倍於諸縣，因南唐嘗以縣爲宋齊王食邑，畝輸三斗，❶後遂爲額。」詔減苗税二分有半，科米二分。

---

❶「畝」，原作「故」，今據《宋史·食貨志上》改。

今存者，惟衛所屯田、學田、勳戚欽賜莊田三者，猶是官田。南京各衙門所管草塲田地，佃户亦轉相典賣，不異民田。

蘇州一府，惟吴縣山不曾均爲一則，至今有官山、私山之名。官山每畝科五升，私山畝科一升五勺。

今高淳縣之西有永豐鄉者，宋時之湖田，所謂永豐圩者也。《文獻通考》：「永豐圩，自政和五年圍湖成田，初令百姓請佃，後以賜蔡京，又以賜韓世忠，又以賜秦檜，繼撥隸行宫，今隸總所。」〔原注〕《宋史》：「建康府永豐圩，租米歲以三萬石爲額。」王弼〔原注〕成化十一年進士，溧水知縣。《永豐謡》曰：「永豐圩接永寧鄉，一畝官田八斗糧。人家種田無厚薄，了得官租身即樂。前年大水平斗門，圩底禾苗没半分。里胥告災縣官怒，至今追租如追魂。有田追租未足怪，盡將官田作民賣。富家得田貧納租，年年舊租結新債。舊租了，新租促，更向城中賣黄犢。一犢千文任時估，債家算息不算母。嗚呼！有犢可賣君莫悲，東鄰賣犢兼賣兒。但願有兒在我邊，明年還得種官田。」讀此詩，知當日官佃之苦即已如此。〔原注〕《元史·閻復傳》言：「江南公田租重宜減，以貸貧民。」而以官作民，亦不始於近日矣。

《元微之集·奏狀》：「右臣當州百姓田地，每畝只税粟九升五合，草四分，地頭榷酒錢共出二十一文。已下其諸色職田，每畝約税粟三斗，草三束，脚錢一百二十文。若是京官上司職田，又須百姓變米雇車般送，比量正税，近於四倍。其公廨田、官田、驛田等所税輕重，約與職田相似。」是則官田之苦，自唐已然，不始於宋、元也。故先朝洪熙、❶宣德中，屢下詔書，令民間有拋荒官田，召人開耕，依民田例起科。又不獨蘇、松、常三府爲然。

吴中之民，有田者什一，爲人佃作者十九。其畝甚窄，而凡溝渠道路皆并其税於田之中，歲僅秋禾一熟，一畝之收不能至三石，〔原注〕凡言石者，皆以官斛。少者不過一石有餘。而私租之重者至一石二三斗，少亦八九斗，佃人竭一歲之力，糞壅工作，一畝之費可一緡，而收成之日，所得不過數斗，至有今日完租而明日乞貸者。故既減糧額，即當禁限私租，上田不得過八斗，如此則貧者漸富，而富者亦不至於貧。《元史·成宗紀》：至元三十一年十月辛巳，〔原注〕時成宗即位。江浙行省臣言：「陛下即位之初，詔蠲今歲田租十分之三。然江南與江北異，貧者佃富人之田，歲輸其租。今所蠲特及田主，其佃民輸租如故，則是恩及富室而不被及於貧民也。宜令佃民當輸田主者，亦如所蠲之數。」從之。〔原注〕明朝宣德十年五月乙未，❷刑科給事中年富亦有此請。大德八年正月己未詔：「江南佃户，私租太重，以十分爲率，普減二分，永爲定例。」前一事爲特恩之蠲，後一事爲永額之減，而皆所以寬其佃户也。是則厚下之政，前代已有行之者。

漢武帝時董仲舒言：「或耕豪民之田，見税什五。」唐德宗時陸贄言：「今京畿之内，每田一畝，

❶「先」，據《校記》，鈔本作「本」。
❷「明」，據《校記》，鈔本作「本」。

官税五升，而私家收租有畝至一石者，是二十倍於官税也。降及中等，租猶半之。夫土地，王者之所有。耕稼，農夫之所爲。而兼并之徒，居然受利。望令凡所占田，約爲條限，裁減租價，務利貧人。」仲舒所言則今之分租，贅所言則今之包租也。然猶謂之「豪民」，謂之「兼并之徒」，〔原注〕《食貨志》「豪民侵陵，分田劫假」，師古曰：「分田，謂貧者無田而取富人田耕種，共分其所收也。假，亦謂貧人賃富人之田也。劫者，富人劫奪其税，侵欺之也。」宋已下則公然號爲田主矣。

## 豫借

唐玄宗天寶三載制曰：「每載庸調，八月徵收，農功未畢，恐難濟辦。自今已後，延至九月二十日爲限。」至代宗廣德二年七月庚子，「税天下地畝青苗錢，以給百官俸」。〔原注〕田一畝，税錢十五。所謂青苗錢者，以國用急，不及待秋，方苗青而徵之，故號青苗錢。主其任者爲青苗使。〔原注〕此與宋王安石所行青苗錢之法不同。彼則當青黄未接之時，貸錢於貧民，而取其息本，謂之常平錢，民間名爲青苗錢耳。遂爲後代豫借之始。〔張大令曰〕按此，則青苗之制，唐、宋本不同，何以《宋史》趙瞻對神宗言「青苗法，唐行之于季世」，范鎮亦言「唐季之制不足法」，似謂安石祖唐弊政。考唐時長安、萬年二縣，有官置本錢，配納各户，收其息以供雜費。宋之常平錢正與此同，故趙瞻等舉唐爲言。其亦曰青苗者，依當時爲稱也。陸宣公言：「蠶事方興，已輸縑税。農功未艾，遽斂穀租。上司之繩責既嚴，下吏之威暴愈促。有者急賣而耗其半直，無者求假而費其倍酬。」憲宗元和六年二月制：「以新陳未接，營辦尤艱。凡有給用，委觀察使以供軍錢。方員借便，❶不得量抽百姓。」故韓文公有《游城南》詩云：「白布長衫紫領巾，差科未動是閒身。麥苗含穟桑生葚，共向田頭樂社神。」是三四月之間尚未動差科也。至後唐莊宗同光四年三月戊辰，以軍食不足，敕河南尹豫借夏秋税。其時外内離叛，未及一月，國亡主滅。明宗即位，頗知愛民。見於《文獻通考》所載：「長興四年，起徵條流，其節候早者五月十五日起徵，八月一日納足。遞而下之，其尤晚者，六月二十日起徵，九月納足。周世宗顯德三年十月丙子，上謂侍臣曰：『近朝徵斂穀帛，多不俟收穫紡績之畢。』乃詔三司，自今夏税以六月，秋税以十月起徵。」是莊宗雖有三月豫借之令，而實未嘗行也。乃後代國勢阽危，非若同光，❷而春初即出榜開徵，其病民又甚矣。❸〔沈氏曰〕盧熊《蘇州府志》云：「趙順孫，字和仲，處州縉雲人。咸淳四年，以顯文閣待制知平江兼發運使。先是郡庾赤立，率以夏初徵民租。順孫謂：『古者十月納禾稼，今先期半載，民何以堪？』僉曰：『此例行之三十年，不然將有乏興之憂。』首以俸入及例卷所供助糴本，而抑浮費以繼之，糴幾二十萬斛，迄免預徵。」

《詩》云：「碩鼠碩鼠，無食我苗。」謝君直曰：「苗未秀而食之，貪之甚也。」今之爲豫借者，食苗

❶ 「使」，《册府元龜》卷四八八作「便」。
❷ 「非若同光」，據《校記》，鈔本作「未若同光之甚」。
❸ 「其病民又甚矣」，據《校記》，鈔本作「其愚又甚於莊宗之君臣矣」。

之政也，有不毆民而適樂郊者乎！

虞謙，洪武末爲杭州府知府，嘗建議：「僧、道，民之蠹。今江南寺院田多或數百頃，而徭役未嘗及之。貧民無田，往往爲徭役所困。請爲定制，僧、道每人田無過十畝，餘田以均平民。」初是之，已而謂非舊制，遂廢。〔楊氏曰〕此仁政也，當事舉而行之，豈不官民兩便乎？〔汝成案〕虞謙之議是矣。而當時以爲非舊制，遂廢不行者，誤也。元時崇奉二氏，朝廷宮闈、公主卿相，凡賜田産，動數百頃，又不輸賦稅，用日饒富。白雲宗總攝復廣侵占，遂至連阡累陌，跨越州郡。後雖屢勅令視民户出租，尋廢不行。明初猶存其風，故虞氏有是言。至明中葉以後，已日衰耗，即有寺田，亦準科則，非復曩之豪富矣。

## 紡織之利

今邊郡之民，既不知耕，又不知織，雖有材力而安於游惰。華陰王弘譔著議，以爲：「延安一府布帛之價貴於西安數倍，既不獲紡織之利，而又歲有買布之費，生計日蹙，國稅日逋。〔陳文恭曰〕陝西爲自古蠶桑之地，今日久廢弛，綢帛資于江、浙，花布來自楚、豫。小民食本不足，而更賣糧食以製衣，宜其家鮮蓋藏也。非盡其民之惰，以無教之者耳。今當每州縣發紡織之具一副，令有司依式造成，散給里下，募外郡能織者爲師。即以民之勤惰工拙，爲有司之殿最。一二年間，民享其利，將自爲之而不煩程督矣。計延安一府四萬五千餘户，户不下三女子，固已十三萬餘人，其爲利益豈不甚多？」按《鹽鐵論》曰：「邊民無桑麻之利，仰中國絲絮而後衣之。夏不釋複，冬不離窟，父子夫婦，內藏於專室土圜之中。」崔寔《政論》曰：「僕前爲五原太守，土俗不知緝績，冬積草，伏卧其中。若見吏，以草纏身，令人酸鼻。〔原注〕今大同人多是如此，婦人出草則穿紙袴，真所謂倮蟲者也。吾乃賣儲峙，得二十餘萬，詣雁門、廣武迎織師，使巧手作機，乃紡以教民織。」〔原注〕《後漢書》采入本傳。是則古人有行之者矣。《漢志》有云：「冬，民既入，婦人同巷，相從夜績，女工一月得四十五日。」「八月載績，爲公子裳」，豳之舊俗也。率而行之，富强之效，惇龐之化，豈難致哉！〔唐氏曰〕吴絲衣天下，聚于雙林。吴越、閩番，至于海島，皆來市焉。五月載銀而至，委積如瓦礫。吴南諸鄉，歲有百十萬之益。是以雖賦重困窮，民未至于空虚，室廬舟楫之繁庶，勝于他所。此蠶之厚利也。四月務蠶，無男女老幼萃力靡他。無税無荒，以三旬之勞，無農四時之久而半其利，此蠶之可貴也。夫蠶桑之地，北不逾淞，南不逾浙，西不逾湖，東不至海，不過方千里，外此則所居爲鄰，相隔一畔，而無桑矣。其無桑之方，人以爲不宜桑也。今楚、蜀、河東及所不知之方，亦多有之，何萬里同之，而一畔異？宜乎桑如五穀，無土不宜，一畔之間，目覩其利而弗效焉，甚矣民之惰也。吾欲使桑徧海内，有禾之土必有桑焉。其在于今，當責之守令，于務蠶之鄉擇人爲師，教民飼繅之法，而厚其廩給。其移桑有遠莫能致者，則待數年之後，漸近而分之。而守令則省騎時行，履其地，察其桑之盛衰，入其室，視其蠶之美惡，而終較其絲之多寡。多者奬之，寡者戒之，廢者懲之。不出十年，海内皆桑矣。昔吾行于長子，略著于篇，可以取法焉。

　　吴華覈上書，欲禁綾綺錦繡，以「一生民之原，豐穀帛之業」。謂：「今吏士之家，少無子女，多者三四，少者一二。通令户有一女，十萬家則十萬人。人人織績，一歲一束，則十萬束矣。使四疆之内，同心勠力，數年之間，布帛必積。恣民五色，惟所服用，但禁綺繡無益之飾，且美貌者不待華采以崇好，豔姿者不待文綺以致愛，有之無益，廢之無損，何愛而不暫禁，以充府藏之急乎！此救乏之上務，富國之本業。使管、晏復生，無以易此。」方今纂組日新，侈薄彌甚，斲雕爲樸，意亦可行之會乎？〔楊氏曰〕空言禁敕無用也，必實有清心寡欲之學者，乃能收還淳返樸之效。

## 馬政

「析、因、夷、隩」，先王之所以處人民也。「日中而出，日中而入」，〔原注〕左氏莊二十九年《傳》。先王之所以處廄馬也。

漢鼂錯言：「令民有車騎馬一匹者，復卒三人。」〔原注〕師古曰：「當爲卒者，免其三人。不爲卒者，復其錢。」本傳。文帝從之。故文、景之富，「衆庶街巷有馬，仟伯〔原注〕「阡陌」字同。之間成羣。乘牸牝者，擯而不得會聚」。〔原注〕《漢書・食貨志》。若乃塞之斥也，橋桃致馬千匹。〔原注〕《貨殖傳》。班壹避墜，〔原注〕古「地」字。於樓煩致馬牛羊數千羣。〔原注〕《敘傳》。則民間之馬，其盛可知。武帝輪臺之悔，乃修馬復令。〔原注〕復卒三人之令。《西域傳》。唐玄宗開元九年詔：「天下之有馬者，州縣皆先以郵遞、軍旅之役，定户復緣以升之。百姓畏苦，乃多不畜馬，故騎射之士減曩時。自今諸州民，勿限有無蔭，能家畜十馬以下，免帖驛郵遞征行，定户無以馬爲貲。」〔原注〕《唐書・兵志》。古之人君，其欲民之有馬如此。惟魏世宗正始四年十一月丁未，❶禁河南畜牝馬。〔原注〕《魏書·本紀》。延昌元年六月戊寅，通河南牝馬之禁。元世祖至元二十三年六月戊申，「括諸路馬，凡色目人有馬者三取其二，〔楊氏曰〕色目人謂女直、畏吾、欽察、契丹等。漢民悉入官。敢匿與互市者罪之」。〔原注〕〔元史·本紀》。《實録》言：永樂元年七月丙戌，上諭兵部臣曰：「比聞民間馬價騰貴，蓋禁民不得私畜故也。漢文、景時，閭里有馬成羣，民有即國家之有。其榜諭天下，聽軍民畜馬勿禁。」又曰：「三五年後，庶幾馬漸蕃息。」此承元人禁馬之後，故有此諭。而洪熙元年正月辛巳，上申諭兵部，令民間畜官馬者，二歲納駒一匹，俾得以餘力養私馬。至宣德六年，有陝西安定衛土民王從義，畜馬蕃息，數以來獻。此則小爲之而小效者也。然未及修漢、唐復馬之令也。

## 驛傳

《續漢·輿服志》曰「驛馬三十里一置」，《史記》「田横乘傳詣雒陽，未至三十里，至尸鄉廄置」是也。唐制亦然，〔原注〕《唐書·百官志》：「凡三十里有驛。」白居易詩「從陝至東京，〔原注〕今陝州至河南府。山低路漸平。風光四百里，〔原注〕在今代爲三百里。車馬十三程」是也。〔原注〕桑維翰對晋高祖言：「大梁距魏不過十驛。」其行或一日而馳十驛，岑參詩「一驛過一驛，驛騎如星流。平明發咸陽，暮

❶「惟」下，據《校記》，鈔本有「夷狄之君忌漢人之强而不欲其有馬，故」凡十六字。

及隴山頭」，韓愈詩「銜命山東撫亂師，日馳三百自嫌遲」是也。〔原注〕天寶六載敕：「自今左降官日馳十驛以上。」又如天寶十四載十一月丙寅，安禄山反於范陽。壬申，聞於行在所，時上在華清宫，〔原注〕在今臨潼縣。六日而達。至德二載九月癸卯，廣平王收西京。甲辰，捷書至行在，時上在鳳翔府，一日而達。而唐制，赦書日行五百里，則又不止於十驛也。古人以置驛之多，故行速而馬不弊。後人以節費之説，歷次裁併，至有七八十里而一驛者。馬倒官逃，職此之故。盍一考之前史乎？〔原注〕且如通州潞河驛，四十里至夏店驛，五十里至公樂驛，五十里至薊州漁陽驛。今以夏店、公樂二驛併於三河，則一驛七十里矣，豈不勞乎？又如定州永定驛，五十里至西樂驛，四十五里至伏城驛，四十里至真定府恒山驛，猶仍舊貫。使併爲三驛，亦必不堪其敝矣。

古人以三十里爲一舍。《左傳》「楚子入鄭，退三十里而許之平」，注以爲「退一舍」。而《詩》言「我服既成，于三十里」，《周禮・遺人》「三十里有宿，宿有路室」。然則漢人之驛馬三十里一置，有自來矣。〔原注〕《史記・晋世家》注引賈逵曰：「《司馬法》從遯不過三舍。三舍九十里也。」

國初，凡驛皆有倉。洪熙元年六月丙辰，河南新安知縣陶鎔奏：「縣在山谷，土瘠民貧，遇歲不登，公私無措。惟南關驛有儲糧，臣不及待報，借給貧民一千七百二十八石。」上嘉其稱職。即此一事，而當時儲畜之裕，法令之寬，賢尹益下之權，明主居高之聽，皆非後世之所能及矣。然則驛之有倉，不但以供賓客使臣，而亦所以待凶荒藭阨，實《周禮》遺人之掌也。帖括後生，何足以知先王之政哉！

今時十里一鋪，〔原注〕俗作「舖」。設卒以遞公文。〔原注〕《金史》：「泰和六年，初置急遞鋪，腰鈴傳遞，日行三百里。」《大名府志》：「唐有銀牌，宋熙寧有金字牌、急脚遞。岳飛奉詔班師，一日中十二金字牌是也。」《孟子》所云「置郵而傳命」，蓋古已有之。《史記》：「白起既行，出咸陽西門十里，至杜郵。」《漢書·黄霸傳》注，師古曰：「郵亭書舍，謂傳送文書所止處。」

## 漕　程

《山堂考索》載：「唐漕制，凡陸行之程，馬日七十里，步及驢五十里，車三十里。水行之程，舟之重者泝河日三十里，江四十里，餘水四十五里；空舟泝河四十里，江五十里，餘水六十里；沿流之舟，則輕重同制，河日一百五十里，江一百里，餘水七十里。轉運、徵斂、送納，皆準程節其遲速。其三峽、砥柱之類，不拘此限。」此法可以不盡人馬之力，而亦無逗留之患。今之過淮、過洪及回空之限，猶有此意。而其用車驢，則必窮日之力而後止，以至於人畜兩弊。豈非後人之急迫日甚於前人也與？然其效可睹矣。〔汝成案〕漕運始于秦、漢，而轉輸之法則始于魏、隋，而盛于唐、宋，然率有利病。今觀俊卿所述，在當時弊已如此，則云轉般可濟直達，恐不然矣。

## 行　鹽

松江李雯論：「鹽之産於場，猶五穀之生於地，宜就場定額，一税之後，不問其所之，則國與民兩利。」又曰：「天下皆私鹽，則天下皆官鹽也。」此論鑿鑿可行。丘仲深《大學衍義補》言復海運，而引杜子美詩「雲帆轉遼海，稉〔原注〕俗作「粳」。稻來東吳」爲證。余於鹽法亦引子美詩云「蜀麻吳鹽自古通」，又曰「風烟渺吳蜀，舟檝通鹽麻」，又曰「蜀麻久不來，吳鹽擁荆門」。若如今日之法，各有行鹽地界，吳鹽安得至蜀哉！人人誦杜詩，而不知此故事，所云「誦《詩》三百，授之以政，不達」者也。

洪武三年六月辛巳，山西行省言：「大同糧儲自陵縣、長蘆運至太和嶺，路遠費重。若令商人於大同倉入米一石，太原倉入米一石三斗者，俱準鹽一引，引二百斤。商人鬻畢，即以原給引自赴所在官司繳之。如此，則轉輸之費省而軍儲充矣。」從之。此中鹽之法所自始。〔沈氏曰〕《明史·食貨志》：「明之鹽法莫善于開中。開中者，召商輸糧于邊，而與之鹽也。」後其法亦行于内地。

唐劉晏爲轉運使，「專用榷鹽法充軍國之用。時自許、汝、鄭、鄧之西，皆食河東池鹽，度支主之。汴、滑、唐、蔡之東，皆食海鹽，晏主之。晏以爲鹽吏多則州縣擾，故但於出鹽之鄉置鹽官，收鹽户所煑之鹽，轉鬻於商人，任其所之。自餘州縣不復置官。其江嶺間去鹽鄉遠者，轉官鹽於彼貯之，或商絶鹽貴，則減價鬻之，謂之常平鹽。官獲其利，而民不乏鹽。始江淮鹽利不過四十萬緡，季年乃六百萬緡。由是國用充足，而民不困弊」。今日鹽利之不可興，正以鹽吏之不可罷，讀史者可以慨然有省矣。

行鹽地分有遠近之不同，遠於官而近於私，則民不得不買私鹽。既買私鹽，則興販之徒必興，於是乎盜賊多而刑獄滋矣。《宋史》言：「江西之虔州，地連廣南，而福建之汀州亦與虔接。虔鹽弗善，汀故不產鹽，二州民多盜販廣南鹽以射利。〔原注〕又言：「虔州官鹽自淮南運致，鹵溼雜惡，輕不及斤，而價至四十七錢。嶺南鹽販入虔，以斤半當一斤，純白不雜，賣錢二十，以故虔人盡食嶺南鹽。」虔州即今贛州府。宋時屢議不定，今卒食廣東鹽。每歲秋冬，田事纔畢，恒數十百爲羣，持甲兵旗鼓，往來虔、汀、漳、潮、循、梅、惠、廣八州之地，所至劫人穀帛，掠人婦女，與巡捕吏卒鬭格，或至殺傷，則起爲盜，依阻險要，捕不能得，或赦其罪招之。」元末之張士誠，以鹽徒而盜據吴會。其小小興販，雖太平之世未嘗絶也。余少居崑山、常熟之間，爲兩浙行鹽地，而民間多販淮鹽，自通州渡江，其色青黑，視官鹽爲善。及游大同，所食皆蕃鹽，堅緻精好。此地利之便，非國法之所能禁也。明知其不能禁，而設爲巡捕之格，課以私鹽之獲，每季若干，爲一定之額，此掩耳盜鍾之政也。

宋嘉祐中，著作佐郎何鬲、三班奉職王嘉麟上書：「請罷給茶本錢，縱園户貿易，而官收租錢與所在徵算，歸榷貨務，以償邊糴之費，可以疏利源而寬民力。」仁宗從之。其詔書曰：「歷世之敝，一旦以除，著爲經常，弗復更制。」以是雖當王安石之時，而於茶法未有所變，其説可通之於鹽課者也。

# 日知録集釋卷十一

崑山顧炎武著　嘉定後學黄汝成集釋

## 權量

三代以來，權量之制，自隋文帝一變。杜氏《通典》言：「六朝量三升當今一升，稱三兩當今一兩，尺一尺二寸當今一尺。」〔原注〕今謂即時。〔錢氏曰〕《六典》所謂大斗、大兩、大尺也。《左傳》定公八年《正義》曰：「魏、齊斗稱，於古二而爲一，周、隋斗稱，於古三而爲一。」《隋書·律曆志》言：「梁、陳依古斗，齊以古升五升爲一斗，周以玉升一升當官斗一升三合四勺。開皇以古斗三升爲一升，大業初依復古斗。梁、陳依古稱。齊以古稱一斤八兩爲一斤。〔沈氏曰〕案《通典》：「梁武帝五銖錢，實重四銖三參二黍，其百文則重一斤二兩。齊文襄五銖錢，實重五銖，計一百文重一斤四兩二十銖。較其多寡重輕，兩相符合。則齊與梁竝依古稱也。而或以爲于古二而爲一，或以爲以古稱一斤八兩爲一斤，豈稱他物之稱多異于錢稱耶？」周玉稱四兩，當古稱四兩半。開皇以古稱三斤爲一斤，大業初依復古稱。」今考之傳記，如《孟子》以「舉百鈞爲有力人」，三十斤爲鈞，百鈞則三千斤。《晉書·成帝紀》：「令諸郡舉力人能舉千五百斤以上者。」《史記·秦始皇紀》：「金人十二，重各千石，置宫廷中。」百二十斤爲石，千石則十二萬斤。《漢舊儀》：「祭天養牛五歲，至二千斤。」《晉書・南陽王保傳》：「自稱重八百斤。」不應若此之重。《考工記》曰：「爵一升，觚三升。〔原注〕《儀禮・特牲饋食禮》注：「觚二升。」獻以爵而酬以觚，一獻而三酬，則一豆矣。」《禮記》：「宗廟之祭，貴者獻以爵，賤者獻以散。尊者舉觶，卑者舉角。五獻之尊，門外缶，門内壺，君尊瓦甒。」注：「凡觴一升曰爵，二升曰觚，三升曰觶，四升曰角，壺大一石，瓦甒五斗。」《詩》曰「我姑酌彼金罍」，毛説：「人君以黄金飾尊，大一碩。」「每食四簋」，《正義》：「簋，瓦器，容斗二升。」不應若此之巨。《周禮・舍人》「喪紀，共飯米」注：「飯，所以實口。君用粱，大夫用稷，士用稻，皆四升。」《管子》：「凡食鹽之數，一月丈夫五升少半，婦人三升少半，嬰兒二升少半。」《史記・廉頗傳》：「一飯斗米。」《漢書・食貨志》：「食人月一石半。」〔楊氏曰〕《十六國春秋・前秦紀》有三人食一石穀者。明江國公後吴鐵舍，食麪六十斤。《趙充國傳》：「以一馬自佗負三十日食，爲米二斛四斗，麥八斛。」《匈奴傳》：「計一人三百日食，用糒十八斛。」不應若此之多。《史記・河渠書》：「可令畝十石。」嵇康《養生論》：「夫田種者，一畝十斛，謂之良田。」《晉書・傅玄傳》：「白田收至十餘斛，水田至數十斛。」今之收穫最多亦不及此數。《靈樞經》：人食「一日中五升」。《既夕禮》「朝一溢米，莫一溢米」注：「二十兩曰溢，爲米一升二十四分升之一。」《晉書・宣帝紀》：「問：『諸葛公食可幾何？』對曰：『三四升。』」《會稽王道子傳》：「國用虛竭，自司徒以下，日廩七升。」本皆言少，而反得多。是知古之權量比之於今，大抵皆三而當一也。《史記・孔子世家》：「孔子居魯，奉粟六萬。」《索隱》曰：「當是六萬斗。」《正義》曰：「六萬小斗，當今二千石也。」此唐人所言三而當一之驗。蓋自三代以後，取民無制，權量之屬，每代遞增。至魏孝文太和十九年，詔改長尺大㪷，依周禮制度，班之天下。〔原注〕《魏書·張普惠傳》：神龜中，上疏言：「高祖廢大斗，去長尺，改重稱，所以愛萬姓，從薄賦，故海内之人歌舞以供其賦，奔走以役其勤。天子信於上，億兆樂於下。自茲以降，漸漸長闊，百姓嗟怨，聞於朝野。」隋煬帝大業三年四月壬辰，改度、量、權、衡，竝依古式。雖有此制，竟不能復古。至唐時，猶有大斗小斗、大兩小兩之名，而後代則不復言矣。〔沈氏曰〕《齊民要術》注云：「其言一石，當今二斗七升。」《本草》注：「李杲曰：『古云三兩，即今之一兩，云二兩，即今之六錢半也。』時珍曰：『古一升即今之二合半也。』」

《山堂考索》：「斛之爲制，方尺而深尺。班志乃云其中容十斗，蓋古用之斗小。」

歐陽公《集古録》有谷口銅甬，「始元四年左馮翊造。其銘曰：『谷口銅甬，容十斗，重四十斤。』以今權量校之，容三斗，重十五斤」。斗則三而有餘，斤則三而不足。吕氏《考古圖》：「漢好時官廚鼎，刻曰『重九斤一兩』，今重三斤六兩，今六兩當漢之一斤。」又曰：「軹家釜，三斗弱，軹家甑，三斗一升。當漢之一石。」大抵是三而當一也。

古以二十四銖爲兩。五銖錢十枚，計重二兩二銖。今稱得十枚，當今之一兩弱。〔沈氏曰〕依後「五銖錢」一條，此「一兩弱」當作「七錢弱」，傳寫誤也。又《漢書·王莽傳》言：「天鳳元年，改作貨布，長二寸五分，廣一寸，首長八分有奇，廣八分，其圜好徑二分半，足枝長八分，間廣二分。其文右曰『貨』，左曰『布』。重二十五銖。」頃富平民掊地，得貨布一罌。所謂長二寸五分者，今鈔尺之一寸六分有奇；廣一寸者，今之六分有半；八分者，今之五分；而二十五銖者，今稱得百分兩之四十二。〔原注〕俗云四錢二分。〔沈氏曰〕貨布亦有重至四錢八分者，用行等稱。行等即米平，比布政司等每兩輕二分三釐。〔又曰〕《唐會要》云：「開元通寶錢，徑八分。」杜氏《通典》云：「開通元寶錢，每十錢重一兩。」是則今代之大於古者，量爲最，權次之，度又次之矣。

《晉書·摯虞傳》：「將作大匠陳勰，掘地得古尺。尚書奏：『今尺長於古尺，宜以古爲正。』潘岳以爲習用已久，不宜復改。虞駮曰：『昔聖人有以見天下之賾，而擬其形容，象物制器，以存時用。故參天兩地，以正算數之紀；依律計分，以定長短之度。其作之也有則，故用之也有徵。考步兩儀，則天地無所隱其情；準正三辰，則懸象無所容其謬。施之金石，則音韻和諧；措之規矩，則器用合宜。一本不差，而萬物皆正；及其差也，事皆反是。今尺長於古尺幾於半寸，樂府用之，律吕不合；史官用之，曆象失占；醫署用之，孔穴乖錯。此三者，度量之所繇生，得失之所取徵，皆絓閡而不得通，故宜改今而從古也。唐、虞之制，同律、度、量、衡；仲尼之訓，謹權審度。今兩尺竝用，不可謂之同；知失而行，不可謂之謹。不同不謹，是謂謬法，非所以軌物乖則，示人之極。凡物有多而易改，亦有少而難變。有改而致煩，亦有變而之簡。度量是人所常用，而長短非人所戀惜，是多而易改者也。正失於得，反邪於正，一時之變，永世無二，是變而之簡者也。憲章成式，不失其舊物。季末苟合之制，異端雜亂之用，宜以時釐改，貞夫一者也。臣以爲宜如所奏。』」〔沈氏曰〕《宋史·律曆志》云：「周顯德中，王朴始依周法，以秬黍校正尺度，長九寸，虛徑三分，爲黃鍾之管，作律準以宣其聲。

宋乾德中，太祖以雅樂聲高，詔有司重加考正。時判太常寺和峴言：『西京銅望臬尺寸可校古法。即今司天臺影表銅臬下石尺是也。及以朴所定尺比校，短於石尺四分，則聲樂之高蓋由于此。況影表測于天地，則管律可以準繩。』乃令依古法以造新尺，并黄鍾九寸之管，命工人校其聲，果下于朴所定管一律。又内出上黨羊頭山秬黍，累尺校律，亦相符合。遂下尚書省集官詳定，衆議僉同。由是重造十二律管，自此雅音和暢。」又云：「宋既平定四方，凡新邦悉頒度量于其境，其僞俗尺度踰于法制者去之。乾德中，又禁民間造者，由是尺度之制盡復古焉。」又云：「太祖受禪，詔有司精考古式，作爲嘉量，以頒天下。其後定西蜀，平嶺南，復江表，泉、浙納土，并、汾歸命。凡四方斗斛不中式者，皆去之，嘉量之器悉復升平之制焉。」

## 大斗大兩

《漢書·貨殖傳》「黍千大斗」，師古曰：「大斗者，異於量米粟之斗也。」是漢時已有大斗，但用之量麄貨耳。

《唐六典》：「凡度，以北方秬黍中者一黍之廣爲分，十分爲寸，十寸爲尺，一尺二寸爲大尺，十尺爲丈。凡量，以秬黍中者容一千二百黍爲龠，二龠爲合，十合爲升，十升爲斗，三斗爲大斗，〔錢氏曰〕據《隋書·律曆志》：「開皇以古斗三升爲一升，古稱三斤爲一斤。」則大斗、大兩始于隋開皇間，唐初沿而不改耳。十斗爲斛。凡權衡，以秬黍中者百黍之重爲銖，〔原注〕應劭曰：「十黍爲絫，十絫爲銖。」二十四銖爲兩，三兩爲大兩，十六兩爲斤。凡積秬黍爲度、量、權衡者，調鍾律，測晷景，合湯藥，及冠冕之制則用之，内外官司悉用大者。」按唐時權量，是古今小大竝行，太史、太常、太醫用古，〔原注〕杜氏《通典》云：「貞觀中，張文收鑄銅斛、稱、尺，以今常用度量校之，尺當六之五，衡、量皆三之一。」《舊唐書・代宗紀》：「大曆十年八月，❶太常寺奏：『諸州府所用㪷、稱，當寺給銅㪷、稱，州府依樣製造而行。』從之。」《通典》載諸郡土貢：「上黨郡貢人參三百小兩，高平郡貢白石英五十小兩，濟陽郡貢阿膠二百小斤，鹿角膠三十小斤，臨封郡貢石斛十小斤，南陵郡貢石斛十小斤，同陵郡貢石斛二十小斤。」此則貢物中亦有用小斤、小兩者，然皆湯藥之用。他有司皆用今。久則其今者通行，而古者廢矣。

宋沈括《筆談》曰：「予受詔考鍾律及鑄渾儀，求秦、漢以來度量，計六斗當今之一斗七升九合，稱三斤當今十三兩。」是宋時權量又大於唐也。〔沈氏曰〕閻百詩云：「古量甚小，其數可攷者，大約漢二斗七升當今五升四合。」然則古之五纔當今之一也。〔又曰〕漢權有重四斤者，實當今十三兩弱。彤以司等親較之。〔趙氏曰〕《筆談》又云：「漢之一斛當今二斗七升。百二十斤爲石，當今三十二斤。」可見漢時斗、稱之制已大于古。

《元史》言：「至元二十年，頒行宋文思院小口斛。」又言：「世祖取江南，命輸米者止用宋斗斛，以宋一石當今七斗故也。」是則元之斗斛又大於宋也。

❶「八」，《舊唐書・代宗紀》作「四」。

## 漢禄言石

古時制禄之數，皆用斗斛。《左傳》言：「豆、區、釜、鍾，各自其四，以登于釜。」《論語》：「與之釜，與之庾。」《孟子》：「養弟子以萬鍾。」皆量也。漢承秦制，始以石爲名。〔原注〕《韓非子》：「王因收吏璽，自三百石已上，皆效之子之。」是時即以石制禄。《史記・燕世家》同。〔趙氏曰〕石本權衡之數也。《漢・律曆志》：「二十四銖爲兩，十六兩爲斤，三十斤爲鈞，四鈞爲石。」是石乃權之極數。至十龠爲合，十合爲升，十升爲斗，十斗爲斛，則斛乃量之極數。乃俗以五斗爲斛，兩斛爲石，是以權之極數爲量之極數，殊歧誤。然漢時米穀之量已以石計，如二千石、六百石之類是也。又《管子・禁藏》篇：「民率三十畝，畝取一石，則人有三十石。」《國策》：「燕噲讓國子之，自吏三百石以上，悉予之。」又《漢書・食貨志》「李悝之論曰：『一夫田百畝，每畝歲收一石半』」云云，則斗斛之以石計，自春秋、戰國時已然。又案古時一石重一百二十斤，與一斛之數不甚相遠。古時十斗爲斛，一斛即是一石。後世五斗爲斛，兩斛爲一石，宋時已然。故有中二千石、二千石、比二千石、千石、比千石、六百石、比六百石、四百石、比四百石、三百石、比三百石、二百石、比二百石、百石，而三公號萬石。百二十斤爲石，是以權代量。然考《續漢・百官志》所載，「月奉之數，則大將軍、三公奉月三百五十斛，以至斗食奉月十一斛」，又未嘗不用斛。所謂二千石以至百石者，但以爲品級之差而已。〔原注〕《汲黯傳》注，如淳曰：「真二千石，月得百五十斛，歲凡得千八百石耳。二千石，月得百二十斛，歲凡得一千四百四十石耳。」今人以十斗爲石，本於此。不知秦時所謂「金人十二，重各千石」，「撞萬石之鍾」，「縣石鑄鍾虡」，「衡石程書」之類，皆權也，非量也。惟《白圭傳》「穀長石斗」，《淳于髡傳》「一斗亦醉，一石亦醉」，對斗言之，是移權之名於量爾。

葉夢得《巖下放言》：「名生於實，凡物皆然。以斛爲石，不知起何時，自漢以來始見之。石本五權之名，漢制重百二十斤爲石，非量名也。〔楊氏曰〕《説苑》：「十六黍爲豆，六豆爲銖，二十四銖爲兩，十六兩爲斤，三十斤爲鈞，四鈞爲石。千二百黍爲龠，十龠爲合，十合爲升，十升爲斗，十斗爲石。」以之取名賦禄，如二千石之類，以穀百二十斤爲斛，猶之可也。若酒言石，酒之多少本不係穀數，從其取之醇醨，以今準之，酒之醇者，斛止取七斗或六斗，而醨者多至於十五六斗。若以穀百二十斤爲斛，〔沈氏曰〕《左傳》襄十七年疏：「古者一斛百二十斤，一斗十二斤，一升十九兩二分。」酒從其權名，則當爲酒十五六斗，從其量名，則斛當穀百八九十斤。進退兩無所合。是漢酒言石者，未嘗有定數也。〔原注〕謝肇淛謂：「古者爵容一升，十爵爲斗，百爵爲石。」以《考工記》「一獻三酬」之説準之，良然。昔人未詳此義。至於麫言斛石，麫亦未必正爲麥百二十斤，而麥之實又有大小虚實。然沿襲至今，莫知爲非。及弓弩較力，言斗言石，此乃古法。打硾以斤爲別，而世反疑之，乃知名實何常之有。」

《史記·貨殖傳》：「狐貂裘千皮，羔羊裘千石。」變「皮」言「石」，亦互文也。凡細而輕者，則以皮計；麤而重者，則以石計。

## 以錢代銖

古算法，二十四銖爲兩。《漢軹家釜銘》「重十斤九銖」，《軹家甑銘》「重四斤廿銖」是也。近代算家不便，乃十分其兩，而有「錢」之名。此字本是借用錢幣之錢，非數家之正名，〔沈氏曰〕猶今北方買米者，不言升，但言碗也。〔又曰〕《通典·選舉三》注云：「弓用一石力，箭重六錢。」簿領用之可耳，今人以入文字，可笑。《唐書》：「武德四年，鑄開通元寶，徑八分，重二銖四絫。〔原注〕「絫」或作「參」。沈存中曰：『今蜀部亦以十參爲一銖。』『參』乃古之『絫』字。」積十錢重一兩，得輕重大小之中。」所謂二銖四絫者，今一錢之重也。後人以其繁而難曉，故代以錢字。〔沈氏曰〕今一錢之重，當古七銖二絫。

度、量皆以十起數，惟權則以「一龠容千二百黍，重十二銖，兩之爲兩，十六兩爲斤，三十斤爲鈞，四鈞爲石」。今人改銖爲錢，而自兩以上則絫百絫千以至於萬，而權之數亦以十起矣。漢制，錢言銖，金言斤，其名近古。〔汝成案〕度量起算皆以秬黍，由寸遞揣，丈尺可知，自龠至斛，亦可等加。權始于龠，則變多寡爲重輕，其數難齊，是以百黍爲銖，二十四銖爲兩。趙宋改銖爲錢，十錢爲兩，而斤與鈞石如初，則起算雖殊，積兩何異？亦猶日法萬分，象限九十，通其彊弱，盈虛自合云爾。

《宋史·律曆志》：「太宗淳化三年三月詔曰：『《書》云「協時、月，正日，同律、度、量、衡」。所以建國經而立民極也。國家萬邦咸乂，九賦是均。顧出納於有司，繫權衡之定式。如聞秬黍之制，或差毫釐，錘鉤爲姦，害及黎庶。宜令詳定稱法，著爲通規。』事下有司。監內藏庫崇儀使劉蒙、劉承珪言：『太府寺舊銅式，自一錢至十斤，凡五十一，輕重無準。外府藏受黄金，必自毫釐計之。式自錢始，則傷於重。』遂尋本末，别制法物。至景德中，承珪重加參定，而權、衡之制益爲精備。其法蓋取《漢志》『子穀秬黍』爲則，廣十黍以爲寸，從其大樂之尺，〔原注〕秬黍，黑黍也。樂尺自黄鍾之管而生也。謂以秬黍中者爲分寸輕重之制。就成二術。〔原注〕二術，謂以尺黍而求氂絫。因度尺而求氂，〔原注〕度者，丈尺之總名。謂因樂尺之原起於黍，而成於寸。析寸爲分，析分爲氂，析氂爲毫，析毫爲絲，析絲爲忽。則十忽爲一絲，十絲爲一毫，十毫爲一氂，十氂爲一分。自積黍而取絫，〔原注〕從積黍而取絫，則十黍爲絫，十絫爲銖，二十四銖爲兩。絫、銖皆以銅爲之。以氂絫造一錢半及一兩等二稱，各懸三毫，以星準之。等一錢半者，以取一稱之法。其衡合樂尺一尺二寸，重一錢，錘重六分，盤重五分。初毫星準半錢，至梢總一錢半，析成十五分，分列十氂。〔原注〕第一毫下等半錢當十五氂，若十五斤稱等五斤也。〔沈氏曰〕「十五氂」當作「百五十氂」。中毫至梢一錢，析成十分，分列十氂。末毫至梢半錢，析成五分，分列十氂。等一兩者亦爲一稱之則，其衡合樂尺一尺四寸，重一錢半，錘重六錢，盤重四錢。初毫至梢布二十四銖，下别出一星，星等五絫。〔原注〕每銖之下復出一星，等五絫。則四十八星等二百四十絫，計二千四百絫爲一兩。〔沈氏曰〕「四百絫」之「絫」當作「黍」。中毫至梢五錢，布十二銖，銖列五星，星等二絫。〔原注〕布十二銖爲五錢之數，則一銖等十絫，都等一百二十絫爲半兩。末毫至梢六銖，銖列十星，星等一絫。〔原注〕每星等一絫，都等六十絫爲二錢半。以御書真、草、行三體淳化錢，較定實重二銖四絫爲一錢者，以二千四百得十有五斤，爲一稱之則。其法初以積黍爲準，然後以分而推忽，爲定數之端。

故自忽、絲、毫、氂、黍、絫、銖，各定一錢之則。〔原注〕謂皆定一錢之則，然後制取等稱也。忽萬爲分，〔原注〕以一萬忽爲一分之則，以十萬忽定爲一錢之則。忽者，吐絲爲忽。分者，始微而著，言可分別也。絲則千，〔原注〕一千絲爲一分，以一萬絲定爲一錢之則。毫則百，〔原注〕一百毫爲一分，以一千毫定爲一錢之則。毫者，氂毛也。自忽、絲、毫三者，皆斷驥尾爲之。氂則十，〔原注〕一十氂爲一分，以一百氂定爲一錢之則。氂者，氂牛尾毛也。曳赤金成絲以爲之也。轉以十倍倍之，則爲一錢。〔原注〕轉以十倍倍之，謂自一萬忽至十萬忽之類，定爲之則也。黍以二千四百枚爲一兩，〔原注〕一龠容千二百黍，爲十二銖，則以二千四百黍定爲一兩之則。兩者，以二龠爲兩。絫以二百四十，〔原注〕謂以二百四十絫定爲一兩之則。銖以二十四，〔原注〕轉相因成，十絫爲銖，則以二百四十絫定成二十四銖，爲一兩之則。銖者，言殊異也。遂成其稱。稱合黍數，則一錢半者，計三百六十黍之重，列爲五分，〔沈氏曰〕「五分」上當有「十」字。則每分計二十四黍。又每分析爲一十氂，則每氂計二黍十分黍之四，〔原注〕以一氂分二十四黍，則每氂先得二黍，都分成四十分，則一氂又得四分，是每氂得二黍十分黍之四。每四毫一絲六忽有差爲一黍，則氂絫之數極矣。〔沈氏曰〕「氂絫」之「氂」當作「黍」。一兩者，合二十四銖，爲二千四百黍之重。每百黍爲銖，二百四十黍爲二銖四絫，二銖四絫爲錢，二絫四黍爲分，一絫二黍重五氂，六黍重二氂五毫，三黍重一氂二毫五絲，則黍絫之數成矣。先是，守藏吏受天下歲輸金幣，而太府權衡舊式失準，得因之爲姦，故諸道主者坐逋負而破産者甚衆。又守藏更代，校計争訟，動必數載。至是新制既定，姦弊無所措，中外以爲便。」〔原注〕度、量、權、衡，皆太府掌造，以給内外官司及民間之用。凡遇改元，即令更造，各以年號印而識之。其印有方印、長印、八角印、笏頭印之别，所以明制度而防僞濫也。是則今日之以十分爲錢，十錢爲兩，皆始於宋初所謂新制者也。

## 十分爲錢

古時「分」乃度之名，非權之名。《説文》：「寸，十分也。」《隋書・律曆志》引《易緯通卦驗》：「十馬尾爲一分。」《説苑》：「度、量、權、衡，以粟生。十粟爲一分，十分爲一寸。」〔原注〕《淮南子》注同。《孫子算術》：「蠶所吐絲爲忽，十忽爲秒，十秒爲毫，十毫爲氂，十氂爲分，十分爲寸。」《漢書・律曆志》：「本起黄鍾之長。以子穀秬黍中者，一黍之廣，度之九十分，❶爲黄鍾之長。一黍爲一分，十分爲一寸。」此皆度之名。《淮南子》：「十二蔈而當一粟，〔原注〕《宋書・律志》作「標」。十二粟而當一分，十二分而當一銖，十二銖而當半兩，二十四銖爲一兩，十六兩爲一斤，三十斤爲一鈞，四鈞爲石。」此則權之名。〔原注〕《史記・大宛傳》：「善市賈，争分銖。」然以十二分爲一銖，二十四銖爲一兩，則小於今之爲分者多矣。〔趙氏曰〕分、氂、毫、絲、忽，本亦度之名，《孫子算經》所云是也。宋太宗詔更定權衡之式，崇儀使劉蒙、劉承珪等乃取樂尺積黍之法移于權衡，于是權衡中有忽、絲、毫、氂、分、錢之數，此近代兩、錢、分、釐、毫、忽、絲之所由起也。今俗權貨物者曰「稱」，權金銀者曰「等」，宋初皆謂之「稱」。劉承珪所定『銖二十

❶「分」，原作「黍」，今據《漢書・律曆志》改。

四，遂成其稱」是也。元豐後乃有「等子」之名。

陶隱居《名醫别録》曰：「古稱惟有銖兩，而無分名。今則以十黍爲一銖，六銖爲一分，四分爲一兩，十六兩爲一斤。」李杲曰：「六銖爲一分，即今之二錢半也。」此又以二錢半爲分，則隨人所命而無定名也。

## 黄金

漢時黄金上下通行，故文帝賜周勃至五千斤，宣帝賜霍光至七千斤，而武帝以公主妻欒大，至齎金萬斤。〔原注〕《漢書》作「十萬斤」。衛青出塞，❶斬捕首虜之士，受賜黄金二十餘萬斤。〔原注〕古來賞賜之數莫侈於元。成宗即位，賜駙馬蠻子帶銀七萬六千五百兩，闊里吉思一萬五千四百五十兩，高麗王王昛三萬兩。其定諸王朝會賜與，有至金千兩、銀七萬五千兩者。梁孝王薨，藏府餘黄金四十餘萬斤。館陶公主近幸董偃，令中府曰：「董君所發，一日金滿百斤，錢滿百萬，帛滿千匹，乃白之。」王莽禁列侯以下不得挾黄金，輸御府受直。至其將敗，「省中黄金萬斤者爲一匱，尚有六十匱，黄門、鉤盾、藏府、中尚方處處各有數匱」。而《後漢・光武紀》言：「王莽末，天下旱蝗，黄金一斤，易粟一斛。」是民間亦未嘗無黄金也。董卓死，塢中有金二三萬斤，銀八九萬斤。昭烈得益州，賜諸葛亮、法正、關

❶「出塞」，據《校記》，鈔本作「擊胡」。

羽、張飛金各五百斤，銀千斤。《南齊書·蕭穎胄傳》：「長沙寺僧業富沃，鑄黃金爲龍數千兩，埋土中，歷相傳付，稱爲『下方黃鐵』，莫有見者。穎胄起兵，乃取此龍以充軍實。」《梁書·武陵王紀傳》：「黃金一斤爲餅，百餅爲簉，至有百簉。銀五倍之。」自此以後，則罕見於史。《尚書》疏：「漢、魏贖罪，皆用黃金。後魏以金難得，令金一兩收絹十匹。」今律乃贖銅。

宋太宗問學士杜鎬曰：「兩漢賜予多用黃金，而後代遂爲難得之貨，何也？」對曰：「當時佛事未興，故金價甚賤。」今以目所睹記及《會典》所載國初金價推之，亦大畧可考。《會典·鈔法卷》內云：「洪武八年，造大明寶鈔，每鈔一貫折銀一兩，每鈔四貫易赤金一兩。」是金一兩當銀四兩也。《徵收卷》內云：「洪武十八年，令凡折收稅糧，金每兩準米十石，銀每兩準米二石。」是金一兩當銀五兩也。「三十年，上曰：『折收逋賦，欲以蘇民困也。今如此其重，將愈困民。』更令金每兩準米二十石，銀每兩準米四石。」然亦是金一兩當銀五兩也。「永樂十一年，令金每兩準米三十石」，則當銀七兩五錢矣。又「令交阯召商中鹽，金一兩給鹽三十引」，則當銀十兩矣。〔沈氏曰〕周安期《雜稿》云：「《金陀續編》中有紹興四年朝省行下事件省劄內一項，于行在搉貨務，支銀一十萬兩，每兩二貫五百文。金五千兩，每兩三十貫。二項計準錢四十萬貫。可見當時每錢一貫止值銀四錢，每金一兩卻值銀十二兩。」豈非承平以後，日事侈靡，上自宮掖，下逮勳貴，用過乎物之故與？〔原注〕遼張孝傑爲北府宰相，貪貨無厭，嘗曰：「無百萬兩黃金，不足爲宰相家。」幼時見萬曆中赤金止七八換，崇禎中十換，〔原注〕天啟中，權奄用事，百官獻媚者皆進金巵，金價漸貴。江左至十三換〔汝成案〕元本「十三換」下有「以後賤至六換，而今又十三換」

十二字。矣。❶投珠抵璧之風，將何時而見與？

《漢書·食貨志》：「黄金重一斤，直錢萬。朱提銀重八兩爲一流，直一千五百八十。他銀一流直千。」是金價亦四五倍於銀也。〔原注〕方勺《泊宅編》云：「當時黄金一兩才直錢六百，朱提銀一兩才直錢二百。」

《元史》：「至大銀鈔一兩，準至元鈔五貫，白銀一兩，赤金一錢。」是金價十倍於銀也。

《史記·平準書》：「一黄金一斤。」〔原注〕《漢書·食貨志》：「黄金方寸而重一斤。」《莊子》「百金」注，李曰：「金方寸重一斤。百金，百斤也。」《漢書·韋賢傳》「賜黄金百斤，玄成詩曰『厥賜祁祁，百金洎館』」是也。臣瓚曰：「秦以一鎰爲一金，〔原注〕孟康曰：「二十四兩曰鎰。」漢以一斤爲一金。」是漢之金已減於秦矣。《漢書·食貨志》：「黄金重一斤，直錢萬。」《惠帝紀》注，師古曰：「諸賜金不言黄者，一斤與萬錢。」〔原注〕《王莽傳》：「故事，聘皇后黄金二萬斤，爲錢二萬萬。」公羊隱公五年《傳》「百金之魚」注：「百金猶百萬也。古以金重一斤，若今萬錢。」

古來用金之費，如《吴志·劉繇傳》：「笮融大起浮圖祠，以銅爲人，黄金塗身，衣以錦采，垂銅盤九重。」《何姬傳》注引《江表傳》：「孫皓使尚方以金作華燧、步摇、假髻以千數，令宫人著以相撲，

---

❶ 「江左至十三换」，據《校記》，鈔本「江左」作「南渡」，無「至」字，又「换」下有十二字，與黄汝成引元本同。

朝成夕敗，輒出更作。」《魏書·釋老志》：「興光元年，勑有司，於五級大寺内爲太祖已下五帝，❶鑄釋迦立像五，各長一丈六尺，都用赤金二萬五千斤。」「天安中，於天宫寺造釋迦立像，高四十三尺，用赤金十萬斤，黄金六百斤。」《齊書·東昏侯本紀》：「後宫服御，極選珍奇，府庫舊物，不復周用，貴市民間金銀寶物，價皆數倍。京邑酒租皆折使輸金，以爲金塗，猶不能足。」《唐書·敬宗紀》：「詔度支進銅三千斤，金薄〔原注〕即「箔」字。十萬，翻修清思院新殿及昇陽殿圖障。」《五代史·閩世家》：「王昶起三清臺三層，以黄金數千斤鑄寶皇及元始天尊、太上老君像。」宋真宗作玉清昭應宫，甍棋欒櫨，全以金飾，所費鉅億萬，雖用金之數亦不能全計。《金史·海陵本紀》：「宫殿之飾，徧傅黄金，而後間以五采。金屑飛空如落雪。」《元史·世祖本紀》：「建大聖壽萬安寺，佛像及窗壁皆金飾之，凡費金五百四十兩有奇，水銀二百四十斤。」又言：「繕寫金字藏經，凡縻金三千二百四十四兩。」〔原注〕《吴澄傳》言：「粉黄金爲泥，寫浮屠藏經。」《泰定帝紀》：「泰定二年七月庚午，以國用不足，罷書金字藏經。」時於雲南立造賣金箔規措所。此皆耗金之蹊也。杜鎬之言，頗爲不妄。《草木子》云：「金一爲箔，無復再還元矣。」故《南齊書·武帝紀》「禁不得以金銀爲箔」。❷〔原注〕《宋史·真宗紀》：「大中祥符元年二月丙午，申明不許以金銀爲箔之制。」《仁宗紀》：「康定元年八月戊戌，禁以金箔飾佛像。」《哲宗紀》：

---

❶ 「級」，原作「緞」，今據《魏書·釋老志》改。

❷ 「武帝紀」，下引文「禁不得以金銀爲箔」出自《南齊書·高帝紀》。

「元祐二年九月丁卯，禁私造金箔。」《劉庠傳》：「仁宗外家李珣犯銷金法，庠奏言，法行當自貴近始。從之。」《金史・世宗紀》：「大定七年七月戊申，禁服用金線，其織賣者皆抵罪。」《元史・仁宗紀》：「至大四年三月辛卯，禁民間製金箔、銷金、織金。」而《太祖實録》言：「上出黄金一錠，示近臣曰：『此表箋袱盤龍金也，令宮人洗滌銷鎔得之。』」嗚呼，儉德之風遠矣。

## 銀

唐、宋以前，上下通行之貨，一皆以錢而已，未嘗用銀。《漢書・食貨志》言：「秦并天下，幣爲二等。而珠玉、龜貝、銀錫之屬爲器飾寶臧，不爲幣。」孝武始造白金三品，尋廢不行。〔原注〕謝肇淛曰：「漢銀八兩，直錢一千。當時銀賤而錢貴。今銀一兩，即直千錢矣。」〔閻氏曰〕按孝武始造白金三品，乃雜鑄銀錫爲之，此即《漢書》安息國以銀爲錢之制。竟認作銀，非。其文有龍、有馬、有龜，所直各不同。王莽即真，始直用銀，朱提銀重八兩爲一流，直一千五百八十，它銀一流直千，是爲銀貨二品。《舊唐書》：憲宗元和三年六月詔曰：「天下有銀之山，必有銅鑛。銅者可資於鼓鑄，銀者無益於生人。其天下自五嶺以北，見採銀坑，竝宜禁斷。」〔原注〕李德裕爲浙西觀察使，奏云：「去二月中，❶奉宣令進盝子，計用銀九千四百餘兩。其時貯備都無二三百兩。」然考之《通典》，謂「梁初唯京師及三吴、荆、郢、江、湘、梁、益用錢，其餘

❶ 「去」下，《四部叢刊》影印明刊本《李文饒文集》別集卷五《奏銀粧具狀》有「年」字。

州郡則雜以穀帛交易，交、廣之域則全以金銀爲貨」。而唐韓愈奏狀亦言：「五嶺買賣一以銀。」元稹奏狀言：「自嶺已南，以金銀爲貨幣。自巴已外，以鹽帛爲交易。黔巫溪峽用水銀、朱砂、繒綵、巾帽以相市。」〔原注〕杜氏《通典》載：「唐度支歲計之數，粟則二千五百餘萬石，布、絹、綿則二千七百餘萬端、屯、疋，錢則二百餘萬貫。」未嘗有銀。其土貢，則貴州貢銀百兩，鄂、新、黨三州各貢銀五十兩，賀州貢銀三十兩，邵、端、昭、潘、辨、高、龔、潯、嚴、封、春、羅、牢、竇、横、象、瀧、藤、平琴、廉、義、柳、勤、康、恩、崖、萬安二十七州各貢銀二十兩。是唐人以銀爲貢，而不以爲賦也。張籍詩：「海國戰騎象，蠻州市用銀。」《宋史・仁宗紀》：「景祐二年，詔諸路歲輸緡錢。福建、二廣易以銀，江東以帛。」於是有以銀當緡錢者矣。《金史・食貨志》：「舊例銀每鋌五十兩，其直百貫。〔原注〕《舊唐書・哀帝紀》：「内庫出方圓銀二千一百七十二兩，充見任文武常參官救接。」是知前代銀皆是鑄成。民間或有截鑿之者，其價亦隨低昂。遂改鑄銀名承安寶貨，一兩至十兩分五等，每兩折錢二貫，公私同見錢用。」又云：「更造興定寶泉，每貫當通寶五十。又以綾印製元光珍貨，同銀鈔及餘鈔行之。行之未久，銀價日貴，寶泉日賤，民但以銀論價。至元光二年，寶泉幾于不用。哀宗正大間，民間但以銀市易。」此今日上下用銀之始。〔閻氏曰〕按紹興歲幣銀二十萬兩，絹二十萬匹，又縻費銀一千三百餘兩，非上下用銀之事乎？何必金。大抵北宋所著書，上下用銀已不計其數矣。〔趙氏曰〕秦并天下，幣爲二等，黄金爲上幣，餘皆用錢。其珠玉、龜貝、銀錫，祇爲器飾，不用爲幣。漢初因之，然鼂錯言珠玉、金銀，飢不可食，寒不可衣，而在于把握，可以周四海而無飢寒之患。則是時雖不用銀，而銀與金珠同貴可知。漢武元狩四年，造白金爲幣。白金乃銀錫所造，有三品。其一曰白撰，重八兩，其文龍，直三千。次曰以重，其文馬，直五百。次曰復小，其文龜，直三百。吏民盜鑄者不可勝數，則已有用之者。然歲餘，終廢不行。王莽又制爲銀貨，與錢貨竝行，而民間仍以五銖錢交易。魏文帝時并罷錢，令民以穀帛相易。六朝則錢帛兼用，而帛之用較多。此歷代未用銀之證也。《文獻通考》：「蕭梁時，交廣之域全以金銀交易。後周時，西河諸郡或用西域金銀之錢。」此蓋用銀之始，然但行于邊，而中土尚未行，唐則并禁用銀矣。《五代史》：後唐莊宗將敗，諭軍士曰：「適報魏王平蜀，得金銀五十萬，當悉給爾等。」又李繼韜既反復降，其母楊氏善蓄財，乃齎銀數十萬兩至京師，厚賂莊宗之宦官、伶人，并賂劉皇后，繼韜由是得釋。慕容彦超至作僞銀以射利。則其時民間皆已用銀可知。

今民間輸官之物皆用銀，而猶謂之「錢糧」。蓋承宋代之名，當時上下皆用錢也。

國初所收天下田賦，未嘗用銀，惟坑冶之課有銀。《實録》於每年之終記所入之數。而洪武二十四年，但有銀二萬四千七百四十兩。至宣德五年，則三十二萬二百九十七兩。歲辦視此爲率。〔原注〕按宋蘇轍《元祐會計録》歲入銀止五萬七千兩。《元史·成宗紀》右丞相完澤言，歲入銀止六萬兩。而宣德五年，奏溫、處二府，平陽、麗水等五縣，銀額至八萬七千八百兩，蓋所開坑冶漸多。當日國家固不恃銀以爲用也。〔慕氏曰〕自庸調廢而兩税法興，民力之輸納無復本色之供，國用之徵求惟以金錢爲急，上下相尋，惟乏金是患。然銀兩之所由生，一則鑛礫之銀，一則番舶之銀。本朝順治六七年間，海禁未設，見市井貿易多以外國銀錢，各省流行，所在多有。自一禁海之後，絶跡不見，是塞財源之明驗也。〔程方伯曰〕天下大利在洋，而大害亦在洋。諸番所産之貨，皆非中國所必需，每歲約值千萬金。若以貨易貨，不必以實銀交易，於中國尚無所妨。惟鴉片一物，傷吾民命，耗吾財源，每歲不下數百萬金，皆潛以銀交易，有去無來。中國土地所產，歲有幾何？不數十年，中國之白金竭矣。〔汝成案〕近來民間盛行洋錢，幾代制錢、白金之半。將見數十年之後，白金盡爲外洋所换，而海内之財源竭矣。流弊之極，不可不爲之禁也。故吴蘭修曰：「凡夷船出口，止準帶光面洋銀，其内地戳印銀，照紋銀例一體嚴禁。」夫法制峻立，煩擾空滋，矧兹遼闊，豈易津邏？竊意因勢惠威，隨俗閉縱，柔遠不傷，闌出自絶。必有采此説而善爲高下者矣。至正統三年，以採辦擾民，始罷銀課，封閉坑穴，而歲入之數不過五千有餘。九年閏七月戊寅朔，復開福建、浙江銀場，〔原注〕是年採納已六萬七千一百八十兩。乃倉糧折輸變賣，無不以銀。後遂以爲常貨，蓋市舶之來多矣。

《太祖實録》：洪武八年三月辛酉朔，「禁民間不得以金銀爲貨交易，違者治其罪。有告發者，就以其物給之」。其立法若是之嚴也。「九年四月己丑，許民以銀鈔錢絹代輸今年租税。」十九年三月己巳詔：「歲解税課錢鈔，有道里險遠難致者，許易金銀以進。」五月己未，詔户部：「以今年秋糧及在倉所儲，通會其數，除存留外，悉折收金銀布絹鈔定輸京師。」此其折變之法，雖暫行而交易之禁亦少弛矣。

正統元年八月庚辰，命江南租税折收金帛。〔原注〕《會典》言：浙江、江西、湖廣三布政司，直隸、蘇、松等府。先是，都察院右副都御史周銓奏：「行在各衛官員俸糧，在南京者，差官支給，本爲便利。〔原注〕是時京官俸糧竝於南京支給。但差來者，將各官俸米貿易物貨，貴買賤酬，十不及一，朝廷虚費廪禄，各官不得實惠。請令該部會議歲禄之數，於浙江、江西、湖廣、南直隸不通舟楫之處，各隨土產折收布絹、白金，赴京充俸。」巡撫江西侍郎趙新亦言：「江西屬縣有僻居深山、不通舟楫者，歲齎金帛於通津之處易米，上納南京。設遇米貴，其費不貲。今行在官員俸禄於南京支給，往返勞費，不得實用。請令江西屬縣量收布絹或白金，類銷成錠，運赴京師，以準官員俸禄。」少保兼户部尚書黄福亦有是請。至是，行在户部復申前議。上曰：「祖宗嘗行之否？」尚書胡濙等對曰：「太祖皇帝嘗行於陝西，每鈔二貫五百文折米一石，黄金一兩折二十石，白金一兩折四石，絹一匹折一石二斗，布一匹折一石，各隨所産，民以爲便。後又行於浙江，民亦便之。」上遂從所請。〔原注〕每米麥一石折銀二錢五分。遠近稱便。然自是倉廩之積少矣。〔原注〕已上《實録》全文。

二年二月甲戌，「命兩廣、福建當輸南京税糧，悉納白金，有願納布絹者，聽」。於是巡撫南直隸、行在工部侍郎周忱奏「官倉儲積有餘」。其年十月壬午，「遣行在通政司右通政李畛，往蘇、松、常三府，將存留倉糧七十二萬九千三百石有奇，賣銀準折官軍俸糧」。三年四月甲寅，「命糶廣西、雲南、四川、浙江陳積倉糧」。遂令軍民無輓運之勞，而囷庾免陳紅之患，誠一時之便計也。

自折銀之後，不二三年，頻有水旱之災，而設法勸借至千石以上以賑凶荒者，謂之「義民」，詔復其家。至景泰間，納粟之例，紛紛四出，相傳至今，而國家所收之銀，不復知其爲米矣。

《唐書》言：「天寶中，海内豐熾，州縣粟帛舉巨萬。楊國忠判度支，因言：『古者二十七年耕，餘九年食。今天下太平，請在所出滯積，變輕齎，内富京師。又悉天下義倉及丁租地課，易布帛以充天子禁藏。』」當日諸臣之議，有類於此，踵事而行，不免太過。相沿日久，内實外虚。至崇禎十三年,郡國大祲,倉無見粟,民思從亂,遂以亡國。

宣德中,以邊儲不給,而定爲納米贖罪之令,其例不一。正統三年八月,「從陝西按察使陳正倫之請,改於本處納銀,解邊易米。雜犯死罪者,納銀三十六兩;三流二十四兩;徒五等視流遞減三兩;杖五等一百者六兩;九十以下及笞五等俱遞減五錢」。此今日贖鍰之例所繇始也。

正統十一年九月壬午,巡撫直隸、工部左侍郎周忱言:「各處被災,恐預備倉儲賑濟不敷,請以折銀糧税悉徵本色,於各倉收貯,俟青黄不接之際,出糶於民,以所得銀上納京庫,則官既不損,民亦得濟。」從之。此文襄權宜變通之法,所以爲一代能臣也。

## 以錢爲賦

《周官・太宰》「以九賦斂財賄」,注:「財,泉、〔原注〕古錢字。穀也。」又曰:「賦口率出泉也。」〔原注〕方回《古今考》不然此説。《荀子》言:「厚刀布之斂,以奪之財。」而漢律有口算。〔原注〕《孝惠紀》注:「漢律,人出一算,算百二十錢。」此則以錢爲賦,自古有之,而不出於田畝也。唐初,租出穀,庸出絹,調出繒布,未嘗用錢。自兩税法行,遂以錢爲惟正之供矣。〔任氏曰〕行錢之法,惟曰錢糧納錢。自明季以來,盡數納銀,錢於是鑄而不行。順治中有錢糧納錢之議,又有銀七錢三之令,而錢準存留,不準起運,則終不納錢也。是故錢之行,必自錢糧始,錢糧必自起運始。除金花外,可盡數納錢,即或銀三錢七,或中半銀錢,皆以起運爲率,則有司不得不納錢。有司納錢,則民自樂輸錢。小民輸錢,則民間錢價自平。

《孟子》有言：「聖人治天下，使有菽粟如水火。菽粟如水火，而民焉有不仁者乎？」繇今之道，無變今之俗，雖使餘糧棲畝，斗米三錢，而輸將不辦，婦子不寧，民財終不可得而阜，民德終不可得而正。何者？國家之賦不用粟而用銀，舍所有而責所無故也。夫田野之氓，不爲商賈，不爲官，不爲盜賊，銀奚自而來哉！此唐、宋諸臣每致歎於錢荒之害，而今又甚焉。非任土以成賦，重穡以帥民，而欲望教化之行、風俗之美，無是理矣。

《白氏長慶集·策》曰：「夫賦斂之本者，量桑地以出租，計夫家以出庸。租、庸者，穀、帛而已。今則穀、帛之外，又責之以錢。錢者，桑地不生銅，私家不敢鑄，業於農者，何從得之？至乃吏胥追徵，官限迫蹙，則易其所有，以赴公程。當豐歲則賤糶半價，不足以充緡錢；遇凶年則息利倍稱，不足以償逋債。豐凶既若此，爲農者何所望焉？是以商賈大族乘時射利者，日以富豪；田壟罷人望歲勤力者，日以貧困。勞逸既懸，利病相誘，則農夫之心盡思釋耒而倚市，織婦之手皆欲投杼而刺文。至使田卒汙萊，室如懸罄，人力罕施而地利多鬱，天時虛運而歲功不成。臣嘗反覆思之，實繇穀帛輕而錢刀重也。夫糴甚貴、錢甚輕則傷人，糴甚賤、錢甚重則傷農。農傷則生業不專，人傷則財用不足。故王者平均其貴賤，調節其重輕，使百貨通流，四人交利，然後上無乏用，而下亦阜安。方今天下之錢，日以減耗，或積於國府，或滯於私家。若復日月徵取，歲時輸納，臣恐穀帛之價轉賤，農桑之業轉傷，十年以後，其弊必更甚於今日矣。今若量夫家之桑地，計穀帛爲租庸，以石斗登降爲差，以匹丈多少爲等，但書估價，竝免税錢，則任土之利載興，易貨之弊自革。弊革則務本者致力，利興則趨末者回心。游手於道塗市肆者，可易業於西成；託迹於軍籍釋流者，可返躬於東作。所謂下令如流水之原，繫人於包桑之本者矣。」

《贈友》詩曰：「私家無錢鑪，平地無銅山。胡爲秋夏税，歲歲輸銅錢。錢力日已重，農力日已殫。賤糶粟與麥，賤貿絲與綿。歲暮衣食盡，焉得無饑寒。吾聞國之初，有制乖不刊。庸必算丁口，租必計桑田。不求土所無，不强人所難。量入以爲出，上足下亦安。兵興一變法，兵息遂不還。使我農桑人，顦顇畎畝間。誰能革此弊，待君秉利權。復彼租庸法，令如貞觀年。」

《李翺集》有《疏改税法》一篇，言：「錢者，官司所鑄；粟帛者，農之所出。今乃使農人賤賣粟帛，易錢入官，是豈非顛倒而取其無者邪？繇是豪家大商皆多積錢以逐輕重，故農人日困，末業日增。請一切不督見錢，皆納布帛。」

宋時歲賦亦止是穀帛，其入有常物，而一時所需，則變而取之，使其直輕重相當，謂之「折變」。〔原注〕景祐初，詔户在第九等免折變。熙寧中，張方平上疏言：「比年公私上下，竝苦乏錢。又緣青苗、助役之法，農民皆變轉穀帛，輸納見錢。錢既難得，穀帛益賤，人情窘迫，謂之錢荒。」〔原注〕司馬光亦言：「江淮之南，民間乏錢，謂之錢荒。」蘇軾亦言：「免役之害，聚斂民財於上，而下有錢荒之患。」紹熙元年，臣僚言：「古者賦出於民之所有，不强其所無。今之爲絹者，一倍折而爲錢，再倍折而爲銀，銀愈貴，錢愈難得，穀愈不可售。使民賤糶而貴折，則大熟之歲反爲民害。願詔州郡，凡多取而多折者，重置于罰。民有糴不售者，令常平就糴，異時歲歉，平價以糴。庶於民無傷，於國有補。」從之。而真宗時，知袁州何蒙請以金折本州二税。上曰：「若是將盡廢耕農矣。」不許。是宋時之弊亦與唐同，而折銀之見於史者，自南渡後始也。

解縉《太平十策》言：「及今豐歲，宜於天下要害之處，每歲積糧若干。民樂近輸，而國受長久之利，計之善者也。」〔楊氏曰〕凡積穀者皆富人，有穀而賤糶者皆貧人也。賤糶者必貴糴，富益富而貧益貧，繇此矣。顧氏之説，上操其柄，而出入之際，又不至低昂之懸絶，其法之良乎？〔又曰〕如此只須停一年解京之銀，便得無窮之利。愚以爲天下税糧，當一切盡徵本色。除漕運京倉之外，其餘則儲之於通都大邑。而使司計之臣畧倣劉晏之遺意，量其歲之豐凶，稽其價之高下，糴銀解京，以資國用。一年計之不足，十年計之有餘。小民免稱貸之苦，官府省敲扑之煩，郡國有凶荒之備，一舉而三善隨之矣。

先生《錢糧論》畧曰：古天下之所爲富者，菽粟而已。爲其交易也，不得已而以錢權之。然自三代以至于唐，所取于民者粟帛而已。自楊炎兩税之法行，始改而徵錢，而未有銀也。《漢志》言秦幣二等，而銀錫之屬施于器飾，不爲幣。自梁時始有交、廣以金銀爲貨之説。宋仁宗景祐二年，始詔諸路歲收緡錢，福建、二廣易以銀，江東以帛。所以取之福建、二廣者，以坑冶多而海舶利也。至金章宗始鑄銀，名之曰承安寶貨，公私同見錢用。哀宗正大間，民但以銀市易，而不用鑄。至于今日，上下通行而忘其所自。然而考之《元史》，歲課之數，爲銀至少。然則國賦之用銀，蓋不過二三百年間耳。今之言賦，必曰錢糧。夫錢，錢也；糧，糧也。亦烏有所謂銀哉！且天地間銀不益增而賦則加倍，此必不供之數也。昔者唐穆宗時，物輕錢重，用户部尚書楊於陵之議，令兩税等錢皆易以布帛絲纊，而民便之。〔原注〕《舊唐書・穆宗紀》：「元和十五年八月辛未，兵部尚書楊於陵，總百寮錢貨輕重之議，取天下兩税、榷酒、鹽利等，悉以布帛，任土所産物充税，並不徵見錢。則物漸重，錢漸輕，農人見免賤賣匹段。請中書門下、御史臺諸司官長重議施行。從之。」吴徐知誥從宋齊邱言，以爲錢非耕桑所得，使民輸錢，是教之棄本逐末也，于是諸税悉收穀帛、紬絹。是則昔人之論取民者，且以錢爲難得也，以民之求錢爲不務本也，而況于銀乎？若度土地之宜，權歲入之數，酌轉般之法，而通融乎其間。凡州縣之不通商者，令盡納本色，不得已以其什之三徵錢。錢自下而上，則濫惡無所容，而錢價貴，是一舉而兩利焉：無闕賦之虧，而有活民之實；無督責之難，而有完逋之漸。今日之計，莫便乎此。夫樹穀而徵銀，是畜羊而求馬也；倚銀而富國，是倚酒而充饑也。以此自愚，而其敝至于國與民交盡，是其計出唐、宋之季諸臣之下也。又曰：自古以來，有國者之取于民爲已悉矣，然不聞有火耗之説。火耗之所由名，其起于徵銀之代乎？原夫耗之所生，以一州縣之賦繁矣，户户而收之，銖銖而納之，不可以瑣細而上諸司府，是不得不資于火。有火則必有耗，所謂耗者，特百之一二而已。有賤丈夫焉，以爲額外之徵，不免干于吏議，擇人而食，未足厭其貪惏，于是藉火耗之名，爲巧取之術。〔汝成案〕貴州提督楊天縱疏：「正雜錢糧，每兩明加火耗二錢，實有加至四五錢不等。且布政司衙門，每兑收銀百兩，加輕平銀五兩，若收錢，則無羨餘，是以不行收納。」蓋不知起于何年，而此法相傳，代增一代，官重一官，以至于今。于是官取其贏十二三，而民以十三輸國之十。里胥又取其贏十一二，而民以十五輸國之十。其取則薄于兩而厚于銖。

其徵收之數兩者，必其地多而豪有力，可以持吾之短長者也，銖者，必其窮下户也，雖多取之不敢言也。于是兩之加焉十二三，而銖之加焉十五六矣。薄于正賦而厚于雜賦。正賦，耳目之所先也；雜賦，其所後也。于是正賦之加焉十二三，而雜賦之加焉十七八矣。解之藩司，謂之羨餘；貢諸節使，謂之常例。責之以不得不爲，護之以不可破，而生民之困未有甚于此時者矣。愚嘗久于山東，山東之民無不疾首蹙頞而訴火耗之爲虐者，獨德州則不然。問其故，則曰：「州之賦二萬九千，二爲銀，八爲錢也。」錢則無火耗之加，故民力紓于他邑也。非德州之官皆賢，里胥皆善人也，勢使之然也。又聞長者言：「近代之貪吏倍甚于唐、宋之時，所以然者，錢重而難運，銀輕而易齎，難運則少取之而以爲多，易齎則多取之而猶以爲少。」非唐、宋之吏多廉而今之吏貪也，勢使之然也。然則銀之通，錢之滯，吏之寶，民之賊也。在有明之初，嘗禁民不得行使金銀，犯者準姦惡論。夫用金銀，何姦之有？有重爲之禁者，蓋逆知其弊之必至此也。當時市肆所用皆唐、宋錢，而制錢則偶一鑄造，以助其不足耳。今也泉貨弱而害金興，市道窮而僞物作，國幣奪于上，民力殫于下，使陸贄、白居易、李翺之流而生今日，其咨嗟太息必有甚于唐之中葉者矣。〔原注〕陸贄上《均節財賦六事》，其二言：「凡國之賦税，必量人之力，任土之宜，故所入者，惟布麻繒纊與百穀而已。先王懼物之貴賤失平，而人之交易難準，又定泉布之法，以節輕重之宜。斂散弛張，必由于是。蓋御財之大柄，爲國之利權，守之在官，不以任下。然則穀帛者，人之所爲也；錢貨者，官之所爲也。是以國朝著令，租出穀，庸出絹，調出繒纊布，曷嘗有以錢爲賦者哉！今之兩税，獨異舊章，但估資産爲差，使以錢穀定税，唯計求得之利宜，靡論供辦之難易。所徵非所業，所業非所徵，遂成增價以買其所無，減價以賣其所有，一增一減，耗損已多。」〔汝成案〕先生自注尚有李氏翺《疏改税法》、白氏居易《贈友》詩二條，已見前，故未録。又前注引《舊唐書·穆宗紀》云云，攷新、舊《唐書·楊於陵傳》，穆宗即位，遷户部尚書，舊紀作兵部者誤也。先生論中作「户部」，注承未改云。曰：子以火耗爲病于民也，使改而徵粟米，其無淋尖踢斛、巧取于民之術乎？曰：吾未見罷任之倉官，寧家之斗級，負米而行者也，必鬻銀而後去。有兩車行于道，前爲錢，後爲銀，則大盜之所睨，常在其後車焉。然則豈獨今之貪吏倍甚于唐、宋之時，河朔之間所名爲嚮馬者，亦當倍甚于唐、宋之時矣！〔汝成案〕先生之時，每銀一兩值錢一千，今則每銀一兩值錢一千三百。先生《與薊門當事書》云：「鳳翔之民，舉值於權要，每銀一兩，償米四石。」今則歲偶不登，每米一石，值銀四兩；漕米折收，每本米一石，納錢五千數百文，以銀核之，則每石得銀四兩以外也。昔時銀貴而穀賤，則農民困，而資用幸饒。今且銀、穀俱貴，則貧民無以爲生，而資用亦絀矣。附識之，以權贏縮。

## 五銖錢

今世所傳五銖錢，皆云漢物，非也。南北朝皆鑄五銖錢。〔原注〕《陳書·世祖紀》：「天嘉三年閏二月甲子，改鑄五銖錢。」〔沈氏曰〕漢與南北朝及隋五銖錢，皆相去不遠。《魏書》言：「武定之初，私鑄濫惡，齊文襄王以錢文五銖，名須稱實，宜稱錢一文重五銖者聽入市用，計百錢重一斤四兩二十銖，〔原注〕《通典》注：「按此則一千錢重十一斤以上，而隋代五銖錢一千重四斤二兩，當時大小稱之差耳。」〔沈氏曰〕注中「十一」當作「十三」,「二兩」當作「五兩以上」,此蓋依時稱也。自餘皆準此爲數。其京邑二市、天下州鎮郡縣之市,各置二稱,懸於市門,民間所用之稱,皆準市稱以定輕重。若重不五銖,或雖重五銖而多雜鉛鑞,竝不聽用。」然竟未施行。〔沈氏曰〕《通鑑》:「陳宣帝太建十一年秋七月辛卯,初用大貨六銖錢。」胡三省注云:「《五代志》:梁武帝鑄錢,肉好周郭,文曰五銖。而又別鑄,除其肉郭,謂之女錢。二品竝行。百姓或私以古錢交易,有直百五銖、五銖,女錢、太平百錢、定平一百、五銖雉錢、五銖對文等號,輕重不一。天子頻下詔書,非新鑄二種之錢,並不許用。而私用益甚。至普通中,乃議盡罷銅錢,更鑄鐵錢。人以鐵錢易得,竝皆私鑄,大同以後,所在鐵錢如邱山,錢陌所在不等。至于末年,陌益少,以三十五爲陌。陳初,承喪亂之後,鐵錢不行。始,梁末有兩柱錢及鵞眼錢。兩柱重而鵞眼輕,雜而用之,其價同。私家多鎔錢,又間以錫鐵,兼以粟帛爲貨。至文帝天嘉五年,改鑄五銖,初出,當鵞眼之十。至是,又鑄大貨六銖,以一當五銖十,後還當一。人皆不以爲便。未幾帝崩,遂廢六銖而行五銖。」《隋書》:「高祖既受周禪,以天下錢貨輕重不等,乃更鑄新錢,背面肉好皆有周郭,文曰五銖,而重如其文,每錢一千重四斤二〔沈氏曰〕當作「五」。兩,悉禁古錢及私錢。置樣於關,不如樣者没官銷毀之。自是錢幣始壹,百姓便之。」是則改幣之議,始於齊文襄,至隋文帝乃行之,而今之五銖亦大抵皆隋物也。按四斤二〔沈氏曰〕當作「五」。兩是六十六兩,〔沈氏曰〕當作「九兩以上」。每一枚當重六分六釐,〔沈氏曰〕「六釐」當作「九釐以上」。其中有重至八分餘者,亦有重至九分者,錢有輕重,等有大小耳。今五銖錢正符此數,不知漢制如何。〔沈氏曰〕漢五銖與隋五銖同。

古錢惟五銖及開元通寶最多。五銖,隋開皇元年鑄。開元,唐武德四年鑄。〔沈氏曰〕銖之輕重,隋尚如古。至唐，則并改之矣。《六典》仍用古法。

## 開元錢

自宋以後，皆先有年號而後有錢文。〔楊氏曰〕今有乾符錢，則唐之僖宗時有年號而後有錢文，不必自宋以後。唐之「開元」，則先有錢文而後有年號。《舊唐書・食貨志》曰：「武德四年，鑄開元通寶錢，徑八分，重二銖四絫，〔沈氏曰〕此一銖當古三銖，一絫當古三絫。積十錢重一兩。」〔原注〕《通典》云：「計一千重六斤四兩，每兩二十四銖，則一錢重二銖半以下。古稱比今稱三之一也，則今錢爲古稱之七銖以上，比古五銖則加重二銖以上。」〔沈氏曰〕開元錢完好者，每一枚或重至一錢一分，或一錢一分有奇，或八九分不等，總十枚重一兩零三分。或云卻當今布政司等一兩。又曰：「開元錢之文，給事中歐陽詢制詞及書，時稱其工。其字含八分及隸體。其詞先上後下、次左後右讀之。自上及左，迴環讀之，其義亦通，流俗謂之開通元寶錢。〔楊氏曰〕《唐聖運圖》云：「初進蠟樣，文德后掐一甲，故錢上有甲痕。」《唐録改要》云竇皇后。温公曰：「是時竇后已崩，文德未立，皆訛也。」馬永卿曰：「開元通寶，蓋唐二百八十九年獨鑄此錢。雒、并、幽、桂等處皆置監，故開元錢如此之多，而明皇紀號偶相合耳。」

《舊唐書》：「高宗乾封元年四月庚寅，❶改鑄乾封泉寶錢。二年正月，罷乾封錢，復行開元通

❶「四」，《舊唐書・高宗紀下》作「五」。

寶錢。」

## 錢法之變

《太祖實録》：「歲辛丑二月，置寶源局於應天府，鑄大中通寶錢。與歷代之錢相兼行使。」〔原注〕成化元年七月丙辰，❶詔：「通錢法：商税課程，錢鈔中半兼收，每鈔一貫，折錢四文，無拘新舊、年代遠近，悉驗收，以便民用。」《世宗實録》：嘉靖十五年九月甲子，巡視五城御史閻鄰等言：「國朝所用錢幣有二，曰制錢，祖宗列聖及皇上所鑄，如洪武、永樂、嘉靖等通寶是也；曰舊錢，歷代所鑄，如開元、太平、淳化、祥符等錢是也。百六十年來，二錢竝用，民咸利之。」〔沈氏曰〕《明史·食貨志》云：「太祖初置寶源局于應天，鑄大中通寶錢，與歷代錢兼行。以四百文爲一貫，四十文爲一兩，四文爲一錢。及平陳友諒，命江西行省置貨泉局，頒大中通寶錢大小五等錢式。即位，頒洪武通寶錢，其制凡五等，曰當十、當五、當三、當二、當一。當十錢重一兩，餘遞降，至重一錢止。各行省皆設寶泉局，與寶源局並鑄。」至嘉靖，所鑄之錢最爲精工。隆慶、萬曆加重半銖，而前代之錢通行不廢。〔顧司業曰〕乾隆四年，於鄱陽湖得宋時所覆運錢舟，錢皆宋物，雜出唐開通錢一二文。余取其輕重較之，唐開通元寶重一錢，又有唐國通寶重一錢一分，蓋南唐李氏所鑄。宋太宗太平通寶，其輕重一準唐開通，重一錢或錢二分不等。仁宗慶曆重至一錢八分，神宗元豐至二錢，哲宗紹聖至二錢一分。徽宗大觀、崇寧

---

❶「丙辰」，「中研院」史語所整理本《明憲宗實録》卷一九作「丁巳」。

至三錢、三錢二分，所見錢文之重，無踰於此。餘與開通錢畧同也。凡有道之世，錢俱不甚相遠，至濁亂姧佞之朝，則重逾常格。慶曆之錢特重者，以是時方事元昊而乏軍需，用張奎、范雍言鑄大錢，與小錢兼行，尋盜鑄數起，爲公私患。其餘熙寧之錢重由於安石，紹聖之錢重由於惇、卞，崇政、❶大觀、政和之錢重由於蔡京。元祐司馬一出當國而錢復其舊。統前後觀之，其故瞭然矣。予幼時見市錢多南宋年號，後至北方，見多汴宋年號，真、行、草字體皆備，間有一二唐錢。自天啟、崇禎廣置錢局，括古錢以充廢銅，於是市人皆擯古錢不用。〔原注〕崇禎元年六月丙辰，上御平臺召對。給事中黄承昊疏中有「銷古錢不用」語，閣臣劉鴻訓奏：「今湖南、山東、山西、陝西皆用古錢，若驟廢之，於民不便。此乃書生見。」上曰：「卿言是。」而新鑄之錢彌多彌惡，旋鑄旋銷，寶源、寶泉二局祗爲姦蠹之窟。故嘗論古來之錢凡兩大變，隋時盡銷古錢一大變，天啟以來一大變也。昔時錢法之弊，至於鵝眼、綖環之類，無代不有。然歷代之錢尚存，旬日之間，便可澄汰。今則舊錢已盡，即使良工更鑄，而海内之廣，一時難徧，欲一市價而裕民財，其必用開皇之法乎？

自漢五銖以來，爲歷代通行之貨，〔原注〕《金志》謂之「自古流行之寶」。未有廢古而專用今者，唯王莽一行之耳。考之於史，魏熙平初，尚書令任城王澄上言：「請下諸州方鎮，其太和及新鑄五銖并古錢内外全好者，不限大小，悉聽行之。」梁敬帝太平元年，詔「雜用古今錢」。《宋史》言：「自五

---

❶「崇政」，北宋年號無崇政，應是「崇寧」之誤。

代以來，相承用唐舊錢。」至如宋明帝泰始二年，則斷新錢專用古錢矣。金世宗大定十九年，則以宋大觀錢一當五用矣。昔之貴古錢如此。近年聽爐頭之説，官吏、工徒無一不衣食其中，而古錢銷盡，新錢愈雜。地既愛寶，火常克金，遂有乏銅之患。自非如隋文别鑄五銖，盡變天下之錢，古制不可得而復矣。〔陸氏曰〕古有三幣，今亦有三幣。古之三幣，珠玉、黄金、刀布。今之三幣，白金、錢、鈔。古之爲市，以其所有易其所無，皆粟與械器耳。粟與械器，持移量算，有所不便，於是乎代之以金。金者，所以通粟與械器之窮也，所謂大不如小也。物有至微，釐毫市易，則金又有所不便，于是乎又代之以錢。錢者，所以通金之窮也，所謂頓不如零也。千里齎持，盜賊險阻，則金與錢俱有所不便，于是乎又代之以楮。楮者，如唐之飛錢，今之會票，又所以通金與錢之窮也，所謂重不如輕也。識三幣之情，則知所以用三幣之法矣。錢之重輕，自當以一錢爲率。錢之價值，斷當以每一文準銀一釐爲率。若錢太輕則銅不敵銀，銅不敵銀則多費。錢太重則銀不敵銅，銀不敵銅則難用。今之薄小低錢固非法矣，至京師黄錢，每六文準銀一分，亦未爲得也。今朝廷用錢，每便于發，不便于收，每便于下，不便于上。此由純用小錢，無子母相權之法故也。明天啟時，嘗鑄當十錢，每大錢一當小錢十，其重以一兩爲率。愚謂今後凡遇官民交易，勢當用錢者，小錢難于個數，竟用當十大錢，出入瞭然，無耗損兑折之弊，亦一法也。自古三幣，皆用金若銅，未有用楮者。唐憲宗時，令商賈至京師，委錢諸路進奏院及諸軍諸使，富家以輕裝趨四方，合券乃取之，號曰飛錢，此楮法所由起也。然此特以楮券錢，而非即以楮爲錢。宋張詠鎮蜀，患蜀鐵錢重，不便貿易，設質劑之法，謂之曰交子。高宗時，又有會子，始以楮爲錢。然猶用官錢爲本。至金、元之鈔，則直取料于民，不復用官錢爲本，所費之值不過三五錢，而售人千錢之物，民雖愚，豈爲所欺哉！且鈔易昏爛，不久仍廢，則楮幣之無用可知矣。必欲行楮幣之法，須如唐飛錢之制然後可。今人多有移重資至京師者,以道路不便,委錢富商之家,取票至京師取值,謂之會票,此即飛錢遺意。宜于各處布政司或大府去處設立銀券司,朝廷發官本,造號券,令客商往來者納銀取券,合券取銀,出入之間,量取路費微息,則客商無道路之虞,朝廷有歲收之息,似亦甚便。〔邱氏曰〕竊謂鈔法之廢也久矣,苟欲其神明變通而爲可久之計,固不必襲楮幣之名,亦不當用虚薄易爛之紙,莫若取白銅之精好者銷鑄爲鈔,如今之錢式而稍加重大,鏤以文字,面曰「康熙寶鈔」,背曰「準五」「準十」之類,以至「準百」而止。而其中孔則别之以圓,取其内外圓通、流行錢法之義。要使内局自鑄,定爲一式,輕重纖毫,不容增減,以杜僞造。〔汝成案〕以銅爲錢,尚多盜鑄,易錢爲鈔,則詐僞愈增。既壅不行,必生苛法,先生論之詳矣。陸氏議易會票,會票原于飛錢。飛錢即鈔法權輿,名異實同,豈云善政? 官司出入,百弊繁興,即防制嚴明,亦與平準、均輸何異? 邱氏所議,工損利益,盜作尤夥,其害更倍。通變莫善二家,既附其言,并疏得失。

錢者,歷代通行之貨,雖易姓改命,而不得變古。後之人主不知此義,而以年號鑄之錢文,於是易代之君,遂以爲勝國之物而銷毁之,自錢文之有年號始也。嘗考之於史,年號之興,皆自季世。宋孝武帝孝建初鑄四銖,文曰「孝建」,〔沈氏曰〕錢載年號始于此。一邊爲「四銖」。其後稍去「四銖」,專爲「孝建」。廢帝景和二年鑄二銖錢,文曰「景和」。魏孝文帝太和十九年更鑄錢,文曰「太和五銖」。孝莊帝永安二年更鑄「永安五銖」。此非永世流通之術,而高道穆乃以爲「論今據古,宜載年號」,何其愚也!

近日河南、陝西各自行錢,不相流通,既非與民同利之術,而市肆之猾,乘此以欺愚人、窘行旅。

《鹽鐵論》言："幣數變而民滋僞。"亮哉斯言矣！〔喬氏曰〕當今定制，每錢一文重一錢四分、一錢二分不等。康熙二十三年，管理錢法侍郎佛倫等，奏改鑄重一錢。至四十一年，復改重一錢四分。今見行如重一錢四分者，百中僅見一二，重一錢者，常居十之三四。考古徵今，唯錢質止重一錢者，可以行之久遠而無弊耳。今應倣康熙二十三年之例，每文重一錢，千文共重七斤四兩，較見行制錢每千重七斤八兩，計減用銅鉛四兩，務使輪郭周正，字跡顯朗，而盜銷者照見行制錢價，每銀一兩三錢五分易錢一千文，止得黄銅六斤四兩，即改造器皿，所得價值不過在一兩以内，姦徒無利可圖，銷毁之弊可不禁自除矣。

先生《錢法論》畧曰：莫善于明之錢法，莫不善于明之行錢。考之史，景王鑄大錢，周蓋一變。漢承秦半兩，已爲莢錢，爲四銖，爲三銖，爲五銖，爲赤仄，爲三官，爲四出，爲小錢，凡九變。唐鑄開通已，更鑄大錢，則有乾封、乾元、重棱，凡四變。宋仿開通舊式，西事起，鑄大錢，崇寧當十，嘉定當五，又雜用鐵錢、交子、會子，而法彌弊。明自洪武至正德十帝，僅四鑄，以後帝一鑄，至萬曆而制益精。錢式每百重十有三兩，輪廓周正，字文明潔。又三百年來無改變之令，民稱便焉，此錢法之善也。然其後物日重，錢日輕，盜鑄雲起，而上所操以衡萬物之權至于不得用，何哉？蓋古之行錢不特布之于下，而亦收之于上。漢律"人出算百二十錢"，是口賦入以錢。《管子·鹽筴》"萬乘之國爲錢三千萬"，是鹽鐵入以錢。商賈緡錢四千而一算，三老、北邊騎士軺車一算，商賈軺車二算，船五丈以上一算，是關市入以錢。令民占賣酒租升四錢，是榷酤入以錢。隆慮公主以錢千萬爲子贖死，是罰鍰入以錢。晉南渡，凡田宅奴婢馬牛之券，每直萬税四百，是契税入以錢。張方平言「屋廬正税、茶鹽酒醋之課，率錢」，募役、青苗入息，以斂天下之錢而上之，賚予禄給，慮無不用錢。自上下，自下上，流而不窮者，錢之道也。明之錢，下而不上，僞錢之所以日售，而制錢所以日壅。請倣前代之制，凡州縣之存留支放，皆以錢代，則錢重，錢重則上之權亦重。

## 銅

乏銅之患，前代已言之。江淹謂古劍多用銅，如昆吾、歐冶之類皆銅也。楚子賜鄭伯金，盟曰「無以鑄兵」，故以鑄三鍾。〔原注〕杜氏注：「古者以銅爲兵。」《漢書・食貨志》：賈誼言：「收銅勿令布以作兵器。」《韓延壽傳》：「爲東郡太守，取官銅物，候月蝕，鑄作刀劍鉤鐔，放效尚方事。」古金三品，黑金是鐵，赤金是銅，黄金是金。夏后之時，九牧貢金，乃鑄鼎於荆山之下。董安于之治晋陽，公宫令舍之堂皆以鍊銅爲柱質。荆軻之擊秦王，中銅柱。而始皇收天下之兵，鑄金人十二，即銅人也。〔原注〕《三輔舊事》曰：「聚天下兵器，鑄銅人十二，各重二十四萬斤。漢世在長樂宫門。」《魏志》云：「董卓壞以鑄小錢。」吴門〔楊氏曰〕「門」當爲「王」之誤。闔閭冢銅槨三重，秦始皇冢亦以銅爲槨。戰國至秦，攻争紛亂，銅不充用，故以鐵足之。鑄銅既難，求鐵甚易，是故銅兵轉少，鐵兵轉多。年甚一年，歲甚一歲，漸染流遷，遂成風俗，所以鐵工比肩，而銅工稍絶。二漢之世，愈見其微。建安二十四年，魏太子鑄三寶刀、二匕首，天下百鍊之精利，而悉是鑄鐵，不能復鑄銅矣。考之於史，自漢以後，銅器絶少，惟魏明帝鑄銅人二，號曰翁仲。又鑄黄龍、鳳凰各一。而武后鑄銅爲九州鼎，用銅五十六萬七百一十二斤。〔原注〕唐韓滉爲鎮海軍節度，以佛寺銅鍾鑄弩牙兵器。自此之外，寂爾無聞，止有銅馬、銅駝、銅甌之屬。昭烈入蜀，僅鑄鐵錢。而見存於今者，如真定之佛，蒲州之牛，滄州之獅，無非黑金者矣。〔楊氏曰〕《元史》：「英宗至治元年三月，造壽安山寺，冶銅五十萬斤作佛像。」〔又曰〕宋徽宗鑄九鼎，不言銅鐵，大約是銅也。

唐開元中，劉秩上議曰：「夫鑄錢用不贍者，在乎銅貴，銅貴則採用者衆。夫銅以爲兵，則不如鐵，以爲器，則不如漆，禁之無害。陛下何不禁於人？禁於人則銅無所用，銅益賤，則錢之用給矣。」〔原注〕《舊唐書·食貨志》。文宗御紫宸殿，謂宰臣曰：「物輕錢重，如何？」楊嗣復對以「當禁銅器」。〔原注〕《文宗紀》。考禁銅之令，古人有行之者。宋孝武帝孝建三年四月甲子，禁人車及酒肆器用銅。〔原注〕《南史》。唐玄宗開元十七年八月辛巳，禁私賣銅、鉛、錫及以銅爲器。代宗大曆七年十二月壬子，禁鑄銅器。德宗貞元九年正月甲辰，禁賣劒、銅器。天下有銅山，任人採取，其銅官買。除鑄鏡外，不得造鑄。憲宗元和元年二月甲辰，禁用銅器。〔原注〕各《本紀》。晋高祖天福三年三月丁丑，禁民作銅器。〔原注〕《通鑑》。宋高宗紹興二十八年七月己卯，命取公私銅器，悉付鑄錢司。民間不輸者，罪之。〔原注〕《宋史·本紀》。然今日行之，不免更爲罔民之事，惟有銷錢、鑄錢，上下相蒙，而此日之錢，固無長存之術矣。〔王氏曰〕民間禁用銅器，以鉛、錫、鐵代之，凡銅器皆獻之官，償其價，而以鑄錢。此法正賈誼所陳。行之則官銅日裕，而私鑄、私銷之弊亦絶，乃法之最善者。〔汝成案〕雍正間，李侍郎紱疏言：「錢文入爐，即化爲銅，不可得而捕，惟禁斷打造銅器之舖，則銷燬亦無所用，而銷燬之弊不禁自除。」乾隆間，尚書海望力陳其不便，又疏言「銅器散布已久，交納不盡，吏胥刁民需索訛詐。又當交納，或有侵蝕扣剋，僅得半價；或有除去使費，空手而歸。名爲收銅，實爲勒取」云云。若然，則王氏所述似未盡裒益之宜矣。

《南齊書・劉悛傳》：「永明八年，悛啟世祖曰：『南廣郡界蒙山下有城，名蒙城，可二頃地，有燒爐四所。從蒙城渡水南百許步，平地掘土，深二尺，得銅，有古掘銅坑并居宅處猶存。鄧通，南安人，漢文帝賜通嚴道縣銅山鑄錢，今蒙山在青衣水南，故秦之嚴道地。蒙山去南安二百里，此必是通所鑄，甚可經畧。』并獻蒙山銅一片，又銅石一片，平州鑄鐵刀一口。上從之，遣使入蜀鑄錢。」《魏書・食貨志》：「熙平二年，尚書崔亮奏：『恒農郡銅青谷有銅鑛，計一斗得銅五兩四銖；葦池谷鑛，計一斗得銅五兩；鸞帳山鑛，計一斗得銅四兩；河内郡王屋山鑛，❶計一斗得銅八兩。南青州苑燭山、齊州商山，竝是往者銅官舊迹，既有冶利，所宜開鑄。』從之。」《舊唐書・韓洄傳》：「爲户部侍郎判度支，上言：『商州有紅崖冶出銅，又有洛源監久廢不理，請鑿山取銅，置十鑪鑄錢，而罷江淮七監。』從之。」《册府元龜》：「元和初，鹽鐵使李巽上言：『郴州平陽、高亭兩縣界有平陽冶，及馬跡、曲木等古銅坑約二百八十餘井。請於郴州舊桂陽監置鑪兩所，採銅鑄錢。』」《宋史・食貨志》：「舊饒州永平監歲鑄錢六萬貫，平江南，增爲七萬貫，而銅、鉛、錫常不給。轉運使張齊賢訪求，得南唐

❶「内」，原作「南」，今據《魏書・食貨志》改。

承旨丁釗，能知饒、信等州山谷産銅、鉛、錫，乃便宜調民采取；且詢舊鑄法，惟永平用唐開元錢料最善。即詣闕面陳，詔增市鉛、錫、炭價，於是得銅八十一萬斤，鉛二十六萬斤，錫十六萬斤，歲鑄錢三十萬貫。」此皆前代開採之迹。〔原注〕《實録》：洪武二十年正月丙子，府軍前衛老校丁成言：「河南陝州地有上絞、下絞、上黄塘、下黄塘者，舊産銀鑛。前代皆嘗採取，歲收其課。今錮閉已久，採之可資國用。」上謂侍臣曰：「凡言利之人，皆戕民之賊也。朕聞元時，江西豐城民告官採金，其初歲額猶足取辦，經久民力消耗，一州之人卒受其害。蓋物産有時而窮，歲額則終不可減。有司貪爲己功，而不以言。朝廷縱有恤民之心，而不能知。此可以爲戒，豈宜效之！」〔王方伯曰〕雲南之銅政，有已見成效於昔，而可試用于今日者，曰多籌息錢，以益銅價也；通計有無，以限買銅也；稍寬考成，以舒廠困也；實給工本，以廣開採也；預借雇值，以集牛馬也。雲南之銅供户、工二部，供浙、閩諸路，供本路州郡餼餉，其爲用也大矣。故銅政之要，必寬給價，給價足而後廠衆集，廠衆集而後開采廣，廣采則銅多，銅多則用裕。前巡撫愛必達疏云：「湯丹、大水等廠，開采之初，辦銅無多，迨後歲辦六七百萬及八九百萬。今幾三十年，課耗餘息不下數百萬金。近年鑛砂漸薄，窩路日遠，近廠柴薪伐盡，炭價倍增，聚集人多，油米益貴。每年京外鼓鑄需銅一千萬餘觔，爐民工本不敷，歲出之銅，勢必日減。洋銅既難采辦，滇銅倘復缺少，京外鼓鑄何所取資？」前巡撫劉藻以湯丹、大碌不敷工本，兩經奏允加價，廠民感奮。本年辦銅各廠共一千二百餘萬，歷歲辦銅之多，無逾于此。今之去昔，近者十年，遠者二十餘年，所云礶硐日遠，改采日難者，又益甚矣。而顧云發棠之請不可數嘗者，何也？有銅本斯有銅息，有鑄錢斯有鑄息。故曰，有益下而不損上者，不可不講也。按乾隆十八年，東川增設新局五十座，加鑄錢二十二萬餘千，備給銅鉛工本之外，歲贏息銀四萬三千餘兩，九年之間，遂積息四十餘萬。自後雲南始有公貯錢，而銅本不足，亦稍有取給矣。二十二年，東川加半卯之鑄，歲收息銀三萬七千餘兩，以補湯丹、大水四廠工本之不足。二十五年，以東川鑄息不敷加價，又請于會城、臨安二局各加鑄半卯。二十八年，再請加給銅價，則又于東川新舊局冬季三月旬加半卯。三十年又以銅廠采獲加多，東川鑄息尚少，請每月每旬各加鑄半卯，竝以加湯丹諸廠之銅價，而大理亦開錢局，歲獲息八千餘兩，以資大興、大銅、義都三廠之戽水采銅。先後十二年間，加鑄增局至五六而未已。滇之錢法與銅政相爲表理久矣。以廠民之銅鑄錢，即以鑄錢之息與廠，費不他籌，澤不泛及。而此數十廠百千萬衆，皆有以蘇困窮而謀飽煖，積其懽呼翔踴之氣，銅即不增，亦斷無減，于以維持銅政，綿衍泉流。所謂「多籌息錢，以益銅本」者，此也。取給之數誠不可以議減矣，諸路之所自有與其緩急之實，不可不察也。往者江南、江西、浙江、福建、陝西、湖北、廣東、廣西、貴州九路之銅，皆買諸滇，是以日不暇給。竊見去年陝西奏開寧羌鑛銅，越兩月餘，已獲見銅二千四百觔，仍有生砂，又可煉銅五六千觔。由此追鑿深入，真脈顯露，久大可期。又湖北奏開咸豐、宣恩二縣鑛廠煉銅，已得一萬五千餘觔，將來獲利必倍。蓋見之郵報者如此。今秦、楚開采皆年餘矣，其獲銅少亦當有數萬，而采買滇銅如故。必核其自有之數，則此二省固可減買也。貴州本設二十爐，繼而減鑄二十三卯，採買滇銅亦減十萬，頃歲又減五爐，議以銅四十四萬七千觔歲爲常率，而滇銅仍實買三十九萬六百六十觔。至于黔銅則減七萬。以易且安者自予，而勞且費者予滇，非平情之論也。是故黔之采買亦可減也。又今年陝西奏言，局銅現有二十五萬一千四百餘觔，加以商運洋銅五萬，當有三十餘萬矣。委官領買之滇銅六十二萬餘觔且當繼至，是陝西已有銅九十餘萬。而又有新開鑛廠産銅，方未可量。此一路之采買非惟可減，抑亦可停矣。又閩、浙、湖北及江南、江西，舊買洋銅，每百觔價皆十七兩五錢，而滇銅價止十一兩，其改買宜矣。然此諸路者，其運費雜支，每銅百觔例銷之銀，亦且五六兩，合之買價，常有十六七兩。加以各路運官貼費，自一二千至五六千，則已與洋銅等價矣。以此相權，滇銅實不如洋銅之便，則此數路者，竝可停買也。誠使核其實用，則歲可減撥百數十萬，而滇銅必日裕矣。所謂「通計有無，以限買銅」者，此也。廠欠之實，見楊文定公始籌廠務之年，後乃日加無已，逮積欠已多，始以例請放免。其放免者，又特逃亡物故之民，而受見價采見銅、納不及數者，不與焉。是故放免嘗少，逋欠嘗多。乾隆十六年，議以官發銅本，依經徵鹽課例以完欠分數，考課廠官，墮征之罰，止于奪俸。廠官尚得藉其實欠之數，以要一歲之收，于採固無害也。其後以廠欠積至十三萬，而監司以下竝皆逮治追償。尋以銅少，不能給諸路之采買，遂以借撥運京之額銅二百六十幾萬者。計其虛值，而議以實罰，于諸廠之官罰金至十有四萬，嚴責限數辦銅。其限多而獲少者，既予削奪；或乃懼罹糾劾，多報銅觔，則又以虛出通關，罪至于死。斯誠銅廠之厄會矣。夫諸廠爐户、砂丁之屬，衆至千萬，所恃以調其甘苦、時其緩急者，惟廠官耳。顧且使之進退狼狽，至于如此，銅政尚可望乎？由今計之，將欲慎覈名實，規圖久遠，非寬廠官之考成不可。何也？近法以歲終取其所欠結狀，而所轄上司又復月計而季彙之，廠官不敢復多發價，必按其納銅多寡，一如預給之數，而後給價繼采，是誠可杜廠欠矣。然而采銅之費，每百觔實少一兩八九錢者，顧安出乎？給之不足，則民力不支，將散而罷采；欲足給之，而欠仍無已，不見許于上官。是又一厄也。然則今之歲有銅千百萬者，何恃乎？預借之底本與所謂接濟之油米，固所賴以贍廠民之匱乏，而通廠政之窮者也。謹按乾隆二十三年，預借湯丹廠工本銀五萬兩，以五年限完。又借大水、碌碌廠工本銀七萬五千兩，以十年限完。皆于季發銅本之外，特又加借，使廠民氣力寬舒，從容攻采，故能多得銅以償宿逋也。三十六年，又請借發，特奉諭旨，以從前借多扣少，廠民寬裕，今借數既少，扣數轉多，且分限三年，較前加迫。恐承領之户畏難觀望，日後藉口遷延，更所不免。仰見聖明如神，坐照萬里，而當時又以日久逋逃、新舊更易爲慮，不敢寬期多發，僅借兩月底本銀七萬數千兩，四年限完。

廠民本價之外，得此補助，雖其寬裕之氣不及前借，而猶賴以支延且三四載。此預借底本之效也。又自三十四年、三十七年，先後陳請備貯油米、炭薪，以資廠民，乃能盡以月受銅價，雇募砂丁，而以官貸油米，資其日用，故無惰采。斯又接濟之效也。今月扣之借本銷除且盡，獨油米之貸當以銅價計償，而遲久未能者，猶且仍歲加積，繼此不已。萬一上官責其逋慢，坐以虧那，廠官何所逃罪？是又今日之隱憂也。前歲雲南新開七廠，條具四事。户部議曰：「爐户、砂丁，貧民不能自措工本，賴有預領官銀，資其攻采。硐鑛盈絀不齊，不能絶無逃欠，若概令經放之員依數完償，恐預留餘地，憚于給發，轉妨銅政。」信哉斯言！可謂通達大計者矣。今誠寬廠官之考成，俾得以時貸借油米而無虧缺之誅，又仿二十三年預借之法，多其數而寬以歲時，則廠官無迫狹畏阻之心，廠民有日月舒長之適，上下相樂，以畢力于鑛廠，而銅政不振起者，未之有也。所謂「寬考成以舒廠困」者，此也。

小廠之開，涣散莫紀矣。求所以統一之、整齊之者，不可不亟也。竊見乾隆二十五年前巡撫劉藻奏言：「中外鼓鑄，取給湯丹、大碌者十八九。至餘諸小廠，奇零湊集，不過十之一二。然土中求鑛，衰盛靡常，自須開採新礦，預爲之計。今各小廠旁近之地，非無引苗，惟以開挖大鑛，類須經年累月，廠民十百爲羣，通力合作，借墊之費，極爲繁鉅。幸而獲鑛，煉銅輸官，乃給價甚微，不惟無利，且至耗本，斷難竭蹷從事。」又奏云：「青龍等廠，乾隆二十四年連閏十有三月，獲銅四十八萬。自二十五年二月奉旨加價，至二十六年三月，亦閲十有三月，獲銅一百餘萬。所獲餘息加給銅價之外，存銀二萬九千數百兩，較二十四年多息銀一萬有奇。而各廠民亦多得價銀一萬二千餘兩，感戴聖恩，洵爲惠而不費。」又三十三年前巡撫明德奏明，言「雲南山高脈厚，到處出産鑛砂，但能經理得宜，非惟裨益銅務，而千萬謀食窮民亦得藉以資生」。由此觀之，小廠非無利也，誠使加以人力，穿峽成堂，則初闢之鑛，入不必深，而工不必費，又其地僻人少，林木蔚萃，採伐既便，炭亦易得，較大廠當有事半而功倍者，不可不亟圖也。今廠民皆徒手掠取，一出于僥倖嘗試之爲，而廠官徒坐守抽分之課，外此已無多求。是故小廠非無鑛也，貨棄于地，莫之惜也。又況盜賣盜鑄，其爲漏巵，又不知幾何哉。小廠之銅，歲不及大廠之十一者，實由于此。誠招徠土著之民，聯以什伍之籍，又擇其愿朴持重者爲之長。于是假以底本，益以油米薪炭，則涣散之衆皆有繫屬，久且倚爲恒業，雖驅之不去也。然後示以約束，董以課程，作其方振之氣，厚其已集之力，使皆穿石破峽，以求進山之鑛，而無半途之廢，雖有不成者，寡矣。若更開曲靖、廣西之鑄局，而以息錢加銅價，則宣威、霑益諸山之銅不復走黔，路南、建水、蒙自諸山之銅無復走粤，安見小廠不可轉爲大也？所謂「實給工本，以廣開採」者，此也。滇之牛馬少矣，滇之儲備又虚矣，而部局以待鑄爲言，移牒趣運，急于星火，殆未權于緩急之實者也。銅運之在滇境者，後先踵接，依次抵瀘，既以乙歲之銅補甲歲之運，又將以乙歲之運待丙歲之銅，而瀘州之旋收旋兑，略不停息，則又終無儲備之日矣。夫惟寛以半歲之期會，然後瀘州有三四百萬之儲，則兑者方去，而運者既來，是常有餘貯也。而凡運官之至者，皆可以時兑發，次第起行，既無坐守之勞，又有催督之令，運何爲而遲哉！若夫籌運之法，嘗取往籍考之。始雲南之鑄錢運京也，由廣西府陸運以達廣南之板蜂，舟行以達粤西之百色，而後迤邐入漢。而廣西、廣南之間，經由十九廳州縣，各以地之遠近大小雇牛遞運，少者數十頭，多者三五百至一千二百，竝先期給價雇募。每至夏秋，觸冒瘴霧，人牛皆病，故常畏阻不前。既又官買馬牛，製車設傳，以馬五百八十八匹分設七驛，又以牛三百七十八頭、車三百七十八輛分設九驛，遞供轉運。會部議改運滇銅，乃停廣西之鑄，而以江、安、浙、閩及湖北、湖南、廣東之額銅竝停買，歸滇運京。于是滇之正耗四百四十餘萬，悉由東川經運永寧。其後以尋甸、威寧亦可達永寧也，乃分二百二十萬由尋甸轉運。而東川之由昭通、鎮雄以達永寧者，尚二百二十萬。後又以廣西停鑄，合其正耗餘銅一百八十九萬一千餘觔，竝依數解京，是爲加運，亦由東川、尋甸分運。至乾隆七年，昭通之鹽井渡始通，則東川之運銅半由水運抵瀘州，半由陸運抵永寧。十年，威寧之羅星渡又通，則尋甸陸運之銅既過威寧，又可舟行抵瀘矣。十四年，金沙江告迄工，而永善、黄草坪以下之水亦通。于是東川達于昭通之銅，皆分出鹽井、黄草坪之二水，與尋甸之運銅並逕抵瀘州矣。然東川、昭通之馬牛，非盡出所治，黔、蜀之馬與旁郡縣之牛，常居其大半。雇募之法，先由官驗馬牛，烙以火印，借以買價。每以馬一匹借銀七兩，牛一頭、車一輛借銀六兩。比其載運，則半給官價，而扣存其半，以銷前借。扣銷既盡，則又借之。故其受雇皆有熟户，領運皆有恒期，互保皆有常侣，經紀皆有定規。日月既久，官民相習，雖有空乏而無逋逃，亦雇運之一策也。今宣威既踵行之矣，使尋甸及在威寧之司運者皆行此法，滇産雖乏，庶有濟乎？然猶有難焉者，諸路之採買，雇運常遲也。頃歲定議，滇銅以冬夏之杪，計數分撥大小之廠，各以地之遠近、銅之多寡而撥之。採買委官遠至，東馳西逐，廢曠時月。是以今年始議得勝、日見、白羊諸遠廠，皆運至下關，由大理府轉發，黔、粵之買銅者鮮遠涉矣。而義都、青龍諸近廠，與雲南府以下之廠，猶須諸路委官，就往買銅，自雇自運，咸會百色，然後登舟。主客之勢，呼應既難，又以農事牛馬無暇，夏秋瘴盛，更多間阻，是故部牒數下，而雲南之報出境者常慮遲也。往時臨安、路南之銅皆運彌勒縣之竹園村，以待委官之買運。其後以委官守候歷時，爰有赴廠領運之議。然其時實以缺銅，不能以時給買，而非運貯竹園村之失也。誠使減諸路之采買，而盡運迤西諸廠之銅，貯之雲南府，以知府綜其發運；又運臨安、路南之銅，盡貯之竹園村，以收發責之巡檢，如是則委官至輒買運去耳，豈復有奔走曠廢之時哉！若更依運錢之制，以諸路陸運之價分發緣路郡縣，各募運户，借以官本，多買馬牛，按站接運，比于置郵；夏秋盡撤，歸農停運，則人馬無瘴癘之憂，委官有安閒之樂。于其暇時，又分運尋甸銅之半，由廣西、廣南達百色，竝如運錢之舊，即運京之銅亦加速，一舉而三善備矣。

《通鑑》：「周世宗顯德元年九月丙寅朔，❶敕立監採銅鑄錢，自非縣官法物、軍器及寺觀鍾磬鈸鐸之類聽留外，其餘民間銅器佛像，五十日内悉令輸官，給其直。過期隱匿不輸，五斤以上其罪死，不及者論刑有差。〔原注〕洪武二十年四月，工部右侍郎秦逵言：「寶源局鑄錢乏銅，請令郡縣收民間廢銅，以資鼓鑄。」上曰：「鑄錢本以便民，今欲取民廢銅以鑄錢，朕恐天下廢銅有限，斯令一出，有司急於奉承，小民迫於誅責，必至毁器物以輸官，其爲民害甚矣。姑停之。」上謂侍臣曰：『卿輩勿以毁佛爲疑，夫佛以善道化人，苟志於善，斯奉佛矣。彼銅像豈所謂佛邪？且吾聞佛在利人，雖頭目猶捨以布施。若朕身可以濟民，亦非所惜也。』」〔楊氏曰〕唐武、宋徽皆祖道而攻釋，與元魏太武同。其持平而兩廢者，唯周武帝耳。惜其降年不永，盛績不究，則天道之難忱耳。

《五代史》：「高麗地産銅、銀。周世宗時，遣尚書水部員外郎韓彦卿，以帛數千匹市銅於高麗，以鑄錢。顯德六年，高麗王昭遣使者貢黄銅五萬斤。」

## 錢　面

自古鑄錢，若漢五銖，唐開元，宋以後各年號錢，皆一面有字，一面無字。儲泳曰：「自昔以錢之有字處爲陰，無字處爲陽。古者鑄金爲貨，其陰則紀國號，如鏡陰之有款識也。」凡器物之識，必

❶「元」，《資治通鑑》卷二九二作「二」。

書於其底，與此同義。沿襲既久，遂以漫處爲背。〔原注〕「漫」亦謂之「幕」，見《漢書·西域傳》。《舊唐書·柳仲郢傳》作「模」。近年乃有别鑄字於漫處者。天啟大錢始鑄「一兩」字，崇禎錢有「户」「工」等字。錢品益雜而天下亦亂。按唐會昌中，淮南節度使李紳請天下以州名鑄錢，京師爲京錢。未幾，武宗崩，宣宗立，遂廢之。

無字謂之陽，有字謂之陰。《儀禮》疏：「筮法，古用木畫地，今則用錢：以三少爲重錢，〔原注〕凡言「多」「少」者，皆歸餘之數。重錢則九也；三多爲交錢，交錢則六也；兩多一少爲單錢，單錢則七也；兩少一多爲拆錢，拆錢則八也。」今人以錢筮者猶如此。〔原注〕今人用錢以筮，以三漫爲重爻，爲陽；三字爲交爻，爲陰；二字一漫，以一漫爲主，故爲單爻；二漫一字，以一字爲主，故爲拆爻。猶《易傳》所云「陽卦多陰，陰卦多陽」之意。錢以有字處爲陰，是知字乃錢之背也。碑之背亦名爲陰。

## 短陌

《隋書·食貨志》曰：「梁大同後，自破嶺以東，〔汝成案〕《隋書》原文云：「交易者，以車載錢，不復計數，而惟論貫。商旅姧詐，因之求利，自破嶺以東，八十爲百。」《容齋三筆》稍更其文曰「梁武帝時，以鐵錢之故，商賈浸以姧詐自破，嶺以東」云云。王氏云：「容齋以『自破』爲句，寧人乃讀作『自破嶺以東』，豈傳寫偶誤耶？」愚核兩書文義，「自破」二字無屬上爲句之理，王氏所言非也。而破嶺無此地名，「破」或「庾」字之譌？錢以八十爲百，名曰東錢。江郢以上，七十爲百，名曰西錢。京師以九十爲百，名曰長錢。中大同元年，乃詔通用足陌。〔原注〕《梁書·武帝紀》：中大同元年七月丙寅詔曰：「朝四暮三，衆狙皆喜。名實未虧，而喜怒爲用。頃聞外間多用九陌錢，陌減則物貴，陌足則物賤。至於遠方，日更滋甚。豈直國有異政，乃至家有殊俗。徒亂王制，無益民財。自今可通用足陌錢，令書行後，百日爲期，若猶有犯，男子謫運，女子質作，竝三年。」沈存中曰：「百錢謂之陌者，借陌字用之，其實只是百字，如什與伍耳。」「仟」「佰」字皆从「人」，今俗書作「阡陌」而皆从「阜」，非也。指田之阡陌當从「阜」，《漢志》或从「人」，蓋古字通用。詔下而人不從，錢陌益少。至於末年，遂以三十五爲百。」唐憲宗元和中，「京師用錢，每貫頭除二十文，陌内欠錢及有鉛錫錢者，宜令所在長吏禁之」。穆宗長慶元年，「以所在用錢墊陌不一，勑内外公私給用錢宜每貫一例，除墊八十，以九百二十文成貫」。至昭宗末，京師以八百五十爲貫，每陌纔八十五。河南府以八十爲陌。〔原注〕《舊唐書·哀帝紀》：「天祐二年四月丙辰，勑河南府，自今市肆交易，竝以八十五文爲陌，不得更有改移。」漢隱帝時，「王章爲三司使，聚斂刻急。舊制，錢出入皆以八十爲陌，章始令入者八十，出者七十七，謂之省陌」。〔王氏云〕薛史《食貨志》：「唐同光二年，度支請榜示府州縣鎮軍民商旅，凡有買賣，並須使八十陌錢。」《日知録》攷短陌事甚詳，獨無後唐莊宗事，寧人未見薛史也。《宋史》言：「宋初，凡輸官者，亦用八十或八十五爲百。諸州私用，則各隨其俗，至有以四十八爲百者。太平興國中，詔所在以七十七爲百。」《金史》言：「大定中，民間以八十爲陌，謂之短錢。官用足陌，謂之長錢。大名男子斡魯補者上言，謂官司所用錢皆當以八十爲陌，遂爲定制。」衰季之朝，與亂同事，大抵如此。而《抱朴子》云：「取人長錢，還人短陌。」則是晋時已有之，不始於梁也。今京師錢以三十爲陌，亦宜禁止。❶〔趙氏云〕高江邨《天禄識餘》謂：「京師以三十三文爲一百，近又減至三十文。」按京師習俗，以官板錢一當兩，凡貿易議錢，一百實則用五十。《續通考》記嘉靖三年詔，每銀一錢直好錢七十文，低錢一百四十文，是前明已有兩當一之令矣。三十五文已是七十文，于古七十爲百之數不甚懸絶也。

## 鈔

鈔法之興，因於前代未以銀爲幣，而患錢之重，乃立此法。唐憲宗之「飛錢」，即如今之會票也。宋張詠鎮蜀，以鐵錢重，不便貿易，於是設質劑之法。一交一緡，以三年爲一界而换之。天聖間，遂置交子務。〔原注〕《元史》劉宣言：「原交鈔所起，漢、唐以來，皆未嘗有。宋紹興初，軍餉不繼，造此以誘商旅，爲沿邊糴買之計。比銅錢易於齎擎，民甚便之。稍有滯礙，即用見錢，尚存古人子母相權之意。日增月益，其法寖弊。」趙孟頫亦言：「古者以米、絹民生所須，謂之二實。銀、錢與二物相權，謂之二虚。鈔乃宋時所創，施於邊郡，金人襲而用之，皆出於不得已。」然宋人已嘗論之，謂無錢爲本，亦不能以空文行。今日上下皆銀，輕裝易致，而楮幣自無所用。〔原注〕周必大《二老堂雜誌》：「近歲用會子，乃四川交子法，特官券耳。不知何人目爲『楮幣』，遂入殿試御題。若正言之，猶紙錢也，乃以爲文，何邪？」故洪武初欲行鈔法，至禁民間行

❶ 「亦宜禁止」，據《校記》，鈔本作「視梁之季年又少之矣」。

使金銀，以姦惡論，而卒不能行。及乎後代，銀日盛而鈔日微，勢不兩行，灼然易見。乃崇禎之末，倪公元璐掌户部，必欲行之，〔原注〕行鈔之議始於天啟初禮科惠世揚，及崇禎末有蔣臣者，復申其説，擢爲户部司務。終不可行而止。其亦未察乎古今之變矣！

議者但言洪武間鈔法通行，〔沈氏曰〕案《明史·食貨志》「洪武八年，造大明寶鈔，命民間通行。以桑穰爲料，其制方高一尺，廣六寸，質青色，外爲横文花闌，横題其額曰『大明通行寶鈔』，中圖錢貫，十串爲一貫」云云。若五百文則畫錢文爲五串，餘如其制而遞減之。其等凡六，曰一貫，曰五百文、四百文、三百文、二百文、一百文。每鈔一貫，準錢千文、銀一兩，四貫準黄金一兩。考之《實録》，二十七年八月丙戌，禁用銅錢矣。〔原注〕其時即有以錢百六十折鈔一貫者，故詔禁之。《大明會典》：「洪武二十七年，令軍民商賈所有銅錢，有司收歸官，依數换鈔，不許行使。」「正統十三年五月庚寅，禁使銅錢。時鈔既不行，而市廛亦仍以銅錢交易，每鈔一貫折銅錢二文。監察御史蔡愈濟以爲言，請出榜禁約，令錦衣衛、五城兵馬司巡視，有以銅錢交易者，掠治其罪，十倍罰之。上從其請。」三十年三月甲子，禁用金銀矣。三十五年十二月甲寅，命俸米折支鈔者，每石增五貫爲十貫。是國初造鈔之後，不過數年，而其法已漸壞不行。於是有姦惡之條，充賞之格，而卒亦不能行也。〔原注〕永樂元年四月丙寅，以鈔法不通，下令禁金銀交易，犯者準姦惡論。有能首捕者，以所交易金銀充賞。其兩相交易而一人自首者，免坐，賞與首捕同。二年正月戊午，詔自今有犯交易銀兩之禁者，免死，徙家興州屯戍。蓋昏爛倒换出入之弊，必至於此。乃以鈔之不利而并錢禁之，廢堅剛可久之貨，而行輭熟易敗之物，宜其弗順於人情，而卒至於滯閣。〔原注〕正統十年，山西布政司奏：「庫貯鈔貫朽爛，不堪用者五十九萬三千錠有奇。」勑令焚燬。後世興利之臣，慎無言此可矣。

自鈔法行而獄訟滋多，於是有江夏縣民，父死以銀營葬具，而坐以徙邊者矣。有給事中丁環，❶奉使至四川，遣親吏以銀誘民交易而執之者矣。〔原注〕竝永樂二年三月。舍烹鮮之理，就揚沸之威；去冬日之温，用秋荼之密。天子亦知其拂於人情，而爲之戒飭。然其不達於天聽，不登於史書者，又不知凡幾也。《孟子》曰：「焉有仁人在位罔民而可爲也？」若鈔法者，其不爲罔民之一事乎！

《元史》：「世祖至元十七年，中書省議流通鈔法，凡賞賜宜多給幣帛，課程宜多收鈔。」於是陳瑛祖之，請通計户口、食鹽納鈔。又詔令課程、贓罰等物悉輸鈔。〔原注〕永樂五年三月甲申。又詔令笞杖定等輸鈔贖罪。〔原注〕二十二年十月癸卯。又令權增市肆門攤課程收鈔。〔原注〕洪熙元年正月庚寅。又令倒死虧欠馬驢等畜竝輸鈔。又令各欠羊皮、魚鰾、翎毛等物竝輸鈔。〔原注〕竝宣德元年十月乙亥。又令塌坊、果園、舟車、裝載竝納鈔。〔原注〕四年六月壬寅。今之鈔關始此。欲以重鈔而鈔不行，於是制爲阻滯鈔法之罪，有不用鈔一貫者罰納千貫；親鄰、里老、旗甲知情不首，依犯者一貫罰百貫。其關閉舖店、潛自貿易及擡高物價之人，罰鈔萬貫，知情不首罰千貫。〔原注〕三年六月癸卯。有阻滯鈔法者，令有司於所犯人每貫追一萬貫入官，全家發戍邊遠。〔原注〕正統十三年五月辛丑。而

---

❶「環」，《明太宗實録》卷二九作「琰」。

愈不可行矣。

宣德三年六月己酉，詔「停造新鈔。已造完者，悉收庫，不許放支。其在庫舊鈔，委官選揀堪用者備賞賚，不堪者燒燬」。天子不能與萬物争權，信夫。〔原注〕正統元年，黄福疏言：「洪武間銀一兩當鈔三五貫，今銀一兩當鈔千餘貫。」

《大明會典》：「國初止有商税，未嘗有船鈔。至宣德間始設鈔關。」夫鈔關之設，本藉以收鈔而通鈔法也。鈔既停，則關宜罷矣，〔原注〕如果園、菜園之征，未久而罷。乃猶以爲利國之一孔，而因仍不革。豈非戴盈之所謂「以待來年」者乎？

宣德中，浙江按察使林碩、江西副使石璞累奏：「洪武初，鈔重物輕，所以當時定律，官吏受贓枉法八十貫律絞。方今物重鈔輕，苟非更革，刑必失重。乞以銀米爲準。」未行。至正統五年十一月，行在刑部、都察院、大理寺議：「今後文職官吏人等，受枉法贓比律該絞者，有禄人估鈔八百貫之上，無禄人估鈔一千二百貫之上，俱發北方邊衛充軍。」亦可以見鈔直之低昂矣。

## 僞銀

今日上下皆用銀，而民間巧詐滋甚，非直給市人，且或用以欺官長。濟南人家專造此種僞物，至累十累百用之，殆所謂「爲盜不操矛弧」者也。律：「凡僞造金銀者，杖一百，徒三年。爲從及知情買使者，各減一等。」其法既輕，而又不必行，故民易犯。夫刑罰，世輕世重，視其敝何如爾。漢時用黄金，孝景中六年十二月，「定鑄錢、僞黄金棄市律」，造僞黄金與私鑄錢者同棄市。〔原注〕劉更生以典尚方，作黄金不成，劾以鑄僞黄金，繫當死。武帝元鼎五年，「飲酎少府省金，而列侯坐酎金失侯者百餘人」。如淳曰：「《漢儀注》：金少不如斤兩及色惡，王削縣，侯免國。」宋太祖開寶四年十月己巳，詔「僞作黄金者棄市」。而唐文宗太和三年六月，依中書門下奏，「以鉛錫錢交易者，過十貫以上，所在集衆決殺」。今僞銀之罪不下於僞黄金，而重於以鉛錫錢交易，宜比前代之法，寘之重辟，〔原注〕《實録》：「正統十一年三月癸未，從順天府大興縣知縣馬聰言，造僞銀者，發邊衛充軍。」而景泰元年十一月，賞北蕃有假金三兩，❶致也先遣使來言。是則法之不行，遂有以此欺朝廷者矣。庶可以革奸而反樸也。〔楊氏曰〕《五代史·慕容彦超傳》有鐵胎銀。〔趙氏曰〕慕容彦超好聚斂，爲僞銀，以鐵爲質而銀包之，人謂之鐵胎銀。想其時民間已皆用銀，故彦超至作僞以射利。若不能市易，何必爲此哉？

漢既以錢爲貨，而銅之爲品不齊，故水衡都尉其屬有辨銅令丞。此亦《周官》「職金」之遺意。

❶「北蕃」，據《校記》，鈔本作「虜酋」。